Valentin

---

# Eschatologie

GEGENWÄRTIG GLAUBEN DENKEN

---

Systematische Theologie

Herausgegeben von Karlheinz Ruhstorfer

Bd. 11

# Eschatologie

von

Joachim Valentin

Ferdinand Schöningh
Paderborn · München · Wien · Zürich

Bibliografische Information der Deutschen Nationalbibliothek

Die Deutsche Nationalbibliothek verzeichnet diese Publikation in der Deutschen Nationalbibliografie; detaillierte bibliografische Daten sind im Internet über http://dnb.d-nb.de abrufbar.

Umschlaggestaltung: Anna Braungart, Tübingen

Gedruckt auf umweltfreundlichen, chlorfrei gebleichtem und alterungsbeständigem Papier ∞ ISO 9706


(Verlag Ferdinand Schöningh GmbH & Co. KG, Jühenplatz 1, D-33098 Paderborn)

Internet: www.schoeningh.de



Printed in Germany. Herstellung: Ferdinand Schöningh, Paderborn

ISBN 978-3-506-77648-8

# ZUR REIHE „GEGENWÄRTIG GLAUBEN DENKEN“

GEGENWÄRTIG GLAUBEN DENKEN ist eine auf elf Bände angelegte systematische Theologie, die beabsichtigt, den christlichen Glauben angesichts der Herausforderungen der Gegenwart vernünftig zu durchdringen und übersichtlich darzustellen. Zehn Theologinnen und Theologen entfalten, ausgehend von gegenwärtigen Entwicklungen in Gesellschaft, Kultur und Wissenschaft, ebenso originelle wie der Tradition verbundene Ansätze theologischen Denkens. Dabei halten sich innovativer Charakter und umfassende sowie gründliche Durchdringung des Stoffs die Waage. GEGENWÄRTIG GLAUBEN DENKEN bietet damit einen fragmentarischen Einblick in das Kaleidoskop derzeitiger systematischer Theologie des deutschsprachigen Raumes.

Die gemeinsame Besonderheit der einzelnen Bände ist es, dass die biblischen Zeugnisse nicht wie üblich als Ausgangspunkt, sondern als Zielpunkt der Darstellungen in den Blick genommen werden. Die Überlegungen schreiten der Selbstmitteilung Gottes in Jesus Christus, wie sie von der Heiligen Schrift bezeugt wird, entgegen. Dies geschieht nicht zuletzt deshalb, weil die Anerkennung der biblischen Offenbarung sich in unseren Tagen nicht von selbst versteht und mithin nicht unmittelbar auftreten kann. Auf dem Weg von unserem eigenen geschichtlichen Ort über Postmoderne, Moderne, Neuzeit, das scholastische und patristische Zeitalter zur Wiege unserer Kultur wird schließlich die gründende Stellung der Heiligen Schrift bzw. der Person Jesu aufgewiesen. Die philosophisch-theologischen Deutungen der Geschichte dienen als hermeneutischer Schlüssel für ein heutiges Verständnis des Grundes, der gelegt ist (1Kor 3,11): Christus.

Der Inhalt der elf Bände orientiert sich an den klassischen dogmatischen Traktaten: Jesus Christus, der Mittler zwischen Gott und Mensch (Christologie), der eine und dreifaltige Gott (Gotteslehre), der Mensch (Anthropologie), der Geist Gottes in den Menschen (Pneumatologie), die Welt und ihr Grund (Schöpfungslehre), die Gegenwart Gottes bei den Menschen (Gnadenlehre), das sinnfällige Wirken Gottes in Wort und Zeichen (Sakramentenlehre), die Gemeinschaft der Glaubenden (Ekklesiologie), die geistigen Mittlerwesen (Angelologie), die Frau in der Heilsgeschichte (Mariologie), Ende und Vollendung (Eschatologie).

Der denkerische Anspruch steht in einem angemessenen Verhältnis zu Verständlichkeit und praktischer Relevanz. Auf je eigene Weise laden die einzelnen Bände zum engagierten Mitdenken ein und vermitteln zugleich ein Grundwissen für Studierende der Theologie, MitarbeiterInnen der kirchlichen Praxis und interessierte Amateure, die die Anstrengung des Begriffs nicht scheuen. Angesichts der wachsenden Bedeutung von Religion in den westlichen Gesellschaften will GEGENWÄRTIG GLAUBEN DENKEN gerade auch Menschen, die dem Christentum distanziert gegenüber stehen, mit dem christlichen

Glaubensdenken vertraut machen. Obwohl sämtliche Traktate von katholischen TheologInnen verfasst sind, die sich ihrer Kirche verbunden wissen, ist die gesamte Darstellung der christlichen Lehre konsequent ökumenisch gestaltet.

Mein Dank gilt zunächst Dr. Hans Jacobs vom Verlag Schöningh Paderborn. Auf seine Initiative geht das Projekt einer mehrbändigen Dogmatik zurück. Sein gleichermaßen motivierendes und geduldiges Engagement haben diese erst ermöglicht. Dank gebührt aber auch dem Verlag Schöningh und seinen Mitarbeitern für die Absicht, eine derartige systematische Theologie zu publizieren, und für die Hilfe bei der konkreten Durchführung. Besonders möchte ich meinen Kolleginnen und Kollegen danken, die sich bereit erklärt haben, die weiteren Bände zu verfassen. Manche von Ihnen begleiten das Projekt bereits seit Beginn der Überlegungen mit Rat und Tat, manche haben sich trotz vielfältiger Verpflichtungen schnell entschlossen, einen Beitrag zu leisten. Durch die gemeinsame Mühe ist etwas entstanden, das dem einzelnen so nicht möglich gewesen wäre.

Karlheinz Ruhstorfer, Freiburg 2007

# Vorwort

„Erstaunlich und befremdlich, dass Du Dich heute noch mit einem so schwierigen Thema wie Hölle, Himmel und Fegefeuer beschäftigst". Diese Bemerkung meiner Schwägerin bei einer der vielen sich spontan ergebenden Gesprächen über einen in Pastoral und Religionsunterricht meist verschwiegenen Problembereich der theologischen Reflexion ist typisch für die Begegnungen der letzten Jahre, welche die Entstehung dieses Buches begleiteten, aber auch für die Ratlosigkeit (und fehlende theologische Bildung) im kirchlichen Alltag und erst recht jenseits der Kirchen.

Andererseits gehörte ein öffentlicher Abend *(‚Islamische Theologie kontrovers')* mit dem Münsteraner Professor für Islamische Religionspädagogik, Mouchanad Khorchide, im Frankfurter Haus am Dom anlässlich seines jüngst erschienenen Bandes *Islam ist Barmherzigkeit. Grundzüge einer modernen Religion* zu meinen Sternstunden des theologischen Disputes im Jahr 2012. Bei doch recht unterschiedlicher Quellenlage in der christlichen und islamischen Tradition kamen wir, was die Vorstellungen des göttlichen Richters und die Situation des Gerichtes angeht, vor einem aufmerksamen, teilweise heftigen Widerstand leistenden Publikum zu weitgehend analogen Ergebnissen. Eine für den erst beginnenden christlich-islamischen Dialog mit theologischer Valenz im deutschsprachigen Raum ermutigende Erfahrung.

Meine Beschäftigung mit eschatologischen Fragen geht aber bereits auf die 2005 erschienene Habilitationsschrift *Zwischen Fiktionalität und Kritik* zurück. Ihr verdankt dieser Band auch seine Methodik einer ‚fiktionalen Anthropologie' sowie die Grundlagen für die Kapitel 1,2,6,7 und 8. Weitere Kapitel des Bandes entstanden im Rahmen der Vorlesung „Eschatologie" im Wintersemester 2011/2012 an der Johann Wolfgang Goethe Universität, Frankfurt. Den Studierenden sei für Ihre Rückfragen und Diskussionsbeiträge herzlich Danke gesagt.

Beschwerlich gestalteten sich die Fertigstellung der historischen Kapitel und die Endredaktion während des Jahres 2012. Hier standen weniger wissenschaftliche Probleme im Weg als die vielfältigen Anforderungen meiner beruflichen Aufgaben als Direktor des Frankfurter Haus am Dom, als Mitglied des Rundfunkrates des Hessischen Rundfunks und des Frankfurter Rates der Religionen und diverser regionaler und überregionaler Gremien. Allen Kolleginnen und Kollegen, die sich im vergangenen Jahr die Klagen über meine Arbeitsbelastung anhören mussten (oder dies auf anderem Wege zu spüren bekamen) sei ein herzliches *Vergelts Gott* gesagt.

Mehr als dürre Dankes-Worte ausdrücken können, gebührt aber meiner Frau Beate und unserer jüngsten Tochter Josefine. Denn natürlich sind große Teile dieses Bandes in Urlaubswochen und an Wochenenden entstanden. Zeit, die sonst der Familie zur Verfügung gestanden hätte.

Inhaltlich verdankt sich die Arbeit dem beharrlichen und unabgeschlossenen wissenschaftlichen Dialog sowohl mit den akademischen Lehrern, die mir unmittelbar oder mittelbar in Sachen Eschatologie auf die Sprünge halfen – vorneweg Hansjürgen Verweyen, aber auch Bernhard Uhde, Gisbert Greshake und Medard Kehl, Reinhold Zwick und Michael N. Ebertz – wie den Kollegen und Kolleginnen meiner Generation im alltäglichen Miteinander. Hier müssen Dewi Suharjanto, Daria Pezzoli-Olgiati, Alexander Foitzik, Gregor Maria Hoff, Günter Kruck, Jan-Heiner Tück und nicht zuletzt Karlheinz Ruhstorfer, der Herausgeber dieser verdienstvollen Buchreihe, und ihre Autoren, aber auch die Frankfurter Kollegen Bernd Trocholepczy, Knut Wenzel und Thomas M. Schmidt Erwähnung finden. Am intensivsten ist oft das Gespräch mit ehemaligen Diplomandinnen und Doktoranden, wenn der Kontakt über die Entstehungszeit der Qualifikationsschrift hinausreicht. Hier sei vor allem Thomas Alferi, Matthias Müller, Monika Konigorski und Stefanie Knauss Dank gesagt für teilweise kontroverse, nie aber langweilige und immer weiterführende GefährtInnenschaft.

Ohne die meiner Professur für christliche Religions- und Kulturtheorie zugeordnete Hilfskraft Elisabeth Drescher wäre dieses Buch nicht in seine vorliegende Form gekommen. Es verdankt ihr darüber hinaus manch nachdenkliche und hilfreiche Randbemerkung sowie das Literaturverzeichnis. Auch Herr Dr. Jacobs, Lektor des Schöningh Verlages, half, das Buch in seine endgültige Form zu bringen.

Ich widme dieses Buch den Frauen, die mein Leben wesentlich geprägt haben und prägen. Meinen verstorbenen Großmüttern, meiner Mutter, meiner Schwiegermutter, meiner Ehefrau, meinen Töchtern, meiner Schwester, den Schwägerinnen und Freundinnen, die mich teilweise schon seit Jahrzehnten begleiten, in Dankbarkeit für lebendiges Glaubenszeugnis und kritische Gegenrede.

*Frankfurt, Dreikönig 2013* *Joachim Valentin*

# Inhalt

# Einleitung

## 1. Vorbemerkungen

Das Verfahren dieses theologischen Traktates *Eschatologie* ist neu. Wir fangen nicht ‚bei Adam und Eva' an, sondern hier, bei uns, in unserer Gegenwart. Die Methode kann den französischen Philosophen und Historiker und Begründer eines genealogischen oder archäologischen Verfahrens in den Geisteswissenschaften, Michel Foucault, ihren Paten nennen: Schicht für Schicht wird ein historisch vorkommendes Verständnis von Eschatologie nach dem anderen abgetragen. Doch zu Beginn müssen natürlich Grundfragen geklärt werden.

Schon die gewählte Methode – Foucault gilt als *„postmoderner"* Denker – macht aber deutlich, dass in diesem Traktat das Verhältnis zwischen Moderne und Theologie nicht einfach als adversatives, als gegensätzliches verstanden werden kann. Theologie verhält sich zu Moderne weder einfach widersprechend noch einfach zustimmend. Die Pastoralkonstitution des Zweiten Vatikanischen Konzils *Gaudium et Spes* (GS) lehrt den katholischen Theologen Respekt vor den „Zeichen der Zeit"[1], sie verbietet der Theologie damit eine einseitig kulturpessimistische Sicht auf „die Moderne", wie sie heute nicht wenige Christgläubige pflegen. Auch in der Theologie wird eine solche Pauschalkritik der Moderne vertreten, etwa von der angelsächsischen theologischen Schule der *Radical Orthodoxy*[2] und neothomistischen Professoren nicht zuletzt in den USA. Auch andere zeitgenössische Geschichtsmodelle begreifen die Moderne fälschlicherweise einseitig als historischen Ort des Zerfalls eines ehemals Ganzen, etwa eines ‚christlichen Abendlandes'.

‚Moderne' als affirmativer Begriff bezeichnet aber zunächst deskriptiv einfach die Summe der historischen Bedingungen heutigen Theologietreibens, den Ausgangspunkt theologischen Forschens und Fragens also, eine als Selbstreflexion radikalisierte Aufklärung und damit auch den Ort anhaltender Ideologiekritik. Die Moderne läuft damit der christlichen Tradition keineswegs einfach nur zuwider, sondern kann zumindest als Ermöglichung intellektuell verantworteter Kritik als ein später Teil der Wirkungsgeschichte des jüdischen Bilderverbotes bzw. der christlichen Negativen Theologie begriffen werden.[3]

---

1 GS 4.

2 John Milbank / Catherine Pickstock / Graham Ward (Hg.), *Radical Orthodoxy. A New Theology,* London 1999 und Graham Ward, *True Religion.* Malden, Mass., 2003 sowie den Kommentar von Thomas Fliethmann, *Radical Orthodoxy. Zu einer neuen Bewegung in der anglo-amerikanischen Theologie,* in: *Herder Korrespondenz* 56 (2002), 407–411.

3 Vgl. in jüngerer Zeit besonders prägnant: Gianni Vattimo, *Die christliche Botschaft und die Auflösung der Metaphysik*, in: K. Dethloff / L. Nagl / F. Wolfram (Hg.), *Religion, Moderne, Postmoderne. Philosophisch-theologische Erkundungen,* (Schriften der Österreichi-

Dies gilt besonders, weil diese beiden Diskursmodelle seit der Zeit der Propheten in der Lage waren, Unrecht als einer approximativ erreichbaren göttlichen Realität nicht adäquat und damit auch hinter den menschlichen Möglichkeiten zurückbleibend zu benennen. Eine solche Aufnahme zentraler Impulse der Moderne vor dem Hintergrund der eigenen Tradition schließt aber darüber hinaus auch eine affirmative Neubestimmung des Erbes und der Botschaft christlicher Religion und Theologie keineswegs aus. Wir werden im Rahmen der Analyse so zeitgenössischer Phänomene wie des Spielfilms, aktueller Literatur aber auch der Glaubensinhalte von evangelikalen Gemeinden und Endzeitkirchen darauf stoßen. Allerdings wird genau zu prüfen sein, an welchen Punkten diese einer Selbstkritik zu unterziehen oder bewusst gegen ihrerseits kritikwürdige Tendenzen der Moderne ins Gespräch zu bringen sind.

Soviel vorläufig als Ortsbestimmung unseres Theologietreibens. Was ist aber der Gegenstand, das Objekt unserer Überlegungen. Was ist Eschatologie? Was denkt man heute über die Zeit nach dem Tod, über Auferstehung und Unsterblichkeit, über Gericht, Hölle und Paradies – oder besser, was *kann* man, ja was *sollte* man denken? Vor dem Hintergrund der kirchensoziologischen und theologischen Diagnose darf man mit Michael N. Ebertz vermuten, dass wir bereits seit dem 19. Jahrhundert, einen lebendigen Bezug zu diesen Glaubenswahrheiten verloren haben. Die meisten Christinnen und Christen in Deutschland und anderen westlichen Ländern glauben einfach *gar nichts* (Christliches) mehr, was diese Fragen angeht. Eine große Ausnahme stellen die USA dar. In Mitteleuropa herrscht, wenn überhaupt an ein Weiterleben nach dem Tode geglaubt wird, eine westliche Version des östlichen Reinkarnationsglaubens vor und genießt auch hohe Akzeptanz bis hinein in die Kernbestände großkirchlich-christlicher Gemeinden[4]. Diese Wahrnehmung dürfte ihre Ursachen nicht zuletzt in einem Vakuum der zeitgenössischen christlichen Verkündigung in Sachen Eschatologie haben.[5]

Um uns unserem Thema in einem ersten Anlauf also inhaltlich zu nähern müssen wir zunächst zwischen zwei Begriffen unterscheiden: Mit ‚Apokalyptik' werden zunächst in einem exegetischen Sinne der kanonische alt- und neutestamentliche Textbestand und seine Symbolressourcen (katastrophisches Weltende, finaler Kampf, Drache/Tiere, Babylon, Engel, Menschensohn, Frau,

---

schen Gesellschaft für Religionsphilosophie 3) Berlin 2002, 219–228. Sowie DERS., *Glauben-Philosophieren*, Stuttgart 1997.

[4] Vgl. zum Thema v.a.: HELMUT ZANDER, *Reinkarnation und Christentum. Rudolf Steiners Theorie der Wiederverkörperung im Dialog mit der Theologie,* Paderborn 1995 sowie RÜDIGER SACHAU, *Weiterleben nach dem Tod? Warum immer mehr Menschen an Reinkarnation glauben*, Gütersloh 1998.

[5] Zu diesem Ergebnis kommt jedenfalls schon 1991 WERNER THIEDE, *Auferstehung der Toten – Hoffnung ohne Attraktivität? Grundstrukturen christlicher Heilserwartung und ihre verkannte religionspädagogische Relevanz,* Göttingen 1991.

Feuer etc.) und deren modifizierte Wiederaufnahme in verschiedenen Epochen und Genres bezeichnet. Die Texte sind unter bestimmten historischen Bedingungen zwischen dem dritten vor- und dem zweiten nachchristlichen Jahrhundert entstanden. Es sind die bilderreichsten der Bibel überhaupt; sie verdanken sich Visionen und Auditionen. Als Gattung zeichnet sich die vorchristliche Apokalyptik darüber hinaus durch Pseudepigraphie und Geschichtsspekulationen aus. Unter massiven politischen Pressionen entstanden, liegt ihre primäre Intention in der Machtkritik. Als wichtige Funktion der Texte wird darüber hinaus immer wieder die des Trostes genannt. Mit dieser engen Bindung an emanzipatorisch-politische Zusammenhänge ist zugleich die Möglichkeit ihres Missbrauchs verbunden. Bis heute ist der gesellschaftliche Ort, von dem aus ‚apokalyptisch gesprochen' wird, wesentlich für die theologische Beurteilung der apokalyptischen Rede.

> „Die jüdische Apokalyptik will das Erbe der neutestamentlichen Propheten wahren, indem sie die prophetische Botschaft neu auszusagen sucht. Sie betrachtet nicht nur den Lauf der Geschichte Israels und der umliegenden Völker, sondern nimmt den Gang der Weltgeschichte in den Blick und sieht ihn seinem Ende entgegeneilen. Diese Welt geht unter furchtbaren Katastrophen zugrunde, die Welt Gottes aber wird sich vom Himmel herabsenken und die paradiesische Herrlichkeit wiederkehren lassen. Der schroffe Gegensatz zwischen dieser Welt und jener Welt ist unter Aufnahme dualistischer Vorstellungen aus dem Iran ausgebildet worden. Über die unter den Regimen satanischer Mächte stehende Welt wird eine letzte Zeit der Schrecken hereinbrechen. […] In diesen ‚messianischen Wehen' aber kündet sich das nahende Ende an. Wenn die Not auf das Höchste gestiegen und die Zeit abgelaufen ist, wird Gott eingreifen. […] Die Toten stehen aus den Gräbern auf. Alle Menschen müssen vor dem Richterstuhl erscheinen, auf dem Gott und der Messias/Menschensohn thronen. Aus Büchern werden ihre Taten abgelesen, um ihnen das Urteil zu sprechen. Dieser Richterspruch ist unwiderruflich und entscheidet über ewiges Heil und ewige Verdammnis. Nach dem Gericht lässt Gott die neue Welt an die Stelle der alten treten. In ihr werden die Seligen wohnen, und Gott wird in alle Ewigkeit in ihrer Mitte weilen."[6]

Religionsgeschichtlich heißt das konkret: *Apokalyptik* ist textuell vermittelte Weissagung über eine generelle Verschlechterung der Zustände in Natur und Menschenleben bis hin zur völligen Katastrophe, die Auflösung menschlicher Bindungen und zunehmender Drangsale, das Einbrechen eines göttlichen Zeitalters (Äons) bzw. die Parusie eines Heilandes, Totenauferstehung und Weltgericht. Der darauffolgende Anbruch der endgültigen Heilszeit gilt oft als Wiederherstellung urzeitlich-paradiesischer Zustände.[7]

---

6 EDUARD LOHSE, *Die Offenbarung des Johannes*, NTD Bd 11, Göttingen1993, 1.

7 Vgl. GÜNTER LANCZKOWSKI, *Art. ‚Apokalypse. I Religionsgeschichtlich'*, TRE Bd. III (1978), 190. sowie: KLAUS KOCH / JOHANN MICHAEL SCHMIDT, *Apokalyptik,* Wege der Forschung CCCLXV, Darmstadt 1982 sowie neuerdings: MICHAEL TILLY, *Apokalyptik*, Marburg 2012.

*Eschatologie* meint dagegen die im weitesten Sinne theologische Be- und Verarbeitung dieses Textbestandes, die ebenfalls in Abhängigkeit von sozioökonomischen Bedingungen und spezifischen zeitgenössischen Fragestellungen erfolgt. Sie versucht, die bisweilen amorphe und nicht unmittelbar verständliche Textgestalt in den Zusammenhang christlicher Heilslehre zu stellen und in diesem Sinne auch zu korrigieren bzw. zu systematisieren. Eine immer wieder aufgeworfene Frage ist in den etwa 2000 Jahren ihrer Wirkungsgeschichte zum Beispiel die Datierung von im Buch Daniel und in der Offenbarung des Johannes angeblich vorhergesehener ‚Ereignisse', welche den Weltuntergang ankündigen. Neben vielem anderen stellt ein zentrales Problem auch die Spannung zwischen jesuanischer Liebes- und Gerichtsbotschaft dar.

Eschatologie ist Teil der Ideen- und Wirkungsgeschichte der biblischen und außerbiblischen apokalyptischen Texte. Ideengeschichte muss aber verstanden werden als offener Prozess einer fortwährenden Wiederaneignung und Neuinterpretation vorliegender Symbol-, System- und Sinnressourcen nach den jeweiligen soziokulturellen und ökonomischen Bedingungen der Zeit und des Ortes, an dem sie stattfinden. Wir haben analog auch im Fall der Eschatologie eine Fülle von Texten und Bildern vor uns, die apokalyptische Sinnzusammenhänge und Motivgruppen entsprechend der jeweiligen historischen (Krisen-)Situation umgeschrieben, unterschiedlich konnotiert und in der jeweiligen Gesellschaft systemisch verankert wurden.[8] Es liegen untereinander höchst *verschiedene*, aber auch im Vergleich zum historisch ersten Auftreten des Phänomens Apokalyptik massiv *veränderte* Vorstellungen vom Geschehen am Ende der Zeiten vor. Von Anfang an boten vor allem die kanonischen und außerkanonischen apokalyptischen Texte der Bibel einen reichen Schatz an Zeitkonzepten und Hoffnungsgestalten, bisweilen auch nur einzelner imaginativer Bilder, die je neu aufgegriffen und als ‚Module' zu neuen Erzählungen vom Ablauf und Ende der Zeiten rekombiniert wurden. Gerbern S. Oegema hat etwa für die Zeit des Frühjudentums und die ersten rabbinischen Texte überzeugend gezeigt, wie die literarische Ausgestaltung zentraler Elemente der Apokalyptik – insbesondere der Messias-Gestalten, des Endzeitgerichtes, der Himmels- und Höllenreisen, der Rolle Jerusalems und des Tempels sowie des 1000jährigen oder messianischen Reiches – abhängig waren von der Gestalt und Struktur lokaler Herrschaftssysteme und Führerpersönlichkeiten im Nahen Osten, aber auch, wie nach der jüdischen Enttäuschung messianischer

---

8 „Das apokalyptische Geschichtsverständnis dient als ‚eschatologisches Geschichtsverständnis' dazu, bestimmte eschatologische Vorstellungen in der (mythologisch geprägten) Sprache ihrer Zeit als ethisch-politische Alternativen oder ‚Programme' anzubieten. Diese Programme sind abhängig von der historischen Situation, in der sie entstehen bzw. formuliert werden, und bilden zugleich eine Analyse dieser Situation." GERBERN S. OEGEMA, *Zwischen Hoffnung und Gericht. Untersuchungen zur Rezeption der Apokalyptik im frühen Christentum und Judentum*, Neukirchen-Vluyn 1999, 352f. Vgl. mit ähnlicher Intention bereits EDWARD SCHILLEBEECKX, *Einige hermeneutische Überlegungen zur Eschatologie*, in: Conc(D) 5 (1969), 18–25.

Naherwartungen 70 und 136 n. Chr. ein Prozess der Eliminierung und Individualisierung apokalyptischer Vorstellungen einsetzte.[9]

Wir können und dürfen aber auch nach all dem Schindluder, der mit Gerichts- und Höllendrohungen bis hin zur Inquisition und Hexenverbrennung getrieben wurde, vor allem aber auch nach dem, was man gemeinhin ‚Aufklärung' nennt, genauerhin nach Immanuel Kants Erkenntnis- und Metaphysikkritik, nicht mehr einfach und ‚unkritisch' an angebotene Jenseitserwartungen glauben. Und gerade im Raum der Universität muss das Instrument der Beschäftigung mit den Texten neben einer möglichst exakten Beschreibung das der Kritik sein.

Kritik und damit eine zutiefst moderne Denkbewegung interessiert im Kontext des eschatologischen Traktates in erster Linie als Kritik des unreflexiv Apokalyptischen, wie es uns historisch in den ‚Häresien' des Chiliasmus und Millenarismus, seit dem 19. Jahrhundert in den Endzeitkirchen vor allem der Neuapostolische Kirche, den Zeugen Jehovas und der Kirche Jesu Christi der Heiligen der Letzten Tage aktuell aber auch am Rande der evangelischen und katholischen Großkirchen begegnet: Offenbarung wird im apokalyptischen Sinne nämlich verstanden als ein einem Menschen visionär, das heißt privilegiert zugänglicher und real verstandener Gesamtüberblick über alle historischen und zukünftigen Geschehnisse, oder im Sinne einer demnächst einzelnen Auserwählten offenbar werdenden umfassenden Wahrheit.[10] Die irdische Geschichte kann jedoch spätestens „nach Auschwitz" nicht mehr als sich zunehmend im positiven oder negativen Sinne sättigende Fortschrittsgeschichte oder apokalyptisch mit einem universal heilsamen Ende nach überwundenen katastrophischen Wehen verstanden werden. Diese Erkenntnis ist zugleich modern und altbekannt: War doch eine vergleichbare frühchristlich-innerweltliche Lesart der Offenbarung des Johannes bereits im vierten Jahrhundert, zuerst von Tyconius und dann, breitenwirksamer, von Augustinus durch ein allegorisches Verständnis abgelöst worden: Das Millennium ist nach dieser Lesart mit der Zeit der Kirche bereits angebrochen, die Zahl Tausend wird metaphorisch für eine unendlich lange Dauer genommen.

Eschatologie wie Theologie insgesamt ist freilich keinesfalls auf bloße *Kritik* reduzierbar. Sie hat affirmativ Bilder, Visionen und die Hoffnung auf einen

---

9 OEGEMA, *Hoffnung und Gericht*, 341–362.

10 JACQUES DERRIDA, *Apokalypse. (Von einem neuerdings erhobenen apokalyptischen Ton in der Philosophie; No Apocalypse, not now),* Wien 1985. Vgl. dazu Kapitel 1.2.2 Die Problematik wurde mit Blick auf Walter Benjamin von Jürgen Brockoff prägnant formuliert: „Ob von oben oder von unten, in beiden Fällen geht es dem apokalyptischen Diskurs als politisch-theologischer Rede darum, im Namen der Transzendenz zu sprechen, selbst ein transzendenter Diskurs zu sein, um zu sich als dem Ort zu führen, von dem aus es allein möglich ist, rein und unmittelbar zu sprechen." JÜRGEN BROKOFF, *Die apokalyptische Vernichtung des Rechts. Zur politischen Theologie Walter Benjamins,* in: DERS. / J. JACOB (Hg.), *Apokalypse und Erinnerung* (Formen der Erinnerung, 13), Göttingen 2002, 39–57, 57.

treuen Gott, dessen Allmacht den Grenzen des Todes nicht unterliegt, auch gegen aktuell herrschende Anschauungen zu verkünden.

Dementsprechend soll in diesem Band zunächst nach Spuren eines zeitgenössischen Vollzugs des Eschatologischen ohne eschatologisches Gesamtkonzept innerhalb und außerhalb der Kirche gesucht werden, bevor die vorausliegenden theologiegeschichtlichen Epochen Schicht für Schicht abgetragen werden und schließlich ihre Wurzel und Quelle, das biblische Zeugnis von der Reich-Gottes-Lehre Jesu Christi sichtbar wird.

## 2. Eschatologie im Horizont fiktionaler Anthropologie

Die Vielfalt der historischen Interpretationsmodelle biblischer Texte in eschatologischer Hinsicht lässt eine durchgängige Methodik nicht zu. Das macht einen Zugang zu einer 2000-jährigen Ideen- und Bildergeschichte schwierig. Entsprechend sollen sie denn auch in den je eigenen ästhetischen, historischen, soziologischen, philosophischen und theologischen Kontexten dargestellt werden. Allerdings scheint mir doch die *Wahl einer anthropologischen Metakategorie* vonnöten, welche es erlaubt, sinnvoll von den ‚letzten Dingen' wie sie der christliche Glaube erhofft, zu sprechen. Hier eignet sich in besonderer Weise die fiktionale Anthropologie, wie sie nach Vorarbeiten von Frank Kermode durch den Konstanzer Anglisten und Rezeptionsästhetiker Wolfgang Iser entwickelt wurde. Sie soll hier einleitend bereits mit direktem Bezug zu den eschatologischen Inhalten dargestellt werden.

Auch außerhalb von Kirchen und Religionen hat das Modell der *fiktionalen*, das heißt *narrativen* aber zunehmend auch einfach *ikonischen* Weltdeutung und Lebenshilfe in jüngerer Zeit eine außergewöhnliche und teilweise auch besorgniserregende Karriere hinter sich. Der Berliner Kultursoziologe Norbert Bolz hat unter der schönen Überschrift *Unwirklichkeiten, in denen wir leben*[11] bereits vor mehr als 20 Jahren darauf hingewiesen, dass wir heute in einem viel umfassenderen Sinn als nur im Fall der Jenseitsvorstellungen vielleicht gar nicht mehr in einem Zeitalter der Aufklärung oder der rationalen Reflexion leben, sondern vielmehr einer ungebremsten Bilderflut ausgesetzt sind, und in einer „Konkretion ohne Denken“ vielleicht sogar als autonome Individuen unterzugehen drohen. Man kann in diesem Zusammenhang denken an die bereitwillige Hingabe des Publikums an *DailySoaps*, Beobachtungsdiskurse à la *Big Brother* oder *Germanys Next Topmodel* und andere im weitesten Sinne an den Grenzen zwischen Fiktion und Alltagsrealität angelegte mediale Formate. Überall hier gilt: Was ich hier am Bildschirm erlebe, ist gerade weit genug von meinem eigenen Alltag entfernt, um diesen vergessen zu machen und die Schaulust auf das Fremde zu befriedigen. Gleichzeitig ist es aber auch nahe

---

[11] NORBERT BOLZ, *Eine kurze Geschichte des Scheins*, München 1991, 95–134.

genug daran, um Handlungsmuster zu übernehmen und vielleicht sogar allgemeine Lebensregeln aus den TV-Fiktionen abzuleiten. Zumindest hört man das immer wieder von Fans der *Daily Soaps*[12]. Aus den konkreten Entscheidungen der medialen Anderen erhebe ich Lebensregeln für mein eigenes Durchwursteln. Das gilt vor allem dann, wenn Sozialisation primär *medial* und nicht mehr *sozial* geschieht.

Wir hätten es also in den Unterhaltungsmedien im schlechteren Fall mit einem quasi mythischen Rückfall hinter die Errungenschaft der Moderne, (Aufklärung, kritische Reflexion) zu tun. Die Kraft von kritischer Philosophie und Theologie lässt nach und die Renaissance von Kultur- und Religionswissenschaften stehen mit diesem *cinematic, iconic* oder *digital turn* in untergründigen Zusammenhang.

Wenn wir hier Fiktionalität aber trotzdem in einer theologischen Reflexion nicht als das böse Andere verwerfen, dann deshalb, weil sonst eine zentrale Lebensrealität nicht nur der heute lebenden Menschen komplett aus dem Theologietreiben ausgeschlossen würde. Ich meine, dass wir der *Reflexion*, in Form einer allgemeinen philosophischen und theologischen Kulturkritik ebenso bedürfen wie einer verantworteten Affirmation des je gegenwärtigen außertheologischen Kulturgeschehens. Dass wir also auch die Polymythie in ihrer aktuellen medialen Version etwa in Form apokalyptischer Narrationen in den USA oder des islamischen ‚Fundamentalismus' in einem ersten Anlauf weder verwerfen noch unkritisch begrüßen, sondern sie zunächst zu begreifen und aufzugreifen haben, zum Beispiel als in unterschiedlichen Diskursformen vorgetragenen Protest gegen Funktionalismus und Ökonomismus der radikalisierten Moderne.

Nicht einfach nur Rationalisierung, kritische Reflexion oder – begrifflich unschärfer – *Verwestlichung* der Polymythien und ‚Fundamentalismen' wäre also Gebot der Stunde, sondern ebenso eine Bewusstmachung jenes unkalkulierbaren nicht rationalen Anteils in der Rationalität, der *Dialektik der Aufklärung*, auf die Adorno und Horkheimer schon 1945 hingewiesen haben. Weder ein Einstimmen in die Sehnsucht nach irrationaler Harmonie noch ein Konkurrieren mit szientistischen Sinnstiftungskonzepten aus der Retorte scheint heute die Aufgabe der Theologie zu sein, sondern vielmehr die *Störung* und *Irritation* von beidem. Diese Impulse gehen im Alltagsleben eigentlich von jedem Phänomen aus, das ich als widerständig erlebe, in besonderer Weise aber vom anderen Menschen. Sie sind zentrales Thema der modernen Literatur, des anspruchsvollen Films und der Kunst.

---

[12] Vgl. MATTHIAS LORETAN, *Stars der Selbst-Offenbarung im Container. Big Brother: eine spätmoderne Schlüsselszene von banaler Allwissenheit,* in: Medienheft 15 (20. März 2001), 19–24.

Doch was heißt es konkret für unser Themenfeld, die Eschatologie, das Fiktionale – auch in Form von zunächst irrationalen und vielleicht sogar gewaltförmigen Bildwelten – ernst zu nehmen und nicht als „uneigentlich“ an den Rand zu drängen? Wenn wir versuchen, uns das Material der Eschatologie, die Apokalyptik als organisches Ergebnis menschlicher Sehnsüchte vorzustellen, kommen wir zu interessanten Ergebnissen und plötzlich ist das Befremdliche Teil unseres alltäglichen Lebens:

Der britische Literaturwissenschaftler Frank Kermode[13] hatte bereits in den sechziger Jahren eine *finale Anthropologie* vorgelegt, eine Bestimmung des Menschen von seiner Sehnsucht nach einem sinnstiftenden, integrierenden Abschluss einer Erzählung, seines Lebens, der Geschichte als ganzer. Er erklärt so die ungebrochene Aktualität des Apokalyptischen in unterschiedlichen literaturgeschichtlichen Ausprägungen. Vor allem Shakespeares *Macbeth* und Sartres *Der Ekel* werden, verbunden mit Anspielungen auf eine Vielzahl großer Werke der Weltliteratur, zu Exempeln dieser Sehnsucht nach einem die gesamte Geschichte integrierenden ‚Ende‘ in der Literatur:

> „So wie es die Theologie sagt: ‚Wir leben vom Ende her‘. Selbst wenn die Welt endlos sein sollte, brauchen wir *Enden*, *kairoi [wirkmächtige Momente]* und das *pleroma [Fülle]*, gerade jetzt, wo die Geschichte der Welt ihren Erfolg so schrecklich und unschön ausgebreitet hat. [...] In der Apokalypse gibt es zwei Ordnungen der Zeit, zwei Äonen: Die irdische Ordnung läuft auf ihr Ende zu. Der Wehe-Schrei, gerichtet an die Erdbewohner markiert das Ende ihrer Zeit. Mehr noch: Es soll gar keine Zeit mehr geben. In der Tragödie beendet der Wehe-Schrei den Fortgang der Handlung dagegen nicht; die große Krise und das Ende des menschlichen Lebens hält die Zeit nicht an.“[14]

Apokalyptische Fiktionen stehen nach Kermode *als endzeitliche* gerade *nicht* im kontradiktorischen Widerspruch zur übrigen Realität. Schließlich beziehen sie sich auf Bereiche *jenseits der Empirie*. Kermode nennt sie *concord fictions*[15]. Sie befriedigen das Begehren des Menschen nach Zusammenklang und Harmonie, sind also in der Lage, die Totalität seines Lebens sinnstiftend zu umgreifen[16]. Vom Ende her wird die Vielfalt zufälliger Lebensdaten aber universal gültiger Geschichtsdaten sinnvoll zusammengebracht. Geschichte wird von Kermode pauschal als Zeit der sich zuspitzenden Krisen und Katastrophen definiert: Der Mensch benötigt eine „Form für die Koexistenz von Vergangenheit und Zukunft in der [gegenwärtigen] Zeit des Übergangs.“[17]

---

13 FRANK KERMODE, *The Sense of an Ending. Studies in the Theorie of Fiction*, London 1967ff.

14 Ebd., 89. Hier wie im Folgenden: eigene Übersetzungen.

15 „Apokalypse beruht auf dem Zusammenklang von vorgestellter Vergangenheit und vorgestellter Zukunft, bezogen auf uns, die wir in der Mitte verbleiben.“ Ebd., 8.

16 „Wir hungern nach dem Ende und nach der Krise. [...] Wir sind wie anormale Kinder, Autisten, welche sich die willkürlichsten und schmerzvollsten Fiktionen ausdenken.“ Ebd., 55.

17 Ebd., 100.

Ursprünglich leistete in der westlichen Welt die *Bibel* mit ihrer konkordanten Struktur diese Integration, insofern sie Aussagen sowohl über den Anfang (Genesis 1) als auch über das Ende der Welt (apokryphe Apokalypsen, Gerichtspredigten Jesu in den Evangelien, Johannes-Offenbarung) macht. Diese Struktur sei jedoch – so Kermode – unter Bedingungen der Moderne zu „simpel“ um die von tiefgreifenden Fragmentierungen geprägte Gegenwart deuten zu können[18]. Es müssten also *komplexere Formen der aktuellen Vermittlung* gefunden werden: „unsere Techniken, das Intervall zwischen dem *tick* [als Anfang qualifizierter physischer Zeit-Punkt] und dem *tock* [als Ende qualifizierter Zeit-Punkt] zu füllen, muss wachsen, und zwar auf komplexere, variationsreichere und selbst-kritischere Art und Weise. Wir fühlen andauernd das Bedürfnis nach Übereinstimmung *[concord]*, und wir befriedigen es durch immerfort variierende Fiktionen des Zusammenklangs.“[19]

Aber: „Fiktionen[20] können zu Mythen degenerieren[21], dann nämlich, wenn sie nicht mehr für bloß fiktiv gehalten werden.“[22] Und: „Wenn wir vergessen, dass Fiktionen fiktiv sind, regredieren wir zum Mythos [...]. Literatur ist so lange erfolgreich, wie wir ihren Status als Fiktion nicht vergessen.“[23] Kermode bevorzugt dabei ein geregeltes Verhältnis zwischen Realität und Fiktion,[24] und misst dabei der Literatur – gerade was ihren integrativen Charakter angesichts der potentiell unendlichen Weltzeit angeht – eine wesentliche Bedeutung zu.[25]

Im Anschluss an Kermode wird deutlich, dass Erzählungen über Anfang und Ende des Lebens im Verhältnis zur säkularen Gattung des fiktionalen Textes insgesamt eine besondere Rolle zukommt: Einerseits legen es vor allem *Geburt* und *Tod* beziehungsweise *Anfang* und *Ende* des menschlichen Lebens nahe, dass sie durch imaginative Besetzungen definiert und so ‚bewältigt‘ werden.[26] Andererseits steht gerade diese Offenheit für je neue Besetzungen und Deutungen im Konflikt mit dem Wunsch des Menschen nach Gewissheit,

[18] „In ihrem allgemeinen Charakter haben unsere Fiktionen die Schlichtheit von Paradigmen hinter sich gelassen und sind weitaus offener geworden.“ Ebd., 6.

[19] Ebd., 63.

[20] „Es gibt Fiktionen, um Dinge herauszufinden und sie verändern sich in dem Maße, in dem das Bedürfnis nach Sinnstiftung sich verändert.“ Ebd., 39.

[21] „Der Mythos arbeitet innerhalb des Koordinatensystems des Rituals, das umfassende und angemessene Erklärungen der Verhältnisse voraussetzt wie sie sind und waren; er besteht aus eine Folge von absolut unveränderlichen Gesten.“ Ebd., 39.

[22] Ebd., 39.

[23] Ebd., 41.

[24] „Jede literarische Form wie realistisch auch immer beinhaltet einen bestimmten Grad an Verfremdung der Realität.“ Ebd., 50.

[25] Mit Verweis auf AUGUSTINUS’ 11. Kapitel der *Confessiones* „So könnten wir Bücher fiktive Modelle der zeitlichen Welt nennen. Sie erschließen sich dem Menschen als Modelle nur dann, wenn sie dem, was sie dem Rechnung tragen, was wir *‚real time‘* nennen die Zeitlichkeit des tatsächlichen Augenblicks. “ (54).

[26] WOLFGANG ISER, *Das Fiktive und das Imaginäre. Perspektiven literarischer Anthropologie*, Frankfurt a.M. 1991, 158.

was seine Herkunft und Zukunft angeht. Der Anglist Wolfgang Iser konstatierte konsequent gerade für die – wie er es nennt – ‚Kardinalpunkte' menschlicher Existenz eine Tendenz zur *Stillstellung der fiktionalen Prozesse*: Anfang und Ende der Welt, Geburt und Tod des einzelnen Menschen, die sich als unfassbare, unbeschriebene nicht aushalten lassen, werden – „massiv besetzt", wie er es nennt; besetzt mit religiösen Ursprungsmythen einerseits und mit prophetischen bzw. apokalyptischen Aussagen über das Ende andererseits, die vor allem darin bestehen, das Ende als Absolutes aufzuheben: Einerseits, so Iser, könnten apokalyptische Texte „phantastische Bewältigung des Unauslotbaren"[27] sein, andererseits liest man bei ihm: „Aitiologische Geschichten *sind* der Anfang und die Prophetien *sind* das Ende" – sie haben also die Ungewissheit und Offenheit der reinen Phänomenologie stillgestellt.[28] Dies unterscheidet sie von der Inszenierung, die nie verschweigt, dass sie das Unbetretbare beschreibt, also deutungs- und verschiebungsoffen bleibt. Sie beschreibt – ‚eingehegt' und angetrieben vom besetzten Anfang bzw. Ende – das mannigfaltige Leben dazwischen. „Wenn das Ende nicht mehr als neuer Anfang zu denken ist, dann beginnt es, imaginäre Besetzungen zu verweigern; stattdessen wird es als endgültiges Aufhören imaginär uneinholbar [...]."[29] Eine zum Millenarismus verkümmerte Utopie, „ausgezehrte Figurationen des Endes" sind die Folge des Phänomens, das Iser auch „Telosschwund" nennt. Sicher auch für uns und unsere Gesellschaft eine angemessene Beschreibung: Wir leiden am Fehlen eines allgemein anerkannten Zieles.

Eine ausführlichere Würdigung jüngerer exegetischer und bibeltheologischer Untersuchungen zu den in unserem Zusammenhang valenten Bibeltexten hat – gemäß dem Konzept dieser Buchreihe – ihren Platz erst am Ende des Bandes. Gleichwohl muss schon im Kontext dieser einleitenden methodischen Überlegungen gefragt werden: Wie werden solche grundlegenden *literaturwissenschaftlichen* und teilweise *philosophischen* Einsichten einer fiktionalen Anthropologie *theologisch* konkret?

Eine eingehende Untersuchung der verwendeten Motive in der für das Christentum entscheidenden und prägenden Johannesapokalypse lässt die Schweizer Exegetin und Religionswissenschaftlerin Daria Pezzoli-Olgiati zu dem Schluss kommen, „der Seher [habe] mit großer Freiheit einzelne Motive aus disparaten literarischen Zusammenhängen [entnommen], um eine neue, ganz an der christlichen Botschaft orientierte Komposition für die sieben [judenchristlichen] Gemeinden in Kleinasien zu verfassen."[30] Die Vokabel *eĩdon*

---

27 WOLFGANG ISER in, *Das Ende. Schlussdiskussion des Kolloquiums,* Poetik und Hermeneutik XX, München 1997, 640–667, 665.

28 WOLFGANG ISER, *Doppelungsstruktur*, in: DERS. / DIETER HENRICH (Hg.), *Funktionen des Fiktiven,* Poetik und Hermeneutik X, München 1983, 506.

29 ISER, *Ende*, 664.

30 DARIA PEZZOLI-OLGIATI, *Täuschung und Klarheit. Zur Wechselwirkung zwischen Vision und Geschichte in der Johannesoffenbarung*, Göttingen 1997, 189.

(sehen, erblicken) übernimmt dabei insofern wesentliche Funktionen, als sie den Text strukturiert, ihn als prophetisch-visionären charakterisiert und einen Bezug zum Leser/zur Leserin herstellt[31]. Bei der ‚Geheimen Offenbarung' einfachhin von einem Buch der ‚Visionen' zu sprechen, erweist sich jedoch insofern als schwierig, als *eĩdon* heterogene Textgattungen einleiten kann: von distanzierten Berichten über Hymnen und Dialoge bis hin zu deutenden Antworten und zur direkten Anrede der Adressaten. Pezzoli-Olgiati begreift Visionen deshalb als „mehrdimensionale Sprachbilder"[32], die sich durch Paradoxie-Fähigkeit auszeichnen[33]. Sie sind als solche in der Lage, traditionelle Motive unter neuen Bedingungen zu rekonstruieren. Die Vision als innerpsychisches Phänomen bleibt der Exegese als Textwissenschaft freilich verschlossen.

Gleichwohl gelingt es Pezzoli-Olgiati zu erläutern, warum die Offenbarung des Johannes gerade als Buch der Visionen – und das heißt für sie vor allem als Austragungsort einer spezifischen Relation zwischen der Alltagsrealität des Lesers und dem fiktionalen Raum, den die Vision des Sehers erschließt – verstanden werden sollte. Auf der Zeitebene findet dieses Verhältnis seinen Niederschlag im Verhältnis zwischen der Herrschaft Gottes in einer visionär vorweggenommenen Zukunft und der als bedrängend[34] und eben nicht von göttlicher Gerechtigkeit empfundenen Gegenwart des Lesers der Apokalypse: „Das Verhältnis zwischen den Zeiten in der Fiktion und den Zeiten der Menschen in Kleinasien ist nicht linear, sondern von einer dichten, mehrdeutigen Spannung bestimmt."[35]

Doch nicht nur zwischen gelesenem Text und Leser erzeugt die Johannes-Offenbarung eine enge Vernetzung, auch zwischen historischen heiligen Texten und der Gegenwart des Autors entsteht eine dichte ‚Textur': Ein anderer Exeget, der sich mit dem fiktionalen Charakter der „Geheimen Offenbarung" beschäftigt hat, der emeritierte Mainzer Professor Otto Böcher, schreibt zu dieser Vernetzung zwischen zwei Zeitebenen:

---

31 Ebd., 190ff.

32 Ebd., 201.

33 Ebd., 198.

34 In jüngerer Zeit hat in Deutschland unter anderem Heinz Giesen darauf hingewiesen, dass der zeitgeschichtliche Hintergrund der Entstehung der Offenbarung des Johannes wohl kaum – wie lange Zeit angenommen – systematische ‚Christenverfolgungen' gewesen sein dürften, sondern dass für die potentiellen Leser vor allem die Gefahr bestand, „in die Isolierung" zu geraten und zu „gesellschaftlichen Außenseitern" zu werden. Die Intention des biblischen Buches sieht Giesen demgemäß darin, „die Christen zur Glaubenstreue zu ermutigen und sie vor der großen Attraktivität, die der Götter- und Kaiserkult auch auf sie ausübt, zu warnen." So würde das letzte biblische Buch in erstaunliche Nähe zum entschiedenen Christentum heute rücken. HEINZ GIESEN, *Die Offenbarung des Johannes. Endzeitbilder von gestern oder Botschaft für heute?* In: M. EBERTZ / R. ZWICK (HG.), *Jüngste Tage. Die Gegenwart der Apokalyptik,* Freiburg i.Br. u.a. 1999, 50–81, 56.

35 PEZZOLI-OLGIATI, *Täuschung und Klarheit*, 211.

„Wie bei den Visionärinnen des christlichen Mittelalters, die ihre – echten, nachträglich verschriftlichten – Gesichte aus dem ihnen geläufigen Material nicht zuletzt der Offenbarung des Johannes speisten, stand für den Seher von Patmos ein Fundus von Bildern bereit, der seinem Gedächtnis tief eingegraben und auch in Visionen stets verfügbar war. […] ‚Erlebnisechtheit' und der Rückgriff auf Traditionsgut schließen sich nicht aus."[36]

Wie alle visionären Texte dieser Art müssen freilich auch apokalyptische Texturen ihre Konkretheit und Vorstellbarkeit gleichzeitig mit einer gewissen Vagheit verbinden, um dem Leser Möglichkeiten der individuellen Aneignung in der Lektüre zu bieten:

„Alles bleibt im Schwebezustand des Bildhaften und Ungefähren; der Leser erhält nur Vorstellungshilfen. […] der Leser soll nicht über die Form (Offb 21,6) und das Material (Offb 21,18–21) der Gottesstadt nachdenken, sondern über ihre Harmonie und strahlende Schönheit."[37]

Die von Böcher geleistete Strukturierung der Bilderwelt des Johannes lässt die innere Logik der Verwebung zwischen erfahrener Welt und durch die Schrift hervorgerufenem Bildkosmos noch deutlicher werden[38]: Gott wird mit alttestamentlichen Bildern (Jes 6) der dem Autor auch zeitgenössisch bekannten königlichen Regierungsform dargestellt, als thronender Herrscher in einem himmlischen Schloss (Offb 4,3b), mit Engeln und Ältesten als Hofstaat, Sängern und Instrumentalisten, Knechten und Untertanen. Dabei wird eine Überhöhung des Bildmaterials, das dem Kult um den als Antichrist karikierten römischen Imperator entnommen wurde, durch Rückgriff auf den Astralbereich, also Sonne (Offb 21,23) und Sternbilder, erreicht. Gleiches gilt für den erhöhten Christus, bei dessen Darstellung zudem die überwältigende Vielfalt der verwendeten Bilder und die paradoxe Gleichzeitigkeit von Herrschaftszeichen und solchen der Niedrigkeit und Ohnmacht auffällt: Dem wie ein Himmelskörper (Offb 21,23; 22,5) über der Stadt thronenden Kosmokrator (Offb 1,5; 21,22 u.ö.), dem Feldherrn hoch zu Ross (Offb 17,14), steht das Opferlamm (Offb 21,22f. u.ö.) gegenüber.

Auch in der den Text beherrschenden Darstellung von Engeln und Dämonen kann Johannes auf reiche Ressourcen zurückgreifen. Dabei fällt erneut die Technik der Überhöhung alltäglicher Gegenstände und Naturmotive durch paradoxe Rekombination und Verbindung mit Katastrophen- und Himmelsphänomenen auf.[39] Besonders tritt hier der in einer komplexen Darstellungsweise

---

36 Otto Böcher, *Die Bildwelt der Apokalypse des Johannes*, in: I. Baldermann (Hg.), *Die Macht der Bilder* (JBTh 13), Neukirchen-Vluyn 1998, 80.

37 Ebd., 81.

38 Ebd., 80–87.

39 Ebd., 83 bzw. 88. Erwähnenswert ist hier besonders die Gestalt des Drachen, der – wirkungsgeschichtlich in beinahe allen Kulturen präsent – das ideale Exempel für den visionär-kreativen Umgang und das Zueinander von Realität und Fiktion abgibt: Aus der Welt der Reptilien stammend wird er durch Vergrößerung, Verbindung mit dem Element des Feuers und der Projektion an den Himmel zu einem bedrohlich-faszinierenden Motiv eigener Valenz.

gebrochene, jedoch zentral von der bekannten Licht[40]-Finsternis[41], Oben-Unten, Leben-Tod bzw. Gut-Böse (Christ-Antichrist)[42] Metaphorik bestimmte Dualismus der Offenbarung des Johannes zu Tage.

Dieser bestimmt sich, wie Pezzoli-Olgiati gezeigt hat, jedoch nicht einfach nur als schroffes Gegenüber zweier unvereinbarer Größen, wie die dichotome Relation ‚Licht und Finsternis' eigentlich nahe legt. Daneben weisen die Darstellungen Gottes und des Antichristen[43], des Lammes und der apokalyptischen Tiere[44], Jerusalems und Babylons[45] sowie der Heiligen und der Anbeter des Tieres[46] auffallende Parallelen auf. Allerdings werden die Gegensätze in der spiegelbildlichen Konfrontation bei aller so erzeugten Verwechselbarkeit[47] nicht eigentlich geschwächt, sondern eher noch bekräftigt und durch den endgültigen Sieg, ja die niemals gebrochene, bisweilen aber verborgene Souveränität des positiv besetzten Teils schließlich überwunden: „Transparenz, Liebe und Lebendigkeit sind eigentlich nicht mit Undurchschaubarkeit, Gewalt und Tod vergleichbar, denn sie sind ihnen überlegen."[48]

Die Stärke der Offenbarung des Johannes als fiktionaler Text scheint also gerade darin zu liegen, auch dem Bösen, Dunklen und Verabscheuungswürdigen auf der Höhe seiner Möglichkeiten zu begegnen, ihm in seiner ganzen Macht und Verführungskraft stärkste Bilder zur Verfügung zu stellen, und es damit für den Leser als berückendes Identifikationsangebot mit negativem Vorzeichen vor Augen zu führen. Eine einseitige, manichäische Fehllektüre kann freilich nie ausgeschlossen werden.

---

40 Veranschaulicht durch eine Vielfalt von Leuchtern, Fackeln, Edelmetallen, Edelsteinen, Feuerflammen, strahlenden Himmelskörpern und weißen Gewändern (Offb 1,12.14.16.20; 4,2–5; 19,12–14; 21,18–24; 22,5 u.ö.). Ebd., 86.

41 Bebildert durch Sonnen- und Mondfinsternisse, Sternenstürze, Erdlöcher und Rauchphänomene (Offb 6,12; 8,10–12; 9,1f; 12,4a u.ö.). Ebd.

42 Böcher macht gar eine „dämonische Anti-Trinität (Offb 16,13; 20,10)" aus, „bestehend aus dem drachengestaltigen, siebenköpfigen Teufel selbst (Offb 12,3–18), seinem ‚Sohn' – dem ‚ersten Tier' und römischen Imperator [...] und dem ‚zweiten Tier', dem ‚falschen Propheten' [...]". Ebd., 83f.

43 Pezzoli-Olgiati verweist auf das Vorkommen identischer Grössen zur Kennzeichnung gegensätzlicher Kräfte: „Chronos, Dynamis, Proskynäsis kommen sowohl in Bezug auf Gott als auch auf den Drachen vor [...] der eine ist der Allmächtige, der Herr der Geschichte; das andere ist mächtig, bestimmt die Geschichte auf der Erde mit." PEZZOLI-OLGIATI, *Täuschung und Klarheit*, 202.

44 „Auch das Lamm gehört zu den mächtigen Gestalten und als solches ist es Gott, dem Drachen und dem Tier ähnlich [...], beide sind theriomorphe Gestalten, haben Hörner, sind geschlachtet und trotzdem Sieger. Ihre Macht umfasst den gleichen Bereich: Nationen, Völker, Sprachen und Stämme." Ebd.

45 „Es sind Städte mit alten berühmten Namen, die als Frauengestalten personifiziert werden; beide verfügen über sagenhafte Kostbarkeiten wie Gold, Edelsteine und Perlen, haben weitere besondere Namen, ziehen viele Menschen und Könige an." Ebd.

46 „beide Gruppen bestehen aus Menschen, die auf der Erde wohnen und den Wirkungen der negativen Kräfte ausgeliefert sind." Ebd.

47 Ebd., 206.

48 Ebd., 203.

Über eine Analyse der Handlungsräume kommt Pezzoli-Olgiati zu einer weiteren hilfreichen Einsicht in Sachen Dualismus: „Die Erde ist ein Ort der Mischung, des Gemenges zwischen verschiedenen Kräften. [... D]as Leben auf der Erde ist von starken Spannungen gekennzeichnet.“[49] Angesichts des damit einhergehenden Zueinanders von Gut und Böse fungiert die Offenbarung des Johannes nun tatsächlich in gewisser Weise als Trostbuch, insofern sie nämlich den über weite Strecken authentisch inszenierten Kampf zwischen verwechselbaren Mächten in heilsgeschichtlicher Dimension entwirrt und dem Leser die unübersichtliche Gegenwart in ein kontrastreiches Schwarz-Weiß-Gemälde zerlegt. Dies geschieht jedoch im ursprünglichen Text nicht in einem autoritativen Gestus, sondern in einem immer wieder neu zu vollziehenden Dialog zwischen Autor und Leser(in), wie ihn in dieser Weise nur ein als solcher gekennzeichneter aber nicht ‚enttarnter‘ oder gar als solcher ‚denunzierter‘ fiktionaler Text ermöglicht.[50]

Für die Wirkungsgeschichte, vor allem für millenaristische Datierungsversuche bei Zeugen Jehovas, Darbyisten, Mormonen und seit 1945 einer wachsenden Mehrheit von evangelikalen Christen in den USA ist die Zahlensymbolik der Offenbarung besonders bedeutsam, die sich nach Otto Böcher der pythagoreischen Tradition verdankt, einem griechischen Vorläufer unserer Esoterik. Hervorzuheben sind hier vor allem die auf Vollkommenheit verweisende Dreier-[51] und den Kosmos symbolisierende Viererreihen[52], die gemeinsam die Sieben ergeben – ebenfalls eine Zahl der Vollkommenheit und Endgültigkeit.

In den Ausführungen Otto Böchers,[53] wird schließlich die nicht zu unterschätzende Wirkungsgeschichte dieses Textes in der bildenden Kunst neu deutlich: Böcher bringt zu Bewusstsein, dass die Offenbarung des Johannes nicht nur ornamentale Elemente in Reliefs, Mosaiken und Teppichen in eine an sich anderswo herkommende Architektur eingetragen hat, sondern dass das ottonische, romanische und teilweise auch noch das gotische Konzept des ‚himmlischen Jerusalem‘ sich als Ganzes der Offenbarung des Johannes quasi als „Baubuch der Sakralarchitektur“[54] verdankt.[55]

---

49 Ebd., 208.

50 „Die Adressaten der Offenbarung werden aufgefordert, ihre eigene Geschichte zu deuten: Dies ist die einzige Möglichkeit, welche einen Ausweg aus der Täuschung und der Undurchschaubarkeit eröffnet. Die Visionen leiten zu einer neuen Art des Sehens angesichts der von Bedrängnis gekennzeichneten Existenz an. Leser und Leserinnen der Offenbarung sollen den Unterschied zwischen dem, was sie aus den fiktiven Visionen erfahren, und dem, was sie in der Geschichte erleben, erkennen und deuten.“ Ebd., 213.

51 Vgl. Offb 1,4f.; 14,10; 12f; 16,13; 12,12; 14,7; 21,1; 8,13; 9,12; 11,14; 12,12.

52 Vgl. Offb 5,13; 7,1; 20,8; 6,1–8; 4,6.8; 5,6.8.14 u.ö.

53 BÖCHER, *Bildwelt*, 77–106.

54 Ebd., 92. Vgl. zu einem Thema, das hier in seiner Bedeutsamkeit auch für die systematische Theologie nur angemahnt werden kann, die Artikel *Apokalypse des Johannes* von R. CHADRABA; *Apokalyptisches Weib* von J. FONROBERT; *Jerusalem, himmlisches* von G. JASZAI; und *Weltgericht* von B. BRENK im *Lexikon der christlichen Ikonographie*, hg. von E. KIRSCHBAU SJ, Freiburg i.Br. u.a. 1968ff.

Jüngere psychoanalytische Interpretationen knüpfen zwar ebenfalls an den visionären Charakter der Offenbarung des Johannes an. Sie wirken aber angesichts der Deutungsoffenheit der Motivgruppen merkwürdig eng geführt, vor allem weil sie – auf den Licht-Dunkel-, Gut-Böse-Dualismus der Gesamtkonzeption fixiert – deren von Pezzoli-Olgiati bemerkte paradoxe Durchkreuzung übersehen.[56]

## 3. Zentralthemen der Eschatologie

### *a) Massen- oder Intellektuellenreligiosität*

Im folgenden ersten Punkt soll – ähnlich wie bei den vorausgegangenen Reflexionen über Fiktionalität – eine soziologische Perspektive auf das eigene Wissenschaft- und Theologietreiben in die Überlegungen eingezogen werden, die uns – nicht immer ausgesprochen – immer wieder begegnen wird:

Verdankt sich nicht ein Gutteil des innerkirchliche Lagerdenkens, das heute als dauerhafte ‚Kirchenkrise' endgültig öffentlich geworden ist, einerseits dem ungeklärten Verhältnis zwischen theologischem und lehramtlichem Diskurs, andererseits aber auch einer weitverbreiteten *theologischen Unempfindlichkeit gegenüber volksreligiösen Traditionen*? Anstatt jahrhundertealte Traditionen kritisch und reflektierend zu begleiten, haben sich nicht wenige Theologen seit dem Vaticanum II, also seit Mitte der sechziger Jahre dazu verleiten lassen, Volksreligiosität *als Ganze* für magisch, vormodern und damit verzichtbar zu halten. Hier liegt sicher eine einseitige Lesart der Texte des letzten Konzils vor. Zumindest in der lateinamerikanischen Befreiungstheologie ist diese Entwicklung völlig anders verlaufen.

Nicht wenige überkommene Riten vor allem am Ende des Kirchenjahres und hier speziell im Umfeld der Feste Allerheiligen und Allerseelen, selbstverständlich aber auch die Beerdigungs- und Trauerriten der ‚vorkonziliaren' Zeit sind in Nord-Mitteleuropa dagegen beinahe ganz verlorengegangen. Da-

---

[55] „Kubische Elemente im Gesamtaufriss des Kirchengebäudes und als Grundform des Gewölbejochs [...] Türme und Portale [...] Lang- und Querhaus [als] sich kreuzende Straßen der Gottesstadt. In der Ostung der Kirche spiegelt sich die Rolle Christi als des Helios [...]. Da man nach Jerusalem stets hinaufsteigt [...] führen im Inneren Stufen in das Sanktuarium mit dem Altar empor. [...] Wörtlich umgesetzt wird die Aussage vom apostolischen Fundament der Himmelsstadt (Offb 21,14) durch mehrteilige Grundsteine mit den Namen der Apostel oder gar mit den Namen der zwölf Stämme Israels und der ihnen zugeordneten Apostel (Offb 21,12)." BÖCHER, *Bildwelt*, 92f.

[56] Hartmut Raguse etwa, der in seiner Auseinandersetzung mit Eugen Drewermann eine Freudianische Interpretation wagt, benennt als Sinnspitze der Apokalypse: „Wer sich dem Gesetz christlicher Identität nicht fügt, wird in jenen Feuerpfuhl geworfen, der eine neue ‚Identität' schafft, die nach den Regeln der Analität konzipiert ist." HARTMUT RAGUSE, *Psychoanalyse und biblische Interpretation. Eine Auseinandersetzung mit Eugen Drewermanns Auslegung der Johannesapokalypse,* Stuttgart / Berlin / Köln 1993, 198.

bei gehören sie aber wesentlich zur Wirkungsgeschichte der Eschatologie und könnten heute in einer Gesellschaft, die nach Ritualen und starken Bildern sucht – ganz anders als man sich das Ende der sechziger Jahre vorstellt hatte – gerade für eine Verheutigung kirchlicher Praxis wichtige Dienste leisten.

Im Mittelalter, im Zeitalter der Konfessionalisierung, ehemals „Gegenreformation" genannt, und in der Neuscholastik konnten sich popularreligiöse Riten mehr oder weniger bruchlos an die herrschende Theologie anschließen. In Zeiten der Moderne und Spätmoderne entstand dagegen ein „garstiger Graben" zwischen theologischer Reflexion und verbliebener Volksfrömmigkeit und wahrscheinlich ist auf keinem Feld der Kampf zwischen intellektueller Theologie und Volksreligiosität so ausdrücklich geführt worden wie auf dem eschatologischen.

Christliche, populare Religiosität, ‚Religion des Volkes'[57] oder Volksfrömmigkeit ist der Ort, an dem stark bildhafte und quasirealistische Vorstellungen von Auferstehung, Gericht und jenseitigem Leben in Hölle und Himmel quer durch die Konfessionen bis heute verwurzelt sind. Bereits Karl Rahner wies darauf hin, dass vor dem Hintergrund der Kirchenkonstitution des II. Vatikanischen Konzils „diese Volksreligion immer wieder aufs Neue und unreflex von der ursprünglichen Offenbarung inspiriert und getragen ist"[58] und demzufolge „wissenschaftliche Theologie, um ihrem eigenen Wesen gerecht zu werden, viel mehr auf die Religion des Volkes reflektieren müßte, als sie es faktisch zu tun pflegt"[59]. Entscheidend in unserem Zusammenhang ist auch die von Rahner damals im Sinne einer Ermahnung der Theologie vorgebrachte „lebendigen Verbindung" des *sensus fidelium* „mit den übrigen Teilen und Ämtern der Kirche"[60], die sicher ebenso wie der Theologie dem Lehramt ins Stammbuch geschrieben werden kann.

Damit steht die Dichotomie *Massenreligiosität* versus *Intellektuellenreligiosität* im Raum, die ihre Begrifflichkeit den Arbeiten des Soziologen Max Weber verdankt. Und damit zwei von vermutlich noch *mehreren* sozialen Rezeptionsformen des *einen* christlichen Erbes. Die akademische Theologie, in der Regel eine Diskursform hoch gebildeter, intellektuell orientierter Personen, und damit auch das Ergebnis ihrer spezifischen Fragestellungen, läuft nicht selten Gefahr die religiösen Interessen weniger oder anders gebildeter sozialer Milieus zu verfehlen, indem sie die eigene Fragerichtung und Ausdrucksweise verabsolutiert. Auf die Problematik einer radikalen intellektuellen Kritik des Volksglaubens hatte auch Immanuel Kant in seiner Religionsschrift hingewie-

---

57 KARL RAHNER, *Einleitende Überlegungen zum Verhältnis von Theologie und Volksreligion*, in: DERS. U.A. (Hg.), *Volksreligion, Religion des Volkes,* Stuttgart u.a. 1979, 9-16.
58 Ebd., 14.
59 Ebd., 9.
60 Ebd., 15.

sen: „Den Volksglauben zu vertilgen ist nicht ratsam, weil vielleicht ein dem Staat noch gefährlicherer Atheismus entstehen könnte“[61].

Aber bereits in den Paulusbriefen begegnet uns die Problematik einer „Erfahrung von Niveau-Unterschieden in den christlichen Gemeinden“.[62] In 1 Thess 5,14 oder Röm 14,1 lautet der Tenor: „‘Nehmt euch der Schwachen an‘ [...]. Es gibt eine Gemeindefrömmigkeit auf dem Boden sehr einfacher Theologie und es gibt [...] gebildete Theologie“[63]. Die Alternative zu solcher Toleranz, die Annahme unverrückbarer Grenzen zwischen ‚Pneumatikern‘ und ‚Sarkikern‘, also eher geistig und eher fleischlich veranlagte Menschen mit verschiedenen Bildungsgraden, wie wir sie heute faktisch genauso antreffen, wird schlicht als gnostisch verworfen und dagegen ein Modell der gestuften Komplexität gesetzt: Milch für die Unmündigen, feste Speise für die Mündigen (1 Kor 3,1–3; Hebr 5,11–14).

Unter die Integratoren angesichts dieses sich in der Zeit der alten Kirche eher noch zuspitzenden Konfliktes dürfen nach Paulus die Kirchenväter Augustinus (*simplicitas* als *imitatio veritatis*), Irenäus von Lyon (Lob des *idiota religiosus*) aber auch Origenes und seine mehrstufige Pädagogik gerechnet werden.

Ein Lob für die *simplices* führte aber offenbar zunehmend *umgekehrt* auf deren Seite zu einer Verteufelung der philosophischen Theologie, so dass Origenes schließlich klagte, die Unwissenden hielten „diejenigen für töricht und überflüssig [...], die sich in Wort und Lehre plagen. [...] deren Bemühungen nennen sie Wortschwall, ihre Ungelehrtheit und Unwissenheit aber Einfachheit als Tugend.“[64] Dabei bedarf doch die geachtete *Frömmigkeit* (des Volkes) der Korrektur durch das *Wissen* (der Theologen).[65] Einerseits kann der Ausfall theologischer Reflexion verbunden mit der Aufnahme volksreligiöser Elemente zugunsten individueller Machtinteressen auch und gerade im Bereich apokalyptischer Motive eine gefährliche Radikalisierung des populären Dualismus zwischen Gut und Böse bedeuten. Andererseits droht einer Theologie, die in einer Hermeneutik eschatologischer Aussagen entscheidende Fermente der apokalyptischen Bildwelt tilgen zu müssen glaubt, ihr Materialobjekt abhanden zu kommen. Ja: Eine intellektuell radikalisierte „präsentische Eschatologie“, also eine Eschatologie, die nichts wirklich Relevantes mehr für die Zukunft erwartet, kommt heute bisweilen als blanker Immanentismus daher.

Hier wie an anderer Stelle kann zur Auflösung solcher scheinbar rein dogmatischer Streitigkeiten eine *religionssoziologische Seitenperspektive* hilfreich sein: Für unsere Fragestellung bietet sich die schon erwähnte Religionssozio-

---

[61] IMMANUEL KANT, *Religion in den Grenzen der reinen Vernunft*. Werke, IV, 649–879, 772.

[62] Vgl.: NORBERT BROX, *Der einfache Glaube und die Theologie. Zur altkirchlichen Geschichte eines Dauerproblems,* in: *Kairos. Zeitschrift für Religionswissenschaft und Theologie* 14 (1972), 161–187, 163.

[63] Ebd., 164.

[64] ORIGINES, *Homilie zu Psalm 36*, 1, zit. ebd., 175.

[65] Ebd., 183.

logie Max Webers an. Bereits in einem ersten Zugriff auf die Thematik identifiziert sie drei komplementär einander zugeordnet Grundtypen religiöser Grundphänomene, nämlich *Massen-, Virtuosen-* und *Intellektuellenreligiosität*. Dies geschieht vor dem Hintergrund unterschiedlicher ausdrücklich sozial indizierter Erlösungserwartungen:

Zunächst zur *Massenreligiosität*, die Weber als eine *Religiosität der Unterprivilegierten* versteht. Weber schreibt:

> „Jedes Erlösungsbedürfnis ist Ausdruck einer ‚Not', und soziale oder ökonomische Gedrücktheit ist daher zwar keineswegs die *ausschließliche*, aber naturgemäß eine sehr *wirksame* Quelle seiner Entstehung. Sozial und ökonomisch positiv privilegierte Schichten empfinden unter sonst gleichen Umständen das Erlösungsbedürfnis von sich aus kaum. Sie schieben vielmehr der Religion in erster Linie die Rolle zu, ihre eigene Lebensführung und Lebenslage zu ‚legitimieren'. [...] Entgegengesetzt entsprechend ist die Lage der negativ Privilegierten. Ihr spezifisches Bedürfnis ist die *Erlösung vom Leiden*. Sie empfinden dieses Erlösungsbedürfnis nicht immer in religiöser Form, – so z.B. nicht das moderne Proletariat. Und ihr religiöses Erlösungsbedürfnis kann, wo es besteht, verschiedene Wege einschlagen. Vor allem kann es sich in sehr verschieden ausgeprägter Art mit dem Bedürfnis nach gerechter ‚Vergeltung' paaren. Vergeltung von eigenen guten Werken und Vergeltung von fremder Ungerechtigkeit. Nächst der Magie und verbunden mit ihr ist daher eine meist ziemlich ‚rechenhafte' Vergeltungserwartung und Vergeltungshoffnung die verbreitetste Form des Massenglaubens auf der ganzen Erde."[66]

Der Terminus ‚Masse' bezieht sich bei Weber nicht unbedingt auf die *Quantität* der Gläubigen, es müssen also nicht besonders viele sein, sondern eher auf einen bestimmten *Modus* der Religiosität, so dass er sowohl auf (quantitativ abnehmende) volksreligiöse Strömungen in den christlichen Großkirchen als auch auf die zwar großen, aber an die übrigen christlichen Konfessionen quantitativ nicht heranreichenden Endzeitkirchen im Sinne einer *einfachen, wenig Bildung voraussetzenden Religiosität* anwendbar bleibt. Der Terminus bezeichnet bei Weber zudem zunächst ein zu versorgendes Laientum, das nicht genügend Energie aufbringen kann, um die Lebensführung der religiösen Eliten und ihrer Sonderethiken zu teilen.[67]

Als religiöse *Heroen oder Virtuosen* schließlich charakterisiert Weber diejenigen Charismatiker[68] oder religiös „Höchstbegabten", deren „Ansprüche [...]

---

66 MAX WEBER, *Wirtschaft und Gesellschaft, Grundriß der verstehenden Soziologie*, Tübingen $^{6}$1972, 299f.

67 Vgl. u.a.: Ebd., 310.

68 Weber definiert Charisma als „außeralltäglich [...] geltende Qualität einer Persönlichkeit [...], um derentwillen sie als [...] gottgesandt oder als vorbildlich und deshalb als Führer gewertet wird." Ebd., 140. Mit der Veralltäglichung mündet die charismatische Herrschaft in die Formen der patrimonialen, ständischen oder bürokratischen Herrschaft (ebd., 146). Bei Papst und Bischöfen sowie (davon abgeleitet) Königen und Kaisern findet sich das Muster des instituti-

Höchstansprüche [sind], aber für die Alltagsethik nicht maßgebend."[69] Konkret nennt Weber die „ausdrücklich als besonderer Stand in der Gemeinde anerkannten altchristlichen ‚Asketen', die paulinischen und erst recht die gnostischen Pneumatiker, die pietistische ‚*ecclesiola*', alle eigentlichen Sekten, das heißt soziologisch: Verbände, welche nur die religiös Qualifizierten in sich aufnehmen und andere bewusst ausschließen, endlich alle Mönchsgemeinschaften"[70].

Gerade in jüngerer Zeit wird betont, dass, wer unter sogenannten (post)modernen Bedingungen religiös bleiben wolle, unter Bedingungen des ‚Zwangs zur Häresie' also[71], kaum anders denn als ein religiöser Virtuose (oder, mit den Worten Karl Rahners, als ‚Mystiker') leben könne. Hier handelt es sich jedoch um einen – bezogen auf Max Weber – uneigentlichen Gebrauch des Begriffs: *Solcherlei* Virtuosentum kann nicht mit dem Weberschen Begriff des Charismas erfasst werden und wird wohl auch in Zukunft noch vorwiegend im Rahmen des institutionalisierten Christentums als Intellektuellen- oder Massenreligiosität gelebt werden.

Der entscheidende Dualismus, der die Situation der christlichen Kirchen und Denominationen im Westen und Norden zurzeit und vermutlich immer schon wesentlich bestimmt haben dürfte, ist also der zwischen *Massen-* und *Intellektuellenreligion.* Weber macht den *religiösen Intellektuellen* als Träger der ‚biblischen Aufklärung', also des Phänomens einer vernunftorientiert-kritischen Reflexion überlieferten Traditionsgutes, aus und sieht ihn im Typen des alttestamentlichen *Propheten*[72] in besonderer Weise präsent. Auch das Erlösungskonzept des intellektuell Religiösen ist ein spezifisches und in den Augen Webers letztlich sozioökonomisch katalysiertes:

> „Stets ist die Erlösung, die der Intellektuelle sucht, eine *Erlösung von ‚innerer Not'* und daher einerseits lebensfremderen, andererseits prinzipielleren und systematischer erfaßten Charakters, als die Erlösung von äußerer Not, welche den nicht privilegierten Schichten eignet. Der Intellektuelle sucht auf Wegen, deren

onalisierten Charismas: Designation seitens des Klerus und Akklamation durch das Volk. Antiautoritäre Umdeutungen etwa im Sinne des freigewählten oder bürokratisch bestimmten Führers sind möglich (ebd., 156).

69 Ebd., 310.

70 MAX WEBER, *Gesammelte Aufsätze zur Religionssoziologie I*, Tübingen 1963, 259.

71 PETER L. BERGER, *Der Zwang zur Häresie. Religion in der pluralistischen Gesellschaft,* Frankfurt a.M. 1980.

72 Hier werden allerdings auch die Schwächen der allzu starken Typisierung Webers sichtbar: Keineswegs alle Propheten des AT sind einfachhin als Intellektuelle zu charakterisieren. Ganz zu schweigen davon, dass der Begriff ‚Intellektueller' nur aus der soziologischen Situation der ersten Hälfte des 20. Jahrhunderts verständlich wird und die zentrale Intention des Weberschen Werkes offenlegt, die nicht zuerst eine historische war, sondern darin bestand „to come to grips with the fate of the individual in modernity". Vgl. TOMAS EKSTRAND, *Max Weber in a Theological Perspective,* Leuven u.a. 2000, 5 sowie zum Begriff ‚Intellektueller': MARTIN MEYER (Hg.), *Intellektuellendämmerung? Beiträge zur neuesten Zeit des Geistes,* München/Wien 1992.

> Kasuistik ins Unendliche geht, seiner Lebensführung einen durchgehenden ‚Sinn' zu verleihen, also ‚Einheit' mit sich selbst, mit dem Menschen, mit dem Kosmos. Er ist es, der die Konzeption der ‚Welt' als eines ‚Sinn'-Problems vollzieht. Je mehr der Intellektuelle den Glauben an die Magie zurückdrängt, und so die Vorgänge der Welt entzaubert werden, ihren magischen Sinngehalt verlieren, nur noch ‚sind' und ‚geschehen', aber nichts mehr ‚bedeuten', desto dringlicher wächst die Forderung an die Welt und ‚Lebensführung' je als Ganzes, daß sie bedeutungshaft und ‚sinnvoll' geordnet seien."[73]

Wie sieht das Gegenüber der Intellektuellen-Religion, also „Massenreligiosität" im Gefäß eines apokalyptischen Theologoumenons aber heute konkret aus? In letzter Zeit hat der Freiburger Kirchensoziologe Michael N. Ebertz[74] immer wieder auf den *Bildungsfaktor* als Hintergrund intellektueller „Zensurierungen" von Volksreligiosität hingewiesen. Dieser Faktor strukturiere „das Feld der Frömmigkeitsmuster in einigen Bereichen nachhaltiger als sozioökonomische Determinanten"[75]. Dabei ist jedoch noch einmal scharf zwischen volkstümlichen Jenseitsvorstellungen und einem neueren (genauer: dezidiert *modernen*) Phänomen zu unterscheiden: Es gehört offenbar zu den bis heute unverheilten Wunden einer schnellen Verabschiedung kirchlicher Sozialformen, Bild- und Frömmigkeitskonzepte in den Jahren nach dem II. Vatikanischen Konzil, die das hervorgebracht haben, was heute „Marien-Apokalpytiker" (Ebertz) und „marianischer Maximalismus" (Kohle) genannt werden muss. In rechts- oder pseudokatholischen Gruppierungen inner- und außerhalb der Kirche, wie den Marienkindern, dem Engelwerk, der marianischen Priesterbewegung Don Gobbis oder der Katholischen Pfadfinderschaft Europas werden vor dem Hintergrund eines mehr oder minder ausdrücklichen Sedisvakantismus[76] und oftmals mit Bezugnahme auf Marienerscheinungen in Lourdes, Fatima, La Salette, Amsterdam, Medjugorje und anderswo[77] Lehren von einer marianischen „Kirche in der Endzeit" verbreitet. Eigenschaften der für solcherlei Randgruppen der katholischen Kirche typischen, nicht selten an einen spezifischen Marienglauben gebundenen konkreten *Zukunftserwartung* sind das Schema *Katastrophe – Triumph*, oder genauer: eine „Schilderung gegenwärtiger Übel, die die Kirche derzeit bedrängen". Wer nach *Ursachen* für diese Übel fahndet, wird üblicherweise fündig bei sündhaften Klerikern und Ordensleuten, in jüngerer Zeit auch bei „modernistischen Bischöfen" und ungläubigen Theologen; die darauf folgenden Ermahnungen, offenbart durch Marienerscheinungen, versprechen schließlich der Kirche eine glänzende Zu-

---

73 WEBER, *Wirtschaft und Gesellschaft*, 307.

74 Ebd.

75 Ebd., 28, zit. MICHAEL EBERTZ, *Heilige Reste und ihre Eigensinn. Protestantische und katholische Apokalyptiker,* in: DERS./R. ZWICK (Hg.), *Jüngste Tage. Die Gegenwart der Apokalyptik*, Freiburg i.Br. u.a. 1999, 120–149

76 Behauptung einer Sedisvakanz nach dem Tode Pius XII.

77 Vgl. HUBERT KOHLE, *Fundamentalistische Marienbewegungen*, in: W. BEINERT (Hg.), *Handbuch der Marienkunde*, Bd. 2, Regensburg $^{2}$1997, 60–106.

kunft, „wenn der Klerus nur wieder zum ursprünglichen Eifer und richtigen Glauben zurückkehrt“[78].

Vielleicht wird nicht jeder mit Blick auf das von Karl Rahner und der altkirchlichen Tradition geforderte geregelte Zueinander von Theologie, Lehramt und *sensus fidelium* so weit gehen wie Michael N. Ebertz. Dieser rechnet vor dem Hintergrund der Untersuchungen Gerhard Schulzes[79] die Marienkinder dem aus der klassischen „Unterschicht“ hervorgegangenen ‚Harmonie- und Integrationsmilieu‘ zu und bezeichnete sie als „innerkirchliche ‚Modernisierungsopfer‘ [...], gewissermaßen religiös Enteignete und kulturell Enterbte“. Immerhin legt Ebertz eine sozialwissenschaftliche Methodik vor, die in der Lage ist, zu beschreiben, wie in diesen Schichten ökonomische und kulturelle Umbrüche verarbeitet werden, nämlich mit einer ‚Logik‘ der „heroische[n] Infantilisierung“ und dem ‚Konzept‘ einer „elitären Religion, das zugleich die ‚Armen und Einfältigen‘ prämiert“[80]. Solcherlei Blickumkehrungen sollten auch eine systematische Theologie ins Nachdenken bringen, die doch recht oft stillschweigend und damit im Letzten ideologieverdächtig die sozioökonomische Unabhängigkeit und universale Geltung der eigenen Diskurse voraussetzt.

Schon Michel de Certeau SJ ist in seinen mikrosoziologischen Untersuchungen im Alltagsleben der Großstadt auf eine zerklüftete Landschaft von Taktiken und Strategien gestoßen, die es ermöglichen, innerhalb vorgegebener Normen individuelle Bedürfnisse dennoch zu befriedigen und herrschende (Sinn-)Systeme im Eigeninteresse zu nutzen[81]. In ähnlicher Weise stoßen Ebertz und Schultheis in Europa auf Beziehungen zwischen (Pastoral-) Theologie bzw. kirchenoffizieller Normvorgabe einerseits und alltagsreligiöser Praxis andererseits[82]. Zumindest die Möglichkeit „herrschaftssoziologisch verstehbarer[r] Balanceakt[e]“, welche jeder Seite geben, was sie brauchen, „der einen ein schlechtes theologisches Gewissen zugunsten der Aufrechterhaltung ihrer religiös spezifischen Organisation und Verwaltung, der anderen ein gutes Gewissen zugunsten der Aufrechterhaltung und ‚Sakralisierung‘ ihrer [...]

---

78 HUBERT KOHLE, *Gottes Zorn gegen Verstockte. Apokalyptische Vorstellungen in katholischen Randgruppen*, in: H. GASPER/F. VALENTIN (Hg.), *Endzeitfieber. Apokalyptiker, Untergangspropheten, Endzeitsekten,* Freiburg u.a. 1997, 70–87, 75.

79 GERHARD SCHULZE, *Die Erlebnisgesellschaft. Kultursoziologie der Gegenwart,* Frankfurt a.M / New York 1991, 293.

80 EBERTZ, *Heilige Reste*, 147ff.

81 Vgl. MICHEL DE CERTEAU, *Die Kunst des Handelns*, Berlin 1988.

82 „In der Primärerfahrung auffällig sind [...],defensive Distanzen‘ [...] von Eltern gegen theologisch entschiedene Versuche, die Taufe ihrer Kinder zur Angelegenheit der kirchlichen Gemeindereligiosität zu erklären und dies durch den Vollzug der Taufe in einem sonntäglichen Gottesdienst zum Ausdruck zu bringen.“ MICHAEL N. EBERTZ / FRANZ SCHULTHEIS, *Volksfrömmigkeit in Europa. Beiträge zur Soziologie popularer Religiosität aus 14 Ländern,* München 1986, 33.

Identität“[83] sollte also auch die Theologie ins Kalkül ziehen (und nicht vorschnell als ‚Uneigentliches‘ oder ‚Sekundäres‘ verwerfen).

### *b) Leib-Seele-Konstanz*[84]

#### *Was ist die Seele?*

Die Vorstellung von einer Seele ergibt sich wohl schon in ältesten prähistorischen Zeiten aus der Erfahrung des Todes, aus der urplötzlichen Abwesenheit ‚des Lebens‘ und der daraus resultierenden eigentümlichen Wahrnehmung eines Leichnams, aber vielleicht auch aus der Erfahrung von Wahnsinn, Schlaganfall, der Wirkung von Gift etc.: Der Mensch ist nicht nur Körper, nicht bloße Materie, sondern in ihm waltet eine nicht materielle Macht, ein Geist. Wenn aber der Mensch mit materialistischen Kategorien nicht komplett beschreibbar ist, warum sollte er dann vom materiellen Tod betroffen sein? Dabei entwickelt sich die individuelle Seele in einer Art ‚psychologischen Wende‘ zum Sitz der menschlichen Unverwechselbarkeit, ja des philosophischen Person-Begriffs, wird also zu mehr, als nur ‚Lebensprinzip‘ oder ‚Totengeist‘. Unbeschadet des jüdischen und christlichen Glaubens an eine *leibliche* Auferstehung wird für das literarische Genre ‚Apokalyptik‘ und seine prophetischen Vorläufer die Ablösbarkeit der Seele vom Körper bedeutsam, denn nur sie ermöglicht die ‚Himmelsreise‘ des Visionärs.[85]

Zugleich entwickelt sich seit dem dritten Jahrhundert v.Chr. in der Theologie des alten Israel ein Bewusstsein dafür, dass die Allmacht des die Menschen und Israel liebenden Gottes JHWH auch im Tod nicht endet. Hier entsteht auch die Vorstellung einer (leiblichen) Auferstehung, nachdem das alte Israel ursprünglich an eine Art Hades, also an ein Dahindämmern nach dem Tod in einer Schattenwelt geglaubt hatte.[86]

In welcher Weise kann aber das Weiterleben nach dem Tode, das die anthropologische Grundlage für alle weiteren Überlegungen zum Thema Eschatologie grundiert, überhaupt (theologisch) gedacht werden?

---

[83] Ebd., 34.

[84] Vgl. für die komplexe Materie speziell im Kontext der Eschatologie nach wie vor wegweisend: WILHELM BREUNING (Hg.), *Seele. Problembegriff christlicher Eschatologie* (QD 106), Freiburg u.a. 1986, hier v.a. die Beiträge von H. Verweyen, E. Haag und G. Greshake.

[85] Vgl. BURKHARD GLADIGOW, *Art. „Seele“*, in: H. CANCIK/ DERS./ K.-H. KOHL, *Handbuch religionswissenschaftlicher Grundbegriffe* V, Stuttgart 2001, 53–56. Vgl. außerdem: JAN ASSMANN (Hg.), *Die Erfindung des inneren Menschen. Studien zur religiösen Anthropologie,* Gütersloh 1998; G. JÜTTEMANN / M. SONNTAG / W. WULF / C. GEULEN (Hg.), *Die Seele, ihre Geschichte im Abendland,* Göttingen 2005.

[86] Vgl. für eine Vision von der auch im Tod erhalten gebliebenen Identität des Volkes Israel: Ez 37; für die Gewissheit von Gottes Treue zum Einzelnen über den Tod hinaus: Ps 16,9; 22,30f; 49,16; 73,24 und 88,10–14. Näheres bei GÜNTER STEMBERGER, *Art. „Auferstehung, I/2. Judentum“*, in: TRE Bd. IV (1979), 443–450.

### *Unsterblichkeit der Seele oder leibliche Auferstehung?*[87]

Entgegen einer weitverbreiteten Vorstellung trifft es nicht zu, dass Christen einfachhin an die Unsterblichkeit der Seele glauben. Bei der Vorstellung einer unsterblichen Seele handelt es sich vielmehr zunächst um ein Konzept der griechischen Philosophie (und auch des alten Ägyptens).[88] Der alttestamentliche und neutestamentliche Befund ist ein anderer: Das Hebräische unterscheidet zwischen *basar* (Mensch in Hinsicht seiner Körperlichkeit) und *nefesh* (Mensch in Hinsicht seiner Seelenhaftigkeit). Im Denken des alten Israel gibt es keinen griechischen Dualismus von Körper und Seele, welcher ersteres als Gefängnis des letzteren begreift. Keine von beiden Hinsichten kann hier vielmehr ohne die andere existieren, der Mensch wird nicht bipolar, sondern als Ganzer betrachtet. Deshalb ist hier auch eine Existenz der Seele ohne den Körper ebenso wenig zu denken wie die des Körpers ohne die Seele.[89]

Zu dieser alttestamentlichen Vorstellung passt der Glaube der Jünger Jesu an seine leibliche Auferstehung gut. Sie begegnen – wie die Evangelisten deutlich hervorheben – nicht seiner *Seele* oder einem *Geist*, die sie ohne Körper gar nicht wahrnehmen könnten, sondern legen die Finger in seine *Wunden,* essen mit ihm und empfangen von ihm die Sendung, das zu bezeugen, was sie erlebt haben.[90] Zugleich ist er nicht mehr unter ihnen wie ein lebender Mensch, sondern eben als der Auferstandene.

Bei diesen Szenen handelt es sich um mehr als nur um das fiktive und *ex post* erdachte Ergebnis einer Gemeindetheologie. Vielmehr ist die Vorstellung einer leiblichen Auferstehung in der Darstellung von Leben, Sterben und Auferstehen Jesu fundamental angelegt. Aufgrund des Zeugnisses der Jünger und ihrer Nachfolger fokussiert sich hier für Christen eine Zentralbotschaft ihrer Religion: Anders als Sokrates geht Jesus nicht entspannt und gelassen in den Tod, sondern er leidet. Er stirbt den Tod des gemeinen Menschen, nicht des abgehobenen Philosophen. „Meine Seele ist betrübt bis in den Tod“ (Mk 14,34) sagt er im Garten Gethsemane. Wer derart durch den leiblichen Tod hindurch und damit den Weg aller Sterblichen gegangen ist, der trägt nach der Auferstehung die Wunden seiner Leiblichkeit.

Während der Glaube an die Unsterblichkeit der Seele also als passiver Glaube an Konstanz verstanden werden kann, wirkt der Glauben an leibliche

---

87 Vgl. zum Thema jüngst und umfassend: GODEHARD BRÜNTRUP / MATTHIAS RUGEL / MARIA SCHWARTZ (Hg.), *Auferstehung des Leibes – Unsterblichkeit der Seele,* Stuttgart 2010.

88 Aus Ägypten stammt auch die Vorstellung des Seelenvogels Ba oder Ka, der leblose Körper mit seiner Kraft versieht. Quelle für das griechische Verständnis der Unsterblichkeit ist nach einer Ersterwähnung der Seele bei Heraklit vor allem Platons *Der Staat* und *Phaidon.* Platon versteht hier den menschlichen Körper als äußeres Gewand, das die Seele daran hindert sich frei zu bewegen. Der Tod ist die Befreiung der Seele aus dieser Zwangsjacke, beide gehören völlig verschiedenen Welten an, so dass der eine sterben und die andere weiterleben kann.

89 Vgl. für die Vorstellung einer Beseelung des Menschen durch Gott: Gen 2,7; für die Seele als Personkern: Ex 1,5; Lev 23,30; Gen 12,13; 19,18.

90 Vgl. Mt 28, Mk 16, Lk 24, Joh 20f:

Auferstehung dagegen eher wie ein Glaube an eine Revolution. Wer an die leibliche Auferstehung glaubt, glaubt an ein alles umwälzendes Geschehen. Insgesamt eine ungemein positive aber auch anspruchsvolle Aussage: Der ganze Mensch, der wirklich gelebt hat, mit seinen Glücks-Erfahrungen, aber auch mit seinem Leid und seinen Wunden, kurz: mit seiner gesamten Lebensgeschichte, wird auferstehen. Nicht eine Seele die aus der Unendlichkeit kam, wird – möglichst ohne Kratzer und ungetrübt von ihrem Aufenthalt in einem unvollkommenen Körper – wieder in die Ewigkeit eingehen, sondern ein irdischer Leib.

Hier liegt ein klarer Unterschied zwischen platonischen oder gnostischen Anschauungen und der christlichen Leib-Seele-Konzeption vor. Da wo das Christentum sich allzu sehr dem in immer neuen Phasen historisch ungemein wirksamen Platonismus hingegeben hat, kam es in den Jahrhunderten nach Jesu Tod in die Gefahr selber leibfeindlich zu werden. Der Tradition des alten Israel und auch dem Neuen Testament entspricht das nicht. Selbst Paulus, der mit dem Evangelisten Johannes der hellenistischen Tradition unter den Autoren des Neuen Testaments vielleicht am nächsten steht, spricht vom menschlichen Leib als Tempel des Heiligen Geistes (1 Kor 6,19) und zeigt so – nahe am Seelenkonzept Israels – dass Gott den Menschen *als Ganzen* bejaht und in ihm wohnen will. Im Korintherbrief (15,37ff u. 42-44), wo sich die ausführlichste auferstehungstheologische Passage im Werk des Paulus findet, schreibt er:

> „Was Du säst, wird nicht lebendig gemacht, wenn es nicht stirbt. Und was Du säst – nicht den Leib säst du, der da entstehen soll, sondern das nackte Korn […]. Gesät wird in Verderblichkeit, erweckt in Unverderblichkeit; gesät wird in Verachtung, erweckt in Herrlichkeit; gesät wird in Schwachheit, erweckt in Kraft; gesät wird ein lebendiger Leib, erweckt wird ein geistbewegter Leib. Gibt es einen lebendigen Leib, so gibt es auch einen geistbewegten."

Schon bei den Fragern, auf die Paulus hier offenbar antwortet, liegt die Vorstellung einer ohne den Leib existierenden Seele außerhalb des Gesichtskreises, sie gehören demnach der jüdischen Tradition an.[91]

Der *Mensch ist Leib (griech. soma)*. Gemeint ist hier nicht der Leib im Gegensatz zur Seele, sondern eine „Befindlichkeit des Menschen, kraft welcher der einzelne ‚kommen' kann, sich als personales Subjekt erfahrbar macht und so zu anderen in Kommunikation tritt, die ihn sehen und berühren können."[92] (analog zum Begriff „Leib Christi" für die Kirche).

> „Die Toten werden auferweckt, indem ihnen statt des bisherigen ‚irdischen Leibs' von Gott ‚ein überirdischer Leib' gegeben wird; mit diesem Leib ‚kommen' sie, das heißt leben sie und bewegen sich auf eine neue Weise. Deshalb ist

---

[91] Vgl. zu *Auferstehung der Toten in bibeltheologischer Sicht* den gleichnamigen Artikel von JACOB KREMER in: G. GRESHAKE / J. KREMER (Hg.), *Resurrectio Mortuorum. Zum Theologischen Verständnis der leiblichen Auferstehung,* Darmstadt $^{2}$1992, 7–164, hier v.a. 30–40.

[92] Ebd., 31.

> ihr *soma* – ihre leibhaftige, personale Existenz, welche die Relation zu Gott und zur Welt einschließt – nicht mehr der Vergänglichkeit, der Schmach (der Sünde) und der Schwäche irdischer Existenz (der ersten Schöpfung) unterworfen.“[93]

Der Leib des Menschen wird also nach Paulus bei Tod und Auferstehung nicht einfach weggeworfen wie eine verbrauchte Verpackung, er wird aber auch nicht recycelt, sondern er besteht in seiner Substanz, in seinem Wesen im Sinne einer klaren Orientierung an der menschlichen Lebenswelt, für Gottes „Ja“ zu der materiellen Schöpfung, bedarf aber auch der Erlösung und Gottes heilsamen Eingreifens im Sinne einer zweiten Schöpfung. Für diese Konstanz der leibseelischen Existenz des Menschen steht letztlich der Begriff ‚Seele‘.

### *Entwicklung in der Theologie*

Die Scholastik, vor allem die Spät- und Neuscholastik, aber auch die auf Augustinus folgende lutherische Theologie, waren nicht frei von der griechischen Version des christlichen Auferstehungsglaubens. „Rette Deine Seele“ hieß es seit dem 13. in der katholischen und seit dem 16. Jahrhundert auch in der evangelischen Theologie. Erst zu Beginn des 20. Jahrhunderts entdeckte man – zuerst dort – die biblische leibliche Auferstehung im dargestellten Sinne. Allerdings ergaben sich aus dieser Neuentdeckung auch neue logische Schwierigkeiten: Wenn nicht nur die Seele unsterblich ist, sondern der Mensch als Ganzer aufersteht, wie kann dann die Identität von gestorbenem und auferstandenem Menschen gewahrt bleiben? Der Leib verwest ja augenscheinlich. Und andererseits: Wie ist der aus den Schriften überlieferte Jüngste Tag – ein Auferstehungs- und Gerichtstermin für die ganze Welt – mit den vielen individuellen Todeszeitpunkten zu harmonisieren? Wo befinden sich die Seelen und Leiber der Verstorbenen zwischen individuellem Todeszeitpunkt und universalem Jüngsten Tag? Muss nicht von einem Bruch der Kontinuität und damit von einem „Zwischenzustand“, in dem Seele und Körper getrennt sind, ausgegangen werden? Wie gestaltet dieser sich, wo ist sein biblisches Fundament?[94]

Historisch hatte man dieses Problem jahrhundertelang mit dem Denkmodell der *anima separata* zu lösen versucht: Im Augenblick des Todes gehe die Seele ins Jenseits ein und warte in einem Zwischenzustand sehnsüchtig auf die am Jüngsten Tag erfolgende Auferstehung des Leibes. Im Mittelpunkt stand in diesem Denk- und Glaubensmodell nicht die Universalität der Auferstehung, sondern das individuelle Seelenheil. Ersehnt wurde die eigene Einheit von

---

[93] Ebd., 35.

[94] Aus den hier sich zeigenden Aporien die Notwenigkeit des Gedankens einer „Auferstehung im Tod“ schlusszufolgern ist das zentrale Anliegen der Arbeiten von Gisbert Greshake. Vgl. v.a.: DERS. / NORBERT LOHFINK, *Naherwartung, Auferstehung, Unsterblichkeit* (QD 71), Freiburg i.Br u.a. [5]1986. Vgl. auch – eher kritisch gegenüber dem Begriff Auferweckung / Auferstehung: HANSJÜRGEN VERWEYEN (Hg.), *Osterglaube oder Auferstehung? Diskussion mit Gerd Lüdemann* (QD 155), Freiburg i.Br. u.a. 1995.

Leib und Seele (ihr Auseinanderreißen ist bereits eher der platonischen Tradition zuzurechnen als der christlichen) und nicht der Eingang des Einzelnen in die allumfassende Gemeinschaft mit Gott und allen Menschen.

Eine historische Korrektur und zugleich ein heute satisfaktionsfähiges Modell des Zueinanders von Leib und Seele im Jenseits muss sich von platonischen Denkmodellen verabschieden. Denn sie alle beinhalten eine fundamentale Skepsis gegen den Leib und eine Dominanz der Seele über diesen. Erst mit der Aufnahme *aristotelischer* Gedanken bei Thomas von Aquin scheint erstmals wieder eine Alternative auf, die auch den biblischen Quellen und vor allem dem jüdischen Verständnis von *basar* und *nefesh* gerecht werden kann: Thomas von Aquin begreift *anima,* die Seele als *unica forma corporis*. Das heißt: Überall wo ein Körper in klar erkennbarer Form auftaucht, ist dies die Folge eines ihm innewohnenden Geistes oder einer Seele. Beide werden antiplatonisch eng aneinander gebunden: ‚keine Seele ohne Leib und kein Leib ohne Seele'. Auferstehung lässt sich nun folgendermaßen denken:

> „Der eine und ganze Mensch ist Seele, insofern er Bild Gottes, Adressat Seines Wortes und Gegenüber Seiner Liebe ist, kurz: insofern er ‚vor Gott' steht, damit über alle endlichen Bedingungen wesenhaft hinausragt und seine Vollendung nur im Schöpfer findet. Der eine und ganze Mensch ist Leib, insofern er seine, ihn als Menschen konstituierende Relation zu Gott nicht in je individueller Innerlichkeit und Direktheit vollzieht, sondern in einer Expression, in einem Ausdrucks-Leib, der ihn via Großleib Welt unaufgebbar mit den übrigen Menschenbrüdern und -schwestern verbindet. [95]

Damit bedeutet ‚Leib' als anthropologische Größe also immer schon mehr als nur ‚individuelle Leiblichkeit'. Vielmehr ist er durch sein „In-der-Welt-Sein" die transzendentale Bedingung dafür, dass der Mensch sich in die Welt hinein ‚auslegt', das heißt, dass er durch den Ausdruck seiner Freiheit immer auch ein Stück Welt gestaltet, prägt, umformt, und zwar so, dass dies gleichzeitig in Relation zu den übrigen und für die übrigen Menschen geschieht. Der Mensch kann also aufgrund des Leibes nur so ‚vor Gott' stehen (‚Seele sein'), dass er seine Beziehung zu Gott in einem schöpferischen Ausdruck ‚verleiblicht' und verweltlicht' und sich eben dadurch im Mitsein und Fürsein mit und für andere verwirklicht. Der Leib konstituiert den Menschen also sowohl als kreatives ‚In-der-Welt-Sein', wie auch als Glied einer Interaktionsgemeinschaft, in der er seine wesenhafte Relation des Vor-Gottstehens konkret und real vollzieht.

> „Das hat eine doppelte Konsequenz: (1) Der verleiblichte Geist hat, vermittelt über die materielle Welt als dem gemeinsamen Wirkraum verleiblichter Freiheiten, mitschöpferisch mit Gott teil am Reife- und Vollendungsprozess der anderen; was immer er tut oder lässt, bestimmt mit anderen mit, so wie umgekehrt die anderen den eigenen Selbstvollzug mitbestimmen. (2) Daraus folgt aber auch,

---

[95] GISBERT GRESHAKE, *Theologiegeschichtliche und systematische Untersuchungen zum Verständnis der Auferstehung*, in: DERS. / KREMER, *Resurrectio*, 165–372, 258.

dass die je eigene Vollendung gebunden ist an die Vollendung der durch Leiblichkeit intersubjektiv verfassten Menschheit."[96]

Die Sehnsucht der Seele eines Verstorbenen, welche, da sie die Wirkungen der Welt und der Menschen in sich aufgenommen hat, nicht leiblos ist, orientiert sich also nicht mehr auf eine neue Einkleidung mit einem jenseitigen Leib, nach dem „Zwischenzustand", den sie leiblos verbringt, sondern auf den Jüngsten Tag als Tag der Vollendung der ganzen Welt. Greshake begreift hier den allgemeinen Begriff Seele nicht im platonischen Sinne, sondern, anknüpfend an die biblische Sichtweise, im Sinne einer Leibseele, die auch nach dem Tod und der Verwesung des Leibes die leiblichen Wirkungen wie Wundmale oder eben Heilsmale an sich trägt und durch ihre leibliche Existenz in der Welt leiblich überformt wurde.

### *c) Prädestination oder Freiheit?*

Rein logisch denken die monotheistischen Religionen genau zwei polare Konzepte des Verhältnisses von diesseitigem Verhalten und jenseitiger Erlösung: Erstens nämlich eine Betonung der göttlichen Allmacht, die vor der menschlichen Freiheit nicht haltmacht. Das heißt, Gott selbst hat bereits vor der Geburt eines jeden Menschen vorherbestimmt, ob er einmal in der Hölle oder im Himmel landen wird. Dieses Modell heißt in der Regel Prädestination, Vorherbestimmung. Das zweite Modell ist eben das der Freiheit, das in der Regel Geschichte als Ort der Bewährung versteht. Dabei ist zu bedenken dass es sich bei ‚Freiheit' um einen kulturhistorisch späten Begriff handelt, der erst mit der Philosophie der Aufklärung voll zum Durchbruch kam. Jenseitige Belohnung im Paradies ist hier Ergebnis diesseitigen guten Verhaltens, etwa gemäß den zehn Geboten, dem Doppelgebot der Gottes- und Nächstenliebe, der jüdischen *Halakha* oder den *fünf Säulen* des Islam. In den heiligen Schriften der drei monotheistischen Religionen sind beide Modelle, Prädestination und Freiheit, gleichermaßen grundgelegt und durchgeführt, oft ohne dass eine logische Vermittlung zwischen ihnen vorgenommen wird. Alle monotheistischen Religionen teilen den Gerichtsgedanken und gehen damit von einer Beurteilung des Menschen nach seinen – in Freiheit vollbrachten – Taten aus. Der Mensch kann hier nur frei gedacht werden, da er ansonsten gerechterweise nicht an ihnen gemessen werden kann. Gleichzeitig finden sich aber auch überall Passagen, welche Gott als souveränen Herrn der Geschichte, als Allmächtigen, verstehen und damit drohen, die menschliche Freiheit bei Seite schieben. Besonders stark ist der Prädestinationsgedanke im Islam ausgeprägt, wo er bis heute auch theologisch nicht recht mit dem Gerichtsglauben vermittelt wurde – als Ausgleich fungiert in der Regel die göttliche Barmherzigkeit, welche die augenscheinliche Ungerechtigkeit einer göttlichen oder schicksalshaften Vor-

[96] Ebd., 263.

herbestimmung, auf welche der Mensch keinen Einfluss mehr hat *(kismet),* abfedert.[97]

Ähnliches gilt für viele Spielarten der protestantischen (v.a. calvinistischen) Theologie. Hier ist der Glaube an die Prädestination eine mehr oder weniger konsequente Folge der lutherischen Gnadentheologie im Anschluss an Paulus und Augustinus und in Abgrenzung gegen den Ablasshandel der katholischen Kirche der frühen Neuzeit, auf die Luther unmittelbar mit einem einigermaßen radikalen Rückgriff auf die „Rechtfertigungslehre" des Paulus reagiert *(sola gratia).* In der Kirche seiner Zeit war man dem Glauben erlegen, nicht das gute Werk im Sinne Jesu, sondern eine Zahlung an die Kirche rette die Seelen aus dem Fegefeuer. Luther setzt dagegen: Wenn der Mensch, wie in der Theologie des Paulus vertreten, *sola gratia,* also nur durch die göttliche Gnade erlöst ist, bedarf es der guten Werke im strengen Sinne nicht mehr.[98]

Kann man den Begriff ‚Prädestination' aber vielleicht noch genauer fassen? Theologische Diskussionen über die Prädestination im Christentum befassen sich mit dem Verhältnis von Gottes Allmacht zum freien Willen des Menschen, mit dem Verhältnis von Gottes Allmacht zum Ursprung des Bösen (Theodizeeproblem) und der Beziehung zwischen Gottes Gerechtigkeit und Gottes Gnade. Zur Begründung der Prädestinationslehre werden vor allem zwei Paulus-Perikopen herangezogen:

> „Denn in ihm hat er uns erwählt vor der Erschaffung der Welt, / damit wir heilig und untadelig leben vor Gott; er hat uns aus Liebe im Voraus dazu bestimmt, / seine Söhne zu werden durch Jesus Christus / und nach seinem gnädigen Willen zu ihm zu gelangen, zum Lob seiner herrlichen Gnade. Er hat sie uns geschenkt in seinem geliebten Sohn" (Eph 1,3–6)

> „Wir wissen, dass Gott bei denen, die ihn lieben, alles zum Guten führt, bei denen, die nach seinem ewigen Plan berufen sind; denn alle, die er im Voraus erkannt hat, hat er auch im Voraus dazu bestimmt, an Wesen und Gestalt seines Sohnes teilzuhaben, damit dieser der Erstgeborene von vielen Brüdern sei. Die aber, die er vorausbestimmt hat, hat er auch berufen, und die er berufen hat, hat er auch gerecht gemacht; die er aber gerecht gemacht hat, die hat er auch verherrlicht." (Röm 8,28–30)

Augustins Prädestinationslehre ist im Wesentlichen in den Schriften *De gratia et libero arbitrio* und *De correptione et gratia,* entstanden um das Jahr 427, beschrieben. Sie sind seine Antwort auf den Pelagianismus, der in der freien Tat des Menschen das zentrale und einzige Mittel zu seiner Erlösung, ja eine

---

[97] Vgl. dazu neuerdings, allerdings mit einer radikal von der Barmherzigkeit her gedachten Theologie: MOUCHANAD KHORCHIDE, *Islam ist Barmherzigkeit. Grundzüge einer modernen Religion*, Freiburg i.Br. u.a. 2012.

[98] Übersehen wird dabei freilich, der in der Theologie des Paulus ebenbürtig ausgeprägte Freiheitsbegriff, der sich etwa in seinem Kampf gegen das *Exousia*-Verständnis der Gnostiker in 1 Korinther ausdrückt.

Instanz göttlicher Gnade selbst sah.[99] Augustinus betont dem gegenüber mit aller Strenge seine Position der Vorherbestimmung zum Heil durch Gott allein.

Die doppelte Prädestination mit ihrer impliziten Ablehnung des freien Willens zur Entscheidung für Gott oder gegen ihn durch den Menschen und die Souveränität des nicht rechenschaftspflichtigen Gottes hatte großen Einfluss auf Johannes Calvin und die Fassung der so genannten fünf Punkte der calvinischen Kirchen (englisch TULIP)[100] ausgeübt. Die Auffassung der beiden *civitates* hatte darüber hinaus einen bedeutenden Einfluss auf die mittelalterliche Zwei-Schwerter-Theorie und auf die Zwei-Reiche-und-Regimenten-Lehre der lutherischen Reformation.

In der katholischen Kirche hat sich dagegen allgemein die Auffassung von einer bleibenden Entscheidungsfreiheit des Menschen gegenüber den Gnadengaben durchgesetzt, während sich die altreformierte Theologie Augustinus voll anschloss. So vertraten Johannes Calvin und Ulrich Zwingli ursprünglich die schärfste Prädestination, das heißt die grundsätzliche Vorherbestimmung jedes einzelnen Menschen entweder zur Seligkeit (ohne Verdienst) oder zur Verdammnis (ohne Schuld) als *doppelte Prädestination*. Wie im Islam finden sich Abmilderungen etwa bei Moyse Amyraut (1596–1664) durch den *Universalismus hypotheticus*, also durch die Annahme eines gnädigen Willen Gottes, alle Menschen unter der Bedingung des Glaubens selig zu machen. In heutiger Zeit haben die reformierten und lutherischen Kirchen die Gemeinsamkeiten ihrer Prädestinationslehre in der Leuenberger Konkordie zusammengefasst. Hier heißt es:

> „Im Evangelium wird die bedingungslose Annahme des sündigen Menschen durch Gott verheißen. Wer darauf vertraut, darf des Heils gewiss sein und Gottes Erwählung preisen. Über die Erwählung kann deshalb nur im Blick auf die Berufung zum Heil in Christus gesprochen werden. Der Glaube macht zwar die Erfahrung, daß die Heilsbotschaft nicht von allen angenommen wird, er achtet jedoch das Geheimnis von Gottes Wirken. *Er bezeugt zugleich den Ernst menschlicher Entscheidung wie die Realität des universalen Heilswillens Gottes. Das Christuszeugnis der Schrift verwehrt uns, einen ewigen Ratschluss Gottes zur definitiven Verwerfung gewisser Personen oder eines Volkes anzunehmen.*"[101]

---

[99] Genauer distanziert sich Pelagius ausdrücklich von der Erbsündenlehre. Darüber hinaus vertraten die asketisch lebenden Pelagianer die Vorstellung, *die Freiheit des Menschen selbst sei eine Form der Gnade.* Diese Annahme taucht später immer wieder auf, so etwa in der Philosophie des Idealismus und davon heute beeinflussten transzendentaltheologischen Theologien. Immerhin ist der Mensch nach dem Bild Gottes geschaffen, seine kreatürliche Freiheit von daher eine gute Gottesgabe. Inkarnation, Botschaft, Erlösung durch Christus, Gesetz und Kirche sind weitere Gnadenmittel, welche den Menschen darin unterstützen, diese Freiheit in gottgefälliger Weise zu gebrauchen.

[100] 1. Völlige Verderbtheit/Unfähigkeit, 2. Bedingungslose Erwählung, 3. Begrenzte Versöhnung/Sühne, 4. Unwiderstehliche Gnade, 5. Beharrlichkeit der Heiligen.

[101] GEORG PLASGER / MATTHIAS FREUDENBERG (Hg.), *Reformierte Bekenntnisschriften. Eine Auswahl von den Anfängen bis zur Gegenwart,* Göttingen 2004, 246ff.

Zur Erläuterung dieses ausdrücklich protestantischen Denkmodelle muss man vermerken, dass sich die Prädestinationslehren der reformierten Kirchen als theologische Behauptungen *gegen den Fatalismus* richten als Vorherbestimmung durch eine unpersönliche Macht (als Schicksal), den Indeterminismus und vor allem gegen die (natur-)wissenschaftlich-philosophischen Lehren des Determinismus.

Von der beschriebenen calvinistischen Position ist eine bedingte Prädestination, wie sie etwa in den Ostkirchen gelehrt wird zu unterscheiden: Die Vorherbestimmung von Lohn oder Strafe ist hier bedingt durch Gottes Vorauswissen der guten oder bösen Werke der einzelnen Menschen. Hier wirken menschliche Freiheit und göttliche Gnade also, anders als in Augustinus unbedingter Prädestination zusammen.

Was soll man nun glauben? Entscheidend könnte die Unterscheidung zwischen einer Vorausbestimmung und einem Vorauswissen Gottes sein. Natürlich schließt die Allwissenheit, die seit alters her für eine Eigenschaft Gottes gehalten wird, das Wissen über alle künftigen Geschehnisse mit ein. Doch ein Wissen muss die Freiheit des Menschen nicht einschränken, sehr wohl aber eine göttliche Bestimmung. Bereits im frühen Mittelalter waren große vorscholastische Theologen wie Rabanus Maurus und Johannes Scotus Eriguena um eine vernünftigere Bestimmung des Zueinanders von Prädestination und Freiheit bemüht, als sie sie bei Augustinus vorfanden. Für Anselm von Canterbury etwa besteht kein Gegensatz zwischen Prädestination und Willensfreiheit, weil Gott aufgrund seines Vorauswissens prädestiniert und das nicht zwingende Vorherwissen Gottes voll vereinbar ist mit den freien Entscheidungen der Menschen. Für Thomas von Aquin wirkt der freie menschliche Wille innerhalb der *erstursächlichen* Providenz Gottes als *Zweitursache* und wird im Heilsgeschehen von der Prädestination aktiviert. Zur in der Tradition immer als problematischer empfundenen Prädestination zur Verdammnis schreibt Thomas: „Gott will vorausgehend, dass *jeder* Mensch gerettet wird, aber nachfolgend, gemäß der Forderung seiner Gerechtigkeit, will er, dass manche verdammt werden.“[102]

Zwar entbrennt in der Neuzeit mit dem sogenannten *Gnadenstreit* noch einmal eine innerkatholische Auseinandersetzung, die mit dem Streit zwischen Augustinus und den Pelagianern vergleichbar ist, doch da der Gnadenstreit nicht entschieden wird, kann katholischerseits die Debatte offen bleiben.

In der aktuellen systematischen Theologie wird neu entdeckt, dass entgegen der Lesart des Augustinus die neutestamentlichen Schriften eine negative Prädestination gar nicht kennen, sondern sich in den zitierten Passagen „nur“ auf eine positive Erwählung der Kirche beziehen. Ja, man kann sagen: Die Vorstellung, Gott wolle nur das Heil eines Teiles der Menschheit, steht in deutlichem Widerspruch zu einer Merhheit der biblischen Texte. Diesen ist zu ent-

---

[102] THOMAS V. AQUINO, *Summa Theologiae* I, 19, 6 ad 1.

nehmen: *Gott will das Heil aller Menschen. Das ist von Ewigkeit her vorherbestimmt. Absoluter Heilsmittler ist Jesus Christus, relative Heilsmittlerin die Kirche.*

Auch in der neueren evangelischen Theologie wird der Begriff „Prädestination“ vermieden. Man spricht vielmehr von „Erwählung“. Zwar gibt es eine klare Option Gottes für die Armen und Schwachen, aber der Heilswille Gottes gilt auch hier allen. Eine entscheidende Rolle spielt hier der Entwurf Karl Barths: Im Evangelium und der Inkarnation vollzieht sich Gottes Heil. Kirche ist der Raum, in dem diese Verkündigung erfahren wird. Verwerfung geschieht dann im Rahmen der Erwählten durch deren eigenes Handeln. Verworfen ist, wer ein endgültiges „Nein“ zum Heil und genauer zum Liebesangebot Gottes sagt. Ein weiteres Feld, das hier nicht behandelt werden kann, ist die Frage nach der Erwählung Israels, die von beiden großen Kirchen inzwischen als nicht gebrochen oder durch die Kirche abgelöst, sondern vielmehr als unauflöslich „erste Liebe Gottes“ in ihrem Wert unterstrichen wird. Eine Versöhnung zwischen Juden und Christen ist deshalb spätestens in der Endzeit notwendige Bedingung.

### *d) Ewige Hölle oder Apokatastasis?*

Im 20. Jahrhundert ist nachhaltig und bis heute drängend ein anderer Glaubensinhalt der Tradition speziell der augustinischen Jenseitsvorstellungen fragwürdig geworden, den man kurz „ewige Hölle“ nennen kann. Im aktuellen deutschsprachigen Erwachsenen-Katechismus der katholischen Kirche heißt es dazu „Weder in der Heiligen Schrift noch in der kirchlichen Glaubensüberlieferung wird von irgendeinem Menschen mit Bestimmtheit gesagt, er sei tatsächlich in der Hölle. Vielmehr wird die Hölle immer als reale Möglichkeit vor Augen gehalten, verbunden mit dem Angebot der Umkehr und des Lebens.“[103] Grundsätzlich gilt, dass der Mensch im Gericht noch einmal vor die Alternative gestellt wird, zu Gott Ja oder Nein zu sagen. Seine freie Entscheidung für oder gegen die unendliche Liebe Gottes entscheidet letztlich über Himmel oder Hölle. Gegen eine Aufgabe des Glaubens an eine ewige Hölle wird eingewendet, ohne sie fehle ein ganz wesentliches Motiv zur Umkehr[104]. In der Regel werden diese Thesen in enge Verbindung mit dem *Apokatastasis*-Glauben des Origenes gebracht. *Apokatastasis* heißt Allerlösung und Origenes ist der Meinung, dass Gottes Heilswerk nur dann vollendet sei, wenn kein einziger Mensch in der ewigen Verdammnis zurückgelassen werde.

---

[103] JOSEF HÖFFNER / KARL LEHMANN (Hg.), *Katholischer Erwachsenenkatechismus. Band I: Das Glaubensbekenntnis der Kirche*, Freiburg i.Br. u.a. 1985, 423.

[104] HANS URS VON BALTHASAR, *Was dürfen wir hoffen* (Kriterien 75), Einsiedeln/Trier $^{2}$1989, 15.

Wenn Gott wirklich das Heil aller Menschen will, so ist seine Schöpfung auf ewig unvollkommen, wenn auch nur einer zurückbleibt und ein ewiges Nein zu Gott zu sprechen in der Lage wäre. Historisch ist dieser Teil der Lehre Origenes‘ in einer Fassung seiner Schüler als häretisch verworfen worden[105], doch sie spielt in jüngerer Zeit wieder eine bedeutende Rolle.[106] In der Regel wird sie mit der Einschränkung vertreten, wir könnten ein solches Ende der Welt nicht glauben oder sogar wissen, wohl aber für alle anderen erhoffen. Denn, diese Meinung teilt der Schweizer Theologe Hans Urs von Balthasar, dem wir zum Thema vielleicht die entscheidendsten Anstöße der letzten Jahrzehnte verdanken: Nur von einem Menschen sollten wir nicht annehmen, dass er nicht in die Hölle kommen könne: von uns selbst!

Doch Balthasar weist auch noch auf einen weiteren entscheidenden Punkt hin: Der Begriff „Ewigkeit“ ist in der theologischen Tradition für Gott reserviert. Hölle beschreibt aber den gottfernsten Ort überhaupt. Einzelne Qualen wie sie in den gängigen Höllenschilderungen[107] beschrieben werden, sind nur in einem zeitlichen Kontext vorstellbar. Die mystische Tradition legt eher ein „Eingeschnürtsein in ein ewiges, luftleeres, ausgangsloses Jetzt“[108] nahe.

> „So kann […] kein größerer Gegensatz gedacht werden als der zwischen dem, was im ewigen Leben und dem, was im ‚ewigen‘ Tod mit Ewigkeit bezeichnet wird. Das erste ist die höchstmögliche Entfaltung jeglicher Dauer innerhalb der absoluten Lebendigkeit Gottes, das andere ist restloser Entzug bis zum Einschrumpfen auf ein trostlos-unbewegliches Jetzt. Und im ersten liegt für die vollendete Entfaltung des Menschen […] jede Gelegenheit, während in der Hölle rein nichts mehr getan werden kann.“[109]

### *e) Zeit und Ewigkeit*

Wenn wir über den Übergang in das Reich Gottes, wenn wir von ‚Weltuntergang‘ sprechen, sprechen wir vom Übergang von Zeit in Ewigkeit. Was ist aber genau damit gemeint? Vor allem die Überlegungen des Augustinus, die er in den *Confessiones* im dauernden Dialog mit Gott entwickelt, also in einem niedergeschriebenen seitenlangen Gebet, lassen uns hier kurz innehalten und uns der Frage nach Zeit und Ewigkeit ohne Vollständigkeitsanspruch zu widmen.

---

[105] 543 auf der Provinzialsynode von Konstantinopel wird sie in folgender Fassung verurteilt: „Die Strafe der bösen Geister und gottlosen Menschen sei nur zeitlich und werde nach bestimmter Zeit ein Ende nehmen, und dann komme eine völlige Apokatastasis der bösen Geister und gottlosen Menschen.“ HEINRICH DENZINGER / PETER HÜNERMANN, *Enchiridion symbolorum definitionum et declarationum de rebus fidei et morum: Kompendium der Glaubensbekenntnisse und kirchlichen Lehrentscheidungen*, Freiburg i.Br. u.a. 2010, 411.

[106] Vgl. hierzu ausführlicher Kapitel 6.

[107] Vgl. wirkungsgeschichtlich herausragend: DANTE ALIGHERIS *Divina Comedia.*

[108] BALTHASAR, *Was dürfen wir hoffen*, 102 ff, hier: 105.

[109] Ebd., 108.

*Zeit*

Zu Beginn der europäischen Ideengeschichte wurden Zeit und Ewigkeit nicht getrennt gedacht. In Heraklits Fragmenten über das ewig sich Verändernde *(aiõn)* kommt die Zeit als begrenzter Bezirk gar nicht vor. Platon spricht im *Timaios* (39e3 und 52b) von der Zeit als etwas ewig Werdendem. Augustinus dagegen legt großen Wert auf die strikte Getrenntheit zwischen irdischer, geschöpflicher Zeit und göttlicher, himmlischer Ewigkeit. Zudem verweist er mit großer Konsequenz auf die Unmöglichkeit, das Phänomen „Zeit" überhaupt systematisch und aus einem Wurf angemessen darzustellen:

„Was also ist die Zeit? Wenn niemand mich danach fragt, weiß ich's, will ich's aber einem Fragenden erklären, weiß ich's nicht."[110] Augustinus spricht über drei Zeiten: Gegenwart des Vergangenen, Gegenwart des Gegenwärtigen und Gegenwart des Zukünftigen. Vergangenheit, Gegenwart und Zukunft als solche existieren nach Augustinus nicht: „Wie kann man sagen, dass [die vergangene und zukünftige Zeit] ‚sind', da doch die vergangene schon nicht mehr und die zukünftige noch nicht ist? Die gegenwärtige aber, wenn sie immer gegenwärtig wäre und nicht in Vergangenheit überginge, wäre nicht mehr Zeit, sondern Ewigkeit."

Die Vergangenheit ist also Erinnerung in der Gegenwart, und die Zukunft Erwartung in der Gegenwart, während die Gegenwart selbst ein aus der Zukunft in die Vergangenheit an unserem Geiste vorüberziehender Moment zu sein scheint. Wir messen die Zeit anhand eines „Eindruck[s], den die vorübergehenden Dinge [in unserem Geiste] hervorbringen und der bleibt, wenn sie vorübergegangen sind, ihn, den gegenwärtigen, [messen wir], nicht was vorübergegangen ist und ihn hervorgebracht hat."

Das in der Tradition bis heute immer wieder affirmativ aufgegriffene augustinische Zeitverständnis enthält also eine stark subjektive Komponente. Die vergangene Zeit erscheint nur als Eindruck in unserem Geist, wir können nur von uns als verschieden erlebte Zeiträume miteinander vergleichen und werden so immer zu subjektiven Aussagen gelangen. Dennoch ist Augustinus kein reiner ‚Zeitsubjektivist'. Für ihn ist die Zeit immer noch untrennbar mit den Dingen und der Welt verbunden: „Ginge nichts vorüber, gäbe es keine vergangene Zeit; käme nichts auf uns zu, gäbe es keine zukünftige Zeit; wäre überhaupt nichts, gäbe es keine gegenwärtige Zeit."

Auch ist für Augustinus Zeit real und keine reine Ichzeit, da Gott sie geschaffen hat. Augustinus Zeitbegriff ist also subjektimmanent, aber nicht rein subjektiv. Trotzdem steht dieses Verständnis im krassen Gegensatz zu der platonischen objektiven Zeitauffassung, in der die Zeit die Bewegung von Himmelskörpern ist, so ist zum Beispiel die Vollendung eines Tages die Bewegung von Sonnenaufgang bis Sonnenuntergang. Dagegen führt Augustinus an, dass „wenn sich ein Körper bewegt, [wir mit der Zeit messen], wie lange er

[110] AURELIUS AUGUSTINUS, *Confessiones XI*; ebenso die folgenden Zitate.

sich bewegt, und zwar vom Anfang bis zum Ende seiner Bewegung, [...] denn ein Körper bewegt sich nur in der Zeit" und stellt diese selbst nicht dar. Und auch wenn sich ein Körper nicht bewegt, sind wir doch in der Lage, seinen Stillstand zu messen und etwas über die Dauer seines Stillstandes auszusagen, genau deshalb kann Bewegung nicht gleich Zeit sein.

Auch Immanuel Kant streicht 1200 Jahre später noch die subjektive Dimension des Phänomens Zeit heraus: Die Zeit, ebenso wie der Raum, sind „reine Anschauungsformen" des äußeren Sinnes. Beide organisieren unseren Zugang zur Welt, gehören also zu den subjektiv-menschlichen Bedingungen der Welterkenntnis, in deren Form das menschliche Bewusstsein die Sinneseindrücke erlebt. Kant schreibt der Zeit jedoch darüber hinaus in einem zweiten Anlauf auch eine empirische Qualität für Zeitmessungen und entfernte Ereignisse zu. Wir können die Zeit aus unserer *Erfahrung* also nicht wegdenken und auch nicht erkennen, ob sie einer – wie auch immer gearteten – Welt an sich zukommt.[111]

Die vergleichende Kulturwissenschaft und die zeitgenössische philosophische Reflexion legen ebenfalls die Einsicht nahe, dass es die Zeit als anthropologische Konstante, die allen Menschen gleicherweise zukommt, wohl nicht gibt, sondern nur diverse kulturspezifische Zeitauffassungen mit diversen Strukturen, wie die *zyklische Zeit* der Vorsokratiker und der naturnah lebenden Ethnien, die sich in der Annahme von der ewigen Wiederkehr des Gleichen dokumentiert, die *eschatologische Zeit*, die einen Anfang hat und auf ein Ziel „am Ende der Zeiten" gerichtet ist und auch die vormoderne Geschichtsauffassung bestimmt, sowie die *gradlinig-kontinuierliche Zeit*, aus der Vergangenheit kommend und über die Gegenwart in die Zukunft gehend, die in der traditionellen Physik zugrunde gelegt wird und die wir heute zumeist als universell unterstellen. Auch sie entkommt aber nur schwer dem Verdacht, ein westliches Kulturprodukt zu sein, ebenso wie die *dilatierende Zeit*, die sich in jedem Augenblick aufspreizt und der Zeitvorstellung der Quantentheorie entspricht.

### *Ewigkeit*

Insbesondere monotheistische Religionen sprechen vom *ewigen* Gott oder vom ewigen Gottesreich sowie von *ewigem* Leben. Die Ewigkeit als Attribut Gottes drückt dabei seine Existenz unabhängig und über zeitlichen Begriffen wie Anfang und Ende aus. Mit einem Konzept seiner Unveränderlichkeit ist sie nicht zwangsläufig verbunden, vielmehr kennzeichnet Ewigkeit als Attribut Gottes den Aspekt der intensiven Wirksamkeit und beständigen Dauer.

Das dem Menschen verheißene ‚ewige Leben' führt zu einer Teilhabe an dieser Ewigkeit Gottes. Manche denken sie ausgehend von einem Anfang,

---

[111] IMMANUEL KANT, *Kritik der reinen Vernunft (Die transzendentale Ästhetik)*, in: DERS., *Werke in sechs Bänden,* hg. von W. Weischedel, Darmstadt 1964ff, II, 69–96.

dem zeitlichen Tod. Die Bibel hingegen (z.B. Joh 15, 3) versteht Ewigkeit als *Qualitätsbegriff*. Ewigkeit beginnt demnach *an sich* nicht erst nach dem Tod, sondern mit der Geschöpflichkeit des Einzelnen und *für ihn* mit der Erkenntnis Gottes und Jesu Christi. In der Beziehung des Glaubenden mit Gott ereignet sie sich bereits *in der Zeit*. Für den so Glaubenden ist der leibliche Tod ein Übergang in das vollendete ewige Leben, das seinen Anfang schon im „Neugeborenwerden" in der Taufe oder gar in der Tatsache der eigenen Geschöpflichkeit überhaupt hat (vgl. Joh 3).

Der biblische Begriff *aiõn* (griech. eher ‚Zeitalter') kann durchaus, wie von Martin Luther, mit „Ewigkeit" übersetzt werden. Auch für viele mittelalterliche Denker, insbesondere für Mystiker (aber auch in einigen Spielarten des Buddhismus) bedeutet ‚Ewigkeit' genau die beschriebene Aufhebung der Grenze zwischen Endlichkeit und Unendlichkeit, Zeit und Ewigkeit oder konkret: ein Leben in einer (ewigen, „stehenden", von zeitlichen Differenzen befreiten) Gegenwart. So schreibt der deutsche Mystiker Meister Eckhart (1260–1328):

> „Das Nun, darin Gott den ersten Menschen schuf, und das Nun, darin der letzte Mensch vergehen wird, und das Nun, darin ich spreche, die sind gleich [...] und sind nichts als ein Nun. [...] darum ist in ihm [dem Menschen, der in der Gegenwart lebt] weder Leiden, noch Zeitfolge, sondern eine gleichbleibende Ewigkeit."[112]

Der frühneuzeitliche vom Eindruck der Grausamkeiten des dreißigjährigen Krieges gezeichnete Autor Andreas Gryphius (1616–1664) formuliert unter dem Titel *Betrachtung der Zeit*:

> „Mein sind die Jahre nicht, die mir die Zeit genommen.
> Mein sind die Jahre nicht, die etwa mögen kommen.
> Der Augenblick ist mein, und nehm ich den in Acht,
> so ist der mein, der Zeit und Ewigkeit gemacht."[113]

Damit ist in Ansätzen das formuliert, was in dieser Arbeit immer wieder ‚präsentische Eschatologie' genannt werden wird: Bereits die Reich-Gottes-Predigt Jesu erhält die Verheißung, dass bei rechtem Glauben und Leben bereits hier und jetzt, also ‚in der Zeit', Ewigkeit Gegenwart werden kann.
Doch die christliche Tradition kennt auch komplexere Verhältnisse von Gegenwart und Ewigkeit als ihre Identifikation: Unabhängig von jüngeren theologischen Zeitkonzeptionen, die im Verlauf dieser Arbeit immer wieder Thema sein werden und deshalb hier weder ausführlich dargestellt werden können noch sollen, ist für einen zeitgenössischen theologischen Zugriff auf das Themenfeld ‚Zeit und Ewigkeit' festzuhalten, dass die von Jesus verkündete und

---

[112] MEISTER ECKHART, *Reden der Unterweisung, Deutsche Predigten und Traktate*, hg. v. Josef Quint, München $^{6}$1985, Predigt 2, 162.
[113] ANDREAS GRYPHIUS, *Gedichte*, Stuttgart 2012, 134f.

damit für christliche Theologie normative Nähe der *basileia tou theou*, des Königreichs der Himmel, den Rahmen herkömmlicher ontologischer aber auch subjektivistischer oder bewusstseinsphänomenologischer Zeitkonzepte sprengt. Darüber hinaus muss christliches Denken, das sich hier seiner jüdischen Herkunft in besonderer Weise bewusst wird, als ‚Zeitdenken' *par excellence* charakterisiert werden. Es kann damit unter Maßgabe einer von Jesus Christus und vom anderen Menschen aufgegebenen *memoria passionis* nicht unabhängig von ganz konkreten Körper- und das heißt Leid-Erfahrungen gedacht werden. Zeit ist christlich immer Körperzeit und Erinnerungszeit.

Schließlich beharrt eine christliche Fassung des Zeitbegriffs gegenüber einer durch die Logik einer entfesselten Evolutionsideologie *entfristeten* Zeit aber auch gegenüber dem uralten *zeitlosen* bzw. *zyklischen* Mythos auf der *Befristung* irdischer Menschen-Zeit und damit auf der endzeitlichen Orientierung jeden Handelns. Der Mensch und die Welt sind erlösungsbedürftig auch wenn sie als Geschöpfe des ewigen Gottes immer schon Anteil an seiner Ewigkeit haben. Diese Perspektive befreit nicht nur von der Herrschaft der scheinbar auf ewig geschehenen und unabänderlichen Vergangenheit, sondern auch vom Zwang, Erlösung, ja, Ewigkeit, selbst schaffen zu müssen und verhilft so dem Unabgegoltenen und den Verlorenen der Geschichte zu ihrem Recht.[114]

[114] Vgl. zum Thema neben einschlägigen Lexikonartikeln im *Historischen Wörterbuch der Philosophie (HWP)* und *Lexikon für Theologie und Kirche (LTHK)*: THOMAS FREYER, *Zeit – Kontinuität und Unterbrechung. Studien zu Karl Barth, Wolfhart Pannenberg und Karl Rahner*, Würzburg 1993.

# Erster Teil: Gegenwart

# 1. „Postmoderne“

Das Konzept dieses Bandes sieht es vor, relativ unvermittelt mit Phänomenen unseres Themenfeldes *Eschatologie/Apokalyptik* in der jüngeren Gegenwart zu beginnen. Wir bewegen uns in diesem Kapitel also besonders nahe bei den Fragen und Haltungen unserer Zeit. Zugleich hat das Thema bereits eine lange Vorgeschichte hinter sich, welche sich erst bei der Lektüre des gesamten Bandes erschließt. Gleichwohl sollte die Einleitung das historische Material und die zentralen theologisch/philosophischen Fragen, die sich an ihm ergeben, für das Verständnis der folgenden Kapitel hinreichend erschlossen haben, welche sich mit zeitgenössischer Philosophie, mit Film und Literatur beschäftigen.

Für die herrschende Philosophie vor allem französischer Herkunft, etwa zwischen 1970 und 1995, hat sich der Sammelbegriff *„Postmoderne“*[115] eingebürgert. Er wird analog für zeitgleich entstandene Werke in Kunst, Literatur und Architektur verwendet. Manchen Publizisten, vor allem im deutschsprachigen Raum hat der Partikel „Post“, der eigentlich nur ein zeitliches „Nach“ benennt – die Postmoderne ist eine Bewegung, welche sich selber nach dem Ende der Moderne situiert – dazu verführt, in ihr vor allem eine Gegenbewegung zur Moderne, ja zur gesamten abendländischen Tradition zu vermuten (und ihre Vertreter als solche als „neokonservativ“ zu denunzieren).[116] Analog zum sich selber dialektisch verstehenden Neomarxismus, so heißt es dann weiter, sei „die Postmoderne“ ein Differenzdenken, dass dem „abendländischen Einheitsdenken“ nun sein Anderes entgegensetze.

Ein genauerer Blick, wie er im Folgenden für unser Themenfeld vorgenommen werden wird zeigt, dass als „postmodern“ etikettierte Denker eine Ebene tiefer ansetzen und selber noch einmal relationale Termini wie „Gegenbewegung“ „Dialektik“, „Ende“ etc. auf ihre Fähigkeit hin kritisch befragen, Übergänge adäquat darzustellen. Die von Jacques Derrida geprägte und vielfältig, nicht zuletzt in der Architektur, aufgenommene Vokabel ‚Dekonstruktion‘ fasst die zugleich destruktiven wie konstruktiven Tendenzen sogenannter postmoderner Denker weitaus angemessener. Er fasst den Kern dieser Denkbewegung selbst folgendermaßen: Es gehe darum „[...] alle diese alten Begriffe im Bereich empirischer Forschung wie Werkzeuge, die noch zu etwas dienlich sein können, aufzubewahren und nur hier und da die Grenzen ihrer Brauchbarkeit anzuzeigen. Man gesteht ihnen keinen Wahrheitswert und keine

---

115 Da wir ihn, wie im Folgenden dargestellt, nicht für angemessen halten, wird er nur in Anführungszeichen verwendet.

116 Vgl. u.a.: JÜRGEN HABERMAS, *Nachmetaphysisches Denken. Philosophische Aufsätze*, Frankfurt a.M. 1988; KUNO FÜSSEL / DOROTHEE SÖLLE / FULBERT STEFFENSKY, *Die Sowohl-als-auch-Falle*, Münster 1993.

strenge Bedeutung mehr zu, man wäre sogar bereit, sie bei Gelegenheit aufzugeben, für den Fall, dass passendere Werkzeuge zur Hand sind.“[117]

Prägend für den Begriff „Postmoderne“ war Jean-François Lyotards Text *Das postmoderne Wissen*[118], in welchem er die philosophischen Systeme der Moderne für gescheitert erklärt. Lyotard spricht nicht von philosophischen Systemen, sondern von „großen Erzählungen“ der Moderne, welche der Welterklärung jeweils ein zentrales Prinzip zu Grunde legten (z. B. Gott oder das Subjekt), um auf dieser Grundlage zu allgemeinen Aussagen zu kommen. Damit schieden sie jedoch das Heterogene aus oder zwängten das Einzelne unter eine allgemeine Betrachtungsweise, welche gewaltsam dessen Besonderheiten einebne. Lyotard setzt an die Stelle eines allgemeingültigen und absoluten Erklärungsprinzips (Gott, Subjekt, Vernunft, Systemtheorie, marxistische Gesellschaftstheorie etc.) eine Vielzahl von Sprachspielen, welche verschiedene „Erzählungen“, also Erklärungsmodelle anbieten. Auch wenn Lyotard sich also nicht gegen Rationalität im Allgemeinen wandte, sondern gegen eine bestimmte historische Form der Rationalität, die auf der Ausgrenzung des Heterogenen basiert, warf er zugleich doch neue Fragen nach der Legitimität solcherlei postmodern-kritischen Sprechens auf, welche er mit seinem eigenen, letztlich relativistischen Denkansatz nicht zu beantworten in der Lage war[119]. Ähnliche Anfragen wären an das Werk Richard Rortys zu stellen, auf den die Zentralmetapher des „Postmoderne“ und des neueren Relativismus *„Anything goes“* zurückgeht.

Die im Anschluss an Lyotard geführte Diskussion um die „Postmoderne“, die in den 1980er Jahren sehr intensiv und mit großer Aufmerksamkeit in der intellektuellen Öffentlichkeit geführt wurde, ist seit 1989 erlahmt oder verlagerte sich auf andere Gebiete, wie den Streit um Francis Fukuyamas These vom *Ende der Geschichte*[120]zeigt. Der Begriff „Postmoderne“ hat inzwischen den Charakter einer Epochenbezeichnung endgültig verloren, welchen die hier vorgestellten Vertreter Levinas, Derrida und Foucault nie erhoben hatten. Andere Intellektuelle wie Umberto Eco, versuchten schon früh, die „Postmoderne“ von jeder Beziehung zur Moderne zu befreien und sie als allgemeines

---

[117] JACQUES DERRIDA, *Die Schrift und die Differenz*, Frankfurt a.M. 1976, 430. Genauer heißt es an anderer Stelle: „(1) Wir möchten den Punkt erreichen, der gegenüber der Totalität der logozentrischen Epoche in gewissem Sinne äußerlich ist. Ausgehend von diesem Exterioritätspunkt könnte (2) eine bestimmte Dekonstruktion dieser Totalität in die Wege geleitet werden, die selber ein vorgezeichneter Weg ist.“ Und zur Formalisierbarkeit der Dekonstruktion: „Das Hinaustreten *(ex-orbitant)* ist auf radikale Weise empiristisch. Es schreitet voran in der Weise eines Denkens, das sich über die Möglichkeit des Weges und der Methode im Unklaren ist. Es wird vom Nicht-Wissen als seiner eigenen Zukunft affiziert und setzt bewusst sein eigenes Bewusstsein aufs Spiel.“ JACQUES DERRIDA, *Grammatologie*, Frankfurt a.M. 1974, 84.

[118] JEAN-FRANÇOIS LYOTARD, *Das postmoderne Wissen*, Wien 1999 (*La Condition postmoderne: Rapport sur le savoir*, Paris 1979).

[119] Diese logischen Probleme werden explizit in: DERS., *Der Widerstreit*, München 1989.

[120] FRANCIS FUKUYAMA, *Das Ende der Geschichte*, München 1992.

künstlerisches Streben zu propagieren, welches in jeder historischen Epoche auftreten könne.[121]

Befreit man sich aber von der Vorstellung, „postmodernes“ Denken bilde eine Gegenbewegung zu Grundannahmen neuzeitlicher und moderner Philosophie, so wird deutlich – und das sollen auch die folgenden Passagen für eschatologische Fermente dieser Ansätze exemplarisch zeigen –, in wie ausdrücklicher Weise sie wesentliche Aspekte der Tradition, vor allem der Ethik, der Negativen Theologie, aber auch der Kantschen Kritik affirmativ aufnehmen und weiterführen.[122]

## 1.1 Emmanuel Levinas’ Verwendung des Begriffs „Eschatologie“

Das Denken von Emmanuel Levinas hat in den achtziger und neunziger Jahren des 20. Jahrhunderts weltweit, in besonderem Maße aber in der deutschsprachigen Theologie, große Aufmerksamkeit erfahren. Die in diesem Zusammenhang geführten Debatten sollen und können hier nicht rekonstruiert werden.[123] Für unseren Zusammenhang interessiert das Denken Levinas’ einerseits, weil sein *philosophisch* erarbeiteter *Humanismus des anderen Menschen*[124], in dem von ihm in spezifischer Weise gebrauchten Terminus ‚Eschatologie‘ kristallisiert. Zum anderen liegt von Levinas selbst eine instruktive Auslegung der entscheidenden messianischen Passagen des Babylonischen *Talmud* im Traktat Sanhedrin 97–99 vor.[125] Bemerkenswert erscheint darüber hinaus, welche

---

[121] UMBERTO ECO, *Nachschrift zum Namen der Rose,* München1984

[122] Am Ende meiner Dissertation *Atheismus in der Spur Gottes. Theologie nach Jacques Derrida* (Mainz 1997) hatte ich formuliert „Ich glaube, als Anliegen Derridas das Plädoyer für die Unvertretbarkeit der singulären (ethischen) Situation, also der Begegnung mit dem ganz Anderen, herausgearbeitet zu haben. Unternimmt man den Versuch, den Anspruch dieser Unvertretbarkeit und damit in gewisser Weise den Freiheitsgedanken der Aufklärung wachzuhalten, bedeutet dies eine beständige Anfrage an jede Systematisierung und Konzeptualisierung von Wirklichkeit, Maßnahmen, die als immer vorläufige Strategien der Lebensbewältigung dennoch unumgänglich bleiben. Vielleicht ist es sogar das bleibende Verdienst der „seriösen Postmoderne“, in einem Prozess des beharrlichen Rückfragens das gewaltsame Anheben eines jeden Diskurses in einer solchen grundlegenden Konzeptualisierung der an sich ungreifbaren Phänomene durch den Sprecher/Schreiber bewusst gemacht zu haben.“ Ebd., 274.

[123] An neueren Publikationen sollen erwähnt werden: JOSEF WOHLMUTH (Hg.), *Emmanuel Levinas – eine Herausforderung für die christliche Theologie,* Paderborn u.a. 1998, sowie die Arbeiten von ULRICH DICKMANN, ERWIN DIRSCHERL, THOMAS FREYER, SUSANNE SANDHERR und GEORG SCHWIND. Eine ausführliche Diskussion des „verschwiegenen Dialogs zwischen J. Derrida und E. Levinas“ liegt vor in: VALENTIN, *Atheismus,* 87–110.

[124] EMMANUEL LEVINAS, *Humanismus des anderen Menschen*, Hamburg 1989.

[125] Auf die Schwierigkeit der Verhältnisbestimmung zwischen philosophischen und talmudischen Texten aus dem Werk Levinas’ ist zuletzt vor allem von David Plüss mahnend hingewiesen worden. Ich schließe mich seinem Vorschlag an, Levinas als jüdischen Denker und seine Texte zu jüdischen Themen sowie seine Talmudkommentare als Zeugnisse einer nichtphilosophischen Vorerfahrung zu werten, die seine Philosophie bestimmen. Vgl.: DAVID PLÜSS, *Das Messianische – Judentum und Philosophie im Werk Emmanuel Lévinas,* Stuttgart 2001, 21ff u.ö.

weitreichenden Analogien der von Levinas entwickelte Eschatologie-Begriff mit der dargestellten Funktion der postulierten Unsterblichkeit der Seele im kantischen System aufweist.[126]

Schon in seinen ersten Überlegungen zum Thema hat sich im Werk Levinas' der Begriff ‚*Eschatologie*' als Bezeichnung für ein Jenseits zu der ‚Ontologie' herauskristallisiert, der er bisweilen recht pauschal die Verunmöglichung eines Denkens des Anderen vorwirft.[127] Der Begriff ‚Eschatologie' fungiert hier in zweifacher Weise: (1.) als Ursprung einer „Beziehung zum Unendlichen des Seins[128] [...], das die Totalität überschreitet"[129], allerdings nicht in ein imaginiertes Jenseits, sondern als „Gericht all der Augenblicke in der Zeit, in der man über die Lebenden urteilt"[130], und (2.) als Verweis auf eine Objektivität, ein ‚Wissen', kein ‚Glauben' der Subjektivität, „die in der Idee des Unendlichen gegründet ist."[131] Außerdem ist für unseren Zusammenhang entscheidend, dass Levinas ‚Eschatologie' in einem schon früh kritisierten ‚Pazifismus'[132] offenbar ausdrücklich im Sinne des hebräischen *Shalom* versteht, als jene Größe also, an der „das harte Gesetz des Krieges zerschellt"[133], die aber unter irdischen Bedingungen zugleich unerreichbar, eine U-topie genannt werden muss.

Es braucht also die Annahme eines ‚Anderswo', um die Vorstellung, *jede* Begegnung mit dem anderen Menschen beinhalte bereits diese ungeheure Möglichkeit und sei demnach zugleich Gericht, sagbar zu machen oder doch zu stabilisieren. Zugleich bindet sie die abstrakte und vielfach missbrauchbare Rede vom ‚Gericht' radikal an den anderen Menschen: An ihm vorbei kann das Selbst das Gericht nicht bestehen, ja, der andere Mensch wird selbst sozusagen ohne es zu wissen zur richtenden Instanz.[134]

---

126 Ausgeführt wird diese Analogie bei STEVEN SCHWARZSCHILD, *On Jewish Eschatology,* in: E.N. DORFF / L.E. NEWMAN (Hg.), *Contemporary Jewish Theology*, New York / Oxford 1999, 199–220.

127 So heißt es etwa in Levinas' Arbeit die *Spur des Anderen, Untersuchungen zur Phänomenologie und Sozialphilosophie* (Freiburg/München $^{3}$1998, 211) zu Beginn einer längeren Passage zum Thema: „Die Abendländische Philosophie fällt mit der Enthüllung des Anderen zusammen; dabei verliert das Andere, das sich als Sein manifestiert, seine Andersheit."

128 ‚Sein' wird hier von Levinas missverständlich gebraucht. Eigentlich müsste es heißen: „des ethischen Gebietens, des ‚Sagens' *(dire)*".

129 EMMANUEL LEVINAS, *Totalität und Unendlichkeit. Versuch über die Exteriorität* (*Totalité et Infini. Essai sur l'Extériorité*, La Haye 1961), Freiburg/München 1987, 23.

130 Ebd.

131 Ebd., 27.

132 Vgl. JACQUES DERRIDA, *Violence et Métaphysique*, zuerst veröffentlicht in: *Revue de métaphysique et de morale* 1964, Nr. 3 und 4. Dt. *Gewalt und Metaphysik,* in, DERS., *Die Schrift und die Differenz*, Frankfurt a.M. 1972, 121–235. Vgl. auch meine Darstellung dieser Kritik und Levinas' Reaktion in: VALENTIN, *Atheismus*, 87–101.

133 LEVINAS, *Totalität*, 27.

134 Vgl. u.a.: EMMANUEL LEVINAS, *Jenseits des Seins oder anders als Sein geschieht,* Freiburg/München 1992, 244f.

In „Messianische Texte“[135], einem bereits 1963 publizierten und schließlich im Sammelband *Difficile Liberté* erschienenen Vortrag[136], kommentiert Levinas mit aller gebotenen Vorsicht eines Philosophen ohne lebenslanges Talmudstudium die Passagen Sanhedrin 97b, 98a/b und 99a, welche die bei weitem wirksamsten der wenigen ausdrücklich messianischen Passagen des ansonsten weitgehend von Apokalyptik frei gehaltenen Babylonischen Talmud[137] enthalten.

Levinas liest zunächst entgegen der Seitenfolge Sanhedrin 99a. Dabei fällt auf, dass er offenbar bewusst, sozusagen als ‚Vorzeichen vor der Klammer‘, – hier vertreten von Rabbi Jochanan – das Postulat eines rabbinischen Bilderverbotes in Sachen Apokalyptik setzt, das auch in der Sicht Jacques Derridas auf Messianität und Apokalypse eine entscheidende Rolle spielt: „Alle Propheten weissagten nur von den messianischen Tagen. Von der zukünftigen Welt aber heißt es: ‚Kein Auge außer Dir, o Gott, hat je geschaut, was er dem bereiten wird, der auf ihn harrt“ [Sanhedrin 99a][138]. Während in der messianischen Zeit alle Prophezeiungen in Erfüllung gehen – „[d]ie Ungerechtigkeit und die Entfremdung, die die Willkür der politischen Mächte in jedes menschliche Unternehmen einführt, werden verschwinden.“[139] –, versteht Levinas – die ‚zukünftige Welt’, auch wenn über sie keine *inhaltlichen* Aussagen gemacht werden können, doch *formal* als eine „persönliche und intime Ordnung außerhalb der Erfüllung der Geschichte“[140] beziehungsweise als den „Lebensplan, zu dem das Individuum durch die Möglichkeit des inneren Lebens gelangt und den kein Prophet ankündigt“[141].

Die beiden Rabbinen, deren Dialog der Talmud hier wiederzugeben scheint, sprechen von jenen messianischen Tagen. Gleichzeitig changiert ihre Rede bisweilen zwischen beiden Ebenen – messianische Tage und zukünftige Welt –, und zwar deshalb, weil der messianische Zustand, das Ende aller Ungerech-

---

[135] EMMANUEL LEVINAS, *Messianische Texte*, in DERS., *Schwierige Freiheit. Versuch über das Judentum,* Frankfurt a.M. 1992, 58–103.

[136] Gehalten 1960 und 1961 auf dem dritten und vierten Kolloquium der jüdischen Intellektuellen der französischen Sektion des Jüdischen Weltkongresses.

[137] Vermutlich darf man in dieser weitgehenden Abstinenz eine Distanzierung von den christlich-hellenistischen Weiterentwicklungen der sog. frühjüdischen Apokalyptik sehen. Vgl. u.a.: GÜNTER STEMBERGER, *Das Fortleben der Apokalyptik in der rabbinischen Literatur,* in: A. VIVIAN (Hg.), *Biblische und judaistische Studien (FS Paulo Sacchi),* Frankfurt a.M. u.a. 1990, 335–347. Gleichwohl ginge es zu weit, von einem völligen Ausfall der messianischen Spekulation im rabbinischen Judentum spätestens nach der Enttäuschung durch Bar Koziba zu sprechen. Darauf hat zuerst und zu Recht bereits 1963 GERSHOM SCHOLEM hingewiesen (*Zum Verständnis der messianischen Idee im Judentum*. In: DERS.: *Über einige Grundbegriffe des Judentums*. Frankfurt a.M. 1970ff, 121–167).

[138] LEVINAS, *Messianische Texte*, 59.

[139] So paraphrasiert Levinas die Position Rabbi Schemuels: „zwischen dieser Welt und den messianischen Tagen gibt es keinen anderen Unterschied, als die Knechtschaft der Regierungen.“ LEVINAS, *Messianische Texte*, 60.

[140] Ebd.

[141] Ebd., 62.

tigkeiten, und das heißt für das geknechtete jüdische Volk vor allem: die Überwindung der politischen Gewalt durch das Kommen des Messias, im Bewusstseinszustand des „den Widersprüchen der Welt entrissenen Frommen" *(Chassid)*[142] quasi präfiguriert gedacht wird:

> „Rabbi Jochanan glaubt gewissermaßen an das Ideal eines materiefreien Geistes, einer totalen Harmonie und Gnade, frei von dramatischen Elementen [insofern als der andere nicht mehr als Armer erscheint, sondern als Freund, und Ökonomie irrelevant wird]; Schemuel dagegen hat ein Gespür für das permanente Bemühen um Erneuerung, das dieses geistige Leben verlangt."[143]

Levinas deutet hier darauf hin, dass der Talmud die Differenz zwischen zwei irreduziblen Positionen über das Leben der messianischen Zeit wie auch in anderen Zusammenhängen nicht auslöscht. Die Vorstellungen einer geradezu an buddhistische Ideale der Erleuchtung gemahnenden reinen Geistigkeit, die keinerlei ethisch-moralischer Anstrengung mehr bedarf (Rabbi Jochanan), wird ebenso referiert, wie das Festhalten an einer fortwährenden ethischen Beziehung zum anderen Menschen und dem damit verbundenen möglichen Scheitern auch unter messianischen Bedingungen (Rabbi Schemuel). Damit ist zunächst die endgültige Unentscheidbarkeit von Aussagen über jenes „Scharnier zwischen zwei Epochen"[144] festgeschrieben, nicht aber eine völlige Beliebigkeit solcher Aussagen, denn die beiden rabbinischen Positionen sind nicht ‚vom Himmel gefallen', sondern Ergebnis langer und ausführlicher theologischer Reflexion. Zudem ist in beiden Aussagen das Recht des Anderen auf Anerkennung und Versöhnung nicht nur *material*, sondern auch *formal* zugestanden, der Streit geht lediglich um die Widerstände, die sich einer solchen Anerkennung entgegenstellen könnten.

Eine zweite Reflexion innerhalb dieses ersten Anlaufs betrifft die Frage nach *Kontinuität* oder *Bruch* zwischen beiden Welten – messianischer und zukünftiger – und lässt die bisherigen Überlegungen als Reflexion auf das Verhältnis zwischen den Möglichkeiten menschlicher Freiheit und göttlicher Gnade erkennen: Entsteht der Status dieser frommen Menschen, die sich gemäß dem rabbinischen Ideal entweder vollständig dem Studium widmen oder doch den Ertrag ihrer Arbeit für andere Schriftgelehrte und deren Familien zur Verfügung stellen, organisch aus einer frei und aus eigener Kraft gewählten *moralischen Stärke*, die sich allein durch die gerechten Werke entwickeln konnte (Jochanan), oder bedeutet das Kommen des Messias vor allem einen *Bruch* mit dem gelebten Leben, der jeden in einen völlig neuen, umfassend von der Person des Messias bestimmten Zustand versetzt (Schemuel)?[145] Bedarf also der Mensch der gnadenhaften Unterbrechung von außen, ist er nicht in der Lage, aus eigener Kraft messianische, das heißt befreite, Verhältnisse

---

[142] Ebd., 64.
[143] Ebd., 63.
[144] PLÜSS, *Das Messianische*, 282.
[145] LEVINAS, *Messianische Texte*, 64f.

herbeizuführen? Oder ist ein spezifisches Verhältnis zwischen Gnade und Freiheit beschreibbar? Auch die grundlegende Differenz zwischen *diesen* beiden Spekulationen wird an dieser Stelle noch offen gehalten.

Der zweite von Levinas kommentierte Text, der einen impliziten ‚Entscheid‘ zwischen den bisher offengelassenen Positionen im Sinne des philosophisch entwickelten Begriffs ‚Eschatologie‘ enthält, findet sich in im Talmudtraktat Sanhedrin 97b. Hier wird nach der Bedingung dafür gefragt, dass der Messias kommt: Levinas referiert die bekannte Passage, in welcher der mit anderen Bettlern am Tor von Rom sitzende Messias auf die Frage Rabbi Jehoschuas, wann er denn komme, mit Ps 95,7 antwortet: „Heute, wenn ihr meine Stimme hör[en würde]t!“[146] Ein unauffällig leidender Messias wartet in Levinas’ Lesart dieser Perikope darauf, dass die ganze Welt oder doch das Volk der Juden sich in Gesetzesobservanz bzw. in Buße und Versöhnung übt, dass die Schöpfung durch ethische Anstrengung zur Vollkommenheit gelangt. Erst dann haben seine Leiden ein Ende. Rabbi Elieser zitiert Mal 3,7: „kehrt um zu mir, dann kehre ich um zu euch“ und ent-deckt dieses ethische Apriori damit als biblische, nicht nur talmudische Denkfigur.[147] Alle errechenbaren Fristen sind schon verstrichen, in denen eine ‚bequeme‘ Erlösung von außen noch möglich gewesen wäre. Für uns Heutige gilt: „[D]ie guten Handlungen sind wirksam. Eben das ist der Messias.“[148]

Eine andere Position will dagegen bereits im *Leiden des Volkes Israel* jene Kraft erkennen, die das Kommen des Messias zu bewirken in der Lage wäre – doch Levinas lehnt eine solche fatalistische Position ab, weil sie die Unbedingtheit der Verantwortung des Einzelnen ebenfalls absolvieren würde. Für ihn steht die *Freiheit* der unvertretbaren Begegnung zwischen Selbst und Anderem im Vordergrund. Sie bedarf keiner entfremdeten Tröstung oder Belohnung von außen und kann bei ausbleibender Umkehr sogar auf das Kommen des Messias verzichten: „Die Moral fordert die absolute Freiheit, aber in dieser Freiheit liegt bereits die Möglichkeit einer unmoralischen Welt, das heißt das Ende der Moral; die Möglichkeit einer unmoralischen Welt ist also in den Bedingungen der Moral eingeschlossen.“[149] Umgekehrt ist jeder wirklich guten Tat die Vorwegnahme eines Kommens des Messias eingeschrieben. So wirkt sogar die Sündhaftigkeit der Welt in gewisser Weise mit am Glauben an den Messias und die Motivation des Einzelnen, gut zu handeln.

Ebenfalls anlässlich Sanhedrin 97b spitzt Levinas diese These schließlich noch einmal zu im Sinne einer völligen Bereitschaft zur Hingabe: Seine Position enthält, wie er betont, einen „antichristlichen Einschlag“ und gipfelt vor dem Hintergrund diverser biblischer Bezüge (Jer 30,9.21, Jes 53,4) in der

[146] Vgl. ebd., 74.
[147] Ebd., 75.
[148] Ebd., 71.
[149] Ebd., 80.

Identifikation eines jeden Ich, das leidet, mit dem Messias: „Wer lädt letztlich das Leid der anderen auf sich, wenn nicht das Sein, das ‚Ich‘ sagt? [...] Der Messianismus ist nichts anderes als jener Höhepunkt des Seins, den die Zentralisation, die Konzentration oder das Wenden des Ichs auf sich bildet. Und das bedeutet konkret, daß jeder so handeln muß, als wäre er der Messias.“[150] Die bisherigen Ausführungen scheinen also auf einen ‚Entscheid‘ von im Talmud offengelassenen Fragen durch Levinas im Sinne dieses philosophisch erhobenen Begriffs „Eschatologie“.

Gleichwohl bleibt am Ende ein Rest Unversöhnbarkeit beider Traditionen, dessen Vermittlung nur implizit aus der levinasschen Argumentation erschlossen werden kann: Gott muss „im messianischen Augenblick die Bösen den Guten opfern“[151] heißt es mit Bezug auf den Talmudtext. Wenn Levinas der jüdischen Tradition so konsequent folgt, ergibt sich eine explizite Spannung zwischen seinem ‚Humanismus des anderen Menschen‘, der eine endgültige Verwerfung eigentlich nur für das Selbst denken kann, nicht aber für den Anderen, und der jüdischen Lehre, die ausdrücklich bestimmte Menschengruppen, ja sogar namentlich genannte Könige und Privatpersonen, von der Teilhabe an der kommenden Welt ausschließt: Im Mischnatraktat Sanhedrin, Kap. 10, 1–4, eben jenem Text also, den die bisher von Levinas referierten Gemara-Passagen kommentieren wollten, werden sie genannt (und diskutiert) als diejenigen, die „keinen Anteil haben an der kommenden Welt“: Leugner der Auferstehung und der Thora von Gott, der Epikuräer, der, der häretische Bücher liest, derjenige, der den Namen Gottes mit seinen Buchstaben ausspricht. Die drei Könige Jerobeam, Achab und M<sup>e</sup>nasse, die vier Privatmänner: Bileam, Do'eg, Achitophel und Gechasi. Außerdem die Generation der Sintflut, die Leute aus Sodom, die Generation der Wüste, die Rotte Korachs sowie die zehn Stämme.[152] Und auch Levinas bezieht sich ausdrücklich auf eine Passage (Sanhedrin 98b–99a), in der Chillak und Billak, identifiziert als Ratsherren von Sodom, vom Genuss der messianischen Zeit ausgeschlossen werden: „sie sind in jedem Augenblick reif für das absolute Gericht. Kein historischer Relativismus zur Entschuldigung des Menschen.“[153]

Immerhin befremdet es zunächst, dass ein Denker, dem so an der Würde und dem Apriori des anderen Menschen liegt, diesen so ohne weiteres und ohne zu widersprechen der Gottferne hinzugeben bereit zu sein scheint, wenn dies die Texte der Tradition wollen. Sollte also die scharfe Kritik am abendländischen Subjekt und der von ihm beanspruchten Totalität zu schweigen verdammt sein, wenn an die Stelle dieses Subjektes das auserwählte Volk tritt?

---

150 Ebd., 94f.

151 Ebd., 83.

152 Übersetzung: Maria Theresia Zeidler.

153 LEVINAS, *Messianische Texte*, 85.

Levinas bleibt aber nicht beim Partikularismus der Auserwählung einer- und Verwerfung andererseits stehen. Er stellt stattdessen am Ende seines Textes vielmehr genau die erwähnte schroffe Gegenüberstellung von Partikularismus und Universalismus in Frage, indem er auf einen Universalismus verweist, der im jüdischen Partikularismus verborgen liege. Einem christlichen, ja „katholischen“ Universalismus, der sich für Levinas in der allgemeinen politischen Ordnung niederschlägt, „[d]arin, vielfältige Glaubensinhalte – eine Vielfalt kohärenter Reden – zu konfrontieren, um nach einer kohärenten Rede zu suchen, die sie alle umfaßt und die gerade die universale Ordnung ist“[154], wird der jüdische Messianismus gegenübergestellt. Dieser stelle gerade eine nichtkatholische Form der Universalität dar: Sie besteht in einem Plädoyer für die Abgetrenntheit des „Volk[es], das abseits wohnt [...], fähig außerhalb zu bleiben, allein und verlassen“[155]. Unabhängigkeit von politischer Ratio, Plädoyer für das universale Recht des nichtvereinnahmbaren Einzelnen, für die Autonomie und Partikularität des Einzelnen, die seit der Assimilation und Emanzipation, spätestens aber seit der Gründung des Staates Israel zutiefst fragwürdig geworden seien.

Als Denken der Andersheit der möglich/unmöglichen Begegnung mit dem universalisierbaren Anderen ausdrücklich durch den Begriff ‚Eschatologie‘ benannt, scheint der levinassche Ansatz, obwohl an keiner Stelle des philosophischen Werkes in seiner ‚theologischen‘ Konsequenz ausgeführt, eine endgültige Verurteilung des Anderen auszuschließen. Ganz im Sinne der Überlegungen Hans Urs von Balthasars[156] erlaubt Levinas’ Totalitätskritik nicht nur *das Gericht* im Sinne einer endgültigen Gerechtigkeit, ja, diese muss sogar bereits in jeder Begegnung mit dem Anderen wirksam verborgen angenommen werden, sondern schließt auch *die Erwartung einer endgültigen Verwerfung* jener nicht aus, die nicht an die Auferstehung glauben, der Rotte Korachs etc..

Damit ist dem christlichen Theologen, der Versöhnung und endgültige Erlösung nur allzu gerne als von Christus bereits vollzogen verstehen möchte, die Unvertretbarkeit der Reue auf Seiten der Täter und der Vergebung durch die Opfer als unbedingt notwendige Elemente einer endzeitlichen Versöhnung ins Stammbuch geschrieben. Wie Levinas hier nur andeutet und an anderer Stelle im Kontext der Theodizeeproblematik ausführt[157], markiert die Aufrechterhaltung der Verwerfung der Rotte Korachs und anderer die unbedingte

[154] Ebd., 100.
[155] Ebd.
[156] Vgl. das entsprechende Kapitel in diesem Band.
[157] „Niemand, nicht einmal Gott, kann sich an die Stelle des Opfers setzen. Die Welt, in der die Vergebung allmächtig ist, wird unmenschlich. [...] Gott ist geduldig, das heißt, er läßt dem Menschen Zeit, wartet auf seine Rückkehr, auf seine Trennung oder seine Wiederherstellung.“ EMMANUEL LEVINAS, *Eine Religion für Erwachsene*, in: DERS., *Schwierige Freiheit*, 21–37, 33.

Notwendigkeit, nach Auschwitz keinesfalls eine universale Vergebung ohne Befragung der Opfer und/oder ohne Reue der Täter zu postulieren.[158]

Gleichwohl wird an dieser Stelle deutlich, warum Levinas seine talmudischen Schriftauslegungen seit je streng von den philosophischen Schriften gesondert hat: Seine geburtliche Verwurzelung in der jüdischen Tradition gebietet eine nicht-einseitige Auslegung der (wenigen) talmudischen Passagen zum Kommen des Messias, das traditionelle *„audiatur et altera pars"*, von dem die christliche Theologie so viel lernen könnte. Sie erlaubt auch nicht und vielleicht gerade nicht ‚nach Auschwitz' die Aufgabe oder Aufweichung des jüdischen Erwähltheitsglaubens, die ihren Gipfelpunkt in der jüdischen Eschatologie findet.

So bleibt uns Levinas' konsequente Umdeutung der zukünftigen Welt im Sinne einer präsentischen Eschatologie im Gedächtnis. Es kann nur angemessen von einem angenommenen endzeitlichen Gericht reden, wer jede Begegnung mit dem anderen Menschen als irreduziblen Verweis auf eine Eschatologie im levinasschen Sinne ernst nimmt. Dabei bedarf es sowohl der Vorstellung einer unbedingt freien Begegnung zwischen Gott und dem Menschen, die diesen als im vollen Sinne Verantwortlichen antrifft und als Reaktion auf diese Begegnung allein Buße und Umkehr kennt, als auch des Einbruchs eines ganz Anderen, eines Anstoßes von außen, der das Element des Messianischen immer wieder neu ins Bewußtsein der Menschen bringt.

Unter den Bedingungen der „Ethik als erster Philosophie", dem Lebensprojekt des jüdischen Philosophen Emmanuel Levinas, gewinnen die apokalyptischen Bilder also eine neue und positive Relevanz. Doch vor alledem steht eine Klammer: die Negative Theologie der Apokalyptik.

## 1.2 Dekonstruktion und Messianismus – Derrida

„Eine Hoffnung, die man sieht, ist keine Hoffnung; denn was einer sieht, weshalb hofft er noch? Wenn wir dagegen hoffen, was wir nicht sehen, so warten wir darauf in Geduld." (Röm 8,23–25)

Das Denken Jacques Derridas hat spezifische Konsequenzen im Sinne einer eschatologischen An-Ökonomie und einer ausdrücklichen Herausforderung des Gläubigen „auf dem Schauplatz der Geschichte"[159] weniger aber in einem „‚geistlichen' Bereich und im Unsichtbaren"[160]. Konsequenzen, die – ausgehend vor allem von der Pastoralkonstitution des II. Vatikanischen Konzils, *Gaudium et Spes* – in den verschiedenen Ausprägungen der politischen Theo-

---

[158] Vgl. zum Thema: JOACHIM VALENTIN, *Relative Gotteskrise. Fundamentaltheologische Anmerkungen zur Diskussion um Theologien nach Auschwitz,* in: H. HOPING / J.-H. TÜCK (Hg.), *Christologie nach Auschwitz* (QD 214), Freiburg i.Br. 2004, 13–40.

[159] VALENTIN, *Atheismus*, 266–271.

[160] SCHOLEM, *Messianische Idee*, 121.

logie bereits weitgehend gezogen wurden[161]. In diesem Band wird entsprechend im Kapitel 7 die Problematik des Auslebens falscher Harmoniesehnsüchte in der Figur des Pantokrator noch einmal anklingen[162].

Ich bin der Auffassung, dass auch ein dezidiert nicht-theologisches Denken, welches wie das derridasche mit implizitem universalem Geltungsanspruch im Sinne eines „Negativen Universalismus“, einer „Universalität im Kommen“ auftritt[163], von einer Theologie herangezogen werden muss, die nicht in Ontotheologie zurückfallen, sondern in einem von Aufklärung im guten Sinne geprägten geisteswissenschaftlichen Diskurs Gehör finden will.

Bereits 1987 hat der Exeget Erhardt Güttkemanns in einer wenig beachteten Studie[164] eine linguistisch motivierte Kritik der in der Offenbarung des Johannes verborgenen Selbstermächtigungsphantasien vorgelegt. Güttkemanns führt[165] alle theoretischen Ansätze im Kontext der Metapherntheorie auf Jacques Lacan bzw. Sigmund Freud zurück. Vor dem Hintergrund erscheint der (apokalyptische) Text als Austragungsort psychischer Wunschbilder des eigenen und fremden Körpers. Der Schlüsselbegriff für die Subjekttheorie Lacans, das ‚Spiegelstadium‘, bezeichnet dabei jenen Stand der Entwicklung, in dem das kindliche Ich sich selbst erstmals als Ganzes im Spiegel ‚imaginiert‘ (nicht ‚sieht‘, denn diese Ganzheit des eigenen Körpers ist ein Konstrukt, ein ‚Phantasma‘, wie Lacan sich ausdrückt).

Vor diesem Theoriehintergrund erwächst für Güttkemanns im Laufe einer linguistischen Analyse der Offenbarung des Johannes und in direkter Bezugnahme auf 1 Kor 13,12 und 2 Kor 3,9ff die These, dass die apokalyptische Vision den Wunsch markiere nach einer Überwindung des Spiegelstadiums im Eschaton hin auf zukünftige „göttliche“ Herrlichkeit und Ungebrochenheit.[166] Der eigentliche (latente) Sinn werde jedoch auf der manifesten Ebene, also im apokalyptischen Text, ausdrücklich geleugnet. Apokalyptische Texte seien damit anfällig für die Sehnsucht, das Begehren nach dem Gericht, nach einem herrscherlichen Idol und einem dualistisch strukturierten Jenseits. Güttkemanns analysiert diese Sehnsucht als Ergebnis eines fundamentalen Mangels

---

161 Vgl. die entsprechenden Ausführungen im Kapitel 7 dieser Arbeit.

162 VALENTIN, *Atheismus*, 268.

163 Vgl. für diesen treffenden Begriff: PETER ZEILLINGER, *Nachträgliches Denken. Skizze eines philosophisch-theologischen Aufbruchs im Ausgang von Jacques Derrida,* mit einer genealogischen Bibliographie der Werke von Jacques Derrida (Religion – Geschichte – Gesellschaft, Fundamentaltheologische Studien, Bd. 29), Münster 2002.

164 ERHARDT GÜTTKEMANNS, *Die Semiotik des Traums in apokalyptischen Texten am Beispiel der Apokalypse Johannis 1*, in: *Linguistica Biblica*, Bonn 1987, 7–54.

165 Ebd., 7–13, nach einer Problematisierung des (in seinen Augen ‚naiven‘) Metapher/Metonymie-Diskurses in der Theologie bzw. Exegese.

166 „Gewünscht wird ‚am Ende‘ genau das, was ‚man selbst‘ nicht auszudenken und auszusprechen wagt, sondern lieber einem ‚anderen‘ zuschreibt. Wenn z.B. die Apokalyptik das ‚Sein-Wollen-wie-Gott‘ oder den ‚Willen zur Macht‘ in ihren Träumen als widergöttlich ablehnt, dann geschieht diese von Freud gemeinte ‚Verdrängung‘.“ GÜTTGEMANNS, *Semiotik des Traums*, 38.

an Identität (Lacan), der sich mit Hilfe der syntaktischen Operationen der Traumarbeit als Metapher oder Metonymie manifestiere.[167]

Apokalyptik ist auch für Güttkemanns *phantastische Literatur* im Sinne Tzvetan Todorovs[168], denn der Leser bleibt unschlüssig, ob die Handlung imaginär oder real ist und kann sich (theoretisch) frei zum Imaginierten verhalten. Es handelt sich jedoch um eine Freiheit, die so lange theoretisch bleibt, wie sich der Mensch seiner uneingestandenen Allmachts-Sehnsüchte nicht bewusst geworden ist.

Eine entscheidende Rolle kommt der apokalyptischen Imago des Menschensohns zu, den Güttgemanns als insofern phantastisch beschreibt, als in ihm der Unterschied zwischen Gott und Mensch ausgelöscht wird. Er ist von menschlicher Gestalt und doch *Pantokrator*, Signifikant der Allmacht Gottes, und lädt den Träumenden bzw. den Leser zur Identifikation geradezu ein. Als Fazit von Güttkemanns ungewohnten Überlegungen ließe sich formulieren: Der Christ wünscht sich den Märtyrer (sich selbst) als Weltherrscher. Dieser Wunsch ist jedoch genauso widergöttlich, wie die uneingeschränkte Herrschsucht der apokalyptischen Tiere. Nur ein Martyrium ohne Lohn würde die Ökonomie der eigenen Endlichkeit anerkennen. Diese Möglichkeit wird in der Apokalypse in der Imago des Menschensohnes gleichzeitig offenbart und verhüllt.

Die jüdische Kritik an der Apokalypse als Textgattung und die Kritik an den falschen Messiassen der wir im Kontext des Messianischen bei Levinas bereits begegnet sind, ist, historisch entstanden vor allem im Gefolge der Enttäuschung durch den Fall Bar Koziba/Bar Kochba, und ihre kritische Rezeption bei Levinas und Derrida kann analog durchaus auf die in der Gestalt des Menschensohnes lauernden Allmachts-Phantasien übertragen werden. Im Lichte der linguistisch geprägten Psychoanalyse Erhardt Güttkemanns' erscheint damit Derridas Durchbrechung der Ökonomie in der ‚unmöglichen Gabe' und Levinas' ‚Zur-Geisel-Werden' als wirksames Gegengift gegen die in der Johannesoffenbarung verborgenen Selbstermächtigungssehnsüchte eines der Ökonomie verhafteten christlichen Märtyrertums.

Ausdrücklich hat sich Derrida erstmals 1983 mit der Apokalyptik als Textgattung beschäftigt, aber zunächst ohne Bezugnahme auf den jüdischen Messianismus. Vielmehr geht es hier ihm um „Aufklärung", um das Verlangen „nach hellsichtiger Aufmerksamkeit, nach Erhellung, nach Kritik und Wahrheit [...], aber nach einer Wahrheit, die zugleich in sich ein apokalyptisches Verlangen bewahrt [...], um den apokalyptischen Diskurs zu entmystifizieren."[169]. Dieser wird im Anschluss an Kants Text von einem *neuerdings erhobenen vorneh-*

---

[167] Ebd., 43.

[168] TZVETAN TODOROV, *Einführung in die fantastische Literatur*, Frankfurt a. M. 1992 (Original: *Introduction à la littérature fantastique,* Paris 1970).

[169] JACQUES DERRIDA, *Von einem neuerdings erhobenen apokalyptischen Ton in der Philosophie*, in: DERS., *Apokalypse,* Wien 1985, 9–90, 59f.

*men Ton in der Philosophie*[170] primär als der selbstermächtigende Diskurs vom ‚Ende aller Dinge‘ qualifiziert: „Die Wahrheit ist das Ende und die Instanz des Jüngsten Gerichts. Die Struktur der Wahrheit wäre hier also apokalyptisch, und aus diesem Grunde gibt es keine Wahrheit der Apokalypse, die nicht wieder Wahrheit der [oder: über die] Wahrheit wäre.“[171]

Derrida arbeitet hier zunächst eine – wie er selbst sagt – spezifisch sektenhafte Version der Apokalyptik heraus, die, um einer durch die Rede vom ‚Ende der Welt‘ künstlich erzeugten Auserwähltheit des Sprechers und der dadurch erzeugten Macht über seinen Zuhörer willen auf die übrige Welt gerne verzichtet.[172] Dabei kristallisiert sich der Anspruch der Aufklärung und die Behauptung des Besitzes einer letzten Wahrheit, verbunden mit der Denunziation anderer Wahrheitsbesitzer als allgemeinmenschliches Phänomen der Aufmerksamkeitslenkung heraus[173], die so lange ideologisch bleibt, wie keine Einsicht in die apokalyptische Struktur von Sprache, Text und Kommunikation *überhaupt* vorliegt.[174]

Doch Derrida ist trotz solcher Kritik des Projektes ‚Aufklärung‘ nicht an einer Einebnung der Unterschiede zwischen Propheten und Scharlatanen gelegen.[175] Der oberflächliche Eindruck einer Unentschiedenheit in der Wahrheitsfrage wird durch eine Analyse des apokalyptischen „Komm“ im Sinne eines universalen Messianismus wettgemacht. Es geht Derrida hier um nichts weniger, als um eine Wende in seinem Werk, die weg von der Texttheorie hin zu einer ethischen Entschiedenheit in ausdrücklicher Anknüpfung an Levinas führt.

Entscheidend für die angekündigte Deutung des „Komm“ sind Aussagen aus der Offenbarung des Johannes, die sich auf den Status der zu erwartenden Offenbarung beziehen. Derrida zitiert aus Offb 5: „Und niemand im Himmel und auf Erden und unter Erden vermag das Buch zu öffnen, noch hineinzublicken.“ Hier ist ein jedem menschlichen Blick entzogener Text angesprochen, ein nicht näher bestimmtes Jenseits der Sprache, das doch das gesamte apokalyptische Geschehen bestimmt. Wahrheit als Buch existiert, doch kein Mensch

---

170 IMMANUEL KANT, *Von einem neuerdings erhobenen vornehmen Ton in der Philosophie*, Werke in sechs Bänden. Hg. von W. Weischedel. Darmstadt 1964ff, III, 377–397.

171 DERRIDA, *Apokalypse*, 64.

172 „Wir sind allein auf der Welt, ich bin allein, um Dir die Wahrheit und die Bestimmung offenbaren zu können. Und ich sage sie Dir, ich gebe sie Dir, komm laß uns, die wir noch nicht wissen, wer wir sind, für einen Augenblick vor dem Ende die einzigen Überlebenden sein, die einzigen, die wachen, das wird uns um so mehr stärken.“ Ebd., 65.

173 „Wir Aufklärer [i.O.Dt] der modernen Zeiten fahren also fort, die betrügerischen Apostel, die ‚angeblichen Gesandten‘. Die niemand gesandt hat, die Lügner und Treulosen, die Aufgeblasenheit und Schwülstigkeit all der mit historischen Missionen Beauftragten, die niemand um etwas gebeten oder mit etwas beauftragt hat, zu denunzieren.“ Ebd., 74.

174 Auf diese Sinnspitze des Textes und auf ihre Geschichte im Werk Derridas hat vor allem JOHANNES HOFF hingewiesen: *Fundamentaltheologische Implikationen der Apokalyptik. Annäherungen an den Begriff der Offenbarung, ausgehend von Derridas dekonstruktiver Lektüre der Apokalypse des Johannes*, in: ThG 45 (2002), 42–51, 107–120

175 DERRIDA, *Apokalypse*, 77.

kann es lesen. Außerdem verweist er auf Offb 22,10: „Und er sagte zu mir: ‚Versiegle die Worte der Weissagung dieses Buches nicht: Ja die Zeit ist nahe... '" Hier ist eine Aktualität markiert, die jede Rede vom Ende unterminiert: Es soll gerade *nicht* versiegelt, *nicht* abgeschlossen werden, vielmehr wird die *Offenheit* auf ein bald bevorstehendes Ereignis postuliert. Beide Bewegungen, die *Nicht-Darstellbarkeit* eines Jenseits der Sprache wie die irreduzible *Aktualität* eines nahe bevorstehenden Ereignis, das ungeteilte Aufmerksamkeit für sich beansprucht, kulminieren für Derrida in dem Wort „Komm". Ähnlich dem „Ja"[176] gehe es jeder Lektüre, ja der Existenz voraus:

> „Komm ins Jenseits des Seins, so kommt es aus dem Jenseits des Seins und ruft jenseits des Seins [...] Komm ist *allein* ableitbar, absolut ableitbar, aber nur vom anderen, das heißt von nichts, das einen Ursprung oder eine verifizierbare, entscheidbare, aneigenbare Identität hätte, von nichts, das nicht wieder ableitbar und uferlos erreichbar wäre."[177]

Die sich hier ankündigende Leere, die Verweigerung eines propositionalen Sprechens über den Herkunftsort jenes „Komm" geht Derrida zufolge jeder apokalyptischen Rede voraus, es relativiert sie als endgültige Offenbarung:

> „Und wenn dieses Draußen der Apokalypse in der Apokalypse anzutreffen wäre? Wenn es die Apokalypse selbst wäre, das heißt das, was in das ‚Komm' einbricht? [...] Von jenem Buch, dass ‚innen und außen' [...] beschrieben war, wird ganz am Ende gesagt: Versiegle nicht, ‚versiegle die Worte dieser Weissagung nicht in diesem Buch...'"[178]

In seinem 1992 publizierten Text *Donner la mort*[179] wird Derridas Anschluss an Levinas explizit. Darüber hinaus wird eine bestimmte, kritisch von ihren Fehlformen abzugrenzende Eschatologie im Herzen des christlichen Denkens, ja als seine *differentia specifica* ausgemacht.

Zunächst begegnet uns hier in einer Paraphrase eines Werkes des tschechischen Philosophen und Dissidenten Jan Patočka die Geschichte der Religion als „Genealogie des ich-sagenden Subjektes" aber auch als „Sein gegenüber dem Anderen [...]: dem Anderen in seiner unendlichen Andersheit, einer Andersheit, die erblickt, ohne gesehen zu werden, aber einer Andersheit auch, deren unendliche Güte *gibt* in einer Erfahrung, die darauf hinauskäme, *den Tod zu geben.*"[180] Sokrates und Christus treten im Folgenden als mögliche Exemplare dafür auf, „für den Anderen zu sterben". Die anfangs gestellte Frage

---

[176] DERS., *Nombre de Oui, in: Psychè. Inventions de l'autre,* Paris 1987, 639–650.
[177] DERS., *Apokalypse*, 86f.
[178] Ebd., 90.
[179] DERS., *Donner la mort,* in: J.-M. RABATE / M. WETZEL (Hg.), *L'éthique du don. Jacques Derrida et la pensée du don,* Paris 1992, 11–108. Dt.: JACQUES DERRIDA, *Den Tod geben*, in: A. HAVERKAMP (Hg.), *Gewalt und Gerechtigkeit. Derrida – Benjamin,* Frankfurt a.M. 1994, 331–445.
[180] DERS., *Den Tod geben*, 333.

bleibt jedoch weiter offen: Welche Beziehung besteht „[...z]wischen dem Opfer, dem Selbstmord und der Ökonomie der Gabe?“[181] Schließlich kristallisiert sich eine dissidente, ja ‚häretische‘ Verantwortung als das fehlende Bindeglied, die im Ernstfall nicht irgendeiner Lehre treu bleibt, sondern dem anderen Menschen.[182] Derrida nimmt Patočkas These auf, dass ein solches Verständnis der Verantwortung zwar im „Christentum den bisher größten, noch niemals überschrittenen (wenngleich bis heute nicht zu Ende gedachten) Aufschwung [...] zum Kampf gegen den Verfall“[183] genommen habe, spitzt jedoch die unausgedachte Möglichkeit der Verantwortung im Horizont des Christlichen bezüglich der Frage nach der Gabe des Todes weiter zu.[184]

Worin genau aber besteht diese Gabe Gottes, der Tod? Sie besteht in Individualität als Unvertretbarkeit und Freiheit, in einer „Autonomie im kantischen Sinne“, wie es wenig später heißt[185], allerdings im Sinne einer Verantwortung nicht für mich, sondern für den Anderen: „der Tod ist genau das, was niemand an meiner Stelle erleiden oder erdulden kann. Meine Unvertretbarkeit wird also vom Tod verliehen, gestiftet, man könnte sagen, gegeben.“[186] Um Heidegger an dieser Stelle endgültig zu entkommen, müsste man wohl formulieren: „von *Gott im* Tod gegeben“, und Derrida ist diese mögliche Perspektive durchaus bewusst.[187]

Im weiteren Verlauf der Lektüre wird deutlich, dass „das Geheimnis“ der ‚Fabel‘ von der Opferung Isaaks, einer Fabel, deren Eigenlogik für Derrida quasiphilosophischen Status erhält, hier für ein *allgemeines Paradoxon* stehen soll, für die Grenze des begrifflichen Denkens und die Durchkreuzung der *Ökonomie* als des Vorhersehbaren. Die Paradoxie, in die Abraham zwischen zwei nicht zugleich erfüllbaren Forderungen getrieben wird – und ich verstehe dieses Getriebensein mit Derrida und Kierkegaard[188] nicht als Akt eines willkür-

---

181 Ebd., 340.

182 „keine Verantwortung ohne den dissidenten und erfinderischen Bruch mit der Tradition, der Autorität, der Orthodoxie, der Regel oder der Doktrin.“ Ebd., 356.

183 JAN PATOČKA, *Ist die technische Zivilisation zum Verfall bestimmt?* In: DERS., *Ketzerische Essays zur Philosophie der Geschichte und ergänzende Schriften,* Stuttgart 1988, 121–145, 134, zit. ebd., 357.

184 „Die Gabe, die mir durch Gott widerfährt, insofern er mich unter seinen Blick und in seine Hand nimmt, während er mir unzugänglich bleibt, die furchtbar dissymetrische Gabe dieses *mysterium tremendum* gibt mir zu antworten, erweckt mich zu der Verantwortung, die sie mir gibt, indem sie mir den Tod, das Geheimnis des Todes, eine neue Erfahrung des Todes gibt.” DERRIDA, *Den Tod geben*, 362.

185 Ebd., 373.

186 Ebd., 369.

187 „Gott ist die Ursache des mysterium tremendum, und der gegebene Tod ist stets das, was zittern macht, oder von dem, was weinen macht.“ Ebd., 382.

188 Vgl. für eine ausführliche Würdigung des Verhältnisses zwischen Derrida und Kierkegaards *Furcht und Zittern* anhand von „Donner la mort“: TILMAN BEYRICH, *Ist Glauben wiederholbar? Derrida liest Kierkegaard* (Kierkegaard Studies. Monograph Series 6), Berlin/New York 2001, 129–320.

lich handelnden Gott, sondern als anthropologische Urszene des sterblichen Menschen zwischen mehreren unabweisbaren Ansprüchen –, führt ihn in eine Passivität, in ein erwartungsvolles Schweigen: „Abraham kann weder sprechen noch teilen, weder weinen noch klagen. Er ist im absolut Geheimen.“[189]

Derrida zeigt im Folgenden auf, wie ein in unseren Tagen seinen Sohn angeblich auf den Befehl irgendeines ‚ganz Anderen‘ opfernder Abraham unmittelbar zum Objekt des ethischen, juristischen, psychoanalytischen Diskurses würde, Opfer all jener Diskurse also, die paradoxiefrei eine Eindeutigkeit des Ethischen auf ihre Fahnen geschrieben haben. Eine Paradoxiefreiheit, die allerdings erkauft werde durch Ignoranz gegenüber den Spätfolgen des im Namen des eigenen Systems geschehenden Unrechts außerhalb der eigenen Grenzen. Sie werden auf das Konto eines angeblich im Außen lauernden Chaos gebucht, welches noch der Ordnung durch das eigene System harrt.[190] Die Bibel, genauer das Alte Testament, die Tora, wird Derrida hier also zum Erscheinungsort einer Wahrung dieses Geheimnisses, einer anthropologisch fundamentalen grundlegenden Paradoxie. Er beharrt hier mit der jüdischen und christlichen Religion auf dem Wert dieses Geheimnisses gegen den Zugriff eines bestimmten philosophischen, juridischen und psychologischen Denkens und damit letztlich gegen dessen Extermination.

Abschließend taucht der Gott des Matthäus-Evangeliums auf, der „ins Verborgene schaut“ (Mt 6) und mit diesem Schauen, ohne gesehen zu werden eine Neufassung der Dissymmetrie zwischen Ich und Anderem ins Spiel bringt[191]. Heißt es nun von diesem Vater, der in das Verborgene schaut, er „wird es Dir vergelten“ (Mt 6,18), so kommt nicht nur endlich die Eschatologie auch explizit in unser Spiel, sondern ebenso eine himmlische Ökonomie, die allem bisher Entwickelten Hohn zu sprechen scheint, indem sie ein in sich stimmiges System wiederherstellt: „So wird sich der wahre Schatz des Himmels bilden, ausgehend vom Lohn oder vom für das Opfer oder den Verzicht auf dieser Erde gezahlten Preis.“[192] Doch Derrida entdeckt andererseits in der Bergpredigt Spuren der Paradoxie, der Anökonomie: „Wenn dich aber dein rechtes Auge zur Sünde verführt, so reiß es aus und wirf es von dir, denn es ist besser für dich, daß eins deiner Glieder verlorengeht und nicht dein ganzer Leib in die Hölle geworfen wird.“ (Mt 5,29) „Ein solches ökonomisches Kalkül schließt den absoluten Verlust mit ein. Es bricht mit dem Tausch, der Symmetrie oder der Reziprozität.“[193]

---

189 DERRIDA, *Den Tod geben*, 400.

190 Ebd., 412.

191 „dieser Blick sieht mich, ohne daß ich ihn mich sehen sehe. Er kennt mein eigenes Verborgenes, da wo ich selbst es nicht sehe, und da, wo das ‚Erkenne dich selbst‘ das Philosophische im Trug der Reflexivität, in der Leugnung eines Verborgenen zu errichten scheint.“ Ebd., 418.

192 Ebd., 426.

193 Ebd., 428.

Da ist er also gefunden, der „noch niemals überschrittene (wenngleich bis heute nicht zu Ende gedachte) Aufschwung [...] zum Kampf gegen den Verfall“, der zu Beginn angekündigt worden war: Hier werden zweierlei Arten von Lohn versprochen, einer, der im Sinne der klassischen Ökonomie ‚funktioniert‘ und der den „Pharisäern und Schriftgelehrten“ zukommt und ein anderer, „den man durch uneigennütziges Opfer oder die Gabe erlangt“[194]. Die vielfach diskutierte derridasche „Gabe“[195] verdankte sich also der Reflexion des Evangeliums auf das Verhältnis zwischen Diesseits und Jenseits und der in der Bergpredigt markierten Dissymetrie zwischen Ich und ganz Anderem, den sich Derrida hier nicht scheut ‚Gott‘ zu nennen.[196] Doch Derrida geht noch weiter: Nach einem Verweis auf die Aufforderung *Wahrung des Geheimnisses* im Beten, Almosengeben, Fasten, Gerechtigkeit-Üben (Mt 6,1–18) dringt Derrida zur Gottesfrage vor:

> „Gott ist in mir, er ist absolutes ‚ich‘, er ist diese Struktur des unsichtbaren Innerlichkeit, die man im kierkegaardschen Sinne die Subjektivität nennt. Und er offenbart sich, er zeigt sein Sich-Nicht-Offenbaren, wenn in der Struktur des Lebendigen oder des Existierenden im Verlauf der phylo- und ontogenetischen Geschichte die [...] Möglichkeit des Geheimnisses auftaucht.“[197]

Im Namen des mit Benjamin gelesenen Messianischen und der Eschatologie kritisiert Derrida sowohl jede Teleologie als auch eine Hoffnung, die einfachhin eine Stillstellung der Geschichte erwartet. Derrida spricht hier im Namen einer „radikalen und unabschließbaren [...] unendlichen Kritik“. Bei der Erfahrung, die der Hoffnung im Namen dieser Kritik entgegengesetzt wird, handelt es sich um eine Erfahrung, „die für die absolute Zukunft dessen, was kommen wird, offen ist, das heißt der Bewegung einer notwendig unbestimmten, abstrakten, wüstenhaften, ausgelieferten, exponierten Erfahrung, die ihrer Erwartung des anderen und des Ereignisses ausgesetzt bleibt.“[198] Diese Wendung, die ihre enge Verwandtschaft mit Levinas kaum verleugnen kann, scheint mir wert, in jede kommende und alle vergangenen Eschatologien eingetragen zu werden. Denn sie erneuert die Kritik am Begriff einer endzeitlichen großen Offenbarung, in deren Namen hier und heute Herrschaft ausgeübt werden kann. Im Namen einer Negativen Theologie plädiert sie für ein Offenhalten

---

[194] Ebd., 431.

[195] Vgl. v.a.: JEAN-MARIE RABATÉ/MICHAEL WETZEL (Hg.), *Ethik der Gabe. Denken nach Jacques Derrida*, Berlin 1993.

[196] „Im durch diese Ökonomie der Maßlosigkeit eröffneten Raum beruft sich eine neue Lehre der Gabe oder des Almosens auf ein Zurückgeben *(rendre)*, auf einen Ertrag *(rendement)*, wenn man so sagen darf, ja sogar auf eine Rentabilität gewiß, doch eine, die für Geschöpfe nicht kalkulierbar und der Bewertung des Vaters, insofern er ins Verborgene sieht, überlassen ist.“ DERRIDA, *Den Tod geben*, 432.

[197] Ebd., 434.

[198] DERS., *Marx' Gespenster*, 146.

von Wesensaussagen über Gott und das Jenseits und betont die Diskontinuität zwischen Historie und Transzendenz[199].

Derrida spricht hier statt für eine ‚Hoffnung'[200], die ihrer grandiosen Erfüllung entgegenharrt, für das Messianische als ein unendliches, gastfreundliches[201] Warten auf jemanden oder etwas noch Unbestimmtes, und fordert damit zugleich etwas Unmögliches, ist doch der Mensch auch in seinen Zukunftsvorstellungen unweigerlich dem Zwang der Sprache, der Artikulation und damit dem identifizierenden Dualismus ausgeliefert. Vorstellungen von der eigenen und einer universalen Zu-Kunft gälte es also immer wieder durch ein so verstandenes Messianisches durchkreuzen zu lassen.

Derrida unterscheidet in *Marx' Gespenster* zwischen einem solchen allgemeinen Messianismus als Öffnung der Geschichte auf Zukunft hin und dem speziellen historischen Messianismus etwa der abrahamitischen Religionen, der entweder eine allgemeine Sensibilität für das Phänomen Messianismus oder aber eine Verstellung der Universalität des Messianismus bewirken kann. Man muss dem Messianismus also zwar weiterhin ‚Namen geben'[202], sich der Logik partikulärer Diskurse überlassen, dies allerdings in dem Bewusstsein der *Universalität* des Messianischen und der Möglichkeit einer Durchkreuzung aller konkreten Hoffnungen. Derrida unterscheidet sich in seinem Plädoyer für eine reflektierte Aufrechterhaltung partikularer messianischer Diskurse ausdrücklich vom *Prinzip Hoffnung* Ernst Blochs, indem er nicht einfach annimmt, er könne ein messianisches Element frei von kultureller Prägung isolieren. Derrida redet von diesem Universalen als von einem ‚leeren' Messianismus, einem Messianismus der Wüste,[203] und schließt so an seine Überlegungen zur Wüste in *Post-Scriptum. Aporias Ways and Voices*[204] an, wo im

---

199 Auch Ottmar Fuchs schreibt: „Ohne der Einbildung zu erliegen, übergeschichtlich und überzeitlich die gläserne Wahrheit zu verkünden, ist mit dem kontextuell vorgegebenen Figurativen aus der Logik des Glaubens und aus der darin aufgehobenen Logik der Überfülle der Gnade heraus umzugehen. Der Logik der Äquivalenzen (zwischen diesseitigen und jenseitigen Vorstellungen) steht dann die Vorstellung unendlicher ‚Verschwendung' und Versöhnung Gottes gegenüber." OTTMAR FUCHS, *Deus semper maior: auch im Gericht. Von der Pastoralmacht zur Pastoralgnade,* ThPQ 144 (1996) 131–144, 141.

200 Bereits Franz Rosenzweig, auf den sich Derrida hier implizit bezieht, verweist darauf, dass sich Messianismus nicht in Hoffnung erschöpfen darf (vgl. FRANZ ROSENZWEIG, *Der Mensch und sein Werk,* Ges. Schr. IV.1, 202f).

201 „Erwartung ohne Erwartungshorizont, Erwartung dessen, was man noch nicht oder nicht mehr erwartet, vorbehaltlose Gastfreundschaft und Willkommensgruß, die der absoluten Überraschung des Eintreffenden im Vorhinein gewährt werden, ohne das Verlangen einer Gegenleistung oder einer Verpflichtung gemäß den Hausverträgen irgendeiner Empfangsmacht [Familie, Staat, Nation, Territorium, Boden oder Blut, Sprache, Kultur im allgemeinen, selbst Menschheit], gerechte Öffnung, die auf jedes Besitzrecht verzichtet [...]." DERRIDA, *Marx' Gespenster*, Frankfurt a.M. 1995, 110.

202 Wie in *Foi et Savoir. Les deux sources de la „religion" aux limites de la simple raison* (J. DERRIDA / G. VATTIMO (Hg.), *La religion*, Paris 1996, 9–86), 28 ausgeführt.

203 DERRIDA, *Marx' Gespenster*, 54.

204 DERS., *Außer dem Namen (Post-Scriptum)*, in: DERS.: *Über den Namen. Drei Essays*, Wien 2000, 63–121. Vgl. auch: VALENTIN, *Atheismus in der Spur Gottes*, 191–212.

Kontext der Negativen Theologie des Angelus Silesius von einer beinahe atheistischen Trockenheit aber auch von der Abstraktion als Verödung *(desertification)* die Rede war.

Bei all dem scheint es Derrida nicht einfach um die Kritik eines ideengeschichtlichen Phänomens, des Messianismus zu gehen, sondern gleichzeitig um eine Garantie, um eine Gründung dessen, was er Gerechtigkeit nennt in einer Erfahrung des Unmöglichen: „Ohne diese Erfahrung des Unmöglichen täte man besser daran, sowohl auf die Gerechtigkeit als auch auf das Ereignis zu verzichten."[205] Doch diese Gerechtigkeit kann nicht, wie in der Geschichte des Christentums immer wieder geschehen im Einzelnen antizipiert werden. Das Kommen oder die Zukunft der Gerechtigkeit ist „das Kommen des anderen [...] dieser immer anderen Singularität".[206]

Die Interpretation der Johannesapokalypse von Erhardt Güttkemanns hatte einzig das *Martyrium ohne Lohn* als Möglichkeit aufgewiesen, einen Gebrauch des Textes der Johannesoffenbarung zu vermeiden, der diesen als Antwort auf ein Wunschdenken versteht, als imaginäre Befriedigung letztlich infantiler Selbstermächtigungsphantasien. Derrida knüpft in verschiedenen Anläufen in diversen ideengeschichtlichen Kontexten, aber immer mit einem kritisch-aufklärerischen Interesse implizit an diese Fragestellung an:

Einer zuerst von Johannes Hoff offengelegten apokalyptische Struktur von Textualität überhaupt wohnt zunächst in einer im Wortsinne ‚sektenhaften'[207] Abschottung zwischen Autor und Leser die Behauptung des Besitzes einer exklusiven ‚offenbarten' Wahrheit inne; einer Wahrheit also, die nicht allgemein, sondern nur durch die Lektüre *dieses* Textes zugänglich wird. Begreift man dieses Phänomen als eines, das der Textualität und dem Sprechen *strukturell* innewohnt, werden die Begriffe ‚Wahrheit' und ‚Aufklärung' *an sich* und die mit ihnen historisch immer wieder verbundene Denunziation Andersdenkender zunächst problematisch.

Derrida hält trotzdem an seinem eigenen aufklärerischen Projekt der Dekonstruktion fest, indem er (in einer ausdrücklich an Levinas' Denken des Anderen anschließenden Volte) auf eine Durchkreuzung des umfassenden Wahrheits- und Aufklärungsdranges im ‚aufklärerischen Text *par excellence*', der Johannesoffenbarung *selbst* hinweist: In Offb 5 und 22 findet sich der Verweis auf ein Buch, in das niemand hineinzublicken vermag bzw. die Aufforderung dieses Buch nicht zu versiegeln. Damit ist im Namen einer umfassenden Offenbarung gerade auf die *Nicht-Darstellbarkeit eines der Sprache vorgängigen Jenseits* hingewiesen und zu einer *irreduziblen Offenheit* auf ein nahe bevorstehendes, aber eben (von diesem Jenseits her?) ausstehendes Ereignis hin aufgefordert. Die Erkenntnismöglichkeiten eines auch durch die

---

205 DERRIDA, *Marx Gespenster*, 110.
206 Ebd.
207 Vgl. dazu die einleitenden Reflexionen über den Sektenbegriff in Kapitel 8.

Bindungen an die Aktualität scheinbar nicht begrenzten Subjektes werden hier im Zentrum der ‚Offenbarung schlechthin‘ und im Namen eines dem Ich heterogen entgegentretenden Anderen begrenzt und im Namen eines unspezifischen „Komm“ auf die Begegnung mit diesem Anderen offengehalten.

Die Rede vom ‚Vater der das Verborgene schaut‘ und die damit verbundene gleichzeitige Errichtung und Durchkreuzung einer Ökonomie diesseitiger Opfer und jenseitigen Lohnes in Mt 6 ist Derrida neun Jahre später Anlass, Gott als Ferment einer zwischen Heteronomie und Autonomie dezidiert christlichen Subjektivität zu entwickeln, einen Gott, dessen Undarstellbarkeit das Abgleiten in eine Ökonomie im Sinne einer platten Werkgerechtigkeit immer wieder verhindert.

Erst in *Marx' Gespenster* stellt Derrida die bis hierher entwickelte ‚Eschatologie‘ in einen messianischen Kontext. Ausdrücklich im Namen einer „radikalen und unabschließbaren Kritik" plädiert er erneut für ein Offenhalten propositionaler Aussagen über Gott und für eine Partikularität unter anderem der monotheistischen endzeitlichen Diskurse, die unter irdischen Bedingungen zunächst nicht – wie etwa in Blochs *Prinzip Hoffnung* – in eine Universalität münden können, wohl aber alle im Sinne der geschichtsphilosophischen Thesen Walter Benjamins jederzeit ihre Durchkreuzung durch ein singuläres Ereignis – das Kommen des Messias – gewärtigen müssen.

## 1.3 Michel Foucaults Kritik der ‚Pastoralmacht‘

Michel Foucault war Atheist, und sein Denken steht nicht unmittelbar im Kontext christlicher Theologie. Gleichwohl gilt: „Religion after Foucault can never be the same – there is a distinctive break with the historical location and understanding of religion.“[208] Das Werk Foucaults bedeutet eine latente Kritik eines jeden, also auch des theologischen Diskurses, insofern er notwendig als Teil eines ‚Machtdispositivs‘ gedacht werden muss. Eine Aufarbeitung der Herausforderungen, die er der Theologie über die Kirchengeschichte hinaus *methodologisch* aufgegeben hat, beginnt in Deutschland gerade erst.[209]

Zu eschatologischen Fragen hat sich Michel Foucault nur am Rande seiner Ausführungen zur Pastoralmacht geäußert.[210] Die Funktion der Pastoralmacht

---

208 JEREMY R. CARRETTE, *Foucault and Religion. Spiritual corporality and political spirituality*, London / NewYork (Routledge) 2000, xi.

209 Vgl u.a. JOHANNES HOFF, *Spiritualität und Sprachverlust. Theologie nach Foucault und Derrida,* Paderborn u.a. 1999; KARLHEINZ RUHSTORFER, *Konversionen. Eine Archäologie der Bestimmung des Menschen bei Foucault, Nietzsche, Augustinus und Paulus*, Paderborn u.a. 2004; CHRISTIAN BAUER / MICHAEL HÖLZL (Hg), *Gottes und des Menschen Tod? Die Theologie vor der Herausforderung Michel Foucaults,* Mainz 2003.

210 Sofern man nicht auch den Text *Le corps utopique* (MICHEL FOUCAULT, *Die Heterotopien / Der utopische Körper*, Frankfurt 2005, 23-36) als eschatologischen Text verstehen will, in dem Foucault auf das utopische Potential des Körpers, etwa als Mumie oder mit Grabbeigaben versehen, aber auch tätowiert, geschminkt, maskiert, tanzend oder berauscht, verweist.

besteht in der Beförderung einer Subjektwerdung (Subjektivierung), der schließlich zu einer Unterwerfung (Subjektivation) des Individuums unter die gesellschaftlichen Verhältnisse führt. Im Laufe der Entwicklung der modernen Gesellschaft wurde Pastoralmacht säkularisiert und spielt nach Foucault eine wichtige Rolle bei der Aufrechterhaltung und Reproduktion der gesellschaftlichen Verhältnisse. Dieser Machttechnik liegt die Konzeption einer „Regierung der Seelen“ zugrunde, wie sie sich in der Metapher der Beziehung von Hirte (lateinisch Pastor) und Herde findet. Foucault legt Wert auf den Unterschied zu antiken Techniken der Selbstsorge. Während in der Antike der Meister, der Pädagoge, zur Wahrheit führte, konnte im Christentum das Individuum die Wahrheit nur in sich entdecken:

> „das Christentum koppelt die Psychagogik von der Pädagogik ab und fordert von der psychagogisierten und geführten Seele, dass sie eine Wahrheit sagt, die nur sie sagen kann, die nur sie besitzt und die zwar nicht das einzige, aber eines der fundamentalen Elemente jener Operation ist, durch die seine Seinesweise verändert werden wird; und genau darin besteht dann das christliche Geständnis.“[211]

In *Was ist Aufklärung?*[212] formuliert Foucault: „[...] moderne Philosophie ist die Philosophie, die versucht, die vor zwei Jahrhunderten so unvorsichtig aufgeworfene Frage zu beantworten: *Was ist Aufklärung?*“. Foucault stellt seine eigene Arbeit hier dabei nicht nur formal, sondern auch, was das Objekt seiner Forschungen angeht, in die kantsche Tradition: Für eine Definition von ‚Unmündigkeit‘ als Vermeidung des eigenen Vernunftgebrauchs bringe Kant drei Beispiele: „Wir sind in einem Zustand der Unmündigkeit, wenn ein Buch die Stelle unseres Verstandes einnimmt, wenn ein Seelsorger den Ort unseres Gewissens einnimmt und wenn ein Arzt für uns entscheidet, was unsere Diät zu sein hat.“[213] Damit sind bereits durch Kant einige der genannten zentralen Forschungsprojekte Foucaults selbst bezeichnet.

Der Katholik Michel Foucault hat der römisch-katholischen Kirche zumindest einen gewissen ironischen Respekt für ihren unverschleierten Machtgebrauch und die Sinnlichkeit ihrer Vollzüge entgegengebracht. So hatte er etwa in einem Gespräch aus dem Jahr 1978 „Da bleibe wohl nur noch ich übrig“[214] lachend auf die Feststellung geantwortet, es gäbe nicht mehr viele Leute, die sich noch für die Kirche interessierten: „Ich finde die Kirche ganz wunderbar. [...] [Sie] ist ein großartiges Instrument der Macht [...]. Gänzlich aus Fäden gewoben, die imaginativ, erotisch, effektiv, körperlich, sinnlich und so weiter

---

Die Seele kann er dabei nur platonistisch verstehe: „Es lebe meine Seele! Sie ist mein leuchtender, warmer, frischer Körper. Mein glatter, kastrierter Körper, rund wie ein Stück Seife.“ Ebd., 28.

211 MICHEL FOUCAULT, *Hermeneutik des Subjekts. Vorlesungen am Collège de France 1981/82*, Frankfurt a.M. 2004, 60.

212 FOUCAULT, *Aufklärung*, 35ff.

213 Ebd., 37.

214 MICHEL FOUCAULT, *On religion*, in: *Religion and culture by Michel Foucault,* selected and edited by J. R. CARRETTE, Manchester 1999, 106–109, 109.

sind, einfach großartig!“[215] Über solch ironische Affirmation hinaus dürfte ihm in seiner exakten Charakterisierung der Pastoralmacht (oder -technologie)[216] eine Bestimmung des Anteils christlicher Zugänge zum abendländischen Projekt von Subjektivität, aber auch ein bis heute wirksames Instrument der *Kritik* an einer der subtilsten Formen der Machtausübung oder eben *‚formatio‘* diesseits und jenseits der Kirchenmauern gelungen sein:

> „1. [...] Wir haben gesehen, daß der Hirte die Verantwortung für das Schicksal der ganzen Herde und jedes einzelnen Schafes auf sich nehmen muß. Nach christlichem Verständnis muß der Hirte Rechenschaft ablegen – nicht nur über jedes Schaf, sondern über all ihre Handlungen, über alles Gute und Böse, für das sie empfänglich sind, das sie anzurichten wußten, über alles was ihnen zustößt. [...]
>
> 2. Die zweite wichtige Abwandlung betrifft das Problem der Obedienz oder des Gehorsams. [...] Dies ist zweifellos einer der Punkte, in denen das christliche Pastorat radikal vom griechischen Denken abwich. Hatte ein Grieche zu gehorchen, so tat er es, weil es Gesetz oder Wille der Stadt war. Folgte er einmal dem Willen einer besonderen Person [...], dann hatte ihn diese Person auf vernünftige Weise davon überzeugt. [...] im Christentum ist die Verbindung mit dem Hirten individuell. Sie bedeutet persönliche Unterwerfung. Sein Wille wird befolgt, nicht bloß weil und soweit er dem Gesetz entspricht, sondern grundsätzlich, weil es sein *Wille* ist. [...] Wie der heilige Benedikt sagt, leben Mönche nicht nach ihrem eigenen freien Willen; es ist ihr Wunsch, dem Befehl des Abtes zu unterstehen: *ambulantes alieno judicio et imperio*. [...]
>
> 3. Das christliche Pastorat unterstellt eine eigentümliche Art der Kenntnis zwischen dem Pastor und jedem seiner Schafe. Diese Kenntnis individualisiert [!]. Es reicht nicht, den Zustand der Herde zu kennen. Es muß auch der eines jeden Schafes gekannt werden. Dieses Thema existiert lange vor einem christlichen Pastorat, aber auf drei verschiedene Weisen wurde es beträchtlich erweitert: der Hirte muß die materiellen Bedürfnisse jedes Mitglieds der Herde kennen und sie wenn nötig befriedigen. Er muß wissen, was vor sich geht, was jeder von ihnen tut – seine offenbaren Sünden. Endlich muß er wissen, was in der Seele eines jeden vorgeht, das heißt seine heimlichen Sünden, sein Fortschritt auf dem Weg zur Heiligkeit. Um sich dieser individuellen Kenntnis zu versichern, machte sich das Christentum zwei wesentliche, in der hellenistischen Welt gebräuchliche Instrumente zu eigen: Selbstprüfung und Gewissenslenkung. [...] Wer keine Belehrung erduldet, vergeht wie ein welkes Blatt. [...]
>
> 4. Es gibt noch eine weitere Umformung, die vielleicht die wichtigste ist. Alle christlichen Prüf-, Beicht-, Lenkungs- und Gehorsamstechniken haben ein Ziel: Individuen zu veranlassen, ihr eigenes Absterben von dieser Welt zu betreiben. Natürlich ist ‚Absterben‘ nicht der Tod, wohl aber Verzicht auf diese Welt und Selbstverzicht: eine Art alltäglicher Tod. Ein Tod, der in einer anderen Welt angeblich Leben verschafft. [...] Es geht nicht um ein Opfer für die Stadt; das

---

[215] Ebd., 106f.

[216] So nennt er sie in MICHEL FOUCAULT, *Für eine Kritik der politischer Vernunft*, in: *lettre international* 1988, 66–71, 70.

> christliche ‚Absterben ist eine Art Selbstbeziehung. Es ist ein [...] konstitutiver Teil der christlichen Identität.”[217]

Wenngleich man sich von Foucault an dieser Stelle ein ausführlicheres Quellenstudium gewünscht hätte, um seine weitreichenden Aussagen tatsächlich zu verifizieren und auf eine breitere Basis zu stellen, kommt doch seinen Aussagen eine hinreichende intuitive Adäquanz zu. Außerdem sind sie so klar, dass sie nicht noch einmal eigens paraphrasiert werden müssen. Es soll aber wohl darauf hingewiesen werden, dass etwa die Bereitschaft des christlichen ‚Hirten‘, sich für seine ‚Herde‘ hinzugeben oder die individualisierende Wirkung der Seelenerforschung hier weder kritisch gegen die Pastoralmacht ins Feld geführt, noch positiv gegenüber einem ebenfalls skizzierten ‚griechischen Modell von Hirt und Herde‘ hervorgehoben, sondern vor allem als wesentliche Fermente bis heute nachwirkender religiöser (und allgemein administrativer) Praktiken als „not necessarily negative manifestations of power but points of resistance and tension for the shaping of a particular way of living and understanding of life“[218] benannt werden.[219]

In unserem Zusammenhang verdient nun vor allem der Jenseitsbezug der Pastoralmacht Aufmerksamkeit, eine Dimension, die Foucault zwar erst am Ende seiner Darstellung explizit berührt, aber gleichzeitig als „vielleicht die wichtigste“ bezeichnet. Schon zu Beginn hatte er darauf hingewiesen, dass die Hirten zur Rechenschaft gezogen werden, nicht nur bezüglich des materiellen Wohlergehens der ihnen anvertrauten Schafe, sondern auch was deren Tun angeht. Foucault versteht, wie im vierten Absatz des Zitates deutlich wird, die Jenseitsorientierung vor allem im Zusammenhang eines ‚Absterbens für die Welt‘ und hat damit ein Element christlicher Pastoral im Blick, die ursprünglich der stoischen Philosophie entnommen wurde. Die aus der antiken Lebenskunst übernommene Regelung leiblich-sinnlicher Genüsse wird in einer bestimmten Beicht- und Gehorsamstechnik gelehrt mit Hinblick auf und motiviert durch einen jenseitigen Gewinn an Lebensqualität. Worauf man im Diesseits verzichtet, das wird man im Jenseits im Übermaß erhalten. Ein Spezifikum des Christentums, das sich jedoch mindestens in gleichem Maße der Entwicklung eines dezidierten Gerichtsglaubens im Frühjudentum verdankt und sich so im griechischen Kontext nicht hätte entwickeln können.

---

[217] Ebd., 75ff.

[218] CARETTE, *Foucault*, 149.

[219] Was freilich dezidiert religionskritische Autoren nicht daran hindert Foucaults Begriff der Pastoralmacht als Element einer neuen These vom Priesterbetrug zu missbrauchen. So ZYGMUNT BAUMANN, *Unbehagen in der Postmodern,* Hamburg 1999, 299–301. Bemerkenswert bleibt, in welch großer Nähe sich Foucault hier zum HEIDEGGERschen Begriff der „einspringende Fürsorge“, einer Verfallsform der Sorgestruktur, bewegt, wie sie in *Sein und Zeit* (Tübingen [16]1986, 122) grob umrissen wurde.

# 2. Weltuntergang im Film

„Was im Kino gerettet wird, wenn ihm Kunst gelingt, ist eine spontane Verbundenheit mit der gesamten Menschheit. Es ist keine Kunst der Fürsten oder der Bourgeoisie. Es ist volkstümlich und vagabundierend. Im Kinohimmel erfahren die Menschen, was sie hätten sein können, und entdecken, was über ihr einzelnes Leben hinaus ihnen gehört. Das eigentliche Thema des Kinos – in unserem Jahrhundert des Verschwindens – ist die Seele, der es eine globale Zuflucht bietet. Das, so glaube ich, ist der Schlüssel zu seiner Sehnsucht und seiner Anziehungskraft.“[220]

## 2.1 Was ist ein ‚apokalyptischer Film‘?

Eigentlich müsste das Medium Film selbst qua textuelles Medium auch als implizit *apokalyptisches* bezeichnet werden.[221] Und zwar deshalb, weil in einer Mehrzahl der Filme insgesamt eine *innerhalb einzelner Szenen*, aber auch *im Verlauf des gesamten Filmes* aufgebaute Spannung zwischen Vorahnung und vom Zuschauer euphorisch begrüßter Bestätigung zu finden ist, die in bestimmten Genres wie der *Love Story,* und – etwa als *Suspense* – beim *Thriller* und im *Krimi* noch einmal zugespitzt vorkommt, aber je nach Zugehörigkeit des Films zu Mainstream oder Autorenkino auch von mehr oder weniger starker Irritation der Zuschauererwartung gekennzeichnet ist. Aber auch die grundsätzlichere Erwartung einer weitreichenden ‚Offenbarung‘ und ‚Sinnstiftung‘ im Kino, das Zulaufen vieler Filme auf die finale Lösung eines Kampfes zwischen Gut und Böse oder ein Happy End[222], könnten in diesem Sinne als implizit „apokalyptische“ Strukturen des Mediums Spielfilm benannt werden.

Unter gezielter Abblendung der Alltagsrealität und der Jetztzeit begibt sich der Zuschauer im Kino willentlich in einen Zusammenhang, der von einer nahezu umfassenden Fiktionalität geprägt ist. Er liefert sich freiwillig einer

---

220 JOHN BERGER, *Begegnungen und Abschiede. Über Bilder und Menschen*, München 1993, 27.

221 CHARLES P. MITCHELL *(A Guide to Apokalyptic Cinema. London 2001)* führt sieben Kategorien des apokalyptischen Films ein: (1.) Religious or Supernatural, (2.) Celestial Collision, (3.) Solar or Orbital Disruption, (4.) Nuclear War and Radioactive Fallout, (5.) Germ Warfare or Pestilence, (6.) Alien Device or Invasion and (7.) Scientific Miscalculation und macht damit implizit das *katastrophisch-endzeitliche Element* zur Grundlage seiner Definition. In gewisser Weise muss man ihm für das Genre Spielfilm zustimmen, denn selbst eine existentielle Auseinandersetzung mit dem göttlichen Gericht am Ende der Welt wie Andrej Tarkowskijs Film OFFRET kommt ohne die Fiktion eines ausbrechenden Atomkrieges nicht aus, um die universale Bedeutsamkeit der existentiellen Krise seines Protagonisten zum Ausdruck zu bringen.

222 Vgl. PETER HASENBERG, *Die Unvermeidbarkeit des Happy End. Grundstrukturen der romantischen Komödie dargestellt am Beispiel von* NOTTING HILL, in: S. ORTH / J. VALENTIN / R. ZWICK (Hg.), *Göttliche Komödien. Religiöse Dimensionen des Komischen im Kino,* Köln 2001, 29–54.

fremden Macht aus, die in der Lage ist, ihn in nicht im alltagsrealen Sinne ‚gegenwärtige' Räume und Zeiten zu führen.

Die neoformalistische Filmtheorie Thompsons und Bordwells legt nahe, dass das ‚Ansehen' eines Filmes als Aufnahme und Verarbeitung des Geschehens auf der Leinwand durch den Zuschauer genauer als eine hochkomplexe, keineswegs rein affirmative, aber letztlich doch identifikatorische und damit konstruktive Verarbeitungs- und Vernetzungstätigkeit beschrieben werden kann. Man kann also den Spielfilm selbst als Medium der säkularisierten (Himmels-)Reise, der Vision und Audition begreifen.

Umgekehrt ist auf die spezifisch kinematographische Qualität der biblischen und apokryphen Apokalypsen hingewiesen worden, „mit ihren raschen Szenenwechseln und ihren wie mit einem Kameraauge eingefangenen Schilderungen"[223]. Das Medium Spielfilm scheint also als solches bereits nicht wenige Strukturanalogien zum literarischen Genre der Apokalypse aufzuweisen. Ohne die Interpretationsmöglichkeiten etwa der Offenbarung des Johannes zu beschränken, darf man diesem Text gegenüber anderen eher erzählenden, historischen oder poetischen Texten der Bibel eine besondere fiktionale Qualität unterstellen: Quasi experimentell wird – dezidiert unter der Vorgabe einer Orts- und Zeitveränderung des Visionärs Johannes (Himmelsreise) – ein ihn (und den Leser) unmittelbar angehendes zukünftiges Geschehen mit großem Bilderreichtum durch-‚gespielt'. Der Bezug zur Gegenwart der als ‚implizite Leser'[224] angeschriebenen sieben Gemeinden bleibt dabei nicht ausgeblendet. Die schmerzlich erlebte Abwesenheit des gekreuzigten und auferstandenen Christus in der bedrängenden Situation dieser Gemeinden wird durch die Vision seiner glorreichen Ankunft als Weltenrichter ebenso zum ‚Oszillieren' gebracht, wie die bedrohliche Macht des römischen Staates durch seine Symbolisierung in den apokalyptischen Tieren bzw. der Hure Babylon und deren antizipiertem Untergang. Der zeitgenössische Leser dieses Textes darf also in ähnlicher Weise gleichzeitig als in seiner Situation bestärkt und in Frage gestellt gedacht werden. Er musste in ähnlicher Weise die Differenz verschiedener Zeit- und Realitätsebenen intern vermitteln, wie der Zuschauer eines der im Folgenden analysierten Filme.[225]

---

223 REINHOLD ZWICK, *Jüngste Tage. Variationen der Apokalypse im Film*, in: MICHAEL N. EBERTZ / DERS. (Hg.), *Jüngste Tage. Die Gegenwart der Apokalyptik,* Freiburg 1999, 184–226, 186.

224 WOLFGANG ISER, *Der implizite Leser*, München 1972.

225 Die große Nähe der hier auf den apokalyptischen Film angewendeten fiktionalen Anthropologie zu AMIN NASEHIS soziologischem Modell einer *Gesellschaft der Gegenwarten* (*Studien zur Theorie der modernen Gesellschaft II*, Berlin 2011) kann hier leider nur angedeutet werden. Nasehi beschließt sein Buch folgendermaßen: „Unsere Erfahrung ist, dass sich Perspektiven multiplizieren, ohne dass wir sie auf eine Zentralperspektive hin zusammenfügen können oder sollen. […] Die besondere Potenz des Künstlerischen liegt gerade darin, dass man von und an der Kunst lernen kann, wie fragil, wie freitragend, wie vielfältig und doch nicht beliebig Formen und Perspektiven entstehen." NASEHI, *Gesellschaft*, 336.

### *2.1.1 Kriterien für den ‚apokalyptischen Film‘*

Welche Auswahl legt sich angesichts der Allgemeinheit der skizzierten ‚apokalyptischen‘ Eigenschaften des Spielfilms nahe? Dem Wunsch nach einem Wiedererkennen konsistenter aus den biblischen Texten bekannter Motivgruppen und Handlungsfolgen kann angesichts der vorliegenden Werke nur bedingt nachgekommen werden: Gar eine explizite ‚Verfilmung‘ der Geheimen Offenbarung liegt (noch) nicht vor. Aus naheliegenden Gründen kann es an dieser Stelle also ‚nur‘ um Filme gehen, die einerseits eine vom Autor inhaltlich und formal eigens gekennzeichnete apokalyptische Dimension vorweisen, andererseits aber meist durch eine Lokalisierung der Handlung unter nichtbiblischen Bedingungen stehend gekennzeichnet sind.

Auch Conrad E. Oswalt nennt als Kriterium für die Aufnahme in das Genre *apocalypse-film*[226] vor allem das *Zeigen apokalyptischer Themen und Metaphorik*. Konkret benennt er folgende wiederkehrende Themen, die allerdings auf einen bestimmten zeitgenössischen Begriff des Endes aller Zeiten bei Oswalt deuten: Der zentrale Charakter sei oft eine *Führerfigur*, der das Ende durch Kampf gegen das Böse zu verhindern oder anzukündigen hat. Den Hintergrund biete ein vertrautes Szenario, das sich zunehmend oder urplötzlich in ein erschreckendes *Harmageddon* verwandle. Meist liege der Schwerpunkt auf der *Verhinderung des Endes*. Das Ganze spiele *in dieser Welt* und unterscheide sich darin von den biblischen Apokalypsen, die ins Jenseits der Zeit und Geschichte blickten.

Charles Martig und Matthias Loretan destillieren in einem differenziert gearbeiteten Beitrag aus der Vielzahl der im weitesten Sinne apokalyptisch zu nennenden Filme *fünf charakteristische Grundimpulse* heraus, die jeweils an einem Werk exemplarisch vorgeführt werden. Sie unterscheiden zwischen *ideologischem Dokudrama* mit letztlich verharmlosender Wirkung wie THE DAY AFTER, Filmen in denen die *Vernichtung des Fremden* (Aliens als ‚apokalyptische Tiere‘) zu Gunsten der US-amerikanischen Weltordnung propagiert wird, wie in INDEPENDENCE DAY, Filmen, die von einer eher *unspezifischen apokalyptischen Spannung* leben – im Falle von STRANGE DAYS die Spannung zwischen Erlebnismaximierung und Überlebenskampf, Filmen, die in hochindividuellen Bildern des Endes vor allem den *eigenen Tod als Krisenerfahrung* thematisieren wie AKIRO KUROSAWAS DREAMS sowie Filmen, die (als Ausdruck der sogenannten *Posthistoire)* die Auflösung von Historizität als nicht mehr zeitlich verortbares Nebeneinander von Szenerien ein ganz anderes ‚Ende der Zeiten‘ inszenieren, wie der Film LOST HIGHWAY von David Lynch. Nach einer sich nahelegenden im weitesten Sinne biblisch orientierten Kriteriologie kann der letzte ‚Grundimpuls‘ nicht mehr apokalyptisch genannt werden. Die apokalyptische Spannung kennzeichnet *alle* hier bearbei-

---

[226] CONRAD E. OSWALT JR., *Hollywood and Harmageddon: Apokalyptic Themes in Recent Cinematic Presentation*, in: J. W. MARTIN / DERS., *Screening the Sacred. Religion, Myth and Ideology in Popular American Film*, Colorado / Oxford 1995, 55–63.

teten Filme (wenn nicht gar alle Filme überhaupt), das ideologische Dokudrama und Filme, die die Vernichtung des Fremden legitimieren, werden als ‚US-amerikanische Mainstreamfilme' bearbeitet und im Einzelnen kurz analysiert.

Um einen Dialog mit der Theologie zu erleichtern und um die zugrundeliegende Kriteriologie transparent zu halten, soll als wichtigstes Kriterium der Auswahl die Verwendung eines biblisch-apokalyptischen *codes* im Ecoschen bzw. apokalyptischer *cues* im Bordwellschen Sinne gelten. Dazu gehören folgende Elemente, von denen immer mehrere, meist aber nicht alle in den untersuchten Filmen angetroffen werden können: Eine *Katastrophe* weitreichenden Ausmaßes, ein drohendes *‚Ende der Zeiten'* und damit eng verbunden: die Frage nach *persönlicher Verantwortung*, *universaler Gerechtigkeit* und *Reinigung bzw. Versöhnung* (Rettung der Verlorenen der Geschichte). An ‚Figuren' können vorkommen: ein *Richter/Erlöser*, die *(himmlische) Frau* bzw. die *große Hure*, der *Drache* bzw. *Antichrist*, sowie *apokalyptisches Feuer.*[227]

### *2.1.2 Zur Vorgeschichte des ‚apokalyptischen Films'*

Der apokalyptische Film im weiten Sinne ist keine Erfindung der letzten Jahrzehnte, wenn auch in der Zeit unmittelbar vor dem ‚Jahrtausendwechsel' eine Vielzahl dieser Filme produziert wurde. Das Thema des Weltuntergangs etwa begleitet die Geschichte des Films von Anfang an. Besonders der expressionistische Film der zwanziger Jahre ist hier zu nennen, in dem sich der Abgrund auftut, an dessen Rand die *roaring twenties* sich von Anfang an bewegten. Titel wie DAS CABINET DES DR. CALIGARI, DER GOLEM, WIE ER IN DIE WELT KAM, aber auch Friedrich Murnaus FAUST Film und Fritz Langs METROPOLIS[228] sind hier zu nennen. In den fünfziger und sechziger Jahren häufen sich in den USA dann Science-Fiction-Filme, in denen Außerirdische versu-

---

[227] Unberücksichtigt blieben sogenannte ‚postapokalyptische' Filme jüngeren Datums wie TERMINATOR I/II, TWELVE MONKEYS, MATRIX, die MAD MAX Trilogie, WATERWORLD etc. Die Kategorie ‚postapokalyptisch' macht den Grund des Ausschlusses bereits deutlich: Christlich ist die Perspektive eines ‚Nach' der Apokalypse nur als das ‚Nach' einer grundstürzenden Begegnung Gottes mit dem einzelnen Menschen und der Welt als Ganzer nach dem Ende der Zeiten (‚Gericht') zu denken. Alle genannten Filme spielen jedoch lediglich mit der Vision einer alles vernichtenden Katastrophe, die von wenigen Individuen unter extremen (TWELVE MONKEYS) oder extrem entwürdigenden (MATRIX) Bedingungen überlebt wurde. Einige entwickeln wesentliche Spannungsmomente aus der Vorstellung, mit Hilfe einer Zeitmaschine reiste ein einzelner Kundschafter aus der Zukunft zurück in die Gegenwart, um die – ihm ja bereits bekannte – Katastrophe, etwa durch das gewaltsame Ausschalten der Übeltäter (TERMINATOR I) oder durch rettendes Eingreifen anderer Art (TWELVE MONKEYS) *‚ex post'* zu verhindern. Die damit verbundenen logischen Schwierigkeiten (sog. Großvater-Paradox) werden in TERMINATOR ignoriert, in TWELVE MONKEYS in der narrativen Umsetzung verwirrender logischer Brüche thematisiert und können dann den eigentlichen Reiz des Filmes ausmachen.

[228] DAS CABINET DES DR. CALIGARI, R. Wiene, Deutschland 1919; DER GOLEM, WIE ER IN DIE WELT KAM, P. Wegener, Deutschland 1920; FAUST – EINE DEUTSCHE VOLKSSAGE, F.-W. Murnau, Deutschland 1925/26; METROPOLIS, F. Lang, Deutschland 1925/26.

chen, die Welt zu vernichten: Nachwehen der Weltkriegserfahrung und Verarbeitungen des damals beginnenden Kalten Krieges. Diese zahllosen Filme – oft minderer Qualität – gipfeln meist in der Notwendigkeit, gegen die Außerirdischen die Atombombe oder andere schwere Waffen einzusetzen. Das gilt für Titel wie KAMPF DER WELTEN, oder INVASION OF THE BODYSNATCHERS[229], die man durchaus auch als Ausdruck unbewusster Ängste verstehen darf. Mit der Zuspitzung der Aufrüstung und der Friedens- und Ökologiebewegung in den frühen achtziger Jahren häufen sich Filme, in denen selbstkritisch die *Gefahren* des Atombombeneinsatzes und der Umweltbelastung in den Vordergrund treten. Die selbstgemachte Vernichtung unseres Planeten wird als apokalyptische Bedrohung erlebt. Viele erinnern sich an THE DAY AFTER[230], einen Film, den man eher als postapokalyptisch bezeichnen müsste, weil er eben den Tag nach der Atomkatastrophe beschreibt. Aber auch bereits Stanley Kubricks Meisterwerk von 1963 DR. SELTSAM ODER WIE ICH LERNTE DIE BOMBE ZU LIEBEN[231], in dem unmittelbar nach der Kuba-Krise die atomare Weltvernichtung durch einen Wahnsinnigen durchgespielt und die Politik des uneingeschränkten Wettrüstens in ihrer Absurdität und Gefährlichkeit demaskiert wird, kann als apokalyptischer Film im weiten Sinne gelten.

Im Westen zunächst weniger bekannt, aber für das osteuropäische Kino bis heute eine bedeutende Inspirationsquelle, sind die Filme des Russen Andrej Tarkowskij.[232] Sie müssen in gewisser Weise als sowjetisches Pendant zur cineastischen Verarbeitung der Nuklear-Ängste im Westen gelesen werden, ohne dass sie sich auf tagespolitische Kommentare reduzieren ließen. Im Gegenteil – vor dem Hintergrund eines symbolistischen Kunstbegriffs versucht Tarkowskij nichts weniger als eine großangelegte Kultur- und Zivilisationskritik aus den Wurzeln russisch-christlicher Spiritualität und Literatur. Dies geschieht bereits seit seinen ersten Filmen in den sechziger Jahren und in so existentieller wie künstlerisch innovativer Weise explizit in seinem letzten Film OFFRET. In Tarkowskijs Nachfolge haben renommierte Regisseure wie Konstantin Lopuschanski und Alexander Sokurov die apokalyptische Motivik seiner Filme teilweise radikalisiert, teilweise manieristisch weiterentwi-

---

229 THE WAR OF THE WORLDS, B. Haskin, USA 1953; INVASION OF THE BODYSNATCHERS, D. Siegel, USA 1956.

230 THE DAY AFTER, N. Meyer, USA 1983. Filme, die mit dem Ziel politischer Signalwirkung primär Atom- und andere ökologische Katastrophen-Szenarien ausmalen, können uns bei aller Bedeutsamkeit hier ebenfalls nur am Rande beschäftigen. Geht es doch, bei aller Glaubens- und Theologierelevanz politischer Fragen nicht um Apokalypse im eigentlichen Sinne, sondern um die von Menschen selbstgemachte Zerstörung seiner Lebensgrundlagen. In den meisten Fällen wird die damit verbundene Sinnfrage zugunsten einer Ermahnung zu Abrüstung, Ausstieg aus der Atomwirtschaft oder Bewahrung der Schöpfung in den Hintergrund gedrängt.

231 DR. STRANGELOVE OR HOW I LEARNED TO STOP WORRYING AND LOVE THE BOMB, S. Kubrick, USA 1963.

232 Vgl. meine ausführlich Auseinandersetzung mit seinem Werk (Literatur!) in: JOACHIM VALENTIN, *Fiktionalität und Kritik. Apokalyptische Motive als Herausforderung einer theologischen Hermeneutik,* Freiburg u.a. 2005, 331–357.

ckelt[233], nicht ohne an der Plakativität des apokalyptischen Sujets bisweilen auch zu scheitern[234].

## 2.2 Derek Jarman

Ein ausgesprochen bemerkenswertes Phänomen im Feld des apokalyptischen Films im engeren Sinne stellt das Werk des britischen Künstlers, politischen Aktivisten und Filmemachers Derek Jarman dar. Unter dem ökonomischen Druck der politisch regressiven Thatcher-Regierung im Großbritannien der späten achtziger und frühen neunziger Jahre entwickelt er eine Bildsprache, die sich – aus der Homosexuellenbewegung und einem arkadischen Bewusstsein altenglischer Ideale herkommend – zunehmend überzeugend christlicher Bildwelten bedient, um politischen Protest und christozentrische Apokalypse an der Grenze zwischen narrativem und experimentellem Kino zu verschmelzen.

Der vielleicht schönste Film gelingt Jarman mit dem insgesamt eher hoffnungsvoll gestimmten THE GARDEN (1990). Jarman, der sich in den letzten Jahren als Gärtner betätigt und dem „größten Kieshaufen" der Welt, der Gegend um den südenglischen Ort Dungeness, einen blühenden Garten abgetrotzt hat[235], setzt auf provozierende Weise die Leiden der Homosexuellen in und an einer ihnen feindlichen Gesellschaft in Bezug mit dem Leidensweg Christi. Ein Film voller Symbole und Allegorien, dessen Ruhepunkt Jarman selbst ist. Schreibend sitzt er an seinem Tisch, gelassen schreitet er zwischen Blumen einher. Sein persönliches Credo wird bereits am Anfang des Films von einer Off-Stimme eingesprochen: „Wenn Liebe und Lust vorbei sind, wenn sich auch die Kunst als trügerische Überlebensinsel dargestellt hat, dann ist der Mensch an einem Ende angelangt."

Reinhold Zwick nennt als Beleg für die apokalyptische Prägung der späteren Jarman-Filme die im Motiv des umgestürzten brennenden Fahrzeuges aufgerufenen Elemente des apokalyptischen Feuers, der verrotteten und auf ihren Untergang zutreibenden Industriegesellschaft, der bürgerkriegsähnlichen „Riots" im Thatcher-England der achtziger Jahre, sowie – weniger exakt bestimmbar – die filmisch vermittelten Stimmungen der Verlassenheit und der Finsternis sowie einer immer wieder auftauchenden christomorphen Gestalt

[233] Von Alexander Sokurow sind hier zu nennen: TAGE DER FINSTERNIS, UdSSR 1988; KAMEN – DER STEIN, Russland 1992, von Konstantin Lopuschanski: BRIEFE EINES TOTEN, UdSSR 1986; APOKALYPTISCHE TRÄUME – EINE RUSSISCHE SYMPHONIE, Russland / Frankreich / Deutschland 1994. Vgl. dazu auch: KARSTEN VISARIUS, *Apokalyptischer Karneval. Zu Konstantin Lopuschanskis Russkaja Sinfonia*, in: M. FRÖLICH / R. MIDDEL / DERS., *Nach dem Ende. Auflösung und Untergänge im Kino an der Jahrtausendwende* (Arnoldshainer Filmgespräche 17), Marburg 2001, 163–175.

[234] DER MUSEUMSBESUCHER, K. Lopuschanski, UdSSR/BR Deutschland 1989.

[235] Vgl.: *Derek Jarman's Garden. With Photographs by Howard Sooley,* London 1995.

auf ihrem Weg nach Golgotha. Hier deutet sich bereits eine Gleichzeitigkeit von apokalyptischen und christologischen Motivgruppen an, die sich in den beiden folgenden Spielfilmen zu einem ebenso stimmigen wie irritierenden Konzept verdichten.

Es lassen sich *fünf Bedeutungsebenen* ausmachen, die sich wechselseitig deuten und rekontextualisieren, und auf denen in jeweils eigener Weise Leid und endzeitliche Erlösung sichtbar werden: 1.) Die Krankheit AIDS und das sich ankündigende Sterben des Regisseurs selbst[236], 2.) der Leidensweg eines männlichen Paares, 3.) das Leben und Sterben Jesu, 4.) der Niedergang einer degenerierten und zerstörerischen Medien- und Industriegesellschaft und 5.) das ‚Stöhnen' der ausgebeuteten Schöpfung, symbolisiert im Wechsel der Tages- und Jahreszeiten in Jarmans Garten (Eden/Gethsemani) in der Nähe eines Atomkraftwerkes und an einem Meer, das zumal angesichts einiger Fischer-Szenen an das galiläische erinnert.

## 2.3 Der Katastrophenfilm – apokalyptischer Film der neunziger Jahre

Nach dem Ende des Kalten Krieges kam es schließlich zu einer signifikanten Häufung *explizit katastrophischer* Motive im Spielfilm der westlichen Hemisphäre. Besonders große Hollywoodproduktionen versuchten offenbar, von einem sich bereits Mitte der neunziger Jahre abzeichnenden überdimensionalen Medieninteresse am ‚Jahrtausendwechsel', der meist mathematisch falsch, aber offenbar emotional treffend auf den 31.12.1999 datiert wurde, aber auch von einer in Hollywood seit jeher gepflegten „Angstlust am Untergang"[237] zu profitieren. In ihrer Motivik speisten sich viele Filme aus den Bildtableaus des *fin de siecle*[238] der letzten Jahrhundertwende, andere knüpften an den Science-

[236] Anders als bei der Entstehung von THE LAST OF ENGLAND wusste Derek Jarman nun von seiner AIDS-Erkrankung und verfertigte die Postproduktion des Filmes im Krankenhaus. Gleichwohl ist die Grundstimmung des Filmes im Vergleich zu THE LAST OF ENGLAND ungleich hoffnungsvoller.

[237] ZWICK, *Jüngste Tage*, 190.

[238] „Es herrscht eine Renaissance von *décadence* und *gothic fiction*, von Irrationalität und Schwarzer Romantik. Diese Tendenz beschränkt sich weder auf jene klassischen Genres, in denen sie latent fortlebte, wie z.B. den klassischen Horrorfilm, noch auf Phänomene der Subkultur. Tatsächlich lebt im programmatisch eingeläuteten Millennium der Geist eines neuen *fin de siècle*, der vom Mainstream diesseits und jenseits des Ozeans Besitz ergriffen hat." MARCUS STIGLEGGER, *Fin de Siècle – Fin du Globe. Endzeitstimmung im Film der neunziger Jahre,* Film-Dienst 21/98, 4–8, 5. Vgl. zur Apokalyptik in der Literatur auch: GÜNTER E. GRIMM /WERNER FAULSTICH / PETER KUON (Hg.), *Apokalypse. Weltuntergangsvisionen in der Literatur des 20. Jahrhunderts*, Frankfurt a.M. 1986. JOAN KRISTIN BLEICHER, *Zwischen Erlösung und Apokalypse. Das Ende der Welt in der Gegenwartsliteratur*, in: C. P. THIEDE (Hg.), *Zu hoffen wider alle Hoffnung. Endzeiterwartung und menschliches Leid in der neueren Literatur,* Paderborn 1996, 47–64. Für die bildende Kunst exemplarisch: ERNST HALTER / MARTIN MÜLLER (Hg.), *Der Weltuntergang (Ausstellungskatalog mit Lesebuch)*, Zürich

Fiction-Film an, der bereits durch seine Anlage in einem ‚anderen Äon', der mehr oder weniger fernen Zukunft nämlich, spielt[239] und einen Gutteil seines Reizes aus den mit dem fiktiven Zeitsprung verbundenen Paradigmenwechsel in Ausstattung und Technik gegebenen cineastischen Möglichkeiten zieht. Andere Filme dürfen als *quantitativ* und mit Hilfe neuerer filmtechnischer Möglichkeiten auch *qualitativ* bis an die Grenze des Vorstellbaren, nämlich bis zur Vernichtung der ganzen Erde als Lebensraum, gesteigerte Katastrophenfilme[240] gelten, treten aber vor allem durch eine *graduelle* Steigerung des inszenierten Flugzeugabsturzes, der Brandkatastrophe oder eines Weltkriegsszenarios in das Genre des ‚apokalyptischen Filmes' ein. Bedeutsam scheint darüber hinaus die Erzeugung eines *technisch Erhabenen* zu sein, das im Sinne einer autoaffektiven, letztlich phantasmatischen (Über-)Steigerung der eigenen (männlich-technischen) Potenz zur Popularität dieser Filme Wesentliches beiträgt. Dass in diesem Punkt Parallelen zu einer bestimmten Versuchung des apokalyptischen Genres im Allgemeinen liegen, wurde bereits deutlich. Eine Ausnahme stellt hier Jodie Forsters Film CONTACT[241] dar, dem eine nachdenklich stimmende Reflexion über die Vermittelbarkeit astraler Jenseitserfahrung und eine in ihrem Minimalismus überzeugendere Darstellung menschlicher Kommunikationsmöglichkeiten gelungen ist, und der dabei auch religiöse Töne anstimmt, ohne jedoch die explizit apokalyptischen Themenbereiche oder Motive weiter auszuarbeiten.

Nur in den seltensten Fällen wurden im populären Film allerdings tatsächliche gesellschaftliche Probleme wie die Umweltzerstörung (THE LAST WAVE)[242], soziale Ungerechtigkeit und daran anknüpfende Gewalt (STRANGE DAYS)[243] oder die naheliegende existentielle Frage nach persönlicher Verantwortung und eigenem Tod (BOOK OF LIFE)[244] und damit die präsentische Relevanz einer Konfrontation mit dem Ende der eigenen Lebenszeit und der Weltzeit im Ganzen thematisiert. Vielmehr ist es der Reiz einer phantasmati-

1999. Bemerkenswert ist hierbei, wie sehr sich die beschriebenen soziokulturellen Entstehungsbedingungen der endzeitlichen Motivik in den verschiedenen Epochen des zwanzigsten Jahrhunderts in Film, Literatur und bildender Kunst trotz der Verschiedenheit der Medien ähneln.

239 GEORG SEEßLEN, *Science Fiction*, Marburg 2000.

240 Ein Genre das seine Blüte in den siebziger und frühen achtziger Jahren erreichte, vgl. etwa EARTHQUAKE, M. Robson, USA 1974.

241 Robert Zemeckis, USA 1999.

242 Peter Weir, Austr. 1977. Wenn der Film des Australiers auch vielfältig im Kontext zeitgenössischer Überblicksdarstellungen zu Endzeitvisionen im Film gewürdigt wird (vgl. etwa: CHARLES MARTIG, *Filmische Apokalypsen. Wie das Kino dem Ende der Zeit entgegenfiebert*, in: *Herder Korrespondenz* 54 (2000), 32–38), so kommt er doch für unsere Untersuchung nicht in Betracht, weil er den religionsgeschichtlichen Background für seine Erzählung ausdrücklich der Religion der Aborigines und dem naturreligiös-zyklischen Weltbild der „Traumzeit" entlehnt. Ein religiöser Code im Sinne der christlichen Vorstellung eines endgültigen Gerichtes findet sich im Film dezidiert nicht.

243 Kathryn Bigelow, USA 1998.

244 Hal Hartley, USA/Frankreich 1998.

schen Projektion irrealer Bedrohungen (Meteoriteneinschlag, Angriff durch ‚Aliens') und ihre Abwendung mit den Kräften des technisch-militärischen Fortschritts, bzw. durch den heldenhaften Einsatz ‚typisch amerikanischer' Tugenden, also die *Abwendung des Weltendes*, was in den genannten Filmen narrativ und meist unter Einsatz der letzten film- und computertechnischen Möglichkeiten ins Bild gesetzt wird.

### *2.3.1 Funktionen des Weltuntergangs im Mainstreamkino der USA*

In den USA der neunziger Jahre, also nach dem Ende einer bipolaren auf Abschreckung basierenden *balance of power* zwischen „Ost" und „West", etablierte sich eine neue und die bis dato letzte Form des apokalyptischen Films: Die nach weltweiter Dominanz strebenden USA nehmen die zunehmende Kritik an ihrer neuen unilateral inszenierten Machtposition als Bedrohung von außen war und thematisieren sie im Kino als weltbedrohende Gefahr, in der sie vor allem den eigenen Wohlstand und Frieden wähnen, obwohl oder vielleicht gerade *weil* die USA bis zum 11. September 2001 nie auf ihrem eigenen Terrain angegriffen wurden. Dieser Angriff vollzieht sich allerdings im Film der späten neunziger Jahre zu Genüge: durch imaginierte Aliens, einen weltweit sich ausbreitenden Killervirus, durch Asteroiden auf Kollisionskurs oder andere universale Katastrophen. Der bis zur apokalyptischen Übersättigung des Genres gesteigerte US-amerikanische Katastrophenfilm darf also als imaginative Thematisierung einer bereits *vor 9/11* wahrgenommen Bedrohung und ihre phantasmatische Überwindung durch cineastisch gezeigte (Waffen-)Gewalt verstanden werden.

Gleichzeitig fußt dieses neue Genre auf einer im US-amerikanischen Bewusstsein tief verwurzelten Vorstellung von den USA als neuem Jerusalem. Apokalyptisches Denken hat also einen festen Sitz in der Religionsgeschichte der USA, ausgeprägt als Prä- oder Postmillenarismus, während die Religionsgeschichte Europas vor allem von den am eigenen Leibe erlebten katastrophischen Brüchen 20. Jahrhunderts geprägt ist, der Apokalypse also wenn überhaupt, dann weniger erwartungsvoll und wohl kaum in der Hoffnung auf Bestärkung der eigenen Identität entgegensieht.

In den USA ist bereits einige Jahre nach dem Ende des Zweiten Weltkrieges ein Aufschwung fundamentalistischer Gesinnung zu beobachten, der die Auseinandersetzung mit der UdSSR als apokalyptischen Endkampf interpretierte. Es ist letztlich aber entscheidend, ob die Apokalypse aus der Perspektive der Ohnmächtigen irdisch nicht machbare Gerechtigkeit durch Gott wiederhergestellt sieht, oder ob sie mit Hilfe eines irdischen Gewaltpotentials künstlich erzeugt und damit ein als Alien oder gar Antichrist hochstilisierter

Gegner vernichtet werden soll.[245] Das Ende des Kalten Krieges 1989 initiierte eine Irritation der als festgefügt erscheinenden Weltordnung. Die gegen die totalitären ‚bösen' Systeme des Nationalsozialismus und Kommunismus siegreiche bzw. standhafte amerikanische Nation wurde nun zunehmend gezwungen, ihr positives moralisches Selbstbild in Frage zu stellen. Um diese Zweifel zu zerstreuen sind die im Folgenden analysierten Filme ebenso nützlich wie zur narrativen Untermauerung einer auf Unilateralismus ausgerichtete Außenpolitik. Ob die Wurzeln dieses festgefügten Weltbildes, das in jüngerer Zeit immer wieder simplifizierend als manichäisch bezeichnet wurde, nicht noch tiefer reichen, kann hier nicht näher untersucht werden.

Warum man solche Filme nur noch schwerlich Science-Fiction-Filme nennen kann, sondern sie *apokalyptisch* im Sinne einer drohenden totalen Weltvernichtung nennen muss, wird auf dem bisherigen Höhepunkt dieser Entwicklung deutlich, im Film INDEPENDECE DAY[246]. Wie die meisten apokalyptischen Filme der neunziger Jahre zeigt er die Zerstörung der Symbole amerikanischer Freiheit und Macht und spielt so mit der Angstlust einer äußersten Bedrohung, die als negatives Spiegelbild des patriotischen Stolzes auf die eigenen Leistungen gelesen werden kann. Gerade angesichts der furchtbaren Ereignisse des 11. Septembers wirkt es verstörend und erschreckend, dass amerikanische Filmemacher die Vernichtung der nationalen Statussymbole im Film (Weißes Haus, Skyscraper in New York, Freiheitsstatue, Kapitol etc.) und den geradezu selbstverständlich als erfolgreich zu erwartenden Gegenschlag gegen den äußeren Feind in frappierender Perfektion vorweggenommen haben. Die Frage, ob solcherlei Filme bei den Attentaten selbst Pate gestanden haben, wird man wohl nicht endgültig beantworten können. Erstaunlich sind sie als Vorahnungen im cineastischen Unterbewussten. Mit Blick auf die nachfolgende Propaganda und ‚Politik' der weltweiten Terrorismusbekämpfung darf man sie unfreiwillig prophetisch nennen.

### *2.3.2 Exemplarische Analysen*

Der Film ARMAGEDDON – DAS JÜNGSTE GERICHT[247] scheint nur im weiteren Sinne dem Genre apokalyptischer Film zuzugehören. Nicht das Gericht Got-

---

[245] CHRISTIAN AUFFAHRT, *Rettung von außen, Rettung von innen. Perspektiven vom Ende her auf die Apokalypse als Botschaft für das 20. Jahrhundert,* in: FRÖHLICH / MIDDEL / VISARIUS, *Nach dem Ende,* 22–37.

[246] Roland Emmerich, USA 1996.

[247] ARMAGEDDON (Michael Bay, USA 1998). Andere Filme der neunziger Jahre, die in abgemilderter und weniger dezidiert apokalyptischer Weise die Übersteigerung des Katastrophenfilms betreiben sind VOLCANO (Mike Jackson, USA 1997) und DANTE'S PEAK (Roger Donaldson, USA 1996), die jeweils einen gigantischen Vulkanausbruch beschrieben, GODZILLA des INDEPENDENT DAY Regisseurs Roland Emmerich (USA 1998) und die JURASSIC PARK Trilogie. Filme die Bedrohung der Menschheit durch die Herrschaft irdischer Monster auf der Erde und deren heldenhafte Vernichtung thematisieren. Die Filme END OF DAYS (Peter Hyams, USA 1998/99) und STIGMATA (Rupert Wainwright, USA 1999), verlassen sich eher auf

tes, wie der deutsche Verleih fälschlich titelte, sondern ein bewusstseinsloser Materieklotz, ein Asteroid, rast in diesem Film auf die Erde zu und droht beim Aufprall alles Leben auf der Erde zu vernichten. Bereits in den ersten Minuten des Filmes zerstört ein ‚Vorauskommando' an kleineren Gesteinsbrocken nicht nur ganz Paris, sondern vor allem die bedeutenden Hochhäuser Manhattans, die beiden Türme des World-Trade-Centers inklusive. Eine vom Actionstar Bruce Willis geführte Truppe von Bohrspezialisten wird daraufhin rasch als Astronauten ausgebildet und mit einem Shuttle auf die Oberfläche des heranrasenden Kometen geschickt, um ihn mittels Nukleartechnik zu atomisieren. Die mit emotionalisierenden Elementen, romantischer Liebe und ergebnisverzögernden Missgeschicken reichlich ausgestattete Aktion lässt sich schließlich nur zu Ende bringen, indem Bruce Willis selbst auf dem Asteroiden zurückbleibt, um die Bombe von Hand zu zünden. Sein Selbstopfer in letzter Minute wird auf der ganzen Welt als Großtat der amerikanischen Nation bejubelt.

Der Film besticht durch grandiose *special effects*. Gleichwohl gelingt dem Werk, das für alle Generationen einen Unterhaltungswert zu erreichen bestrebt ist, das Changieren zwischen den verschiedenen angeschnittenen Genres mehr schlecht als recht:[248] Vor allem eher komödiantisch angelegte Elemente in der gut gecasteten Bohrspezialisten-Truppe geraten zunehmend in Kollision mit der Dramatik der bedrohlichen Situation und der wachsenden Spannung. In unserem Zusammenhang interessiert das Motiv des sich selbst buchstäblich für das Heil der ganzen Welt opfernden Helden, das eher *christologische* denn *apokalyptische* Motive anschlägt. Die Hingabe des eigenen Lebens im Kampf gegen das in dem Meteoriten regelrecht ‚personalisierte' Böse *verhindert* unmittelbar die endzeitliche Katastrophe.

Der Film DEEP IMPACT[249] kam einige Monate früher in die Kinos und war – weniger auf Effekte bedacht – auch weniger erfolgreich[250] als ARMAGEDDON. Er wartet mit einer ähnlichen Grundsituation auf, die allerdings im Detail anders entwickelt wird: Die Ankunft des Kometen ist der amerikanischen Regierung weitaus früher bekannt als in ARMAGEDDON, so dass die Evakuierung einer Elite sowie der wichtigsten Tier- und Pflanzenarten in ein Höhlenssystem für den Fall möglich wird, dass auf der Erdoberfläche ein auf mehrere Monate

---

die Ästhetisierung von endzeitlich-dämonischen Ressourcen einer imaginierten katholischen Tradition, ohne diese tatsächlich zu treffen: END OF DAYS wird heillos vom Kult um den Actionstar Arnold Schwarzenegger dominiert, und STIGMATA verliert sich im ästhetisierten Sadomasochismus von Besessenheitsglauben und Exorzismus.

248 Die grundlegende Filmidee dürfte sich in einer Mischung aus METEOR (Ronald Neam, USA 1977) und THE DIRTY DOZEN (Robert Aldrich, USA/ES/UK 1966) erschöpfen.

249 Mimi Leder, USA 1998.

250 CHARLES P. MITCHELL (*Guide to Apokalyptic Cinema, London 2001*) weist darauf hin, dass vor allem eine Reihe junger Kinogänger von den im Film dominierenden Szenen zwischenmenschlicher Dramen angesichts des drohenden Weltuntergangs gelangweilt war – sie warten auf die – allerdings tatsächlich hervorragenden – *special-effects*.

veranschlagter Winter ausbricht.[251] Die Evakuierungsszenen erinnern an die Arche Noah, die Situation der Auswahl – allerdings bezeichnenderweise nach Kriterien des Alters und der Leistungsfähigkeit – an die Wahl der 144.000 Gerechten in der Offenbarung des Johannes. Eine Sprengung des Kometen gelingt schließlich nur, indem sich die gesamte Crew mitsamt ihrem Raumschiff und seinen Atombomben ins Innere des Kometen stürzt und diesen durch Selbstvernichtung in zwei Teile spaltet. Das Leben auf der Erde wird so vor seiner vollständigen Vernichtung gerettet. Der größere Teil des Asteroiden fliegt an der Erde vorbei, der kleinere stürzt vor der Ostküste Amerikas ins Meer (vgl. Offb 8,8) und erzeugt eine riesige Flutwelle, die zuerst die Insignien amerikanischen Stolzes in New York vernichtet, danach aber auch schwere Verwüstungen bis weit ins Innere der benachbarten Kontinente anrichtet. Die prekäre Lage nach der Katastrophe wird genutzt für eine Ansprache des amerikanischen Präsidenten am Ende des Filmes, in der alle Menschen der Welt zum Wiederaufbau aufgerufen werden – der gemeinsam bestandene Schrecken ermöglicht die Beilegung internationaler Konflikt und den Beginn eines (tausendjährigen?) Friedensreiches unter der Führung der USA.

Anders als in den beiden genannten Filmen wird das von außen nahende Unheil in INDEPENDENCE DAY personalisiert: Aliens (im Englischen ‚Außerirdische' oder ‚Einwanderer' – kurz: ‚Fremde) sind es, die das menschliche Leben auf der ganzen Erde bedrohen, die sie als intergalaktischer ‚Heuschreckenschwarm' mit überlegener Raumfahrt- und Vernichtungstechnik durch das Weltall vagabundierend just zwei Tage vor dem 4. Juli, dem Unabhängigkeitstag der USA eben, heimsuchen. Nachdem erste Millionenstädte von den Aliens mittels einer perfiden Technik vollständig vernichtet wurden, sammelt sich in der Wüste Nevadas um den überlebenden Präsidenten eine im Filmverlauf klug eingeführte Elite, um den Aliens die Stirn zu bieten, was schließlich in einer entlarvenden Mischung aus IT-Kompetenz, Opfermut (von Vietnamveteranen) und Virtuosität der Bomberpiloten auch gelingt. Die *special effects* sind so grandios wie die eingesetzten militärischen Mittel auf beiden Seiten im letzten grausam und megalomanisch. Da die Faszination des ersteren über eine Präsenz des zweiten obsiegt, darf man den Film als Meilenstein in der emotionalen Abstumpfung und unkritischen Militärbegeisterung der Jugend weltweit bezeichnen.[252] Das Grauen der Millionen Toten in den zerstörten Metropolen

---

[251] Der viel beachtete, aber zu unserem Thema wenig neues beitragende Film 2012 (Regie: Roland Emmerich, USA / CAN 2009) – er greift oberflächlich die angebliche Maya-Prophezeiung eines Weltendes am 21.12.2012 auf – hat das Modell ‚Arche' neu belebt und ihr die naheliegende, aber in DEEP IMPACT noch völlig fehlende, Kritik an Lobbyismus und Elitarismus hinzugefügt. Auch dies ein zaghaftes Zeichen, der zum Ende der Bush Administration erwachenden systemkritischen Züge im US-Amerikanischen Mainstreamkino, die auch in THE DAY AFTER TOMORROW und WAR OFT HE WORLDS in Spurenelementen erkennbar werden (s.u.).

[252] Laut JÖRG HERRMANN (*Sinnmaschine Kino. Sinndeutung und Religion im zeitgenössischen Film*, Gütersloh 2002, 178–191) hatte INDEPENDENCE DAY in Deutschland 9,2 Millionen Zuschauer und erreichte damit hier Platz sechs, weltweit Platz drei der sogenannten *Top Gros-*

wird im Film ebenso wenig Wirklichkeit, wie die Aliens als leidensfähige Subjekte erscheinen.

Jörg Herrmann hat darauf hingewiesen, dass in diesem Film konventionelle patriarchale Biographien als Krisenbewältigungsmittel vorgeführt werden.[253] Die einzige emanzipiert zu nennende Frau – sie hat als Beraterin des Präsidenten Karriere gemacht – kehrt nach der Erschütterung durch den ‚Alien-Einfall' reumütig zu ihrem Mann, dem Computerspezialisten und Helden zurück. Das Freund-Feind-Schema wird im Sinne einer interkulturellen amerikanischen Solidarität gegen die Eindringlinge aus dem All radikalisiert. (‚Gerechte') Kriege werden verbunden mit dem Einsatz von Atomsprengköpfen wieder als führbar, ja als überlebensnotwendig dargestellt.

Der Film ist insgesamt wie auch ARMAGEDDON und DEEP IMPACT durch ein einfaches Dreier-Schema gegliedert: Erster Akt: Die Bedrohung taucht auf und breitet sich aus, zweiter Akt – ein Gegenschlag der Menschen bleibt erfolglos, dritter Akt: amerikanische Helden, in diesem Fall ein ungleiches gemischtrassiges Bruderpaar, das Intelligenz und Kampfgeist vereint, dringt in das Herz des Bösen vor und vernichtet den Feind völlig. Ansonsten lebt der Film vor allem von Schaueffekten des Technisch-Erhabenen.

Unter der Hinsicht apokalyptischer Motivik bietet der Film allerdings mehr als nur das endzeitliche Katastrophenszenario von ARMAGEDDON und DEEP IMPACT[254]: Die plötzlich einsetzende Endzeit erscheint für die gesamte Menschheit aber auch für die exemplarisch vorgeführten Personen als Zeit der Entscheidung für den richtigen Weg. Bei den Frauen wird die Liebe zu ihrem Mann über ursprüngliche Ziele der Selbstverwirklichung gestellt. Die Männer sind – teilweise vor dem Hintergrund ihrer Erfahrungen im Vietnam-Krieg – bereit, buchstäblich für das ‚Heil der Welt' ihr Leben zu opfern. Wie in der uralten kleinkirchlichen Version der Apokalyptik, im Millenarismus, mobilisiert die unausweichlich-finale Konfrontation mit dem Bösen in den besprochenen Filmen also die letzten Kräfte im Menschen. Er sieht sich radikal zum Selbstopfer für die Anderen, zur mitmenschlichen Solidarität und zum Aufgeben ‚luxuriöser' Selbstverwirklichungsideale aufgefordert. *Neutestamentlich* geschieht Apokalypse aber nicht im Angesicht des Bösen, sondern im Angesicht Christi, was die unendliche Versöhnungsbereitschaft und die Konfrontation mit dem eigenen und nicht mit dem fremden Bösen ermöglichen und eine erwachsene Auseinandersetzung mit den eigenen Abgründen katalysieren soll.

---

*sing List* der meistgesehenen Filme. Er wurde in Deutschland ausführlich und meist kritisch besprochen. Kritisiert wurde v.a. die nicht zugegebene Plünderung von Motiven des Genres Science-Fiction-Film durch Roland Emmerich. Als Vorbilder dürfen nach v.a. die Filme MAROONED (Regie: John Struges, USA 1969) und DELUGE (Regie: Felix E. Feist, USA 1933) gelten.

253 HERRMANN, *Sinnmaschine Kino*, 184.

254 Anders: THOMAS BINOTTO, *Viel Vergnügen beim Weltuntergang. Apokalyptische Visionen im Kino*, http://www.binotto.ch/thomas/vortraege/filmthemen/apokalypse_im_kino.html (20.09.2012).

Darüber hinaus zitieren das heuschreckenartige Aussehen der Aliens, ihr unerbittlicher Tötungsdrang und die von ihrem Raumschiffen erzeugten Feuerwolken, der durch die Einblendung der Daten vom 2.-4. Juli inszenierte Count-Down, der grundlegende Dualismus zwischen Gut und Böse apokalyptische Motive. Dennoch haben grundlegende Rollenwechsel stattgefunden: Der Mensch kämpft an Stelle Gottes ohne eigenes Sündenbewusstsein für die Besitzstandwahrung, nicht für eine wirklich erneuerte Erde – eine Neuauflage des westlichen Materialismus unter apokalyptischen Vorzeichen.

Jörg Herrmann beschreibt diese Verschiebung apokalyptischen Sinns zu Recht als Wohlstandsphänomen. Nur die Armen und Unterprivilegierten, denen die Gattung Apokalyptik letztlich zu verdanken ist, haben ein Interesse an der radikalen Änderung der Verhältnisse. Unter Bedingungen der Wohlstandsgesellschaften, kann das Böse aber nur eine Bedrohung von außen sein, die zum Erhalt des Status Quo abgewehrt werden muss. Die eingeforderte Pluralitätskompetenz wird durch ein zugespitztes ‚Die-oder-Wir-Schema' verhindert.

Wo in der insgesamt eher düsteren biblischen Gattung apokalyptischer Texte noch das Erstehen eines neuen Himmels und einer neuen Erde aus der Hand Gottes erwartet wird, und der Trost einer bedrängten oder verwirrten Gemeinde als der eigentliche Kern dieses literarischen Genres festgestellt werden kann, sind wir im ‚Hollywoodkino' also mit einer anderen Schwerpunktsetzung konfrontiert: Hier wird aus der Perspektive der Mächtigen auf eine fiktive Bedrohung von außen geblickt, die solche Ausmaße annimmt, dass sie einem ‚Ende der Welt' gleichkommt.[255] Dieses Ende zu *verhindern*, also die angenehmen irdischen Verhältnisse so lange wie möglich aufrechtzuerhalten (oder wieder neu herzustellen) und das Hereinbrechen einer fremden Welt gerade zu *vermeiden*, ist denn auch das heimliche Ziel so gut wie aller Mainstreamfilme des Genres. Mächtige haben es dabei nicht mehr nötig, auf ein Eingreifen Gottes zu hoffen, auf sein Gericht und seine Gerechtigkeit. Mächtige nehmen die Sache selbst in die Hand und beweisen durch ihren Sieg über die Mächte der Finsternis, dass sie ‚die Guten sind'. Wer handelt und siegt, ist bereits gerettet, so lautet in Abwandlung eines Paulus-Wortes die Logik jener Politik, die sich in einer Mehrzahl der Hollywoodproduktionen der letzten Jahre vor dem Jahrhundertwechsel niederschlug.[256]

Amerikanische Megaseller wie INDEPENDENCE DAY oder END OF DAYS haben mit der biblischen Apokalypse auf den ersten Blick zwar die reinigende und erhebende Wirkung gemein, die der Zuschauer verspürt, wenn er einen finalen Kampfes zwischen Gut und Böse auf der Seite der Guten in der Fiktion

---

[255] „Der Heilsoptimismus der biblischen Apokalyptik ist dabei allerdings säkularisiert und gedrosselt. An die Stelle des alles überbietenden neuen Zeitalters des himmlischen Jerusalem tritt in den amerikanischen Apokalypsen eine Erde, die nochmals eine Chance erhält." ZWICK, *Jüngste Tage*, 193.

[256] „Gott als Souverän der Geschichte ist abgelöst. So wie die Menschen unseren Planeten zerstören können, können sie ihn auch retten." Ebd., 193.

durchlebt. Diese emotional äußerst starke, historisch aber belastete Wirkung eines fiktionalen Kampfes zwischen Gut und Böse wird jedoch in den meisten der genannten Filme missbraucht: Der Zuschauer erwacht aus seinem Kinotraum als Vasall der Supermacht USA, nachdem er mit ihren Helden gemeinsam das Böse, das von außen eindringen will, bekämpft und vernichtet hat – sei es ein überdimensionaler Meteor wie in ARMAGEDDON und DEEP IMPACT oder seien es leidensunfähige *Aliens* in INDEPENDENCE DAY.[257]

Diese auf das Motiv des entscheidenden und entscheidungskatalysierenden Endkampfes reduzierte apokalyptische Grundstimmung ist neben der Betonung eines harmonischen Familienlebens vielleicht der typischste Grundzug des amerikanischen Mainstreamkinos, der sich aus der starken Prägung durch Endzeitkirchen, Puritanismus und evangelikalen Fundamentalismus, aber auch aus der Notwendigkeit erklärt, den Bewohnern des Staatenbundes, die aus allen Nationen der Welt kommen, eine gemeinsame Identität zu geben, die Pluralität und die internen Konflikte der US-amerikanischen Gesellschaft mit Hilfe eines gemeinsamen Feindes oder einer grandiosen Aufgabe, die gemeinsam bewältigt wird, zusammenzuschmieden. So offenbarte sich also bereits vor den Ereignissen nach dem 11. September der ungebrochene Anspruch der amerikanischen Nation auf die Rolle des Weltretters und Weltbeherrschers: „God has given America the mission to save mankind. [...] America is destined to establish peace, liberty, and the most perfect world order."[258]

## 2.4 Letzte Kämpfe – die apokalyptischen Filme des letzten Jahrzehnts

Auch wenn in den vorausgehenden Überlegungen vereinzelt ein anderer Eindruck entstanden sein sollte: Der Spielfilm eignet sich natürlich nicht im strengen Sinne für eine umfassende Diagnose universaler Bewusstseinslagen. Gleichwohl gibt er, zumal bei einer Beobachtungen der großen Trends über mehrere Jahrzehnte, wie sie hier versucht wird, in seinen Umschwüngen und Tendenzen doch immerhin Hinweise auf wechselnde Themen und Herange-

[257] Die Mechanik der Militarisierung wird in dem blutrünstigen postapokalyptischen Science Fiction Film STARSHIP TROOPERS (Paul Verhoeven, USA 1997) zu einer perfiden Perfektion gesteigert: Nicht nur die Erde, sondern ein ganzes inzwischen von den Menschen besiedeltes Sonnensystem wird von grausamen spinnenartigen Aliens bedroht, deren uneingeschränkte präventive (!) Vernichtung im blutigen Nahkampf „Mann gegen Mann" zur zentralen Aufgabe einer umfassend militarisierten Jugend wird. Einzelne, im vietnam-traumatisierten Akademikermilieu verbliebene Pazifisten werden – gemeinsam mit ähnlich uneinsichtigen Zuschauern – durch brutale Feindberührung bald eines Besseren belehrt; das intergalaktische Morden kann nun ungehindert weitergehen.

[258] GUSTAV H. BLANKE: *Das amerikanische Sendungsbewusstsein. Zur Kontinuität rhetorischer Grundmuster im öffentlichen Leben der USA*, in: K.M. KODALLE (Hg.), *Gott und Politik in den USA. Über den Einfluss des Religiösen. Eine Bestandsaufnahme,* Frankfurt a.M. 1988, 186–215, 188. Zit. ZWICK, *Jüngste Tage*, 197.

hensweisen. Es sollte deutlich geworden sein, dass der Film hier nicht nur reagiert, sondern mit dem schnellen Instrumentarium des überwältigend Fiktionalen bisweilen politische Entwicklungen wie den ausgeprägt kriegerischen Unilateralismus der USA auch vorwegnimmt, oder, im Falle von Filmen wie THE DAY AFTER, weit verbreitete kritische Bewusstseinslagen bündelt und politische Maßnahmen wie das Ende des atomaren Wettrüstens immerhin mit zu beeinflussen in der Lage ist.

Wie lassen sich im engeren Sinne apokalyptische Filme des ersten Jahrzehnts im neuen Jahrtausend charakterisieren, das nach weit verbreiteter Meinung mit dem 11.9.2001 endgültig begonnen und damit ein Jahrzehnt des Übergangs zwischen der Epoche des Kalten Krieges und der Gegenwart beendet hat? Im Groben lassen sich vor allem drei Tendenzen festhalten, die im jeweils anhand herausragender Einzelbeispiele vertieft werden sollen:

(1.) Nachdem Waldsterben und atomarer Super GAU in der öffentlichen Wahrnehmung seit 1990 zunehmend an tagespolitischer Relevanz[259] und damit Aufmerksamkeit verloren haben, tritt auch im Film der *climate change* als apokalyptisch konnotiertes Thema in den Vordergrund des Spielfilms. Grundsätzlich wird dabei das Muster des universalen Katastrophenfilms nicht in Frage gestellt. Festzuhalten ist aber, dass die konkrete menschengemachte Bedrohung und das sich durchsetzende Bewusstsein ihrer Unausweichlichkeit nun auch im Mainstream-Katastrophenfilm an die Seite anderer kosmischer Ereignisse wie Meteoriten-Einschlag, Alien-Angriff oder Epidemie getreten ist.

Fielen in den Anfangssequenzen von ARMAGEDDON noch die Wahrzeichen von New-York-City in Schutt und Asche, so fegt im ambitionierten, dramaturgisch geschickten und bombastischen THE DAY AFTER TOMORROW (USA 2004) ein Tornado erst einmal in einer selbstironischen Geste den legendären Schriftzug oberhalb von Hollywood hinweg.

> „Das kreisrunde Gebäude von Capitol Records wird ‚zerfleddert', als würde man eine Nussschale knacken. Riesige Trümmer fliegen herum wie achtlos weggeworfene Papiertaschentücher und zerschmettern einen Nachrichten-Mann vor Ort. Ein gewaltiger Öltanker schiebt sich menschenleer durch die überfluteten Straßenfluchten New Yorks, bis sein Rumpf auf einen durcheinander gewirbelten Knäuel aus Autos und Bussen aufläuft. Dann kommt die Kälte: Die amerikanische Fahne gefriert zum eisigen Brett, die Trümmer der Freiheitsstatue bekommen gigantische Eiszapfen, die Menschen erstarren innerhalb von Sekunden zu Eissäulen. Militär-Helikopter fallen vom Himmel wie mitten im Flug gestorbene Vögel. Nichts geht mehr, nirgendwo auf der nördlichen Halbkugel, weder in Tokyo, wo riesige Hagelkörner die Menschen erschlagen, noch in Neu-Delhi,

[259] Dies gilt zumindest bis zu Reaktorkatastrophe von Fukushima, Japan im März 2011! Diesbezüglich ist bis dato noch keine filmische Reaktion feststellbar.

wo alles in Schnee versinkt. Der Blick vom Weltall aus eröffnet Unvorstellbares: Die Welt im tödlichen Winterschlaf – das Ende."[260]

Natürlich bräuchten das Abschmelzen der Polkappen und das so ausgelöste Abreißen des Golfstroms tatsächlich Jahrzehnte, wenn nicht Jahrhunderte, und die Effekte wären bei weitem nicht so horrend, wie die im Film angenommenen dreistelligen Minusgrade auf dem nordamerikanischen Kontinent, doch das Medium Film hat eben maximal zwei Stunden Zeit, um seine Geschichte zu erzählen.

Der 100 Millionen teure Film, der das Scheitern einer allein an ökonomischen Interessen orientierten US-Amerikanischen Umweltpolitik drastisch ins Bild setzt, stammt bezeichnenderweise von einem Deutschen: Roland Emmerich. Dieser enttäuscht hier allerdings die Erwartungen an ein typisches „Emmerich-Kino" auf angenehme Weise: Mit Filmen wie STARGATE (USA 1994), INDEPENDENCE DAY (s.o.) oder GODZILLA (USA 1998) hatte er seit Mitte der 1990er-Jahre oft schwer erträgliche und künstlerisch selten überzeugende Hymnen auf amerikanische Tugenden geschaffen. Diesmal – und hier ist eine weitere Wende im apokalyptischen Mainstreamfilm zu vermerken – hält er sich mit explizitem Hurra-Patriotismus zurück. THE DAY AFTER TOMORROW zeigt ein politisch gescheitertes Land und damit einen beim Publikum antizipierten Stimmungsumschwung, der einerseits die Mentalität in der Spätphase der abgewirtschafteten Bush-Administration (Emmerichs Vize-Präsident hat erstaunliche Ähnlichkeit mit Dick Cheney), andererseits aber auch die weltweit wachsende Einsicht dokumentiert, dass der Emission von Treibhausgasen nun endlich ein Riegel vorgeschoben werden muss. Es ist Emmerichs Verdienst, aber auch die Crux von THE DAY AFTER TOMORROW, dass er mit grandiosen Effekten und einer einfühlsamen Dramaturgie gleich alle Möglichkeiten eines Films zu den katastrophalen Folgen des Klimawandels gleichzeitig abgearbeitet hat und es möglichen Epigonen damit schwermacht. Und noch etwas ist zu vermerken: Abgesehen von der neuen Katastrophenursache schnurrt hier das bekannte Programm des universalen Katastrophenfilm ab bis hin zur finalen Rede des US-Präsidenten „Urbi et Orbi" am Ende. Kein Gott der rettet, keine ethische Frage ans Individuum, wohl aber US-Amerikanische Selbstkritik, was die Umweltthematik angeht. Immerhin!

Ein zweiter Film auf den in unserem Kontext verwiesen werden soll, ist eine dystopische deutschschweizerische Produktion, der ebenfalls Roland Emmerich als Produzent zu internationalem Format verholfen hat: HELL (Tim Fehlbaum, 2011). Vier junge Menschen fahren in einer nahen Zukunft in einem abgedunkelten Auto durch sengende Hitze in Richtung Gebirge, wo es angeblich noch Wasser geben soll. Im Kontext des Klimawandels ist die Durchschnittstemperatur in Europa um zehn Grad Celsius gestiegen. Viele

---

260 JÖRG GERLE, *Kritik THE DAY AFTER TOMORROW,* in Film-Dienst, 11/2004, 24.

Menschen haben das nicht überlebt, politische Institutionen sind zerfallen. Es herrscht der „nackte Kampf ums Überleben". Die Spannungen innerhalb der Notgemeinschaft explodieren, als sie in einen Hinterhalt geraten und schließlich sogar Kannibalen in die Hände fallen. Der Film ist nicht im strengen Sinne originell, aber von hervorragenden Schauspielern getragen. Er übernimmt gut sichtbar Motive aus INVASION OF THE BODY-SNATCHERS (USA 1956), I AM LEGEND (USA 2007) und THE ROAD (USA 2010, s.u.). Entscheidend ist die erneute professionelle Aufnahme der *climate-change*-Thematik diesmal unter dem Vorzeichen lebensfeindlicher Hitze. Anders als THE DAY AFTER TOMORROW berührt HELL dabei, wenn man den Film ernst nehmen will, seriöse Fragen nach dem Verhältnis von Anthropologie und Moral: Wie tief verankert sind zivilisatorische Tabus? Was sind Menschen unter extremen Verhältnissen bereit zu tun? Der Film lässt zwar das Ende offen, doch die Nachdenklichkeit, die er beim Zuschauer auslöst, ist bemerkenswert.

(2.) Das „freie" Spiel des Mainstream Films mit dem großen kosmischen Endkampf ist zu erregend und gewinnträchtig, um durch weltpolitische Umschwünge ganz von der Bildfläche zu verschwinden. So haben auch nach 9/11 Mega-Produktionen des Science Fiction Genres aus den Hollywood-Studios das Licht der Leinwand erblickt und teilweise ordentlich Kasse gemacht.

Zu nennen wäre hier zunächst KRIEG DER WELTEN (WAR OF THE WORLDS, Regie: Steven Spielberg, USA 2005). H.G. Wells' Zukunftsroman „Krieg der Welten" gehört seit seinem Erscheinen im Jahr 1898 zu den bahnbrechenden Werken der Kulturgeschichte. Er beschreibt das Zusammenbrechen der Zivilisation durch eine Erfahrung außerirdischer Bedrohung, der sie nicht gewachsen ist. Dabei ist Wells' Perspektive eigentlich eine sozialphilosophische: Er will beobachten, wie sich Menschen in einer fundamental veränderten Situation verhalten.

Und nun eine monumentale Neuverfilmung durch den Altmeister des Genrekinos? Steven Spielberg hatte ja mit UNHEIMLICHE BEGEGNUNG DER DRITTEN ART (USA 1977) und E.T. – DER AUSSERIRDISCHE (USA 1981) zwei rare Beispiele jenes Genres geschaffen, die die Begegnung mit anderen Lebensformen gerade *nicht* negativ erzählen, sondern dem fremden Gegenüber Geheimnis und Poesie lassen, ja ihm sogar „Menschlichkeit" abgewinnen. Offenbar hat aber auch ihn die Frage nach dem Verhalten der Menschen in der absoluten Krise gereizt. Spielberg beantwortet sie pessimistisch: Die universale Katastrophe zerstört alle zivilisatorischen Errungenschaften, vor allem und zuerst das Verbot zu morden. Sogar der sympathisch geschilderte und von Tom Cruise überzeugend gegebene Held des Films, Ray, entgeht der Ursünde nicht, weil offenbar der Schutz des eigenen Nachwuchses jede Moralüberschreitung rechtfertigt, wenn die Menschheit längst in den „Naturzustand" zurückgefallen ist. Hier unterscheidet sich Spielbergs Film also wenig von dem, was uns in einer Mehrzahl ähnlicher apokalyptischer Katastrophenfilme begegnet.

Interessant ist die kulturhistorische Dimension des Films, der ihn, mehr als hundert Jahre nach der Entstehung von Wells‘ Romans dann doch in einem bestimmten *gegenwärtigen* und nicht *historischen* Aggregatzustand der amerikanischen Nation verortet: Auf ihrer Flucht vor dem namenslosen Schrecken umstandslos mordender Aliens begegnet die auseinanderdriftende und neu sich suchende Familie Fragmenten des *American Dream* der 1970er Jahre: Wohnungen und Geräten, die oft Kulissen bekannter Filme gleichen, Menschen, die von einem großen unwiederbringlichen Verlust geprägt sind – in kaum einem anderen Film Spielbergs ist die Trauer um dieses eigentlich schon verschwundene Amerika so dominant. Und: Spielberg führt den Zusammenbruch des Sozialen im Chaos vor und kleidet ihn in stellenweise sehr eindrucksvolle Bilder von geradezu apokalyptischem Ausmaß: ein brennender Zug in rasender Fahrt, ein abgestürztes, merkwürdig intaktes Flugzeug…

Ein anderer Altmeister des Science Fiction und Horror-Genres, Ridley Scott hat sich jüngst mit regelrecht schöpfungstheologisch-metaphysischem Anspruch zu Wort gemeldet, und so der von ihm angestoßenen ALIEN-Trilogie einen weltanschaulichen Rahmen verpasst. PROMETHEUS (USA 2012) heißt das Opus demgemäß und beginnt tatsächlich mit einer Szene, die diesen Titel rechtfertigt: Ein anthropomorpher Alien in einer terrestrischen Urlandschaft löst sich in seine Bestandteile auf und stiftet so mit seiner DNA jene Bestandteile, die das – anders bis heute schwer erklärbare – organische Leben auf der Erde ermöglichen. Hier grüßt Erich von Däniken. Aber auch Stanley Kubrick ist nicht weit, wenn in der nächsten Szene nach dem Auffinden identischer Höhlenmalereien eine Expedition zu einem mehrere Lichtjahre entfernten Sternbild startet, jenen „Schöpfern" auf der Spur, die sich angeblich unabhängig voneinander in grauer Vorzeit den verschiedensten Kulturen als Gottheiten offenbart haben sollen.

Die Mission gelingt, doch die von einer Pastorentochter angetriebene Suche nach dem Ursprung des Lebens bringt die Forscher zunehmend selbst in Gefahr. Optisch kommt man aus dem Staunen nicht heraus, mit welcher Akribie es Scott gelingt, Dimensionen und Perspektiven zu entwickeln, die dem Zuschauer immer wieder den Atem rauben und die in ihrer majestätischen Eindruckskraft – und später in ihrer Schrecklichkeit – James Camerons AVATAR (USA 2008) ins harmlose Märchenland verweisen.

> „Es ist unverkennbar, dass PROMETHEUS mit seinen düsteren, klaustrophobischen Kreationen aus Scotts Sicht eine Art Antithese zum optimistischen STAR TREK-Universum und dem Kult sein möchte, der sich daraus abgeleitet hat. Scott lotet mit diesem Film auch tiefer als ALIEN. Sein Ehrgeiz, ein kompliziertes Modell alles Werdens und Vergehens auszubreiten, ist unverkennbar, nicht zuletzt in den Anleihen, die er bei Miltons *Paradise Lost* und Lovecrafts *At the Mountain of Madness* macht."[261]

---

[261] FRANZ EVERSCHOR, *Kritik Prometheus,* in Film-Dienst, 16/2012, 35.

Auch die apokalyptische Dimension fehlt nicht, wenn eine Komplett-Vernichtung der Erde durch eine Kamikaze Aktion des irdischen Raumschiffes ähnlich wie in DEEP IMPACT in letzter Sekunde verhindert wird. In besonderer Weise fällt in Scotts metaphysischem Marionettentheater aber eine apokalyptische Dimension des derart mit von-dänickenscher Weltanschauung aufgeladenen *Aliens* ins Auge, die bisher weitgehend unbemerkt geblieben ist, nicht zuletzt, weil im Science-Fiction-Genre das Humanoide bisher eher als für Weltraumbewohner wenig kleidsam, ja geschmacklos galt[262]:

Insofern der Alien dem Menschen intellektuell technisch und bisweilen auch körperlich, seltenst aber ethisch überlegen ist, insofern er zudem als dessen Ursprung und/oder Ziel also mit ihm in einer evolutiven Kette „verwandt" gedacht wird, könnte er durchaus als Neufassung des paulinischen *kainos anthropos,* des neuen Menschen also, durchgehen. Der Alien zeigt dem Zuschauer, sei es als Chance, sei es als Warnung, was er, der Mensch, werden könnte bzw. sollte: technisch hochgerüstet, abgrundtief böse und auf Vernichtung allen fremden Lebens erpicht wie in der Mehrzahl der hier besprochenen Filme? Im Einklang mit einer unberührten pantheistisch gedachten Natur wie in James Camerons AVATAR oder von verletzlicher Menschlichkeit wie Steven Spielbergs E.T. DER AUSSERIRDISCHE?[263] Oder einfach nur mangels Bewegung und wachsender intellektueller Herausforderung mit größerem Hirn und kleinerem Körper ausgestattet wie in MARS ATTACKS (Regie: Tim Burton, USA 1996) oder INDEPENCE DAY?

Zwei aus dem weiten Feld der B-Movies und Comic-Verfilmungen zu internationalem Erfolg aufgestiegene Filme im Kontext unseres Fragehorizontes sollen vor allem wegen ihrer Breitenwirksamkeit noch kurz erwähnt werden: TRANSFORMERS I-III (Regie: Michael Bay, USA 2007-2011) und MARVEL'S AVENGERS (Regie: Joss Whedon, USA 2012).

Eigentlich erübrigt sich für die erstgenannte Trilogie jeder Kommentar, wenn man einen Blick auf die Finanziers dieses gigantischen Projektes wirft: Unterstützt wurde die Produktion unter anderem vom Spielzeughersteller Hasbro, den Streitkräften der USA sowie zahlreichen Unternehmen, die im Gegenzug ihre Produkte mittels *Product Placement* im Film unterbringen konnten, darunter der Fahrzeugfabrikant General Motors. Begleitet wurde der Filmstart von einer gigantischen Marketing-Kampagne, die neben den Hasbro-Spielzeugfiguren auch Comics, Bücher, Videospiele und ein *Alternate Reality* Game umfasste. Weltweit spielte alleine TRANSFORMERS I an den Kinokassen über 700 Millionen US-Dollar ein; zudem stellte der Film in den USA die erfolgreichste DVD-Veröffentlichung des Jahres 2007 dar. Gleichwohl soll hier

[262] Vgl. den in mehrfacher Hinsicht instruktiven Artikel ULF VON RAUCHHAUPTS, *Unsere Aliens. Wie sehen Außerirdische aus?* In: Frankfurter Allgemeine Sonntagszeitung, 2.9.2012, 59f.

[263] Vgl. JOACHIM VALENTIN, *Unter Avataren und anderen Prothesengöttern. Was ist und warum betreibt man christliche Religions- und Kulturtheorie?* Stimmen der Zeit 1/2011, 39-50.

vermerkt werden, dass in einem Film, der in der Inszenierung einer endzeitlichen Materialschlacht zwischen freundlichen „Autobots", außerirdischen Kampfrobotern besteht, die sich als Fahrzeuge tarnen und bösen „Decepticons", die mittels eines machtvollen Würfels die Macht an sich reißen und die Menschheit vernichten wollen, vor allem ein Technik-Spielzeug vermarkten und junge Menschen zu Rekrutierungszwecken für die US-Army anwerben will, gleichwohl „Kritik an den bürgerrechtlichen Folgen grenzenloser Vernetzung und der Gefahr des Missbrauchs unbemannter Kampfrobotik durchschimmert"[264].

Über die Comic-Verfilmung MARVEL'S AVENGERS wäre viel Lobendes zu sagen, wie es etwa der Film-Dienst in seiner wie immer lesenswerten Kurzkritik tut.[265] Uns können nur einige ideenpolitische Aspekte interessieren: (1.) das verwendete kulturgeschichtliche valente narrative Material stammt einerseits aus der nordischen Sagenwelt, genauer aus der *Edda*: Namentlich die Götter Loki, der ausgestattet mit metallenen Bockshörnern und dem Nimbus eines „gefallenen" Gottes die ikonologische Satanas-Tradition mitzitiert und der hammerschwingende Thor sowie die Kampftruppen Asgards, die allerdings, wie man im Film sehen kann, einen erstaunlichen technischen Relaunch erfahren durften. Andererseits treten Kultfiguren des US-Comics jenseits von Super-, Bat- und Spiderman[266] ebenfalls mit dem Anspruch des Übernatürlichen auf und konkurrieren unmittelbar mit den germanischen Göttern, eine Konfrontation, die neben der hohen dramatischen Aufladung und der Chance für eine Vielzahl von faszinierenden *special effects* fast durchgängig als Grundlage für selbstironische Brechungen *von* und damit reflexive Distanz *zu* beiden Weltbildern genutzt wird. (2.) Als zentrale apokalyptische Kategorie ist Harmaggedon, der finale Kampf zwischen Gut und Böse, zu nennen, der – wie in WAR OFT THE WORLDS, INDEPENDENCE DAY oder TRANSFORMERS und vielen anderen Mainstreamfilmen – zugleich *als Gericht ohne Richter* fungiert. Er kann eigentlich nur in Manhattan stattfinden, das seit dem 11. September 2001 die Verletzlichkeit der USA symbolisiert. Dass hier die teuflischen Horden eins zu eins den vom Christentum in Europa (!) verdrängten „Helden" des germanischen Pantheons entsprechen, die schließlich mit Hilfe einer umgelenkten Atombombe (!) siegreichen Truppen des Erzengels Michael aber zeitgenössischen US-Amerikanischen Comic-Figuren, zeigt die Le-

---

[264] *Kurzkritik* des Film-Dienst, 16/2007, 49.

[265] „Comic-Verfilmung aus dem Hause Marvel: Loki, der missgünstige Bruder des Donnergotts Thor, hat den Kosmischen Würfel gestohlen und will damit die Welt unterjochen. Der Chef der Friedensorganisation S.H.I.E.L.D. trommelt vier Superhelden und zwei hochspezialisierte Helfer zusammen, um die Katastrophe zu verhindern. Unterhaltsamer Actionfilm, der die bekannten Superhelden-Figuren in einem neuen Kontext witzig und spannungsvoll interagieren lässt und die Fantastik der Erzählung durch Selbstironie ausbalanciert. In den turbulenten Actionszenen technisch perfekt und visuell einfallsreich inszeniert." Film-Dienst Nr. 9/2012, 64.

[266] Nämlich ‚Captain America', ‚Iron man' Tony Stark, ‚Hulk' alias Bruce Banner, Natasha Romanoff, die Black Widow aus ‚Iron Man 2' und Clint Barton alias Hawkeye, der perfekte Bogenschütze.

bendigkeit dessen, was man eine spät-christliche *interpretatio romana* (oder besser *americana*) nennen könnte: die subordinierende Integration überwundener Weltbilder auf der Seite des Dämonischen einerseits und die Identifikation US-Amerikas inklusive seiner säkularen Pop-Kultur mit dem biblischen *Neuen Jerusalem* andererseits. Wie in KRIEG DER WELTEN, PROMETHEUS, STARSHIP TROOPERS, der ALIEN-Trilogie oder INDEPENDENCE DAY etc. tritt hier der – weitaus häufigere – Alien als Satan neben den Alien als *Neuer Mensch*.

Soll ein theologischer Text von solcherlei marktförmiger Faszination des Apokalyptischen absehen, es gar nicht erwähnen oder in Bausch und Bogen verdammen? Da wo Theologie, ja Religion, nicht als ein Nischenphänomen für einige wenige (Intellektuelle) angesehen wird, wo außerdem wie in den USA, Indien, Afrika und anderswo eindeutig die Konvergenz großer gläubiger Bevölkerungsteile und einer weitgehend konsumistischen, also der hier beschriebenen Massen-Ästhetik verpflichteten, Grundorientierung geprägt ist, wird man kaum umhin kommen, deren Erzeugnisse als Teil eines komplexen Sinnstiftungs-Konglomerats zu begreifen – und theologisch-kritisch zu reflektieren. Tritt es doch zumindest Teile des christlichen Erbes an und profitiert dabei ganz gewiss von der Faszination eines finalen Kampfes, der „das Gericht ist", genauso wie Dantes *Divina Comedia* oder das flämische Tafelbild.

(3.) Erfreulicherweise findet sich in der Produktion des vergangenen Jahrzehnts aber auch eine Anzahl qualitativ hochwertiger Autoren-Filme, die in größerer Breite zur ursprünglichen Fragestellung der Apokalypse, ja auch zu im engeren Sinne „eschatologisch" zu nennenden Verarbeitungsstufen des Motiv-Materials zurückkehren: Angesichts der nach 9/11 nicht verminderten Wahrnehmung einer unspezifischen Bedrohung, vor allem aber der Krise und des Umbruchs gewohnter Machtverhältnisse und Sicherheiten begegnen grundständige Reflexionen auf die Labilität menschlicher Vergemeinschaftung, wie wir sie auch schon im Mainstreamkino beobachten konnten, Fragen nach individueller Schuld angesichts des nahen universalen und damit auch persönlichen Endes, aber auch die scharfe Kritik an den herrschenden ökonomischen und machtpolitischen Verhältnissen aus der Perspektive eines nahe bevorstehenden Welt-Endes:

THE ROAD (Regie. John Hillcoat, USA 2006), stellt eine Frage, die wir bereits aus oben beschriebenen Filmen kennen. Aber er tut es in einer fotographischen Brillanz und cineastischen Konsequenz, dass man hier anders als bei WAR OF THE WORLDS oder HELL von einem Meisterwerk sprechen möchte: Was bleibt von uns übrig, wenn alles um uns herum zerstört ist, wenn wir zurückgeworfen sind auf die nackte Existenz? Was wird aus Menschen, die einst ein „normales" Leben geführt haben, wenn eine namenslose Katastrophe sie auf die Stufe von Tieren reduziert, wenn man ihnen den Lebensraum raubt, den die Zivilisation über Jahrtausende geschaffen hat? Aus dem ebenso verstörenden wie profunden Entwurf des Romans von Cormac McCarthy einen Film zu machen, ist schon deshalb eine Herausforderung, weil die Essenz des Buches im Philosophischen liegt, und dieses sich der Übersetzung in die Filmsprache verweigert. Hillcoat erreicht die Dringlichkeit der philosophiegesättigten Vorlage durch die herausragende Schauspielerleistung Viggo Mortensens aber mindestens ebenso durch einen cineastischen Verismus: Er erzeugt die albtraumhaften Sequenzen verfallender Orte, ausgelöschter Lebensräume und verlorener Hoffnungen nicht digital, sondern indem er reale apokalyptischer Naturereignisse – wie zum Beispiel die abgestorbene Region um den Vulkan Mount St. Helens – aufsucht. Es geht hier nicht um die Zerstörung der Erde durch Atomwaffen oder um die Vergiftung der Atmosphäre als Folge kriegerischer Auseinandersetzungen. In Nachbarschaft der genannten Filme, aber auch auf der literarischen Arbeiten von Günter Grass, Christa Wolf, Garcia Márquez und anderen scheint hier eine Funktion des Apokalyptischen auf, die – vermutlich aus einer antihedonistischen Grundbewegung in der biblischen und frühchristlichen Tradition zu wenig sichtbar, von der säkularen Kultur neu hervorgebracht wird und aktuell noch einer schöpfungstheologische Aneignung harrt: In ihrem unwiederbringlichen Verlust scheint der Wert der Welt, wie sie von Gott erschaffen und vom Menschen gestaltet wurde, scheinen Naturschönheit und Menschengüte wie in einem „Afterimage", einem „Nachbild" noch einmal in ihrer ganzen Klarheit und ihrem Wert auf, bevor sie endgültig verlöschen. Eine eschatologisch umfangene Apokalyptik kann aber nie beim letztlich nihilistischen Betrauern oder gar nur Konstatieren des Verlustes alles Irdischen stehen bleiben, sondern wird Endkampf, Gericht und Vollendung immer schon im Sinne einer hegelschen Aufhebung des Alten im Neuen Jerusalem begreifen.

Lars von Trier, Grandseigneur des theologisch valenten Autorenfilms – wenn auch bisher mit einem starken Schwerpunkt auf der Erlösungs- und Opferthematik[267] – hat in seinem jüngsten Film MELANCHOLIA (DK/SW/DE/FR 2011) die depressive Verzweiflung, welche die Menschheit angesichts eines Totalverlustes ihres Planeten erfassen müsste, eindrücklich ins Bild gebracht. Der gesamte Film ist von der Nachricht überschattet, dass ein erdähnlicher Planet in den nächsten Tagen knapp an der Erde vorbeirasen soll. Die beiden Protagonistinnen, die melancholische Justine und ihre pragmatische Schwester Claire aber ahnen, dass eine Katastrophe bevorsteht, die am Ende des Films dann tatsächlich eintritt: die Kollision der beiden Himmelskörper und damit beider „Weltuntergang".

---

267 So in den Filmen BREAKING THE WAVES, DANCER IN THE DARK und DOGVILLE. Vgl. für eine theologische Interpretation des Werkes Lars von Triers : CHARLES MARTIG, *Kino der Irritation: Lars von Triers theologische und ästhetische Herausforderung,* Marburg 2008 sowie STEFAN ORTH / MICHAEL STAIGER / JOACHIM VALENTIN (Hg.), *Dogville – Godville. Methodische Zugänge zu einem Film Lars von Triers,* Marburg 2008.

Lars von Trier verschränkt kosmologische und individuelle Ebene, wie es gute eschatologische Tradition ist. Das universale Ende ist vom individuellen nicht zu trennen, realisiert sich erst in ihm und wird nur so, wenn überhaupt, begreifbar. Die vorherrschende brutale, kalte Atmosphäre unter den Menschen, die innerlich leere Eleganz einer ermüdeten Bourgeoisie voll dunkler Seiten, vor allem in der Familie selbst, lässt MELANCHOLIA aber zunächst als kritisches Porträt der zeitgenössischen, im fortschreitenden Verfall befindlichen bürgerlich-melancholischen Gesellschaft erscheinen, hinter deren prächtiger Fassade sich ein Abgrund von Amoral und Verzweiflung auftut und deren schonungslose Kritik der Film zugleich leistet.

> „'Leben gibt es nur auf der Erde – und nicht für lange Zeit'. Vielleicht ist diese im Film formulierte Einsicht, die tatsächlich Grund zur Melancholie geben kann, die tiefere Motivation für diesen Film. Wo andere die Heiligkeit des Lebens feiern, entfaltet von Trier einen apokalyptischen Abgesang und stellt seine Zuschauer vor existentielle Fragen nach dem Leben im Angesicht des Endes, ohne dass es eine Hoffnung auf Transzendenz geben würde."[268]

Indem er den Grundsatz der von ihm begründeten DOGMA-Bewegung in der Inszenierung eines vollkommen sinnfreien Weltendes auf die Spitze treibt, fordert Trier aber zugleich das Sinnstiftungspotential des (bürgerlichen) Zuschauers heraus. Dieser verlässt das Kino mit dem geradezu ethischen Appell *ex negativo*: „Das kann doch nicht alles gewesen sein!"

Auf den ersten Blick könnte man meinen, der beinahe gleichzeitig entstandene Film ANOTHER EARTH (Regie: Mike Cahill, USA 2011) sei eine Art *low-budget*-Version von MELANCHOLIA. Auch hier bewegt sich ein Planet – eine identische Kopie der Erde inklusive aller ihrer Bewohner – unweigerlich auf unseren Planeten zu. Doch im Mittelpunkt steht ein zwischenmenschliches Drama: Eine junge angehende Astrophysikerin hat einen Autounfall verursacht, bei dem eine Frau und deren kleiner Sohn sterben. Nach ihrer Entlassung aus dem Gefängnis, vier Jahre später, sucht sie, von Schuldgefühlen getrieben, die Nähe des Mannes, der den Tod seiner Familie nie verwunden hat, und unterstützt ihn nach Kräften in seinem gescheiterten Leben. Was zunächst wie ein Science-Fiction-Film anmutet, entpuppt sich mehr und mehr als ein Kammerspiel um Schuld und Vergebung, um Trauer und Verlust, Reue und Bedauern, aber auch um die Möglichkeit einer zweiten Chance oder zumindest einer alternativen Entscheidung. Die „zweite Erde" muss hier wohl als Metapher begriffen werden, welche einerseits die Protagonistin zur kritischen Selbstreflexion veranlasst, andererseits aber auch schließlich für sie die Hoffnung auf Vergebung und für den Familienvater eine zweite Chance verspricht. Wer ist mein Alter Ego? Hat es dasselbe Leben geführt? Oder hat es einen anderen Weg eingeschlagen, der alternative Lösungen zulässt? Hier wird die Unausweichlichkeit der eigenen ethischen Verpflichtung ebenso dringlich

---

[268] RÜDIGER SUCHSLAND in seiner *Kritik zu MELANCHOLIA* in Film-Dienst 20/2011, 29.

thematisiert wie die Sehnsucht nach Erlösung – und deren im Film fiktional angedeutete Erfüllung. So – in eschatologischen Kategorien – verstanden erscheint die unmittelbare Konfrontation der Protagonistin mit dem zerstörten Leben ihres Opfer als „Fegefeuer", die von ihr ermöglichte Reise des Witwers zu seinen Lieben auf der zweiten Erde als Metapher für Erlösung und Heilung.

Handelt es sich bei dem jüngsten Werk David Cronenbergs COSMOPOLIS (USA 2012) um einen Science-Fiction-Film? Es spielt auf jeden Fall in der nahen Zukunft, und wenn auch nicht kosmische Konstellationen oder raumfahrttechnische Innovationen im Mittelpunkt stehen, so sie er doch als defätistisch apokalyptische Projektion aktueller Entwicklungen ökonomischer und gesellschaftlicher Natur in die nächste Zukunft zu bezeichnen. Der hier verfilmte Roman Don DeLillos (2003) handelt von einem Tag im Leben eines Börsenmilliardärs. Ein Börsencrash kommt vor, die universale Gier, mehrere Attentate, ein ungenannter US-Präsident, der allgemeine Sicherheitswahn der Gesellschaft, eine Protestbewegung, die „Occupy" verblüffend ähnelt, der Cyberspace und vor allem viel, viel Geld. Aus heutiger Sicht ist *Cosmopolis* ein prophetischer Roman, eine apokalyptische Reise ins finstere Herz der Gegenwart, aber *vor* der großen Krise. Gesellschaftskritik geschieht hier schlicht durch ihre überspitzte und auf den Kleinraum einer luxuriösen Stretch-Limousine reduzierte Darstellung. Die apokalyptische Dringlichkeit der Veränderung bestehender Verhältnisse aus der Klarheit mit der der baldige Untergang von allem sichtbar wird.

Religiöse Traktate wie das der Eschatologie als Ganze gar theologisch durchbuchstabiert in der Alltagskultur des Filmes wiederentdecken zu wollen, ist sicher ein zum Scheitern verurteiltes Unterfangen. Gleichwohl zeigt die abschließende *tour d'horizon* durch das apokalyptische Gegenwartskino doch eine Vielzahl von Anknüpfungspunkten und Spurenelementen traditioneller Bildmotive und grundlegender anthropo-theologischer Fragestellungen. Durchgängig sucht man einen rettenden oder richtenden Gott vergeblich, wenngleich vereinzelt die Notwendigkeit, ja Unausweichlichkeit eines Gerichts vor allem im Autorenfilm aufscheint. An seine Stelle tritt der durch intellektuelle, technische oder zahlenmäßige Überlegenheit entschiedene Endkampf zwischen „englischen" und „teuflischen" Truppen. Auffällig ist die Häufigkeit der filmischen Reflexion auf eine durch universale Katastrophen in die Steinzeit fehlender technischer Ausstattung aber auch weggebrochener staatlicher Strukturen zurückgebombter Individuen und Kleingruppen. Der Figur des Alien als „neuer Mensch" oder „Satan" müsste sicher eingehender untersucht werden und schließlich wäre das romantische Motiv eines letzten Aufscheinens von Naturschönheit und Menschengüte vor deren endgültiger Vernichtung als schwaches Echo eines Bejahung der einmal für „sehr gut" gehaltenen Schöpfung zu erwähnen, ein Motiv, das vielleicht schon Origenes zu seiner – allerdings theozentrisch gedachten – Allversöhnungslehre (Apokatastasis) inspiriert haben könnte.

# 3. Apokalyptik und Literatur

Europäische Literatur ist „an sich", zumindest, wenn man sie mit der bildenden Kunst und dem heiligen Text vergleicht, eine jüngere Kunstform. Jenseits der Antike emanzipiert sie sich als apokalyptische und damit religionsnahe oder parareligiöse erst mit der Säkularisierung vom theologischen, mystischen oder in anderer Weise religiösen Text.[269]

Dies geschieht seit der Aufklärung besonders gerne im Zusammenhang mit Krisen- und Umbruchsphänomenen, mit denen sich im modernen Sprachgebrauch die deutschen Worte „Apokalypse" und „apokalyptisch" inzwischen ja auch beinahe komplett identifiziert haben, und deren literarischer Spiegelung. Deren literarische Spiegelung und Brechung blüht in nahezu direkter Proportionalität mit dem Irrelevant-Werden eines religiösen Endzeit- und Gerichtsglaubens:

> „Apokalyptisch war nicht nur der Ausbruch nationaler Emotionen gegen Napoleon, wie er sich in der Literatur der Romantik niederschlug, Apokalyptisch waren auch die Symbolik der Expressionisten mit ihren Visionen vom Weltende und vom neuen Menschen sowie die Texte der inneren Emigration, die nach 1945 den Einbruch des Bösen in die Geschichte mit endzeitlichen Deutungsmustern zu erklären suchten."[270]

Es handelt sich hier also um ein so weit verbreitetes wie wirkmächtiges Deutungsmuster, das selbst in der allerjüngsten deutschsprachigen Literatur, bei Autoren wie Katharina Hacker, Thomas Ostermaier oder Julie Zeh noch wahrgenommen werden kann. Einen vorerst schwer überbietbaren Höhenflug haben apokalyptische Motive aber in der Literatur der achtziger und neunziger Jahre des letzten Jahrhunderts hinter sich, wo vor allem ökologische und atomare Bedrohungsszenarien ein nahes Weltende offenbar nahelegten. Hier ist allein für den deutschsprachigen Raum mindestens auf Christa Wolfs *Störfall* und Günter Grass' *Die Rättin* zu verweisen – beides dystopische Entwürfe einer atomaren Selbstzerstörung der Menschheit.

Anders als im Film erübrigt sich eine ausführlichere Definition des Genres „apokalyptische Literatur" weitgehend. Es lässt sich inhaltlich durch das Merkmal der Thematisierung eines partiellen oder universalen Weltuntergangs recht gut eingrenzen. Anders als der Film steht die Literatur „nach Auschwitz" auch nicht unter dem Verdacht, selbst und als Ganze ein letztlich apokalyptisches, weil angetrieben von Dualismen auf ein *happy end* hindrängendes Me-

---

[269] Vgl. grundlegend und weit ausgreifend zum Thema: GERHARD R. KAISER (Hg.), *Poesie der Apokalypse,* Würzburg 1991.

[270] CHRISTOPH BARTSCHERER, *Die Herren der Apokalypse. Weltuntergänge im Werk von Friedrich Dürrenmatt, Günter Grass und Michael Cordy*, in: H.G. GRADL / G. STEINS / F. SCHULLER (Hg.), *Am Ende der Tage. Apokalyptische Bilder in Bibel, Kunst Musik und Literatur,* Regensburg 2011, 161–187, 161f.

dium zu sein, auch wenn für Hartmut Böhme Literatur von allem Anfang an „der Versuch ist, Sprache und Haltung zu gewinnen angesichts von Katastrophen und Schmerz, von Chaos und Krise.“[271]

Umso dringlicher darf nach theologischen Ansatzpunkten gefragt werden, der ja mindestens in der eschatologischen Verarbeitung apokalyptischen Materials liegen müsste, also in einer Reflexion tendenziell dualistischer, vielleicht sogar chaos- oder katastrophen-verherrlichender und dystopischer, also letztlich nihilistischer Texte. Dies gilt zumindest, wenn Christoph Bartscherers Definition des Genres ‚apokalyptische Literatur‘ zutrifft: „Die alte Welt ist defizient, voll Elend, Schmerz und Tod, sie ist verdorben und böse. Die neue Welt ist vollkommen, rein und gut, sie ist eine Welt des Glücks, der Freude und des Lebens“[272]?

Tatsächlich lässt sich, wie die folgenden Analysen zeigen werden, konstatieren, dass eine Rettung der vom Untergang bedrohten Welt *von Gott her* in der Literatur des 20. und 21. Jahrhunderts nicht mehr vorkommt. Doch anders als im US-amerikanischen Mainstream-Film, wo immerhin der Mensch und seine Technik vereinzelt noch als triumphaler Weltretter und Reorganisator der Weltgemeinschaft auftrat, wird in der Literatur die sündhafte Welt nicht mehr durch die Apokalypse und die Apokalypse nicht mehr durch ein wie auch immer geartetes – irdisches oder himmlisches – Friedensreich abgelöst. Karl-Josef Kuschel ist in seiner ebenfalls pessimistischen Analyse der Apokalypse-Rezeption in der Nachkriegs-Literatur also vermutlich Recht zu geben:

> „Aus dem biblischen Motiv der Apokalypse hat die moderne Literatur inhaltlich weder die göttliche Gerichtsdimension noch […] die Hoffnungsperspektive für ‚einen neuen Himmel und eine neue Erde‘ rezipieren können. Rezipiert aber wurde die universale Perspektive apokalyptischen Denkens: ein Gefühl für die fortgeschrittene Bedrohung der Menschheit als Ganzes, eine Sensibilität für die unausweichlich scheinende Angst vor dem Untergang der Welt, die potentielle Auslöschung der Schöpfung schlechthin in einem Szenario, das die Apokalypse des Johannes in der Tat als das aktuellste Buch [der Bibel] auch in der heutigen Literatur erscheinen lässt.“[273]

---

271 HARTMUT BÖHME, *Hilft das Lesen in der Not?* DIE ZEIT 12/2009/Literatur.

272 Ebd., 162. GÜNTER E. GRIMM, WERNER FAULSTICH und PETER KUON definieren in der Einleitung zu ihrer nach wie vor originären Textsammlung *Apokalypse. Weltuntergangsvisionen in der Literatur des 20. Jahrhunderts* (Frankfurt a.M. 1986, 9f) für die „schöne“ Literatur: „Apokalyptisch sollen die Werke genannt werden, die – mitunter im Rückgriff auf Bild- und Symbolvorräte der jüdisch-christlichen Tradition – eine sich in fortschreitender Auflösung befindliche, unaufhaltsam auf den Untergang, die Katastrophe, zusteuernde Ordnung vorstellen, sei es nun die Menschheit überhaupt oder nur eine begrenzte, die Totalität der Welt repräsentierende Gemeinschaft.“ und identifizieren als „gemeinsame Merkmale des modernen Endzeitbewusstseins“: 1. *Totalität*, also globale Relevanz des Geschehens, 2. *Entropie*, also Zerfall herrschender Ordnungssysteme und 3. *Irreversibilität*, also unaufhaltsame Verselbständigung der Vernichtung.

273 KARL-JOSEF KUSCHEL, *Apokalypse*, in: H. SCHMIDINGER (Hg.), *Die Bibel in der deutschsprachigen Literatur des 20. Jahrhunderts, Bd 1: Formen und Motive*, Mainz 1999, 543-568, 566.

Auf dem begrenzten uns zur Verfügung stehenden Raum sind leider nur wenige exemplarische Einzeldarstellungen möglich. Das Science-Fiction-Genre, das natürlich als Ganzes ebenfalls ein Ende der Zeit und Welt, wie wir sie kannten, voraussetzt und nicht selten utopischen Charakter trägt, sprengt so wie für den Film auch für die Literatur unseren Rahmen. Hier muss auf einschlägige Literatur an anderer Stelle verwiesen werden.[274] Aber auch schon die bloße Nennung namhafter belletristischer Werke wie *Dr. Faustus* von Thomas Mann, Alfred Kubins *Die andere Seite*, Hans Henny Jahnns *Der staubige Regenbogen*, Döblins *Berge, Meere und Giganten, An American Dream* von Norman Mailer, *Nova Express* von William S. Bourroghs, Allen Ginsbergs *Howl*, *The Day of the Locust* von Nathaniel West, aber auch im romanistischen Bereich *Abaddón el exterminador* von Ernest Sabáto, Margerite Duras' *Yes, peut-être*, *La Guerra del fin del mundo* von Mario Vargas Llosa und *Dissipatio H.G.* von Guido Morselli macht deutlich, wie dieses Kapitel noch erheblich erweitert werden könnte.

## 3.1 Die Vorahnung des Weltendes im deutschen Expressionismus

Bekanntermaßen stürzten die in dieser Form unerwarteten Grauen des Ersten Weltkrieges die europäische und speziell die deutsche Geisteswelt in eine grundlegende Orientierungskrise. Allzu weit lagen der Stellungskrieg an der deutsch-französischen Grenze mit Millionen von Toten und das Ende des Kaiserreiches vom Bewusstsein der führenden europäischen Wirtschafts- und Wissenschaftsnation[275] und von der Euphorie der ersten Kriegsmonate entfernt. Auch alle Weltanschauungen, die Teil dieser Euphorie gewesen waren – nicht zuletzt der deutsche Protestantismus –, schienen auf immer desavouiert.

Doch die sich 1918 ausbreitende Endzeitstimmung und Krise hatte ihre Vorboten in der Kunst und Literatur, namentlich im deutschen Expressionismus. Der Anachronismus zwischen der feudalen Herrschaftsform und der längst angebrochenen Moderne in den übrigen Dimensionen der Gesellschaft hatte sich lange vor dem Ausbruch der Hurra-Rufe von 1914 angekündigt: „Der Rationalität – auch in der Kriegsrüstung dieser Zeit – folgte ihr irrationaler Schatten auf dem Fuß: Die politische Nichtbewältigung der mit jener errungenen Machtstellung."[276] Erst in jüngerer Zeit wird sichtbar, wie sehr in

---

[274] Vgl. u.a. GEORG SEEßLEN / FERNAND JUNG, *Science Fiction*, Marburg 2003; EDVARD JAMES / SARAH MENDLESOHN (Hg.), *The Cambridge Companion to Science Fiction* (Cambridge Companions to Literature), Cambridge 2003; MARK BOULD / ANDREW M. BUTLER / ADAM ROBERTS / SHERRYL VINT (HG.), *The Routledge Companion to Science Fiction*, New York 2009.

[275] Vgl. u.a. HUBERT KIESEWETTER, *Industrielle Revolution in Deutschland. Regionen als Wachstumsmotoren*, Stuttgart 2004.

[276] SILVIO VIETTA, *Apokalypse im Expressionismus. Rationalität, Naturbilder und zivilisationskritische Zukunftsvisionen.* Vortrag, gehalten am 2. August 2010 auf dem XII. Kongress der Internationalen Vereinigung für Germanistik (IVG) in Warschau.

Kunst und Literatur des Expressionismus apokalyptische, ja ausdrücklich jüdische und christliche Anschauungsformen herangezogen wurden, um die Ahnung unüberbrückbarer Spannungen, ja eines nahen Endes der „Gründerzeit" bereits vor 1914 bzw. dessen Verarbeitung nach 1918 zu leisten:

> „In der europäischen Literatur gibt es zwei Stränge: Die aus der griechischen Mimesis-Tradition kommende Linie des Realismus und eine aus der jüdisch-christlichen Tradition kommende visionäre. Zur letzteren gehört Dante, die Romantik und auch der Expressionismus. Das Motiv ‚Weltende' kommt aus einer jüdisch-christlichen Tradition, nicht aus der griechischen – für jene war die Welt ewig, es gab weder einen absoluten Anfang noch ein Ende."[277]

Wer sich die düstere, perspektivlose Stimmung, ja die in ihrer dualistischen Aufgipfelung von Katastrophenszenarien teilweise *ausdrücklich* apokalyptische Struktur von Filmen wie Robert Wienes DAS KABINETT DES DR. CALIGARI (1920), Fritz Langs METROPOLIS (1925/1926) oder Alfred Kubins Dystopie *Die andere Seite* (1919) vor Augen hält, wird der These schwer widersprechen können, dass apokalyptische Elemente neben einem radikalen Primat der Form mit Tendenzen zur Abstraktion und dem endgültigen Abwerfen bürgerlicher Konventionen eine der wesentlichen Grunddimensionen des deutschen Expressionismus darstellen. Wie lebendig trotz des ausdrücklich „modernen" Charakters dieser Strömung dabei religiöse Motive waren, zeigen Filme wie Paul Wegeners DER GOLEM. WIE ER IN DIE WELT KAM (1920), Michał Waszyńskis DER DIBBUK (1937)[278] oder das künstlerische Werk von Max Beckmann, speziell sein Zyklus zur Apokalypse (1941/1942). Noch deutlicher wird die apokalyptische Ausrichtung im Werk des Malers Ludwig Weidner.[279]

Dass bisweilen Techniken wie Zitat, Ironie und Parodie das endzeitliche Pathos aufnehmen, um es zugleich komplett zu unterlaufen, kann sehr gut an dem bekannten Gedicht von Jakob van Hodis, *Weltende,* (1910) deutlich werden. Es kann zugleich als Fanal für die expressionistische Lyrik insgesamt und damit als Exempel betrachtet werden[280]:

> Dem Bürger fliegt vom spitzen Kopf der Hut,
> In allen Lüften hallt es wie Geschrei.
> Dachdecker stürzen ab und gehn entzwei
> Und an den Küsten – liest man – steigt die Flut.
>
> Der Sturm ist da, die wilden Meere hupfen
> An Land, um dicke Dämme zu zerdrücken.

---

http://www.literaturkritik.de/public/rezension.php?rez_id=14751

277 Ebd.

278 SALOMON ANSKIS gleichnamiger Roman entstand bereits 1916.

279 Vgl. u.a *Die apokalyptische Stadt* von 1913.

280 KURT PINTHUS stellte es 1920 an den Anfang seiner Anthologie *Menschheitsdämmerung. Symphonie jüngster Dichtung* (Reinbek b. Hamburg 1959ff), in der er einen Überblick über die Lyrik des expressionistischen Jahrzehnts zu geben versucht. Vgl. auch SILVIO VIETTA (Hg.), *Lyrik des Expressionismus*, Tübingen 1999.

Die meisten Menschen haben einen Schnupfen.
Die Eisenbahnen fallen von den Brücken.

Wegen des letztlich affirmativen Gottesbezugs noch deutlicher in christliche Kontexte eingebunden (aber dafür nicht ganz eindeutig dem Expressionismus zuzuordnen) ist Else Lasker-Schülers ebenfalls mit *Weltende* betitelte Gedicht von 1905[281]. Es knüpft implizit an Friedrich Nietzsches melancholisches Diktum vom Tode Gottes an und gehört so mental eher in die Ära des 19. Jahrhunderts, die neben Nietzsche auch Jean Pauls *Rede des toten Christus vom Weltgebäude herab, dass kein Gott sei*[282] hervorgebracht hat:

Es ist ein Weinen in der Welt,
als ob der liebe Gott gestorben wär,
und der bleierne Schatten, der niederfällt,
lastet grabesschwer.

Komm, wir wollen uns näher verbergen ...
Das Leben liegt in aller Herzen
wie in Särgen.

Du, wir wollen uns tief küssen ...
Es pocht eine Sehnsucht an die Welt,
an der wir sterben müssen.

An diesen beiden Beispielen kann gezeigt werden, wie apokalyptische Motive im Sinne einer radikalen, bisweilen karnevalesken Kritik an unausgetragenen Spannungen und mangelnder Selbstreflexion in Bürgertum und Moderne den Expressionismus wesentlich prägen. „Der Expressionismus thematisiert – in dieser Radikalität erstmals in der Geschichte der Literatur – eine grundlegende Kritik an der modernen rationalen Zivilisation und der mit ihr verbundenen Gefahr der irrationalen Selbstzerstörung einer Zivilisation selbst.“[283]

## 3.2 Apokalyptik in der Literatur nach 1945

### *3.2.1 Gabriel García Márquez, Hundert Jahre Einsamkeit*

1967 erschien in Buenos Aires der Roman *Hundert Jahre Einsamkeit (Cien años de soledad)*[284] aus der Feder des kolumbianischen Autors Gabriel García Márquez, der 1982 den Nobelpreis für Literatur erhielt. Der Roman gilt als ei-

---

281 ELKE LASKER-SCHÜLER, *Sämtliche Gedichte*, Frankfurt 2004, 149.
282 JEAN PAUL, *Blumen-, Frucht- und Dornenstücke oder Ehestand, Tod und Hochzeit des Armenadvokaten F. St. Siebenkäs*, Frankfurt 1987, 8. Kapitel, *Erstes Blumenstück.*
283 VIETTA, *Apokalypse*.
284 Dt. Ausgabe: Köln 1970.

nes der wichtigsten Werke des Magischen Realismus, ja der lateinamerikanischen Literatur überhaupt.

Márquez' Werk verfolgt die Geschichte von sechs Generationen der Familie Buendía und hundert Jahre wirklichen Lebens in der fiktiven Welt von Macondo. Zunächst scheint kaum ein chronologischer Ablauf erkennbar zu sein, denn ein wesentliches Stilmittel dieses Romans sind Ana- und Prolepsen (Vor- und Rückgriffe). Zahlreiche Namensgleichheiten der Charaktere erschweren ein einliniges und unmittelbares Verständnis von *Hundert Jahre Einsamkeit* zusätzlich. Auffällig sind jedoch die Bezüge zum christlichen (katholischen) Glauben und zur Geschichte Lateinamerikas. Dabei wird der Geschichte vom Aufstieg und Fall eines Dorfes das lineare Geschichtsbild der jüdischen und christlichen Religion von der Schöpfung zur Apokalypse unterlegt.

Der Romanist Volker Roloff hält das Prinzip einer „Karnevalisierung der Apokalypse" gar für die zentrale Deutungskategorie von Márquez' Roman und stellt ihn damit in die Tradition des Expressionismus:

> „Der Roman beschreibt den Untergang des Ortes Macondo als eine unabänderliche, durch Weissagungen lange vorher erkennbare, prädestinierte Katastrophe, die sich – wie in der Bibel – durch eine Serie von Plagen anzeigt und schließlich, in einem ‚huracán bíblico' (492), nicht nur der Sippe der Buendía ein Ende setzt, sondern den ganzen Ort vernichtet. Der Text, in dem Aureliano, der letzte Buendía, liest, ähnelt durchaus dem Buch der Weissagung, das von Johannes in dem Bewusstsein, dass ‚die Zeit nahe sei', entziffert, das heißt in der Sprache der biblischen Apokalypse entsiegelt wird."[285]

Der Niedergang wird dabei nicht nur durch Plagen und andere Vorzeichen eines apokalyptischen Endes, sondern auch durch einen Sittenverfall der Familie, durch Inzest und Mord vorbereitet und in biblischen Kontext gestellt.

Wenn freilich Roloff Márquez' Text als „polymythisch" im Sinne Odo Marquards und damit gegen den „dogmatischen" Text der Johannes-Offenbarung gerichtet lesen will[286], darf man getrost weghören. Wir haben oben mit Pezzoli-Olgiatti gezeigt, wie offen der biblische Text selbst schon für fiktionale Besetzungen und Identifikationen ist, wie weit das Feld biblischer Bezüge ist, das er eröffnet. Wenn Roloff anschließend selbst von einer „Vielzahl [von] Spiegelungen, Korrespondenzen und Analogien, die nicht nur die dämonischen Figuren der Apokalypse, sondern alle Figuren des Romans kennzeichnet" spricht, so bringt er sie nicht auf Distanz, sondern beschreibt den Roman *Hundert Jahre Einsamkeit* als weiteres Glied in der Kette identifizierender und zugleich differierender Neuaneignungen apokalyptischer Motive unter spezifischen historischen und kulturellen Bedingungen. In der bedrängten Situation Lateinamerikas in den siebziger Jahren werden Tugend- und Lasterkataloge, Plagen und Fabeltiere des biblischen Textes zu Deuteka-

---

[285] VOLKER ROLOFF, *Die Karnevalisierung der Apokalypse. Gabriel García Márquez: „Hundert Jahre Einsamkeit"*, in: G. GRIMM / W. FAULSTICH / P. KUON, *Apokalypse*, 68–87, 68.

[286] Ebd.,76 ff.

tegorien der Vergangenheit, Gegenwart und Zukunft eines bedrängten Kontinents. Dass dabei eine Rückkehr zu einer als Paradies stilisierten Natur ebenso als mögliche Zukunftsperspektiven auftauchen wie das unwürdige Dahindämmern eines symbiotisch lebenden Paares (470ff) widerspricht dem keineswegs.

### *3.2.2 Thomas Pynchon, Die Enden der Parabel*[287]

1973 erschien der Roman *Gravity Rainbow* von Thomas Pynchon, der heute allgemein als sein Opus Magnum angesehen wird, 1981 seine kongeniale deutsche Übersetzung von Elfriede Jelinek und Thomas Piltz. Die *Enden der Parabel*, so der auf die im Roman zentrale Raketen-Thematik aludierende deutsche Titel, spielt größtenteils in Europa kurz vor und nach dem Ende des Zweiten Weltkriegs. Er arbeitet mit zahlreichen Sprüngen in frühere und spätere Epochen sowie an verschiedene nichteuropäische Orte in Zentralasien und den Vereinigten Staaten. Der Roman ist geprägt von großer Figurenvielfalt, schwer durchschaubaren Handlungssträngen und einer enzyklopädischen Themenvielfalt.

Auch Pynchon zitiert mit Krieg, Hunger, dem „Heulen am Himmel" des ersten Satzes im Roman, mit seltsamen Erscheinungen am Firmament, mit falschen Propheten, die große Zeichen und Wunder versprechen, die klassischen Merkmale „apokalyptischer" bzw. Endzeitliteratur.

„Auslöschung kennt die Natur nicht; sie kennt nur die Verwandlung. Alles, was die Wissenschaft mich gelehrt hat und immer noch lehrt, stärkt meinen Glauben an die Kontinuität unserer spirituellen Existenz nach dem Tode" Dieses Zitat Wernher von Brauns ist dem Roman vorangestellt und spielt durch Wortlaut und Autor auf das Thema von Diesseits und Jenseits an. Aber auch der II. Welt- und der Atomkrieg gegen Japan und die *Rakete* als wesentliches Instrument derselben, wie auch die *Raumfahrt* als menschliche Praxis der Transzendierung des „natürlichen" menschlichen Lebensraums in ein immanentes Jenseits hinein klingen mit.

Ein Leitmotiv des Romans ist die deutsche V2-Rakete, mit der praktisch alle Figuren auf die ein oder andere Weise in Verbindung stehen, und ihre Entwicklung auf dem Prüfstand VII in Peenemünde. Verschiedene Figuren sind aus unterschiedlichen Gründen auf der Suche nach dem geheimnisvollen Raketenmodell 00000 und dem darin eingebauten „Schwarzgerät", das sich erst am Ende des Romans als ein Mensch entpuppt. Weite Teile des Romans verfolgen den amerikanischen GI Tyrone Slothrop, der in London stationiert ist, auf seiner Reise durch die „Zone", das besiegte und zerstörte Deutschland kurz nach Ende des Zweiten Weltkriegs. Diese „Zone" stellt einen anarchi-

[287] THOMAS PYNCHON, *Die Enden der Parabel*, Reinbek b. Hamburg 1981, Original: *Gravity's Rainbow,* London 1973.

schen und gesetzlosen Raum dar, in dem alle Figuren nur auf ihren eigenen Vorteil hin agieren und sich noch keine neue Ordnung gefunden hat.

Letztlich kann Pynchons Roman als postmodern-säkulares Nachglimmen des eschatologischen Glutkerns einer in ihrer Anlage millenaristischen Gesellschaft wie der US-amerikanischen gelesen werden. „Wo einst die Utopie des Millenniums das Denken beherrschte, rückt jetzt die Entropie als dominante Denkfigur ins Zentrum. Wo einst Metaphern von Fortschritt und Aufstieg vorherrschten, da ist jetzt die gegenläufige Bewegung von Abstieg und schleichendem Zerfall zu beobachten."[288] Exemplarisch schießt dieser – für die siebziger Jahre des letzten Jahrhunderts typische – säkular geprägte Rückblick auf die weltanschaulichen Anfänge der USA in der Figur Slothrops und seiner Ahnen zusammen, die gleich zu Beginn des in der deutschen Ausgabe 1194 Seiten starken Romans auftauchen: Während sich Slothrops Transzendenzbezug auf eine körperliche Vorahnung[289] einschlagender V2-Raketen beschränkt, verweisen die Grabinschriften seiner Vorväter auf dem Friedhof von Mingeborough, Massachusetts, noch einen klaren ikonographischen oder verbalen Gottes-Bezug auf. Doch Erosionserscheinungen reichen auch hier bereits in die erste Hälfte des 20. Jahrhunderts zurück. Während ein 1812 verstorbener Vorfahr noch titelt „Am Webstuhl sitzt Gott, und Er knüpfet uns sacht die Fäden, aus ewiger Liebe gemacht", wird auf dem Grabstein des 1933 verstorbenen Frederick Slothrop Emily Dickinson zitiert: „Da ich den Tod nicht finden konnt' / Fand er so gnädig mich." (47) Unerbittlich deckt Pynchon im weiteren Verlauf dann die hinter christlicher Fassade schon früh lauernde Ursache für die aktuelle Endzeit auf: die ökonomistische Engführung christlicher Ideale: „Scheiße, Geld und das Wort, die drei amerikanischen Wahrheiten, die die amerikanische Maschine in Gang hielten, ergriffen von Slothrops Besitz, fesselten sie für immer an das Schicksal ihres Landes." (48)[290]

Konsequent greift der Verfall Europas, dessen Beschreibung den gesamten Roman prophetisch in nicht selten drastischen Bildern durchzieht, am Ende zerstörerisch auf seinen eigentlichen Ursprung, die USA, über. Eine Rakete stürzt auf ein Lichtspielhaus in Los Angeles: „Aber es war kein Stern, es stürzte ein leuchtender Engel des Todes." Der Leser wird nun vom Autor, wie

---

[288] JOSEPH C. SCHÖPP, *Thomas Pynchons Die Enden der Parabel oder: Von der Dichtung als Aufschub des Endes,* in: G. GRIMM / W. FAULSTICH / P. KUON, *Apokalypse*, 130–147, 132.

[289] Durch eine Erektion.

[290] Joseph C. Schöpp schreibt treffend über die einander ablösenden Sinnstiftungswelten: „Die heilsgeschichtlich puritanische Mission ist zwischenzeitlich zu einem nur noch profangeschichtlichen Säkularisat verkommen. Ohne Ausblick und Richtungssinn gerät hier die einstige *providentia* gefährlich an den Rand einer bloßen *paranoia*; denn es werden zwar weiter höchst intrikate Verbindungen geknüpft, die Gewähr freilich, dass es sich tatsächlich noch um begründete und begründbare Zusammenhänge handelt, ist nicht mehr gegeben. […] Da der Ordnungsgarant ausgefallen ist, beginnt der hypertrophe Ordnungswille zu atrophieren. […] die Ordnung gebiert am Ende das Chaos. Geschichte schreibt und schreitet hier nicht mehr ihrer utopischen Erfüllung, sondern bestenfalls noch ihrer entropischen Aufhebung zu." SCHÖPP, *Dichtung*, 136.

vom Seher einer auf ihr säkulares Gebein abgeschmolzenen Apokalypse ohne jede Hoffnung, unmittelbar angesprochen: „Und es ist hier, genau in diesem dunklen und stummen Bild […]. Noch bleibt dir Zeit, falls du den Trost brauchst, nach dem Nachbarn neben dir zu greifen, oder dir selbst zwischen die kalten Beine zu fassen." (1194)

Insgesamt erstaunen die Parallelen zwischen den beiden Romanen von Márquez und Pynchon, auch wenn sie im Abstand von nur sechs Jahren in Süd- und Nord-Amerika erschienen. Beide verbindet eine eindeutige Bezugnahme auf die protestantische bzw. katholische, also christliche, Vorgeschichte ihres Kontinents mit Hilfe des verfremdeten historischen Zitates. Aber ebenso die karnevaleske Machart, die Verweigerung linearen Erzählens, das Verflechten mehrerer historischer Ebenen. Und beide verbindet auch die Darstellung (und implizite Kritik?) einer von Schöpfungsglauben und Erlösungshoffnung entkleideten Sicht auf Welt und Mensch sowie die Reduktion des menschlichen Blicks auf das Ende seiner Zeit allein in den Dimensionen von Krieg, Tod und Sexualität.

### *3.2.3 Günter Grass, Die Rättin*

Am ersten März 1986, acht Wochen vor dem verheerenden Reaktorunfall im weißrussischen Tschernobyl, veröffentlichte Günter Grass seinen Roman *Die Rättin*. Seine Handlung setzt sich aus diversen, zunehmend unübersichtlich werdenden Erzählsträngen zusammen. Als roter Faden ziehen sich aber kommentierende Dialoge zwischen dem namenlosen Ich-Erzähler und einer weiblichen Ratte durch das Werk. Sie markieren auch die zentrale Zeitebene des Romans: Zum Zeitpunkt dieses Dialoges ist die gesamte Menschheit bereits ausgelöscht. Der Erzähler, der in einem Raumschiff die verwüstete Erde umkreist, durchlebt den Untergang der Menschheit noch einmal anhand der Schicksale verschiedener Menschen.

Einer davon ist der Maler Lothar Malskat. Er dreht zusammen mit dem inzwischen sechzigjährigen Oskar Matzerath, der nicht mehr durch seine *Blechtrommel* auf gesellschaftliche und politische Missstände aufmerksam macht, sondern stattdessen Videos produziert, einen Film. Zudem kehrt Oskar an die Orte seiner Kindheit zurück, nach Danzig (Gdańsk) und in die Kaschubei, um dort den Geburtstag seiner inzwischen 107-jährigen Großmutter zu feiern. Gleichzeitig ist eine fünfköpfige Frauencrew auf der Ostsee unterwegs, um die Quallendichte, einen Indikator für ein gestörtes ökologisches Gleichgewicht, zu messen. In Wahrheit suchen sie die sagenhafte Stadt Vineta, ein im Meer versunkenes, matriarchales Utopia.

Grass hatte im angesichts von wachsendem Umweltbewusstsein und NATO-Doppelbeschluss vor der Vernichtung des Menschen durch den Menschen gewarnt[291] und sich auch aktiv politisch gegen weitere Raketenstationierungen in Deutschland eingesetzt. Vergeblich: Im November 1983 billigte der Deutsche Bundestag mit klarer Mehrheit die Aufstellung von neuen US-Raketen auf deutschem Boden. Im Roman *Die Rättin* zieht Grass die Linien der bedenklichen Entwicklungen der Gegenwart für die nächste Zukunft aus. Dies geschieht insofern in apokalyptischer Manier, als es Grass um den Untergang ‚der gesamten Menschheit' und damit auch der menschlichen Kultur geht, die er poetisch ins Wort bringt. Es ist ein einziges Lob des irdischen Lebens, ja der Schöpfung, des Sinns und der Erlösung, das er zu Beginn des vierten Kapitels singt:

> „Mir träumte, ich müsste von jeder Idee, ob tot oder lebend geboren, vom Sinn, der den Sinn hinterm Sinn sucht und von der Dauerläuferin Hoffnung auch mich verabschieden. Abschied vom Zinseszins der gesparten Wut, vom Erlös gespeicherter Träume. […] Mir träumte, ich müsste Abschied nehmen vom kahlen Geäst, von den Wörtern Knospe, Blüte und Frucht, von den Zeiten des Jahres, die ihre Stimmungen satt haben und auf Abschied bestehen. Frühnebel, Spätsommer, Wintermantel, April April! rufen, noch einmal Herbstzeitlose und Märzbecher sagen, Dürre Frost Schmelze."[292]

In den folgenden Kapiteln vier bis sechs organisiert der Erzähler den Untergang nicht nur einer abstrakten „Welt", sondern der gerade vorgestellten und dem Leser sympathisch nahen Protagonisten umso wirkungsvoller utopisch-realistisch. Ein atomarer Konflikt mit Mittelstrecken-Waffen nimmt unweigerlich seinen Lauf, nachdem die Ratten das Codewort ‚Noah' in die abschussbereiten Systeme eingegeben haben. Ausgerechnet an einem warmen Juni-Sonntag spielt sich das weltweite und millionenfache Sterben der Menschen ab. „Die Mischung aus lächerlichen, belanglosen, pathetischen und tragischen Einzelheiten macht die Beschreibung des Vorfalls spannend lesbar, unterhaltsam und schockierend."[293] Grass rechnet mit einer Menschheit ab, die die Fähigkeit verloren hat, sich zu ängstigen und damit Verantwortung für sich und ihre Umwelt wahrzunehmen. „Gegen Schluss der Humangeschichte hatte sich das Menschengeschlecht eine Sprache eingeübt, die beruhigend ausglich, schonungslos nichts beim Namen nannte und selbst dann noch vernünftig klang, wenn sie Blödsinn als Erkenntnis ausgab.[294] Den apokalyptischen Rahmen allerdings hatte schon zu Beginn des Romans die Rättin im Rahmen eines Jean Paul Zitates abgesteckt:

---

[291] „Zerstören wir durch solches Vernichtungspotential, das alle Möglichkeiten menschlicher Existenz, menschlichen Fleißes auffrisst, durch Rüstung und Überrüstung und abermals Rüstung, nicht unsere Überlebenschancen? Ist das nicht selbstmörderisch, was wir betreiben?" GÜNTER GRASS in: SIEGFRIED LENZ, *Über Phantasie. Gespräche mit Heinrich Böll, Günter Grass u.a.* München 1986, 86.

[292] GÜNTER GRASS, *Die Rättin*, Darmstadt 1986, 115f.

[293] WOLFGANG IGNÉE, *Apokalypse als Ergebnis eines Geschäftsberichts. Günter Grass' Roman ‚Die Rättin'*, in: G. GRIMM / W. FAULSTICH / P. KUON, *Apokalypse*, 384–401, 392.

[294] GRASS, *Rättin*, 74.

„Wahrlich, ihr seid nicht mehr! Höre ich sie [die Rättin] verkünden. Wie einst der tote Christus vom Weltgebäude herab, spricht weithallend die Rättin vom Müllgebirge: Nichts spräche von euch, gäbe es uns nicht. Was vom Menschengeschlecht geblieben, zählen wir zum Gedächtnis auf. Vom Müll befallen, breiten sich Ebenen, strändelang Müll, Täler, in denen der Müll sich staut. Synthetische Masse wandert in Flocken, Tuben, die ihren Ketchup vergaßen, verrotten nicht. Schuhe, weder aus Leder noch Stroh, laufen selbsttätig mit dem Sand, laufen sich in vermüllten Kuhlen, wo schon des Seglers Handschuh und drolliges Badegetier warten. All das redet von euch ohne Unterlass. Ihr und eure Geschichten in Klarsichtfolie verschweißt, in Frischhaltebeuteln versiegelt, in Kunstharz gegossen, in Chips und Klips ihr, das gewesene Menschengeschlecht." (14)

Günter Grass stellt sich hier – und wie einzelne Kommentatoren meinen mit dem gesamten Konzept der *Rättin* – in die Tradition eines frühen schauerromantischen und zugleich ideengeschichtlich hoch wirksamen Textes des späten 18. Jahrhunderts von ausdrücklich apokalyptischer, da endzeitlicher Dimensionierung: Jean Pauls, des protestantischen Pfarrerssohns *Rede des toten Christus vom Weltgebäude, dass kein Gott sei*[295]. Eine erste Fassung dieses Textes von 1789 lautete *Schilderung des Atheismus. Er predigt, es ist kein Gott.* Damit ist die zugleich identifizierende und distanzierende Haltung des Autors Jean Paul zur Vorstellung eines gott-leeren Universums gut skizziert. Dass der Text in späteren Versionen erst Shakespeare, dann einem Engel und schließlich dem (toten!) Heilsgaranten Christus selbst in den Mund gelegt wird, spricht für die wachsende Kühnheit und atheistische Überzeugung des Autors.

Wenn der Leser mit dem Träumenden erleben muss, wie unter einem „ausgeleerten Nachthimmel" in der Schattenwelt eines Friedhofs „eine hohe edle Gestalt mit unvergänglichem Schmerz aus der Höhe" herniedersinkt, und Christus schließlich verkündet „Wir sind alle Waisen" scheint sich auf alle Welt und in alle Ewigkeit endgültig absolute Sinnlosigkeit auszubreiten, welche auch in Günter Grass' Roman-Konzeption auf weiten Strecken spürbar wird. Doch Jean Paul lässt den erwachenden Träumer sich schließlich in einer milden Abendsonne wiederfinden. Er gewinnt in einem plötzlichen Aufschwung die Fähigkeit der Seele wieder, Gott anzubeten und im Vertrauen ‚vor dem unendlichen Vater' zu leben. Bei Jean Paul scheint eine – nach Blaise Pascal – erste moderne Erfahrung des Nihilismus noch religiös bzw. ästhetisch in eine positive Gesamtschau eingebunden. Grillparzer, Büchner, Heine, Gotthelf, Kierkegaard, Flaubert, Baudelaire und Nietzsche haben diese Erfahrung geteilt, literarisch gestaltet und nicht selten pessimistischer gedeutet. Neben Günter Grass findet Jean Pauls Text sein Echo auch in Alfred Kubins *Die andere Seite,* Friedrich Dürrenmatts *Der Auftrag* und Carl Amerys *Der Wallfahrer.*

---

295 JEAN PAUL, *Blumen-, Frucht- und Dornenstücke oder Ehestand, Tod und Hochzeit des Armenadvokaten F. St. Siebenkäs*, Frankfurt 1987.

Bei Grass gibt es augenscheinlich keine Aussicht auf Rettung, auch nicht jene, die der Jünger Johannes den sieben christlichen Gemeinden auf der Felseninsel Patmos für das Jenseits versprechen konnte und die Walter Benjamin für die ‚Verlorenen der Geschichte' postuliert: Gerechtigkeit im Gericht. Grass hat „die von Jean Paul und Friedrich Dürrenmatt entworfenen Endzeitvisionen nachhaltig radikalisiert und verschärft: Bei Jean Paul war mit dem Verschwinden des göttlichen Auges für den Menschen der Abgrund des Nichts sichtbar geworden."[296] Bei Günter Grass hingegen wird die Möglichkeit der menschlichen Perspektive generell infrage gestellt, weil durch das nukleare Inferno sich der Mensch selbst vernichtet hat. Fortan ist er aus apokalyptischen Phantasien für immer verschwunden. Und: „Im Gegensatz zum Neuen Testament ist unsere Apokalypse sachlich, papieren und reines Menschenwerk", so Günter Grass nach dem Unglück von Tschernobyl.[297]

Günter Grass schert also nicht aus der Phalanx der im Weltuntergang Hoffnungslosen aus, er radikalisiert sie vielmehr. Doch die Präsenz von Schöpfungsliebe und Sympathie für seine Figuren, von schriftstellerischer Brillanz und noch im Verlust von allem aufblitzender Lebensfreude in seinem grandiosen Roman *Die Rättin* lässt diesen dann doch als Aufschrei gegen politische Gedankenlosigkeit und heimliche Todessehnsucht erscheinen. Grass plädiert wie ein alttestamentlicher Prophet und mit den verschiedensten Mitteln auch biblischer Prosa für *Metanoia*, für Umkehr. Damit wird sein Roman im Ende doch ein Testament für die Hoffnung wider alle Hoffnungslosigkeit angesichts des farbig ausgemalten absoluten Schreckens.

### *3.2.4 Christa Wolf, Störfall. Nachrichten eines Tages*

Im April 1987 erschien Christa Wolfs *Störfall. Nachrichten eines Tages*. Im für sie untypisch kurzen Zeitraum von Mai bis September 1986 hatte die namhafte und spätestens seit dem Publikumserfolg *Kassandra* (1983) auch in Westdeutschland vielbeachtete DDR-Autorin ihn geschrieben. Bereits der Titel weist ihn als unmittelbare Reaktion auf das Reaktor-Unglück im weißrussischen Tschernobyl am 26. April 1986 aus. Der Roman ist stark autobiographisch geprägt und will das assoziative Arbeiten menschlicher Gehirnstrukturen abbilden, indem er Alltagserfahrungen der Schriftstellerin in den späten April-Tagen 1986, Reflexionen über anthropologische, sicherheitspolitische und naturwissenschaftliche Fakten, nicht zuletzt aber auch die Erkrankung ihres Bruders an einem Gehirn-Tumor (und die damit verbundenen ‚radiologischen' Untersuchungen bzw. Therapien) in unmittelbare Nachbarschaft zu Berichten über das „Ankommen" des radioaktiven *Fallouts* in Ostdeutschland und den Umgang der Behörden mit dieser „Wahrheit" ineinander montiert.

---

[296] BARTSCHERER, *Herren der Apokalypse*, 175.
[297] *Gespräch Günter Grass mit Wolfgang Ignée Mitte Mai 1986*, zit. IGNÉE, *Apokalypse*, 396.

Mit der Germanistin Renate Rechtien ist zu konstatieren, dass für Christa Wolf die Ereignisse von Tschernobyl offenbar eine Wende in ihrem Werk markieren, ihre im Allgemeinen zustimmende Sicht auf das marxistische Weltbild samt seiner ‚Wissenschaftlichkeit' in Frage zu stellen. Die im bisherigen Werk vorherrschende Orientierung an Ernst Blochs *Prinzip Hoffnung* wird von deutlich sichtbaren Zweifeln an einer kohärenten Weltsicht, ja Spuren echter Verzweiflung überlagert.[298]

In erster Linie ist *Störfall* also die biographisch späte Auseinandersetzung einer einstmals überzeugten Marxistin mit der Unfähigkeit ihrer Gesellschaft, die selbst erzeugte Katastrophe wahrzunehmen und adäquat auf sie zu reagieren: Gewohnheit, Bequemlichkeit, die angenehme Sicherheit der Alltagsroutine, Obrigkeitsdenken sowie eine tiefe „Übereinstimmungssucht" und „Widerspruchsangst" vor allem bei den Mitgliedern ihrer eigenen Generation verhindern in Christa Wolfs Augen Veränderung, die Bildung eines kritischen Bewusstseins und letztendlich die Umkehr vom nun offenbar unumkehrbaren Kurs der Zerstörung:

> „wie schlafwandlerisch sicher alles ineinandergreift: der meisten Menschen Lust auf ein bequemes Leben, der meisten Neigung, den Rednern hinter den erhöhten Pulten und den Männern im weißen Kittel zu glauben, jedermanns Übereinstimmungssucht und Widerspruchsangst scheinen dem Machthunger und der Arroganz, der Gewinnsucht, der skrupellosen Neugier und der Selbstverliebtheit der wenigen zu entsprechen."[299]

Wie bei Günter Grass gerät angesichts des atomaren GAUs auch die unverstellte romantische Beziehung zur Natur unweigerlich in ein Zwielicht, kann nur noch archivarisch oder in der Vergangenheitsform zitiert werden: „*Wie herrlich leuchtet mir die Natur.* Vielleicht ist es nicht die dringlichste Frage, was wir mit den Bibliotheken voller Naturgedichte machen. Aber eine Frage ist es schon, habe ich gedacht."[300]

Angesichts der Gefahr, die nun durch den radioaktiven Regen droht, thematisiert Wolf die nun zweifelhaft gewordene, bis dato aber auch dem Atheisten noch plausible Segenserfahrung im Leben-spendenden Regen:

> „Wir werden ihnen [unseren Kindern] auch verbieten zu singen: Es regnet, Gott segnet / Die Erde wird nass / Da freun sich die Kinder / Da freut sich das Gras. Neben dem einen Gott, der die Welt geschaffen hat und regiert, gibt es nach der Auffassung mancher Abweichler einen anderen Gott, der die Welt nicht geschaffen hat und sie nicht regiert. Einen fremden, unbekannten Gott."[301]

---

[298] Vgl. dazu ausführlich: RENATE RECHTIEN, *‚Prinzip Hoffnung' oder ‚Herz der Finsternis'? Zu Christa Wolfs ‚Störfall'*, in: *New German Studies*, Vol. 17 / 3, 1992/3, 230–253.

[299] CHRISTA WOLF, *Störfall. Nachrichten eines Tages*, Berlin u.a. 1987, 23.

[300] Ebd., 44.

[301] Ebd., 46.

Neben einer Vielzahl von biblischen Bezügen fällt in *Störfall* als Deute-Kategorie der aus menschlicher Technik-Hybris erwachsenen Katastrophe vor allem die Erzählung vom Turmbau zu Babel ins Auge, die Wolf in einer Weise metaphorisch fortschreibt, welche auch die überzeugte Atheistin den Wert eines hybris-kritischen Gottesbegriffs und Negativer Theologie allgemein erahnen lässt und schließlich in ein quasi-apokalyptisches Bild mündet:

> „Wie wichtig DER HERR die Sprache nimmt. Wie er danach trachtet, dass sie kein Instrument seiner Untergebenen wird, sich gegen ihn zusammenzuschließen. Wir hingegen verstehen alle die basic language, mit deren Hilfe wir unsere Türme aufrichten, habe ich denken müssen, aber das nützt nichts; und wir kennen alle die technische Stimme, die aus einem Apparat kommt, und wir zählen mit, wenn sie jenen anderen Apparat, den Turm mit Raketenantrieb, in den Himmel schickt, der aber nun nicht mehr Himmel heißt, sondern Kosmos: Five – four – three – two – one – zero! Nur manchmal stürzen die Türme wieder herunter, mit ihrer blutigen Fracht – “[302]

Utopisch und letztlich ‚modern' (im Kern aber auch ‚prophetisch') ist Wolfs Konzept dann und insofern zu nennen, wenn sie Erlösung nicht mehr von einer bestimmten Gesellschaftsform oder einer universalen Revolution, allerdings auch nicht von Gott und Religion, sondern vom Einstehen des Individuums für seine Hoffnungen und Ängste, von seiner Mitverantwortung, sowie von individueller Verhaltensänderung, katalysiert durch psychologischer Selbstbeobachtung, erwartet:

> „Nicht zuviel – zuwenig haben wir gesagt, und das Wenige zu zaghaft und zu spät. Und warum? Aus banalen Gründen. Aus Unsicherheit. Aus Angst. Aus Mangel an Hoffnung. Und, so merkwürdig die Behauptung ist: Auch aus Hoffnung. Trügerische Hoffnung, welche das gleiche Ergebnis zeitigt wie lähmende Verzweiflung.“[303]

Es erscheint also nicht mehr gewagt, in Christa Wolfs Roman *Störfall, Nachrichten eines Tages* einerseits die Absage an neomarxistische innerweltliche Hoffnungskonzepte zu erkennen, andererseits eine Repristinierung des Subjektes als Instanz des prophetischen Widerstands im Sinne der westlichen Moderne (und der alttestamentlichen Tradition) gegen eine unter dem Deckmantel der „Avantgarde“ zum Apparat erstarrten Partei. Die Häufigkeit der verwendeten biblischen Bilder und Textpassagen ist ebenso auffällig wie die mehrfache Zitation eines Gottes, an den die Autorin erklärtermaßen nicht glaubt, der aber als stumme Instanz jenseits menschlichen Machbarkeitswahns und als Metapher seiner Kritik dennoch zur letzten – allerdings nicht mehr adressierbaren Instanz eines ratlosen technikkritischen spätmodernen Individuums geworden ist.

---

[302] Ebd., 94.
[303] Ebd., 68.

Auf jeden Fall malt Wolf wie Grass die abgrundtiefe Sinnlosigkeit eines Gestorbenseins ohne Jenseitshoffnung aus, wenn sie zwei gegenläufige, einerseits Hoffnung, andererseits Verzweiflung intendierende Träume erzählt:

Der erste Traum der Erzählerin von den Großeltern stellt die sehnsüchtige Vision einer Wiedervereinigung nach dem Tode dar, in der alle Übel des Lebens aufgewogen werden. Ihr zweiter Traum allerdings, aus dem die Erzählerin schließlich schreiend erwacht, transportiert das Bild einer zerstörten, vergifteten, toten Erde. Nur die Fotografie ihrer Mutter, ein seelenloses, totes Abbild, von dem weder Trost noch Hoffnung ausgehen kann, haftet am verwesten Erdball. Der Roman endet mit diesen Zeilen

> „Soeben war in meinem Traum ein riesengroßer, naher, ekelhaft in Zersetzung übergegangener Mond sehr schnell hinter dem Horizont versunken. Am nachtdunklen Himmel war ein großes Foto meiner toten Mutter befestigt gewesen. Ich schrie. Wie schwer, Bruder, würde es sein, von dieser Erde Abschied zu nehmen.“[304]

Apokalyptische Dimensionen in der Gegenwartsliteratur sind also erst auf den zweiten, genaueren Blick überhaupt als Hoffnungsdimensionen zu erkennen. Es überwiegt die Angst vor einer Totalvernichtung der Erde (Wolf / Grass) oder doch des ererbten Sinns und der bewährten Deutetraditionen (Marquéz / Pynchon). Hoffnungsdimensionen werden sichtbar, wo in einer modernen Fassung prophetischen Schreibens ein nicht selten verzweifeltes Bekenntnis zur Schönheit von Mensch, Natur und Kosmos sich Bahn bricht, wie vor allem in den Arbeiten Wolfs und Grass‘. Besinnt sich der moderne Mensch auf seine familialen und überhaupt zwischenmenschlichen Beziehungen, erinnert er sich seiner Verantwortung für Natur und Gesellschaft, muss nicht alle Hoffnung aufgegeben werden, auch wenn diese Perspektive etwa bei Christa Wolf nach der geschehenen Katastrophe von Tschernobyl nurmehr in der Vergangenheitsform artikuliert werden kann.

Die jüngsten Arbeiten von Katharina Hacker, Thomas Ostermaier und Julie Zeh bzw. Ian McEwan, Cormac McCann und Philip Roth lassen erahnen, dass angesichts aktueller Bedrohungen durch islamistischen Terror und eine weltumspannende Finanzkrise das Thema nicht an Präsenz und Relevanz verloren hat, wenngleich auch hier die von Gott hinterlassene Leerstelle nicht gefüllt wird.[305]

---

[304] Ebd., 119.

[305] Darauf, dass der Themenkomplex ‚Weltende und Jenseits‘ auch in der Literaturwissenschaft wieder auf neues Interesse stößt, mag der aktuelle Band der Berliner Anglistin Verena O: Lobsien ein Hinweis sein. Sie entwirft angesichts der Werke von Thomas Morus, Edmund Spenser, C.S. Lewis, John Bunyan, Sibylle Lewitscharoff, Philip Sidney, C.F. Ramuz, W.G. Sebald und Felicitas Hoppe Grundzüge einer Topopoetik und Jenseitsästhetik: VERENA O. LOBSIEN, *Jenseitsästhetik. Literarische Räume letzter Dinge*, Berlin 2012.

# 4. Eschatologische Dimensionen der Philosophie im 20. Jahrhundert

Natürlich kann im 20. Jahrhundert nicht einfach von einer „philosophischen Eschatologie“ die Rede sein. Bereits im deutschen Idealismus und hier ausdrücklich im Werk Kants, spätestens aber nach Nietzsches Dekonstruktion christlicher Ethik, vornehmlich des jesuanische Hingabe-Ideals, war die einfach zustimmende philosophische Rekonstruktion auch nur von *Elementen* christlicher Theologie obsolet geworden.

Gleichwohl vollzieht sich vor allem anhand wesentlicher Fermente der „alten“ Eschatologie wie etwa der fundamentalontologischen Neuthematisierung der Zeitlichkeit bei Heidegger, der neomarxistisch getönten Frage nach belastbarer Hoffnung innerhalb dieser Welt bei Ernst Bloch, ihrer messianischen Rekonstruktion bei Walter Benjamin und schließlich auch in der philosophischen Rekonstruktion evolutiver Welterklärung bei Alfred N. Whitehead eine ideengeschichtliche Fortsetzung nicht einfach nur geschichtsphilosophisch zu nennender Denkbewegungen. Selten fällt es hier leicht, Karl Löwiths Diktum von einer „Säkularisierung“ des ursprünglich religiösen Bedenkens von Weltgeschichte und Heilsgeschehen von der Hand zu weisen.[306] Und demgemäß fällt bei genauerer Betrachtung auch auf, dass, mit Ausnahme Walter Benjamins, moderne Philosophie gerade im Vergleich zu „Postmoderne“ und Idealismus – vielleicht wegen ihrer Affinität zum Fortschrittsgedanken – erstaunlich wenig kritisches Potential gegen die Selbstermächtigungstendenzen apokalyptischer Denkmodelle aufbringt.

## 4.1 Martin Heidegger

*Martin Heidegger* (1889–1976), dessen Husserls Phänomenologie verpflichtete Philosophie man auch als Sich-Abarbeiten an seinen christkatholischen Wurzeln im badischen Meßkirch verstehen kann,[307] bedenkt in seinem Hauptwerk *Sein und Zeit* die gesamte menschliche Existenz, die er als „Dasein“ also

---

306 KARL LÖWITH, *Weltgeschichte und Heilsgeschehen,* DERS., *Sämtliche Schriften (9 Bde.), Stuttgart 1981–1988, Bd.2 (1983).*

307 „Der junge Heidegger, so lässt sich zusammenfassend sagen, wurde von einem sehr stark antimodernistisch orientierten Katholizismus und den Auswirkungen des auch in seiner Heimatstadt Meßkirch wütenden Kulturkampfs religiös geprägt. Allerdings finden sich schon früh auch kritische Aussagen Heideggers über den damaligen Katholizismus und deutliche Zeichen einer Öffnung zu Autoren und Ideen, die eine kritische Distanzierung Heideggers von der religiösen Atmosphäre seiner Kindheit und Jugend zeigen.“ HOLGER ZABOROWSKI, *Mit dem Wort des Apostels Ernst machen? Martin Heideggers ‚Hermeneutik der Faktizität‘ als Zwiegespräch mit Paulu,.*in: C. STRECKER / J. VALENTIN (Hg.), *Paulus unter Philosophen*, Stuttgart 2013, 76–100, 79.

unter Absehung vom Individuum fasst, von ihrer Zeitlichkeit her. Das bedeutet: Er versteht „Dasein“ als eine immer schon, und in jedem einzelnen Vollzug von seiner Begrenztheit durch den Tod her durchdrungenes Phänomen. Die Befindlichkeit des Daseins überholt sich ständig als ‚Vorlaufen‘ und tritt so in ihre „eigenste eigentliche Möglichkeit“[308]. Sie ist also nur so adäquat beschreibbar oder ganz bei sich. Jedes „Sichvorweg“ des Daseins auf den Tod hin enthüllt sich also „als Sein zum Ende“[309], im Sinne einer allgegenwärtigen „Sorgestruktur“ des Daseins. „das Sein ist sich selbst als Sorge stetig voraus. Auch die Interpretation, das Verstehen, der zentrale Akt philosophischen und allen Denkens, steht bei Heidegger unter diesem Diktat von Zeitlichkeit und Sorge: „Zukunft ermöglicht ontologisch ein Seiendes, das so ist, dass es verstehend in seinem Seinkönnen existiert.“[310]

Doch handelt es sich bei diesem von Zeitgenossen als epochal aufgenommenen Neuansatz im Denken schlicht um eine streng immanente „existentialistische“ oder „fundamentalontologische“, also metaphysikkritische Philosophie, die den Menschen nur als innerweltliches, irdisches und durch den leiblichen Tod begrenztes Wesen verstehen kann? Wird hier Eschatologie also bestenfalls als Lehre von den letzten Dingen des *einzelnen menschlichen Lebens*, also jenseits jeder Universalität, heilsgeschichtlichen Gesamtschau oder gar Kosmologie verhandelt, welche eine Eschatologie im eigentlichen Sinne doch auszeichnen?

Neuerdings werden Vermutungen lauter, dass Heidegger die zentrale Position der Zeitlichkeit in seinem Werk auch der frühen Beschäftigung mit Paulus verdanken könnte. In den Vorlesungen zur *Phänomenologie des religiösen Lebens*[311] heißt es über den Paulus des ersten Thessalonicherbriefes „Faktisches Leben: umweltliche, mitweltliche, selbstweltliche Bezüge bestimmt vom Vollzug der endzeitlichen Faktizität; in ihr gibt es für ihn [Paulus] nur Verkündigung, an ihrem Gelingen oder Scheitern liegt alles [...].“[312] Heidegger spricht, wo er von Eschatologie oder dem ‚eschatologischem Problem‘ als dem „Zentrum des christlichen Lebens“ spricht, über eine bestimmte Lebens- oder Seinsweise der Christen. Sie verweist auf eine Zeitlichkeitserfahrung, die mit der Zeiterfahrung der nicht-christlichen Umwelt nichts zu tun hat.[313]

Es liegt also nicht jenseits jeder Denkbarkeit, dass der Kern von *Sein und Zeit*, den Heidegger vom § 62 an unter dem Titel *Das existentiell eigentliche Ganzseinkönnen des Daseins als vorlaufende Entschlossenheit* entwickelt, seinen Kerngedanken eben jener Paulinischen Parusie verdankt. Der Theologe und Philosoph Holger Zaborowski führt aus:

---

308 MARTIN HEIDEGGER, *Sein und Zeit*, Tübingen $^{16}$1986, 302.
309 Ebd., 317.
310 Ebd., 336.
311 *Martin Heidegger Gesamtausgabe* Bd. 60. II. Abteilung: Vorlesungen. Frankfurt a.M. 1995
312 Ebd.,139.
313 ZABOROWSKI, *Heidegger*, 95.

„als solches steht [das faktische Leben] im Horizont einer Zeiterfahrung, nämlich einer eschatologischen Zeit- und Gnadenerfahrung, die sich wissenschaftlich-theoretisch nicht verstehen lässt. Denn das Verstehen der bekümmerten und ‚notvollen' Seinsweise der Christen und ihrer Zeiterfahrung ist, folgen wir Heidegger, nur vollzugsgeschichtlich möglich. In Sein und Zeit leben diese Motive weiter, so etwa in dem, was Heidegger über die Zeitlichkeit und Geschichtlichkeit des Daseins, über den Rufcharakter des Gewissens oder über die Sorge als ‚Sein des Daseins' sagt. Allerdings darf hier nicht übersehen werden, dass Heidegger auf seinem Weg zur Fundamentalontologie von Sein und Zeit viele Einsichten, die er in seiner Deutung paulinischer Briefe gewinnen konnte, radikal transformiert und auf die fundamentalontologische Frage nach dem Sinn von Sein bezogen hat."[314]

Der Heideggersche Mensch, das Dasein, erwartet sich demnach nichts von einem wie immer richtig stellenden, angedrohten oder verheißenen Jenseits. Heidegger kann sich auch keinen am Ende der Zeiten richtenden Gott vorstellen. Doch die Begrenztheit der menschlichen Zeit ist auch nichts, das erst am Ende eines sorglos gelebten Lebens sichtbar und wirksam wird. Vielmehr durchzieht das Ende, die Tatsache, dass es in jedem Leben ‚letzte Dinge' gibt, das gesamte Dasein in allen seinen Vollzügen. Jeder einzelne Akt ist demnach „eschatologisch", nämlich von der Sorge, dem Wissen um das drohende Ende geprägt.

## 4.2 Ernst Bloch

„*Wo Hoffnung ist, ist auch Religion*; nicht gilt freilich [...] die Umkehrung: Wo Religion ist, ist auch Hoffnung"[315] Prägnanter kann man den Bezug von *Ernst Blochs* (1855–1977) monumentalem neomarxistischen Werk *Prinzip Hoffnung* zu Christentum und Judentum nicht fassen. Im Zentrum seines Denkens steht der über sich hinausdenkende Mensch. Noch deutlicher als bei Heidegger ist bei Bloch menschliches Bewusstsein nicht einfach Produkt des immanenten Seins. Dieses weist vielmehr einen „Überschuss" auf, der seinen Ausdruck in sozialen, ökonomischen und religiösen Utopien findet, in der bildenden Kunst, in der Musik und in Tagträumen. Auch wenn Sozialismus und Kommunismus für Bloch immer noch die Instrumente darstellen, diesen „Überschuss" in die Tat umzusetzen, schließt sein Werk kaum an den Marxschen Materialismus und Ökonomismus an.

Bloch denkt vielmehr Geschehen und Materie fundamental eschatologisch. Vier Formen des Möglichen, das *formal Mögliche* (das heißt das Denkmögliche), das *sachlich-objektiv Mögliche* (das heißt das vernunftgemäß Mögliche), das *sachhaft-objektgemäß Mögliche* (das heißt das von den Gegenständen her

[314] Ebd.

[315] ERNST BLOCH, *Atheismus im Christentum. Zur Religion des Exodus und des Reich*, Frankfurt a.M. 1968, 23.

Mögliche) sowie *das objektiv-real Mögliche* (das heißt „die reale Möglichkeit, zu all den Gestalten, die in ihrem Schoß latent sind“[316]) beschreiben – nahe bei der *Entelecheia*-Konzeption des Aristoteles – die Dynamik der materialen und gedachten Realität auf zukünftige Aggregatsformen hin. Bloch spricht von einer „Ontologie des Seins des Noch-Nicht-Seienden“[317].

Er meint zudem sein Prinzip Hoffnung latent in der gesamten Philosophiegeschichte, namentlich bei Giordano Bruno, Nikolaus von Kues und vor allem bei Leibniz zu finden. Ausgerechnet dort allerdings, wo es – metaphysisch – Gott überlassen werde, bleibe es hinter seinen Möglichkeiten zur Verwirklichung zurück. Erst Karl Marx habe einen neuen Anfang gemacht mit seinen Thesen von der „Veränderung der veränderbaren Welt“[318].

Wie schon angedeutet, handelt es sich bei Blochs Ansatz gerade nicht um eine feingeistige Version des dialektischen Materialismus‘. Vielmehr tritt genau da, wo der klassische Marxismus die Diktatur des Proletariates oder der Leninismus die Avantgarde-Funktion der Partei setzen würde, etwas Geheimnisvolles auf den Plan: In der Mitte aller Gegenwartserfassung tritt der „Augenblick“; und dieser ist zunächst einmal „dunkel“. Das „Dunkel des jeweils gelebten Augenblicks“ ist bloße, selbst noch unerkennbare Bezogenheit des Menschen auf das Ziel:

> „das Dunkel des Ursprungs bleibt als unmittelbares unverändert in der nächsten Nähe oder im währenden Dass jedes Existierens selbst. Dieses Dass ist in jedem Augenblick als noch ungelöst; die Rätselfrage, warum überhaupt etwas ist, wird vom unmittelbaren Existieren selber als seine eigene gestellt.“[319]

Eindrücklich materialreich aber eben auch nicht ohne ideologische Färbung geraten Bloch seine ausführlichen ‚Analysen‘ der Produkte menschlicher Einbildungskraft und Phantasie, die unter den Überschriften *Wunschbilder im Spiegel (Auslage, Märchen, Reise, Film, Schaubühne)*[320], *Grundrisse einer besseren Welt (Heilkunst, Gesellschaftssysteme, Technik, Architektur, Geographie, Perspektive in Kunst und Weisheit)*[321] und *Wunschbilder des erfüllten Augenblicks (Moral, Musik, Todesbilder, Religion, Morgenland Natur, Höchstes Gut)*[322] jeweils auf mehreren hundert Seiten materialreich beinahe die gesamte Geistesgeschichte unter der Hinsicht einer adäquaten Elaboration des Prinzips Hoffnung aufgeboten werden. Die Darstellungen sind nicht zuletzt wegen ihrer fehlenden Methodik so lesenswert. Bloch durchschreitet Wahrnehmungs- und Traditionsräume und gewinnt Ihnen dabei einerseits negative,

---

[316] DERS., *Das Prinzip Hoffnung*, Frankfurt a.M. 1959, 271.
[317] Ebd., 273.
[318] Ebd., 284.
[319] Ebd., 358.
[320] Ebd., 395–521.
[321] Ebd., 523–1087.
[322] Ebd., 1089–1628.

weil kapitalismus-affirmative Aspekte andererseits aber auch unerwartete utopische Dimensionen ab. Zwei Beispiele sollen das illustrieren: Nachdem er unter der Überschrift *Aura antiker Möbel, Ruinenzauber, Museum* das Ruinöse des Sammlerwesens vermerkt hat, schreibt er anerkennend:

> „Sogar die gefälschten Antiquitäten sind selten an die Bedürfnisse und Schmuckwünsche eines neureichen Protzentums adaptiert. Alle echten aber sind Zeugen einer durch den Kapitalismus zerstörten Formgewissheit, erhaltenes Strandgut aus verlorener Schönheit. Als ehedem schön Gelungenes bildet es weiter sein beglückendes Ensemble, aus dem gleichen Boden stammend, aus der gleichen phantasievollen Fruchtbarkeit.“[323]

Wie einseitig und ideologisch unterwandert eine solche unklare Zugehensweise auf die Phänomene aber auch ausfallen kann, mag eine zweite Passage, diesmal zum Hollywood-Film verdeutlichen:

> „der Film ist durch Amerika die geschändetste Kunstart geworden. Das Hollywood Kino liefert nicht nur den alten Kitsch, die Saugkuss-Romanze, den Nervenbrecher, wo zwischen Enthusiasmus und Katastrophe kein Unterschied mehr ist, das happy-end innerhalb einer völlig unveränderten Welt; es benutzt diesen Kitsch auch ausnahmslos [!] zur ideologischen Verdummung und faschistischen Aufhetzung.“[324]

Am Ende, kurz vor Blochs vielzitiertem letzten Satz[325] fasst er dann noch einmal die kulturübergreifende Universalität der alles durchdringenden Hoffnung zusammen:

> „Das Morgen im Heute lebt, es wird immer nach ihm gefragt. […] die Richtung ist hier überall verwandt, ja in ihrem noch verdeckten Ziel die gleiche; sie erscheint als das einzig Unveränderliche in der Geschichte. Glück, Freiheit, Nicht-Entfremdung, Goldenes Zeitalter, Land, wo Milch und Honig fließt, das ewig Weibliche. Trompetensignal im Fidelio und das Christförmige des Auferstehungstags danach: Es sind so viele und verschiedenwertige Zeugen und Bilder, doch alle um das her aufgestellt, was für sich selber spricht, indem es noch schweigt.“[326]

Man mag hier eine größere Nähe zur christlichen Eschatologie als bei Heidegger entdecken.[327] Gleichwohl gelingt es Bloch bis zum Schluss und trotz der eindrücklichen kulturgeschichtlichen Breite seiner Betrachtungen nicht, belastbare Kriterien für „wahre Hoffnung“ zu entwickeln. Medard Kehl, dem für

---

[323] Ebd., 443.
[324] Ebd., 475.
[325] „Die Wurzel der Geschichte aber ist der arbeitende, schaffende, die Gegebenheiten umbildende und überholende Mensch. Hat er sich erfasst und das Seine ohne Entäußerung und Entfremdung in realer Demokratie begründet, so entsteht in der Welt etwas, das allen in die Kindheit scheint und worin noch niemand war: Heimat.“ Ebd., 1628.
[326] Ebd., 1627.
[327] CARL HEINZ RATSCHOW, *Art. „Eschatologie, VIII. Systematisch-theologisch“,* in: TRE Bd. X (1982), 340.

eine genaue und kritische Auseinandersetzung mit Blochs Hoffnungslehre zu danken ist, verweist neben vielen unausgewiesenen Parallelen zur biblisch-prophetischen Tradition, welche auch Johann Baptist Metz und seinen Schülern schon aufgefallen waren, auch auf markante Abweichungen, die in der neuen politischen Theologie gerne ausgeblendet werden: Kehl kritisiert, dass trotz eines eigentlich unmarxistisch-positiven Naturbegriffs bei Bloch, sein „Gott der Hoffnung" doch nicht mit dem Schöpfergott identisch sei.[328] Zudem mache Bloch keinen Vorschlag, wie denn die „schlechte Gegenwart ‚dieser' Welt mit der guten Zukunft des Reiches vermittelt" werde. Der Ausfall der Gottesfrage in Blochs Werk bildet also neben methodischen Schwächen die zentrale theologische Anfrage an Blochs wie an jeden neomarxistischen – vielleicht sogar jeden säkularen – Entwurf einer Philosophie der Zukunft. „Das ganz *‚Neue'* des endgültig versöhnten Lebens kann nicht aus den *eigenen* (noch so latenten) Möglichkeiten des Alten entspringen, sondern nur von dem ganz *‚Andern'* seiner selbst empfangen werden."[329]

## 4.3 Walter Benjamin

Vielleicht zeichnet sich das auf keinen systematischen Leisten zu spannende Werk *Walter Benjamins* (1892–1940) dadurch aus, dass er mit dem Topos des *Messias*, bzw. des *Messianismus* genau diese theologische Leerstelle im Marxismus erkannt und benannt hat. Unnachahmlich beschreibt die erste seiner Thesen *Über den Begriff der Geschichte* (vulgo: *Geschichtsphilosophische Thesen)* aus seinem Todesjahr das Problem. Sie ist durchaus auch lesbar als Benjamins so späte wie scharfe Kritik an zeitgenössischer marxistischer Theorie: „Gewinnen soll immer die Puppe, die man ‚historischen Materialismus' nennt. Sie kann es ohne weiteres mit jedem aufnehmen, wenn sie die Theologie in ihren Dienst nimmt, die heute bekanntermaßen klein und häßlich ist und sich ohnehin nicht darf blicken lassen."[330]

Unter dem Eindruck eines offenbar unbefristet siegenden Faschismus, der sowohl die Fortschrittsideologie und den ‚real existierenden Sozialismus'[331], als auch den Kapitalismus zu seinen willenlosen Instrumenten gemacht hatte, sowie einer in seinen Augen kompromisslerischen Sozialdemokratie, fand Benjamin in den Monaten vor seinem Suizid Trost nur noch im jüdischen Ge-

---

[328] KEHL, *Eschatologie*, 342.

[329] Ebd., 345.

[330] WALTER BENJAMIN, *Über den Begriff der Geschichte*, in: DERS., *Gesammelte Schriften* (GS) I 2, Frankfurt 1974ff, 693-706, 693. Vgl. an bemerkenswerter deutschsprachiger theologischer Literatur zu Walter Benjamin in jüngerer Zeit v.a.: CHRISTOPH LIENKAMP, *Messianische Ursprungdialektik. Die Bedeutung Walter Benjamins für Theologie und Religionsphilosophie*, Frankfurt 1998 sowie OTTMAR JOHN, *Zwischen Gnosis und Messianismus. Jüdische Elemente im Werk Walter Benjamins*, in: J. VALENTIN / S. WENDEL (Hg.), *Jüdische Traditionen in der Philosophie des 20. Jahrhunderts*, Darmstadt 2000, 51–68.

[331] Spätestens der Hitler-Stalin Pakt vom 24.8.1939 hatte Benjamin die Augen geöffnet.

danken eines in jeder Sekunde erwartbaren Messias, also einer menschlichen Gestalt, die den „Verlorenen der Geschichte", den unzähligen Opfern ungerechter Gewalt zu ihrem Recht verhilft und ein unbesiegbares Friedensreich errichtet.

Doch Benjamin beschwört den Messias seiner eigenen (säkularen) jüdischen Tradition, die ihm vor allem der enge Kontakt zu seinem Jugendfreund Gershom Scholem vermittelt hatte, nicht einfach als *Deus ex machina* herauf. Er grundiert seine Hoffnung vielmehr mit einer elaborierten Kritik des herrschenden Zeit- und Fortschrittsbegriffs, die auch die dialektische Geschichtsphilosophie Hegels und seiner Schüler trifft:

> „Die Vorstellung eines Fortschritts des Menschengeschlechts in der Geschichte ist von der Vorstellung ihres eine homogene und leere Zeit durchlaufenden Fortgangs nicht abzulösen. Die Kritik an der Vorstellung dieses Fortgangs muss die Grundlage der Kritik an der Vorstellung des Fortschritts überhaupt bilden."[332]

Allerdings findet er den hier zugleich postulierten „Tigersprung ins Vergangene" analog auch in der marxschen Vorstellung von ‚Revolution' verwirklicht. Für Benjamin konvergieren also Eschatologie und marxistische Theorie in einer für ihn typischen und irritierenden Weise. Vor allem aber versteht er jüdisches ‚Eingedenken' als vielleicht das letzte verbliebene Gegengift gegen die homogene und damit sinnentleerende Zeitvorstellung des Historismus und zugleich als Eröffnung einer echten Zukunftshoffnung:

> „Bekanntlich war es den Juden untersagt, der Zukunft nachzuforschen. Die Thora und das Gebet unterweisen sie dagegen im Eingedenken. Dieses entzaubert ihnen die Zukunft, der die verfallen sind, die sich bei den Wahrsagern Auskunft holen. Den Juden wurde die Zukunft aber darum doch nicht zur homogenen und leeren Zeit. Denn in ihr war jede Sekunde die kleine Pforte, durch die der Messias treten konnte."[333]

Der Theologe Helmut Peukert hat 1976 erstmals eindringlich auf eine zweite bedeutsame Intervention Benjamins für eine Eschatologie in der (späten) Moderne hingewiesen[334]: Was in der VI. und VII. geschichtsphilosophischen These nur als Unvollkommenheit jeder Geschichtsphilosophie angedeutet wird: Dass sie immer eine *Geschichte der Sieger* sei und „die jeweils Herrschenden [...] die Erben aller sind, die je gesiegt haben"[335], brachte Benjamin schon im Jahr 1937 im Briefwechsel mit dem Frankfurter Ordinarius für Sozialphilosophie Max Horkheimer dazu, die Abgeschlossenheit der *Geschichte als Unheilsgeschichte* in Frage zu stellen. Auf eine entsprechende Äußerung Benjamins hatte Horkheimer geantwortet:

---

[332] BENJAMIN, *Geschichte*, 701.
[333] Ebd., 704.
[334] HELMUT PEUKERT, *Wissenschaftstheorie, Handlungstheorie, Fundamentale Theologie. Analysen zu Ansatz und Status theologischer Theoriebildung*, Frankfurt 1976, v.a. 305ff.
[335] Ebd., 696.

> „Die Feststellung der Unabgeschlossenheit ist idealistisch, wenn die Abgeschlossenheit nicht in ihr aufgenommen ist. Das vergangene Unrecht ist geschehen und abgeschlossen. Die Erschlagenen sind wirklich erschlagen. Was den Menschen, die untergegangen sind, geschehen ist, heilt keine Zukunft mehr. [...] Natur und Gesellschaft haben ihr Werk an ihnen getan und die Vorstellung des Jüngsten Gerichts, in welche die unendliche Sehnsucht von Bedrückten und Sehnsucht eingegangen ist, bildet nur einen Überrest des primitiven Denkens, das die nichtige Rolle des Menschen in der Naturgeschichte verkennt und das Universum vermenschlicht [...] Letzen Endes ist Ihre Aussage theologisch."[336]

Walter Benjamin hält dem entschieden entgegen und schreibt:

> „Das Korrektiv dieser Gedankengänge liegt in der Überlegung, dass die Geschichte nicht allein eine Wissenschaft, sondern nicht minder eine Form des Eingedenkens ist. Was die Wissenschaft festgestellt hat, kann das Eingedenken modifizieren. Das Eingedenken kann [...] das Abgeschlossene, das Leid, zu einem Unabgeschlossenen machen."

Er fährt fort:

> „Das ist Theologie. Aber im Eingedenken machen wir eine Erfahrung, die uns verbietet, die Geschichte grundsätzlich atheologisch zu begreifen, so wenig wie wir sie in unmittelbar theologischen Begriffen zu schreiben versuchen dürfen."[337]

Hier verteidigt also ein explizit neomarxistischer Denker nicht nur aus der *Erfahrung* des Eingedenkens, sondern auch mit der *(theo-)logischen Konsequenz* der Idee universeller Gerechtigkeit und Sinnhaftigkeit, die Notwendigkeit eines universellen Gerichtes (und des entsprechenden Richters, des ‚Messias'), weil *nur so* die Sieger der Vergangenheit nicht auf ewig Sieger und die „Verlorenen der Geschichte" nicht auf ewig verloren bleiben. Ein für die Sinnhaftigkeit von Religion, sofern sie einer ‚anamnetischen Vernunft'[338] folgt, für das Christentum und speziell für eine christliche Eschatologie noch zu wenig gewürdigter Zwischenruf der Ideengeschichte des 20. Jahrhunderts.

---

336 MAX HORKHEIMER, *Brief vom 16.3.1937*; unveröff. Manuskript, mitgeteilt in: R. TIEDEMANN, *Historischer Materialismus oder politischer Messianismus?* In: P. BULTHAUPT (Hg.), *Material zu Benjamins Thesen ‚Über den Begriff der Geschichte'*, Frankfurt 1975, 77–121, 87.

337 WALTER BENJAMIN, *Das Passagen Werk, Aufzeichnungen und Materialien* [N8,1], in: DERS., *Gesammelte Schriften* V 1, 589.

338 Vgl. u.a.: JOHANN BAPTIST METZ, *Anamnetische Vernunft. Anmerkungen eines Theologen zur Krise der Geisteswissenschaften*, in: *Zwischenbetrachtungen. Im Prozeß der Aufklärung* (FS J. Habermas) Frankfurt 1989, 733–738.

## 4.4 Alfred North Whitehead

Der Mathematiker und Naturphilosoph *Alfred North Whitehead* (1861-1946) wurde durch das Standardwerk *Principia Mathematica*[339] bekannt, das er zusammen mit seinem langjährigen Schüler und Freund Bertrand Russell zwischen 1911 und 1913 in drei Bänden veröffentlichte. Es stellte den Versuch dar, alle wahren mathematischen Aussagen und Beweise auf eine symbolische Logik zurückzuführen. Obwohl ein geplanter vierter Band nicht mehr veröffentlicht wurde und die Frage, ob der Versuch selbst erfolgreich war, weiterhin kontrovers diskutiert wird, wurde *Principia Mathematica* zu einem der einflussreichsten Bücher der Geschichte der Mathematik und Logik. Uns interessiert Whitehead jedoch vor allem als Urheber einer prozessphilosophischen Metaphysik. Mit *Process and Reality*[340] gibt er 1929 seiner *Philosophy of Organism* jene Form, die später zur Grundlage einer Prozesstheologie wurde. Whitehead strukturiert hier auf der Grundlage von Rationalität und Kohärenz der Wirklichkeit als Ganzer diese als einen *Organismus*, der sich in elementaren Ereignissen vollzieht und sich in einer evolutionären Entwicklung befindet.

Entscheidend ist, dass Whitehead erstmalig konsequent das gesamte kosmologische Geschehen als Prozess beschreibt. Damit sind vergangene Vorgänge den zukünftigen ebenso immanent wie das umgekehrt der Fall ist.[341] Die Gegenwart enthält also bereits alle Zutaten der Zukunft, ja das Zukünftige entfaltet „in der Welt des ihm Vorausgehenden schon eine sehr lebendige Wirksamkeit"[342]. Diese vielleicht absurd wirkende These Whiteheads gewinnt dann an Glaubwürdigkeit, wenn man eine möglichst kleine folgende Zeitspanne in den Blick nimmt, etwa eine Sekunde. Natürlich ist das Zukünftige in der Gegenwart nicht in der Weise anwesend, wie die „objektive Unvergänglichkeit der vergangenen Vorgänge", die dieser Gegenwart ebenfalls angrenzen. Hier kommt der für Whiteheads Werk entscheidende Begriff des „Prozesses" ins Spiel: Die menschliche Vernunft arbeitet zielorientiert. Sie zieht Schlussfolgerungen aus vergangenen Erfahrungen: „So stellt sich das Wirken des schöpferischen Drangs des Universums in jedem individuellen Vorgang dar. In diesem Sinne ist die Zukunft jedem gegenwärtigen Vorgang immanent."[343] Wenn aber als Grundprinzip jedes Prozesses die Anwesenheit des Zukünftigen im Gegenwärtigen, die Antizipation also ein vernunftgewirkter Vorgang ist, denkt

---

339 BERTRAND RUSSELL / ALFRED NORTH WHITEHEAD, *Principia Mathematica.* Mit einem Vorwort von Kurt Gödel, Frankfurt a.M. [3]1994. Vgl. in jüngerer Zeit die instruktive Dissertation von TOBIAS MÜLLER: *Gott – Welt – Kreativität: Eine Analyse der Philosophie A. N. Whitehead,*. Paderborn 2008.

340 ALFRED NORTH WHITEHEAD, *Prozess und Realität: Entwurf einer Kosmologie,* Frankfurt a.M. [6]1987. (*Process and Reality. An Essay in Cosmology*, 1928).

341 Ebd., 580ff.

342 DERS., *Abenteuer der Ideen,* Frankfurt a.M. 2000 (*The Adventures of Ideas*, 1933), 350.

343 Ebd., 362.

Whitehead nichts weniger, als dass das Universum in der Teleologie der Vernunft zu sich selbst kommt. Die gleichzeitige Anwesenheit von Vergangenheit und Zukunft im Moment des Jetzt beinhaltet dabei angesichts seiner Vernunftgemäßheit eine unauslöschliche Möglichkeit von Freiheit.

Die letztlich aristotelische Teleologie Whiteheads und sein unbeirrbar kosmologischer Blick stellt nahezu zwingend die Gottesfrage als Ferment seines Prozessdenkens in den Kern der Argumentation. Nicht ohne Grund ist das letzte Kapitel seines prozesstheologischen Hauptwerkes mit *Gott und die Welt* überschrieben. Hier erstaunt, mit welcher Selbstverständlichkeit der Mathematiker Whitehead theologische Reflexion wie den aristotelischen unbewegten Beweger mit seiner Prozesstheorie kurzschließt:

> „Aber Gott ist nicht nur uranfänglich, sondern auch folgerichtig. Er ist Anfang und Ende. Er ist nicht in dem Sinne Anfang, allen Elementen vorauszuliegen. Er ist die vorausgesetzte Wirklichkeit der begrifflichen Operationen und befindet sich im Einklang des Werdens mit jedem anderen kreativen Akt. Aufgrund der Relativität aller Dinge erfolgt daher eine Reaktion der Welt auf Gott. Diese Vervollständigung der Natur Gottes zu einer Fülle des physischen Empfindens leitet sich von der Objektivierung der Welt in Gott her.“[344]

In unserem Zusammenhang interessiert dabei weniger die schöpfungstheologische als die eschatologische Dimension, von Whitehead im Kontext „Folgenatur Gottes“ abgehandelt: „Die Folgenatur Gottes ist sein Urteil über die Welt. Er rettet die Welt, so wie sie in die Unmittelbarkeit seines eigenen Lebens übergeht. Es ist das Urteil von einer Zartheit, die nichts verliert, was gerettet werden kann. Es ist auch das Urteil von einer Weisheit, die alles verwendet, was in der zeitlichen Welt bloß Trümmer ist.“[345] Dabei kommt Whitehead in erstaunliche Nähe zu zeitgenössisch-theologischen Vorstellungen eines wartenden Christus, der die Freiheit, der in der Schöpfung und v.a. der Erschaffung des Menschen angestoßenen Prozesse achtet:

> „führen wir uns die Geduld Gottes vor Augen, der das Durcheinander der vermittelnden Welt durch die Vervollständigung seiner eigenen Natur zärtlich rettet. […] Gottes Rolle liegt nicht in der Bekämpfung produktiver Kraft mit produktiver Kraft, von destruktiver Kraft mit destruktiver Kraft; sie besteht in der geduldigen Ausübung der überwältigenden Rationalität seiner begrifflichen Harmonisierung.“[346]

Nicht weit von Hegels Versöhnungsgedanken als Schlüssel zu einer philosophischen Eschatologie entfernt, thematisiert Whitehead zudem die Übergänge zwischen Gott und Welt, als Verhältnis von Vielheit und Einheit in Liebe: „Denn das Reich Gottes ist in mitten von uns. […] Was in der Welt getan wird, verwandelt sich in eine Realität des Himmels, und die Realität des

[344] DERS., *Prozeß und Realität*, 616.
[345] Ebd., 618.
[346] Ebd.

Himmels geht wieder über in die Welt. [...] In diesem Sinne ist Gott der große Begleiter – der Leidensgefährte der versteht.“[347]

Letztlich wird hier und an anderer Stelle nicht klar, wie Whitehead methodisch genau seine logisch ausgewiesene Prozesstheorie der Welt in eine Theologie überführt. Vieles wirkt intuitiv, ja wie das Ergebnis eigener Glaubens- oder Gebetserfahrungen, die offenbar nicht noch einmal intellektuell ausgewiesen oder kritisiert werden müssen. Gleichwohl macht genau diese theologische Intuition des Mathematikers Whitehead die Faszination für eine theologische Rezeption seiner Prozesstheorie aus. Schlüssig wird sie in unserem Zusammenhang aus der an anderer Stelle durchdachten Notwendigkeit, eine Vollendung der Welt ebenso zu denken, wie eine die Freiheit der Geschöpfe achtende Geduld Gottes.

347 Ebd., 626.

# 5. Evangelische Eschatologie im 19. und 20. Jahrhundert

## 5.1 Einordnung und Wurzeln

Martin Luthers Eschatologie lässt sich ebenso in *Kontinuität* mit der scholastischen wie in *Abgrenzung* von ihr verstehen. Erbte er einerseits deren Gerichtsangst, antwortet er auf sie doch andererseits mit einer Rechtfertigungslehre, welche Hoffnung allein aus Gnade erwartet: „Durch Kreuz und Auferstehung hat Christus den Sieg über die Verderbensmächte von Gesetz, Sünde und Tod errungen, an dem der Glaube als *fides apprehensiva* Christi teilhat."[348] Zugleich kommt in Luthers Zwei-Reiche-Lehre Augustinus' Unterscheidung in *civitas terrena* und *civitas dei* zu neuer, allerdings mit papstkritischer Dynamik aufgeladener Bedeutung: Der Kampf der sichtbaren, von Bösen und Heuchlern durchsetzten Kirche mit der inneren Kirche und ihren unsichtbaren Gütern „erfährt in den letzten Zeiten eine dramatische Zuspitzung durch den Kampf der wahren Kirche gegen die falsche des Papsttums [und der Schwärmer] im Zeichen des Antichristen und der Türken."[349] Luthers „lieber jüngster Tag"[350] zeichnet sich also gut paulinisch im Sinne eines ‚Vorscheins künftiger Herrlichkeiten' schon in den Kämpfen der Gegenwart ab. Chiliasmus wird ebenso abgelehnt wie das ‚katholische' Fegefeuer, dies natürlich vor allem wegen der engen Verknüpfung mit dem zeitgenössisch sichtbarsten Ausdruck der Werkgerechtigkeit, dem Ablasshandel.

Melanchthon und Calvin ziehen die hier begonnenen Linien nur weiter aus und bei allen haben die eschatologischen Traktate im Gesamtwerk nur ein geringes Gewicht. Eine Tendenz, die sich in der Entwicklung der gesamten protestantischen Theologie eher noch verdichtet.[351] Allerdings tauchen in der sogenannten Orthodoxie zunehmend philosophische Elemente wie die Unsterblichkeit der Seele oder ethische Fragen sowie Fragen eines immanent gedachten Fortschritts des Menschgeschlechtes auf und leiten so zu den Reflexionen Lessings und Mendelsohns über.[352]

---

348 ULRICH ASENDORF, *Art. „Eschatologie VII, Reformations- und Neuzeit"*, in: TRE Bd. X (1982), 310–334, 310 mit Verweis auf Martin Luther, Werke. Kritische Gesamtausgabe („Weimarer Ausgabe"), Weimar 1883 ff. (WA) 40/1, 282–288.

349 ASENDORF, *Eschatologie*, 311 mit Verweis auf WA 30/2, 148, 27.

350 WA 36, 645–648.

351 ASENDORF, *Eschatologie*, 315ff.

352 Vgl. die Ausführungen in Kap 10. Asendorf weist darauf hin, dass bereits in der Orthodoxen evangelischen Theologie Argumente – wesentlich ausgehend von einer offenbar für allgemein akzeptiert gehaltenen unsterblichen Seele – angeführt werden, als deren Gegenüber eigentlich nur eine weltlich-aufgeklärte Vernunft gedacht werden kann. Hier führt ein direkter Weg von der reformatorischen Theologie in die Philosophie der deutschen Aufklärung. Vgl. ASENDORF, *Eschatologie*, 317.

Wie vielfach bemerkt wurde,[353] ist an der Wende vom 19. zum 20. Jahrhundert im Hinblick auf den Stellenwert der Eschatologie innerhalb der (evangelischen) systematischen Theologie ein markanter Umbruch zu verzeichnen: Bis dahin war die am Ende der theologischen Traktate stehende Eschatologie in beiden Konfessionen nur von marginaler Bedeutung.[354]

Bestenfalls als Teil der Ekklesiologie spielt sie im mittleren 19. Jahrhundert eine Rolle: „Die Kirche als gegliederter hierarchischer Organismus steht im schärfsten Gegensatz zum ‚Atomismus‘ der modernen Gesellschaft“[355] heißt es etwa bei dem lutheranischen Theologen Vilmar. Sie sei „das Institut, durch welches das Seligkeitsgut allen nachfolgenden Geschlechtern bis zur Wiederkunft Christi unverändert übermittelt wird“. In den sich abzeichnenden als katastrophisch interpretierten Elementen einer rasanten Modernisierung und Säkularisierung der Gesellschaft „leuchten die Signale das Eschaton auf, während durch das geistliche Amt die Zahl derer gesammelt wird, die ihre Knie nicht vor den Götzen der Zeit gebeugt haben.“[356] Hier klingen bei einem evangelischen Theologen Nähen zur Katholischen und zur Neuapostolischen Kirche an.

Im Sinne eines Kompendiums evangelischer Eschatologie des 19. Jahrhunderts muss andererseits die Ethik Richard Rothes erwähnt werden. Er verbindet den ethischen Prozess und eine spekulative kosmologische Eschatologie, deren Bindeglied ebenfalls eine auf den christlichen Staatenorganismus bezogene Ekklesiologie darstellt. In der Tradition Kants verschmelzen bei Rothe ethizistische und spekulative Gedanken mit Elementen der biblischen Apokalyptik und Eschatologie, erschlossen in einem theosophischen Gesamtentwurf. Ekklesiologie, Ethik, Theosophie, so könnte man also in aller Kürze die Vorzeichen einer aufs Marginale beschränkten evangelischen Eschatologie im 19. Jahrhundert benennen.

Darüber hinaus darf natürlich Albrecht Ritschl nicht übersehen werden, der die Lutherische Rechtfertigungslehre als Ende des Schuldbewusstseins des Menschen und damit als Befähigung interpretiert, am Reich Gottes mitzuarbeiten und so in die Nachfolge Jesu Christi zu treten. Ritschl versteht Rechtfertigung gegen den Biedermeier des 19. Jahrhunderts weder individualistisch noch staatskirchlich, sondern *gemeindlich*. Aber: Christus ist bei ihm konsequent auch nicht mehr Gesetzgeber und damit auch kein Richter.

---

353 HANS URS VON BALTHASAR, *Eschatologie,* in: J. FEINER / J. TRÜTSCH / F. BÖCKLE (Hg.), *Fragen der Theologie heute,* Einsiedeln u.a., 403–424; RATZINGER, *Eschatologie*, 17ff; HANSJÜRGEN VERWEYEN, *Eschatologie heute*, in: ThRv 79 (1983), 1–12.

354 RATZINGER, *Eschatologie*, 17.

355 AUGUST FRIEDRICH CHRISTIAN VILMAR, *Dogmatik II*, 184f. Zit. ASENDORF, *Eschatologie*, 324.

356 Ebd., 325.

Am Ende des Jahrhunderts aber sorgten die Arbeiten einer „konsequenten Eschatologie“ von Johannes Weiß und Albert Schweitzer[357] für einen Paradigmenwechsel. Ihre These lautet: Die ganze Botschaft, also Inhalt und Wirkkraft der Predigt Jesu seien *wesentlich* und nicht nur am Rande oder aufgrund der zeitgeschichtlichen Bedingungen von Naherwartung und damit *apokalyptisch* bestimmt gewesen. Johannes Weiß lehnt vor allem die zeitgenössische ethizistische Deutung der Reich-Gottes-Predigt ab und begreift das Reich Gottes als „eine schlechthin überweltliche Größe“, die zu dieser Welt in ausschließendem Gegensatz stehe. Albert Schweitzer greift bis zu Reimarus[358] (17. Jhd.) zurück, der „als erster den eschatologischen Grundcharakter der Predigt Jesu eingesehen“ habe[359]. Interessanterweise und damit wieder dem Zeitgeist der Gründerzeit verpflichtet, versteht Schweitzer aber den Verlassenheits-Schrei Jesu am Kreuz als „verzweifelte[s] Aufgeben der eschatologischen Zukunft“, er „ist seine Weltbejahung […] lebendig bleibt nur Jesus, der Mensch“.

So landet schließlich auch Schweitzer in einer immanentistischen Ethik, die zugunsten einer Aufwertung der (präsentischen) Eschatologie ihren futurischen Charakter vollends aufzugeben gezwungen ist. Mit der Apokalyptik wird die Eschatologie gleich mit über Bord geworfen, weil Schweitzer zu wenig zwischen beiden differenziert. Indem der Auferstehungsglaube eliminiert wird, fällt damit die gesamte Metaphysik, die Unsterblichkeit der Seele und die überzeitliche universale Bedeutung des Kreuzestodes Jesu aus. Weiß und Schweitzer wollten innerhalb der evangelischen Theologie auf die beschriebenen aufklärerischen, kulturprotestantischen und staatskirchlichen Engführungen der Eschatologie Mitte des 19. Jahrhunderts reagieren, bleiben aber einer Reduktion des christlichen Glaubens auf reine Ethik dann doch verhaftet.

Im theologischen Bestseller Adolf von Harnacks *Das Wesen des Christentums*[360] spielte die Eschatologie schließlich gar keine Rolle mehr. Selbst in seinem naturgemäß allgemeiner angelegten Lehrbuch der Dogmengeschichte hatte er erst in der vierten Auflage eine Reflexion über die Eschatologie vorgeschaltet.[361] Hier heißt es zwar begütigend: „Das Evangelium ist als eine apokalyptisch-eschatologische Botschaft in die Welt getreten. Das Apokalyptisch-Eschatologische gehört nicht nur zu seiner Form, sondern auch zu seinem Inhalt.“[362] Welche Bedeutung die Eschatologie über eine der Predigt vorgegebene zeitgenössische literarische Form und eine „Stimmung in der Urgemeinde“

---

[357] JOHANN WEISS, *Die Predigt Jesu vom Reiche Gottes,* 1892; ALBERT SCHWEITZER, *Skizze des Lebens Jesu* 1901 und ders., *Von Reimarus zu Wrede,* 1906.

[358] HERMANN SAMUEL REIMARUS, *Von Dem Zwecke Jesu Und Seiner Jünger: Noch ein Fragment des Wolfenbüttelschen Ungenannten,* hg. v. Gotthold Ephraim Lessing.

[359] ALBERT SCHWEITZER, *Geschichte der Leben Lesu Forschung*, Tübingen $^{9}$1984 (1906), 65.

[360] ADOLF VON HARNACK, *Das Wesen des Christentums: Sechzehn Vorlesungen vor Studierenden aller Fakultäten im Wintersemester 1899/1900 an der Universität Berlin,* Tübingen 2012.

[361] Ebd., 65–68.

[362] Ebd., 68.

hinaus aber *de facto* haben könnte, bleibt bei Adolf v. Harnack unklar. Er versteht Jesus insgesamt in der Tradition Schleiermachers ganz von seinem individuellen Glauben, seinem – wie er es nennt – „Gottesbewusstsein" und nicht von seiner eschatologischen Sendung, von seiner Reich-Gottes-Botschaft her.

Doch mit derlei kulturprotestantisch individualistischer Sichtweise auf die Eschatologie ist es im 20. Jahrhundert vorbei: So wie Gershom Scholem das Judentum aus der „dumpfen Luft der jüdischen Conventikel"[363] befreite, erlöste Ernst Käsemann mit seinem Diktum von der „Apokalyptik als der Mutter der christlichen Theologie"[364] dieselbe aus der Gefangenschaft ihres Entstehungskontextes, dem – *horribile dictu* – ‚Spätjudentum'. Nicht zuletzt Hermann Gunkel und andere Vertreter der religionsgeschichtlichen Schule hatten sie mit ihrer verdienstvollen Entdeckung in eine bestimmte historische Epoche verbannt und damit für die Gegenwart unschädlich und wirkungslos gemacht[365]. Joseph Ratzinger spricht von einer „eschatologischen Hektik", die nun in der evangelischen Theologie das abrupte Ende eines „Dornröschenschlafes" ausgelöst habe.

## 5.2 Karl Barth

Bei Karl Barth heißt es apodiktisch: „ein Christentum, das nicht ganz und gar und restlos Eschatologie ist, hat mit Christus ganz und gar und restlos nichts zu tun".[366] Der große reformierte Theologe konkretisiert diese Behauptung damit, dass im Kern des Christentums ein „Akt der Entscheidung, des Sich-Aussetzens an das Ganz-anders-sein-Gottes"[367] stehe. „Eschatologie" ist für Barth also kein Zeitbegriff, sondern Existenzbegriff. Sehr schön wird diese mit Bultmann und Heidegger in enger Verbindung stehende existentiale Fassung der Eschatologie in einer Passage des Römerbriefkommentars von Karl Barth deutlich: Ausgehend von Röm 8, 19[368] entwickelt er hier eine Deutung, welche die Intention des Paulus, den Blick von der gegenwärtigen Zeit auf die Herrlichkeit der künftigen Zeit zu wenden, fast ins Gegenteil verkehrt. Er muss auf die Bultmannsche Frage, wie ein Mensch der Moderne überhaupt

---

363 RENÉ BUCHHOLZ, *Erlösung und Destruktion. Zur Dialektik des Messianischen bei Gershom Scholem*, in: Lebendiges Zeugnis 52 (1997), 183–211, 192.

364 ERNST KÄSEMANN, *Die Anfänge christlicher Theologie*, ZThK (57), 180.

365 HERMANN GUNKEL, *Schöpfung und Chaos in Urzeit und Endzeit. Eine religionsgeschichtliche Untersuchung über Gen 1 und ApJoh 12,* Göttingen 1985, 396. Zur Kritik des Begriffs vgl.: KARLHEINZ MÜLLER, *Das Judentum in der religionsgeschichtlichen Arbeit am Neuen Testament. Eine kritische Rückschau auf die Entwicklung einer Methodik bis zu den Qumranfunden* (Judentum und Umwelt 6), Frankfurt a.M. 1983.

366 KARL BARTH, *Der Römerbrief,* München ²1922, 300.

367 RATZINGER, *Eschatologie*, 51.

368 „Ich rechne, dass die Leiden der Zeit des Jetzt nicht ins Gewicht fallen gegenüber der Herrlichkeit, die sich an uns offenbaren wird".

noch mit biblischen Kategorien seine Erlösung beschreiben kann, eine Antwort finden, auf die Spannung, welche sich spätestens nach dem ersten Weltkrieg zwischen modernem naturwissenschaftlichem und biblischem Weltbild aufgebaut hatte. Eine futurische Eschatologie kommt für ihn und seine Zeitgenossen unbedingt nicht mehr in Frage. Dafür wird die gesamte Gegenwart vom Zeitpunkt des Jetzt her von der Gegenwart Gottes überschwemmt und das heißt für Barth konkret: Zur Situation, in der der Mensch (im Gericht) nackt vor Gott steht. Mit der Barthschen Theologie haben wir also einen Kristallisationspunkt moderner präsentischer Eschatologie in einer exitentialistischen Spielart vor uns. Karl Barth schreibt:

> „Wir haben uns Rechenschaft zu geben über den Sinn dieser wahrhaft ungeheuerlichen Betrachtungsweise der menschlichen Dinge. Um irgendeine überschwängliche Vertiefung oder Überhöhung der gewöhnlichen Betrachtungsweise, um irgendeine immanente Ignorierung, Abschwächung oder tröstliche Deutung des Leidens [...] kann es sich hier jedenfalls nicht handeln. Sie scheitert notorisch an jedem Zahnweh, geschweige denn an jedem ernsthaften Ausblick auf das, was als Geburt, Krankheit und Tod, als Hunger und Krieg, als Menschen und Völkerschicksal in jedem Augenblick in der ganzen Breite menschlichen Geschehens brutale eherne Wirklichkeit ist. Denn hinter jedem kleinsten Weh, und erst recht hinter den großen Qualen steht brennend die Problematik seiner Endlichkeit. Wie sollen wir ihr begegnen? Kurzschlüssig und lügnerisch ist jeder Trost, jede Antwort, die wir zu geben versuchen, denn wir sind es, die von jener Problematik her kommen und die ihr nicht entrinnen werden, auch nicht durch den Gedanken an eine unendliche göttliche Harmonie jenseits unserer Welt. [...] Die Problematik unserer Endlichkeit aber schreit nach einer nicht relativen, sondern absoluten, unser Denken übersteigenden Lösung, sie schreit nach dem wirklichen, dem unbekannten Gotte, nach seinem Troste, demgegenüber die Leiden dieser Zeit darum ‚nicht ins Gewicht fallen', weil sein Trost, das allem Hier inkommensurable Dort ist. [...] Sage ich aber ‚Ich rechne mit Gott', so ist in dieser Formel der absolute Sprung verborgen, so ist die nicht zu formulierende Wahrheit dieser Formel darin zu suchen, daß vielmehr Gott mit mir rechnet. Das ist aber Ereignis. [...] Wir sehen dann die Zeit, in der wir leben, charakterisiert als die ‚Zeit des Jetzt', das heißt als das Meer der gegebenen Wirklichkeit. [...] Denn die Wahrheit ist das Jetzt, der Augenblick außer aller Zeit, in dem der Mensch nackt vor Gott steht, der Punkt, der kein Punkt neben anderen ist, von dem wir herkommen, Jesus Christus, der Gekreuzigte und Auferstandene. Was vor und nach diesem Augenblick aller Augenblicke ist, was diesen Punkt, der selber keine Ausdehnung hat, als Fläche umgibt, das ist die Zeit. An diesem Jetzt, an der Ewigkeit entsteht als ihre Negation die Zeit, die immer schon gewesene Vergangenheit und die immer erst kommende Zukunft. [...] Daß dem so ist, daß die Zeit in der wir leben die Ewigkeit in sich verbirgt, aber auch bewahrt, von ihr schweigt, aber eben damit auch von ihr redet, das erkennen wir, sofern wir kraft der Tat Gottes an uns, kraft der Frage und Antwort des Kreuzes herkommen von der absoluten Gegenwart des Jetzt, sofern hier offenbar Gott mit uns rechnet und uns eben damit in den Stand setzt, mit ihm zu rechnen. Im Schatten des nicht angebrochenen, aber unendlich nahen Tages Jesu Christi sehen wir unsern Lebenstag sich abspielen, im Schatten des Jetzt die Zeit sich abrollen, im Schatten Gottes die menschlichen Dinge ihren Lauf nehmen,

> sofern wir ‚getrieben vom Geist' (8,14) schreien müssen Abba! Vater (8,15) und also uns legitimieren, nein legitimiert sind als Kinder Gottes (8,16) und also als Erben seiner Herrlichkeit (8,17).“[369]

Wolfgang Pannenberg stellt richtig fest, dass Barth Anleihen macht nicht nur bei Kierkegaards Sprung über den garstigen Graben und bei Luthers Deutung von Mt 25, sondern auch bei Boethius und implizit bei Plotin: Statt Zeit und Ewigkeit dualistisch gegeneinanderzusetzen versteht Barth Ewigkeit als Besitz oder Innehaben der Ganzheit des Lebens („Dauer“). „In dem so strukturierten Bewusstsein seiner Dauer sucht der Mensch sich trotz des Fortgangs der Zeit und sogar in dessen Vollzug der Ganzheit und Identität seines Lebens zu vergewissern.“[370]

## 5.3 Rudolf Bultmann

Diese radikale Operation bereitete das Feld für Rudolf Bultmanns Entmythologisierung auch der Apokalyptik und seine existentiale Konzentration auf den Menschen als „Seinkönnen im Offensein für die Zukunft“[371]. Für Bultmann ist *„Der Mensch* […] *das eigentliche Subjekt der Geschichte*“ [372] Die Vielfalt und augenscheinliche A-Kausalität der Geschichtsabläufe verweigert jedoch den vom Menschen ersehnten Sinnbezug. Der Mensch ist „immer unterwegs“ und „in jedem Jetzt in der Entscheidung, verantwortlich in Einem für die Vergangenheit und für die Zukunft.“[373] Gleichwohl krankte ja schon die Barthsche Eschatologie an ihrem Supranaturalismus[374] – ein zu weit reichender dialektischer Pendelschlag gegen die Identifikation von Gottesreich und Menschenreich im Kulturprotestantismus. Joseph Ratzingers Kritik lautet hier zu Recht: „Ein Glaube, der mit der Geschichte [...] nicht mehr in Konflikt kommen kann, hat der Geschichte auch nichts mehr zu sagen.“[375]

## 5.4 Wolfhart Pannenberg

In zunehmendem Maß reagierte die evangelische Theologie seit den sechziger Jahren des vorigen Jahrhunderts auf diese von Ratzinger – damals noch be-

---

369 KARL BARTH, *Der Römerbrief*, München $^{2}$1922, 286ff, gesperrt i. Org.
370 WOLFHART PANNENBERG, *Systematische Theologie III*, Göttingen 1993, 644.
371 RUDOLF BULTMANN, *Geschichte und Eschatologie,* Tübingen 1958.
372 Ebd., 165.
373 Ebd., 172.
374 GRESHAKE, *Eschatologie III*, 863.
375 RATZINGER, *Eschatologie*, 53. Ebenso GRESHAKE, *„Eschatologie III“*, 863: „durch die generelle Uminterpretation von zeitlicher Zukunft in theologische oder existentiale Zukünftigkeit [wurde] die Dimension der konkreten ausständigen Zukunft eliminiert.“

klagte – „Entweltlichung“[376] der Eschatologie in der dialektischen und existentialen Theologie. Auf je unterschiedliche Weise stellten Wolfhart Pannenberg und Jürgen Moltmann heraus, „daß die Heilsgeschichte [...] durch Antizipationen der verheißenen Zukunft ausgezeichnet ist, die sich in eben diesen ihren Antizipationen vorwegentwirft und – jetzt noch unabgegolten – zum Stimulus sowohl universalgeschichtlichen Verstehens [Pannenberg] wie auch menschlichen Einsatzes in Welt und Geschichte [Moltmann] wird.“[377] Hier wird also endlich erkannt, dass man der Jenseits- und Endzeithoffnung den Stachel zieht, wenn man sie, wie noch Karl Barth, rein präsentisch als Tiefendimension des gegenwärtigen Augenblicks oder als Horizont der ethischen Tat in der Gegenwart begreift und ihre futurische Dimension so unterschlägt.

Wolfhart Pannenberg, der vor allem als enzyklopädischer systematischer Denker des späten 20. Jahrhunderts in Erscheinung getreten ist, hat seine eschatologischen Überlegungen fokussiert niedergelegt in *Theologie und Reich Gottes*. Hier konstatiert er inzwischen ohne jeden Zweifel, „dass die Botschaft Jesu offensichtlich von der Priorität der Zukunft Gottes ausgegangen ist.“[378] Gleichwohl recht nah am Denken Karl Barths korreliert auch er die Kontingenz der zeitlich bestimmten Gegenwart mit der absoluten und ewigen, aus dieser Zeit nicht ableitbaren oder bestimmbaren Zukunft Gottes. Diese bestimmt gleichwohl dem Glaubenden und Wissenden die Erfahrung der Gegenwart.[379] In der Gegenwart ist diese Zukunft als Herrschaft insofern wirksam, als der Einzelne ihr Macht in seinem Leben verleiht. „Wenn Gott die einigende Zukunft der Welt ist, so bedeutet das ferner, dass […] die Einheit der Welt in ihrer Zukunft liegt. Daraus folgt, dass die Einheit aller Dinge nicht verstanden werden kann als ewige Ordnung eines Kosmos, sondern, dass sie nur zu erreichen ist durch einen Prozess der Versöhnung vorangegangener Gegensätze.“[380] Pannenberg, obwohl er sein Denken wesentlich der idealistischen Philosophie verdankt, konkretisiert seine Zukunftsvision einer Herrschaft Gottes als einer Herrschaft der uneingeschränkten Liebe. Sie ist frei von der Last der Vergangenheit und insofern schöpferisch als sie Gottes Willen in Einheit und Freiheit realisiert und damit die Schöpfung zur Vollendung bringt.

---

[376] RATZINGER, *Eschatologie*, 58.

[377] GRESHAKE, *Eschatologie III*, 864. Vgl. außerdem: WOLFHART PANNENBERG u.a. (Hg.), *Offenbarung als Geschichte,* Göttingen 1961; ders., *Systematische Theologie III,* Göttingen 1993, 569–694 und JÜRGEN MOLTMANN, *Theologie der Hoffnung. Zur Relevanz des Messianischen in der jüngeren evangelischen Theologie*, München 1964; ULRICH H.J. KÖRTNER, *Theologia Messianica. Zur Kategorie des Messianischen in der gegenwärtigen dogmatischen Diskussion,* in: Jahrbuch für biblische Theologie 8 (1993), 347–370. Sowie neuerdings, wenn auch nicht ohne Einseitigkeiten: CHRISTOF GESTRICH, *Die Seele des Menschen und die Hoffnung der Christen: Evangelische Eschatologie vor der Erneuerung*, Frankfurt a.M. 2009.

[378] WOLFHART PANNENBERG, *Theologie und Reich Gottes*, Gütersloh 1971, 12.

[379] Ebd., 16.

[380] Ebd., 17. In der Systematischen Theologie III heißt es mit deutlichem Bezug zu Kants Schrift *Vom Ende aller Dinge* von 1794 noch etwas ausführlicher: Die Annahme eines Endes der Geschichte ließe sich als transzendentale Bedingung (Bedingung der Möglichkeit) der Erfahrung überhaupt in Bezug auf ihre Geschichtlichkeit bezeichnen.“ (636f)

In Teilen greift er dabei die klassischen Gottesbeweise *(quinque viae)* auf, etwa wenn er formuliert, die „Zielstrebigkeit der Lebensvorgänge“ werde als Antizipation der je eigenen Zukunft erkennbar.[381]

Im dritten Band seiner *Systematischen Theologie* holt Pannenberg noch etwas weiter aus: Eschatologie ist nun nicht mehr nur Thema eines einzelnen Kapitels der Dogmatik sondern „bestimmt die Perspektive für das Ganze des christlichen Lehre“[382]. Die gesamte Wahrheit des christlichen Glaubens hängt an der Bestätigung durch das *tatsächliche endzeitliche Kommen des Messias* Christus und das Anbrechen des Reiches Gottes. Die futurische Dimension der Eschatologie ist also unerlässlicher Bestandteil nicht nur dieses Traktates, sondern des gesamten christlichen Glaubens. Pannenberg bejaht sowohl das Miteinander der Verstorbenen in der Ewigkeit Gottes, die er vor allem von Ihrer Nicht-Zeitlichkeit her versteht, als auch die leibliche Auferstehung Christi. Dabei beruft er sich – für einen evangelischen Theologen ungewöhnlich – neben der Bibel vor allem auf die altkirchlichen Quellen, Symbola, Konzilsbeschlüsse und Theologien der Kirchenväter und bezieht dabei auch katholische Theologen ein. Ein besonders Lob erfährt dabei Karl Rahner, mit dem wir uns ja auch noch ausführlicher beschäftigen werden.

## 5.5 Jürgen Moltmann

Gemeinsam mit den evangelischen Theologen Walter Kreck und Gerhard Sauter zeichnete sich das Vorgehen Jürgen Moltmanns[383] wie gesagt in besonderer Weise dadurch aus, dass er Barth und Bultmann mit der Forderung entgegentrat „den futurischen Sinn der biblischen Eschatologie auch im theologischen Denken wiederherzustellen.“[384] Jürgen Moltmann verdankt seinen theologischen Neuansatz der philosophischen Inspiration von Ernst Blochs neomarxistischem Werk *Das Prinzip Hoffnung*, der neben Walter Benjamin auch für den zweiten großen politischen Theologen des letzten Jahrhunderts, Johann Baptist Metz entscheidend war.[385] Für Moltmann wird die Eschatologie so zwar zum entscheidenden theologischen Bezugsfeld, sie heißt aber nicht mehr „Lehre von den letzten Dingen“, sie ist keine Lehre, sondern vielmehr „Ausdrucksform für den Grundsachverhalt christlichen Glaubens“[386], konkretisiert in der Identität des Erweckten und Gekreuzigten. Jesus geschieht, was allen anderen

[381] Ebd., 25.
[382] PANNENBERG, *Systematische Theologie III*, 572f.
[383] Vgl. zu Moltmanns Eschatologie ausführlich und kundig: MATTHIAS REMENYI, *Um der Hoffnung willen. Untersuchungen zur eschatologischen Theologie Jürgen Moltmanns,* Regensburg 2005.
[384] PANNENBERG, *Systematische Theologie*, 580.
[385] Vgl. zu Bloch Kapitel 4.2 dieses Bandes
[386] RATSCHOW, *Eschatologie*, 344.

Menschen noch bevorsteht. Ähnlich wie bei Karl Barth bilden Sterben und Auferstehung Jesu als Vollzug dessen, was jeder Mensch erwarten kann den Mittelpunkt von Moltmanns *Theologie der Hoffnung*. In ihrem Mittelpunkt steht also die Parusie, diese wirkt „als real ausstehende Zukunft durch erweckte Hoffnungen und aufgerichteten Widerstand in die Gegenwart hinein."[387] Was das genau heißt, bleibt zunächst etwas unbestimmt, immerhin geht es über allgemeine Postulate hinaus: „Die Verheißung der Auferstehung der Toten führt unmittelbar hinein in die Liebe zum wahren Leben der ganzen bedrohten und beschädigten Kreatur."[388] Damit ist die Sendung jedes Einzelnen aus dem Glauben an den Gekreuzigten als Ziel der Geschichte unmittelbar verknüpft. Sie „muss nach dem Offenen, Unabgeschlossenen, Unerledigten und Ausstehenden, mithin nach der Zukunft" fragen[389]. Das findet nicht in abgeschlossenen Konventikeln statt, sondern mitten in der Gesellschaft „in einem Prozess um die Wahrheit", es geht „um die Zukunft der Geschichte", ja „Geschichtsbewusstsein ist Sendungsbewusstsein, und das Wissen um Geschichte ist ein Veränderungswissen." [390] In den Spuren seines Inspirators Ernst Bloch – ein Interview mit ihm schließt die frühen Ausgaben der *Theologie der Hoffnung* ab – unterstreicht Moltmann aber die Hoffnung als zentrales Movens aber auch als heuristische Kategorie: „Allein die Hoffnung ist realistisch zu nennen, weil nur sie mit den Möglichkeiten, die alles Wirkliche durchziehen, ernst macht"[391].

---

387 MOLTMANN, *Theologie der Hoffnung*, 207.
388 Ebd., 205.
389 Ebd., 177.
390 Ebd., 179.
391 Ebd., 20.

# 6. Katholische Eschatologie der letzten Jahrzehnte

## 6.1 Präsentische oder futurische Eschatologie?

Das späte Diktum vom *eschatologischen Vorbehalt* – ein Begriff Erik Petersons[392] – trifft recht gut bereits die biblische Balance zwischen ‚schon und noch nicht', genauer: zwischen der Gegenwart des Reiches Gottes, wie sie bei den Synoptikern in einer Vielfalt von Gleichnissen und Jesuslogien bezeugt ist, oder einem am individuellen Ende und am Ende der Zeiten zu erwartenden Gericht mit nachfolgender Vollendung bei Gott, das nach Meinung vieler jüngerer Exegeten wie Thomas Söding und Gerd Theißen ebenfalls von Jesus angekündigt wurde. Der Glaube an die Parusie, an die Wiederkunft Jesu Christi am Ende der Zeiten besagt beides: Er ist *präsentisch*, insofern wir nicht nur täglich mit der Ankunft Christi rechnen müssen, sondern auch in unserem Handeln von dieser Erwartung bestimmt werden und teilweise den Vorschein künftiger Herrlichkeit erleben dürfen. Er ist *futurisch*, insofern dieser Tag Christi im Glauben proleptisch vorweggenommen und in der Hoffnung als Rettung aus der Vernichtung erwartet wird, allerdings in einer Form, die vor dem Forum der menschlichen Vernunft bestehen können muss. Joseph Ratzinger hat darauf hingewiesen,[393] dass auch das für das Urchristentum so bedeutende *Maranatha* aus 1 Kor 16,22 in dieser Weise verstanden werden müsse: Es ist präsentische und futurische Aussage zugleich und kann ebenso im Sinne von „Komme Herr Jesus" wie auch von „der Herr ist gekommen" verstanden werden.

## 6.2 Über den Gebrauch der Bilder in der Eschatologie

Wenn wir zwei bedeutende katholische Theologen des 21. Jahrhunderts in Hinsicht auf ihre Lehre von den letzten Dingen betrachten, soll, ja muss, auch ein Blick auf eine jüngere Aktualisierung der Lehrtradition geworfen werden. Wie einleitend skizziert geht es uns darum, Apokalypsen als fiktionale Texte zu lesen und Eschatologien, also die Reflexionen der Theologen auf solche apokalyptischen Textstrukturen, auf die Präsenz des Fiktionalen darin zu überprüfen. Besonders interessant ist demgemäß auch hier die Vereinbarkeit der zu entwickelnden systematischen Bestimmungen mit dem fiktionalen Charakters apokalyptischer Bildwelten:

Im Anschluss an die Debatte um eine ‚Auferstehung im Tod' wurden in dem *Schreiben der Kongregation für die Glaubenslehre zu einigen Fragen der*

---

[392] Vgl. KURT ANGLET, *Der eschatologische Vorbehalt. Eine Denkfigur Erik Petersons,* Paderborn 2001.

[393] RATZINGER, *Eschatologie*, 21.

*Eschatologie*[394] unter Anerkennung der Notwendigkeit der Theologie insgesamt, „deren der Glaube der Kirche durchaus bedarf“[395], und einer „Negativen Theologie“ der Apokalyptik im Besonderen die wesentlichen in den Symbola festgehaltenen Kernelemente der katholischen Lehre benannt:

„Die Christen müssen an folgenden Punkten festhalten: einerseits müssen sie an die grundsätzliche Fortdauer – in der Kraft des Heiligen Geistes – des gegenwärtigen Lebens in Christus im künftigen Leben glauben (denn die Liebe ist das Gesetz des Reiches Gottes, und unsere auf Erden geübte Liebe wird das Maß für unsere Teilhabe an der Herrlichkeit Gottes im Himmel sein); andererseits müssen sie deutlich wissen, daß zwischen dem jetzigen Leben und dem künftigen Leben ein grundlegender Unterschied besteht, denn der Ordnung des Glaubens folgt die Ordnung des vollen Lichtes und wir werden mit Christus sein und Gott schauen (vgl. *1 Joh* 3,2); in diesen Verheißungen und in diesen wunderbaren Geheimnissen besteht wesentlich unsere Hoffnung. Wenn unsere Vorstellungskraft nicht bis dort vorzudringen vermag, so gelangt doch unser Herz aus eigenem Antrieb und zuinnerst dorthin.“[396] Dieser Absatz enthält Sprengstoff für die gegenwärtige theologische Auseinandersetzung, denn soweit ich sehe, würden keineswegs alle (deutschsprachigen) katholischen Theologen den oben stehenden Satz so unterschreiben können.

Bereits im letzten zitierten Satz wird aber auch deutlich, dass das Lehramt sich auch in Fragen der Eschatologie des besonderen Status’ gläubigen und theologischen Sprechens bewusst ist. Ich selbst kann die *Vorstellungs-* oder genauer *die Einbildungskraft* insofern als ein ‚Vehikel‘ des Herzens verstehen, als das Herz ohne Rückbindung an eine kritische Vernunft allzu leicht ‚herzschädigende‘ Ausflüge zu Scharlatanen der Hoffnung unternimmt, die nur Vertröstungen bieten statt echten Trost.

Auch das römische Lehrschreiben spricht den der Vorstellungskraft entsprungenen oder diese beim Leser wieder anregenden (apokalyptischen) Bildern durchaus eine wesentliche Rolle zu: „Jene Bilder hingegen, welche wir in der Heiligen Schrift verwandt finden, verdienen eine besondere Ehrfurcht. Man muss ihren tieferen Sinn verstehen und die Gefahr vermeiden, sie allzu sehr abzuschwächen, weil das oft die Wirklichkeit selbst verflüchtigt, die in diesen Bildern angedeutet wird.“[397] Genau in diesem Sinne sollen nun die Eschatologien Karl Rahners und Hans-Urs von Balthasars betrachtet und anschließend der aktuelle Diskussionsstand der zeitgenössischen deutschsprachigen Theologie dargestellt werden.

---

394 *Schreiben der Kongregation für die Glaubenslehre zu einigen Fragen der Eschatologie* (Verlautbarungen des Apostolischen Stuhls 11), Bonn 1979.
395 Ebd., 4.
396 Ebd., 6.
397 Ebd.

## 6.3 Karl Rahner

Es wurde oben bereits festgestellt, dass die evangelische Theologie des 19. Jahrhunderts lange Zeit die futurische Eschatologie unter Einfluss einer einseitig verstandenen Aufklärungsphilosophie ignoriert und Eschatologie insgesamt einseitig ethizistisch und (staats-)ekklesiologisch, sowie teilweise theosophisch eingehegt hatte. Historisch ältere katholische Neuansätze wie die Bernhard Galuras,[398] Marian Dobmayers[399] und der Tübinger Schule blieben in der katholischen Theologie „durch die auf spätscholastischer Linie liegende neuscholastische Eschatologie“ bis auf Weiteres „abgewürgt“.[400] Auch hier bietet aber das 20. Jahrhundert wesentliche und zukunftsweisende Modernisierungen für das Verständnis eschatologischer Bilder und Strukturen.

Bei Karl Rahner wird die Eschatologie zentral von Anthropologie und (biblischer) Christologie her bestimmt. Er schreibt in seinem so kurzen wie wirkungsvollen Text *Theologische Prinzipien der Hermeneutik eschatologischer Aussagen*, dessen Titel allein schon seine Relevanz für unsere Themenstellung markiert: „Der Christ, der die Offenbarung Christi annimmt, weiß, um Christus zu kennen und *weil* er ihn kennt, dass die Vollendung eben die Christi ist, und sonst weiß er von ihr eigentlich nichts. Anders ausgedrückt: Der Mensch als Christ weiß von seiner Zukunft, weil und indem und darin, dass er durch die Offenbarung Gottes von sich selbst und seiner Erlösung in Christus weiß. Sein Wissen um die Eschata ist nicht eine zusätzliche Mitteilung zu der dogmatischen Anthropologie und Christologie, sondern nichts anderes als eben *deren* Transposition in den Modus der Vollendung“.[401] Hier spiegelt sich Rahners gleichzeitig anthropologische und christologische Wende, die bis heute die katholische Theologie prägt: Was über das Ende der Welt und des Menschen auch immer im Kontext des Christentums ausgesagt wird, muss sich am gegenwärtigen Verständnisvermögen des Menschen sowie an der Person Christi und seiner ein-für-allemal geschehenen Erlösungstat messen lassen. So wirksam dieser Befreiungsschlag einer „Entapokalyptisierung“[402] gewesen ist und so notwendig die Kritik an einer „Auffassung der eschatologischen Aussagen als einer antizipierten Reportage künftiger Ereignisse“[403] angesichts spätscholastischer Petrifizierungen auch war, so wenig beantwortet er – zumal

---

398 1764–1856, Begründer einer katholischen Reich-Gottes-Theologie.

399 1753–1803, Vertreter der Reich-Gottes-Theologie.

400 GISBERT GRESHAKE, Art. „Eschatologie II. Die Geschichte des Traktates“, in: LThK3, III (1995), 860-863, 862. Auch die fleißige Studie von ELMAR FASTENRATH (‚In Vitam Aeternam‘. Grundzüge christlicher Eschatologie in der ersten Hälfte des 20. Jahrhunderts, MThS 43, St. Ottilien 1982) kann mit Blick auf die Werke von Josef Zahn, Karl Adam, Bernhard Bartmann und Michael Schmaus vor 1950 nur äußerst zaghafte Neuansätze vermelden.

401 KARL RAHNER, *Schriften zur Theologie. IV,* Bern 1960, 401–428. Erstveröffentlichung: *ZkTh* 82 (1960), 137–158, 415.

402 Ebd., 418.

403 Ebd., 407f.

unter veränderten ideengeschichtlichen und gesellschaftlichen Bedingungen heute – endgültige die Fragen nach einer Hermeneutik endzeitlicher Texte.

Rahner wollte sich – wie im Grunde die gesamte deutschsprachige Theologie nach ihm[404] – von einer zuvor allzu konkret und extrinsezistisch vorgestellten Bilderwelt der ‚letzten Dinge' abstoßen, die in den Höllenpredigten der Gemeindemissionen bis in die sechziger Jahre hinein vor allem die Drohung mit Gericht und Verdammnis als Mittel der Pädagogik im Diesseits instrumentalisiert hatte und rückte zu Recht den Christus der Evangelien in den Mittelpunkt der Eschatologie. Das ausdrückliche Reden von einer „*Hermeneutik* theologischer Aussagen über die Zukunft" unterstreicht die Auslegungsbedürftigkeit nicht nur der biblischen Texte, sondern auch der auf diesen fußenden Theologien im Namen einer zeitgemäßen Interpretation ihrer Botschaft. Damit fordert Rahner gleichzeitig den Bezug apokalyptischer Aussagen auf den historischen bzw. kerygmatischen Christus hin, wie ihren Entzug aus einem allzu wörtlichen Verständnis, das nur allzu oft mit einer Instrumentalisierung dieser Aussagen einhergeht.

Gleichzeitig werden damit jedoch neue Probleme aufgeworfen: Wenn „Christus das hermeneutische Prinzip aller eschatologischen Aussagen ist", kommt der genauen Fassung dieses Prinzips ein neues Gewicht zu und es stellen sich weitreichende Fragen, die auch in unserem Zusammenhang nur bedingt beantwortet werden können: Was wissen wir tatsächlich von Jesus Christus; inwiefern ist dieses Wissen historisch; welche Aussagen über Zukunft lässt es zu? Aber auch: Welches (gegenüber den Evangelien in einer spezifischen Gemeindesituation reformulierte) Bild hatte insbesondere der Autor der Offenbarung des Johannes von Jesus dem Christus, und welche sich erneut wandelnden Bilder haben dieses Bild im Verlauf der Rezeptionsgeschichte abgelöst oder überlagert? Im Anschluss daran ergibt sich die Frage nach einer angemessenen Anwendung dieses Wissens als eines hermeneutischen Schlüssels für zeitgenössische Verarbeitungsstufen der Apokalyptik.

„Christus, das hermeneutische Prinzip aller eschatologischen Aussagen" – lässt sich diese systematische These tatsächlich mit dem historisch-kritischen Befund hinsichtlich der Endzeitpredigt Jesu selbst in Einklang bringen? In welcher Weise kann Christus tatsächlich in allen apokalyptischen Aussagen präsent gedacht werden? Kommt apokalyptischen Motiven, die auf den ersten Blick nicht mehr in eine Christologie im Sinne Rahners integriert werden können, nicht doch eine anthropologische, biblische oder allgemein theologische Relevanz zu, oder müssten sie entweder allegorisch entschärft oder (wie in ihren Anfängen) in ihrer Kanonizität problematisiert werden? Verschärft stellt sich die Frage nach einer angemessenen Anwendung dieses ‚Wissens' um das

---

[404] Vgl. mit ähnlicher Intention MEDARD KEHL, *Eschatologie*, Würzburg 1986, 25-33; HERBERT VORGRIMLER, *Hoffnung auf Vollendung. Aufriß der Eschatologie*, Freiburg $^{3}$1997, 83-99 sowie HANSJÜRGEN VERWEYEN, *Gottes letztes Wort. Grundriß der Fundamentaltheologie*, Düsseldorf 1991, 362.

Christusereignis als hermeneutischem Schlüssel für solche kanonischen apokalyptischen Texte, die nicht nur in der Katechese der Großkirchen, sondern auch innerhalb der Universitätstheologie merkwürdig in den Hintergrund getreten sind. Es scheint unausweichlich, mit Hilfe klar zu ermittelnder Kriterien zu bestimmen, was begründet als Kern der christlichen Botschaft zumal unter Bedingungen unserer heutigen Lebenswelt betrachtet werden darf, bzw. inwiefern dieser Kern die Auslegung kanonischer Bildwelten einschränkt oder selbst von diesen in die Schranken gewiesen wird. Das führt letztlich zur Notwendigkeit einer kritischen Hermeneutik, die es ermöglicht, den Eigenwert apokalyptischer Bilder zu erkennen, gleichzeitig aber die fundamentalistische Spreu vom auch nach der Aufklärung noch gerechtfertigten Weizen zu trennen.

Rahner hat mit dem Verweis auf „Christus allein“ in der Rede von den letzten Dingen Bedeutendes geleistet[405], aber auch bestimmte Traditionsstränge des christlichen Glaubens gekappt und ihre Anhänger mit dem offenen Ende in der Hand allein gelassen. Wie soll man z.B. mit der breiten Tradition der abendländischen Ikonographie und Architektur des ‚Jüngsten Gerichts‘ umgehen? Schon 1975 hatte Jacques Ellul auf diese Problematik hingewiesen und vor der Gefahr gewarnt, „die ganze Sache mit dem Hinweis abzutun, die Wahrheit der Apokalypse sei ja doch keine andere als die der Evangelien“ und sich „ganz von ihr und ihrer Bildwelt ab[zuwenden].“ [406] Ellul verweist darüber hinaus auf die Schwierigkeit einer Deutung der Apokalypse überhaupt wie auch auf den Verlust ihrer Bildsprache durch eine Reduktion auf die Person Christi. Bisherige Deutungen im Sinne einer Leitidee (Erweckung von Hoffnung, Infragestellung der Macht des Kaisers) ließen unerklärt, warum man dazu einen solchen literarischen Aufwand betrieben hat. Auch die Beschreibung der Elemente aus anderen Apokalypsen hülfe letztlich nicht weiter, weil die Offenbarung des Johannes ein in sich stimmiges System sei, das den einzelnen Motiven intratextuell neue Bedeutungen zuweise.

In einer Wiederaufnahme seiner frühen Überlegungen zur Hermeneutik apokalyptischer Texte wird Rahner in der ‚kleinen Summe‘ seiner Theologie ein wenig deutlicher: Nachdem er erneut ausgeführt hat, dass Bilder zwar

---

405 RAHNERS wesentlicher Beitrag zur Eschatologie als Anthropologie soll hier keineswegs geschmälert werden, entwickelt er doch die Vorstellung des Sterbens als bewusster Tat, als „tätige Vollendung von innen, als aktives Sich-zur-Vollendung-Bringen, aufwachsende, das Ergebnis des Lebens bewährende Auszeugung und totales Sich-in-Besitz-Nehmen der Person“ (*Zur Theologie des Todes. Mit einem Exkurs über das Martyrium,* QD 2, Freiburg i.Br. u.a., 1958, 30). Abgesehen davon, dass es fraglich bleibt, wie ein solches Sich-zur-Vollendung-Bringen im christlichen Sinne ohne eine ausgearbeitete affirmative Hermeneutik apokalyptischer Bildwelten geschehen kann, scheint in diesem existentialen Todesverständnis der Abbruch-Charakter des Todes, auf den schon Balthasar insistierte (s.u.) unterbestimmt. Vgl. dazu: HELMUT HOPING, *Die Negativität des Todes. Zur philosophisch-theologischen Kritik der Vorstellung vom natürlichen Tod*, in: *Theologie und Glaube* 86 (1996), 296–312.

406 JACQUES ELLUL, *Apokalypse. Die Offenbarung des Johannes – Enthüllung der Wirklichkeit*, Neukirchen-Vluyn 1981, 2.

durchaus „etwas Wesentliches und Eigentliches sagen wollen, aber eben das, was durch die christliche Anthropologie von den Eschata gesagt werden kann und sonst nichts"(!) heißt es: „was sich von den Eschata so nicht erreichen läßt, das gehört in das Darstellungsmaterial, in die bildhafte Sphäre der eschatologischen Aussagen hinein, aber nicht in ihren Inhalt."[407] Darf man aber eine solche Unterscheidung zwischen Form und Inhalt unbefragt stehen lassen? Ist nicht genau hier eine reduzierende Rationalisierung, eine Geringschätzung des je spezifischen, individualisierenden Material- und Bildbestandes von Religion im Gange, die in jüngerer Zeit mit gewissem Recht beklagt wurde?[408] Gewiss, sein Anliegen ist zeitgeschichtlich verständlich, und die Gefahren einer Instrumentalisierung des apokalyptischen Motivbestandes dürfen weiterhin nicht unterschätzt werden. Die einleitend skizzierten Kategorien machen aber auch deutlich, dass seine Perspektive gerade wegen ihrer historischen Spezifität heute dazu auffordert, die Frage nach dem Verhältnis von Form und Inhalt des Glaubens an „letzte Dinge" noch einmal differenzierter anzugehen, also insofern die Anthropologie zu weiten und mit ihr auch die Christologie.

## 6.4 Hans Urs von Balthasar

In seinen dramatologisch orientierten eschatologischen Texten scheint sich *Hans Urs von Balthasar* der Frage nach einem Verstehen apokalyptischer Texte explizit kaum zu stellen.[409] Das ist seine methodische Schwäche. Dennoch vollzieht er mit seinem Konzept der ‚Theodramatik' immer wieder eine inszenatorische Deutung biblischer Texte und heilsgeschichtlicher Zusammenhänge. So vermeidet er unter anderem auch eine Engführung des apokalyptischen Dramas auf die historische Person Jesu Christi wie dies m.E. bei Karl Rahner geschieht.[410] Bezeichnenderweise heißt es in Theodramatik III: In der Apokalypse sei es möglich, zugleich auf Erden und im Himmel zu sein. „Wir haben demnach mit einer Wirklichkeit zu rechnen, die den Abstand zwischen Himmel und Erde überbrückt, ohne ihn aufzuheben; es ist die Wirklichkeit der Heiligkeit der Kirche oder der Kirche der Heiligen [...]"[411].

Hans Urs von Balthasar gehört vielleicht noch vor Johann Baptist Metz, Wolfhart Pannenberg und Jürgen Moltmann zu den wenigen großen Theologen der zweiten Hälfte des 20. Jahrhunderts, die die mit der Kanonisierung apokalyptischer Texte aufgegebene eschatologische Themenstellung unter

---

407 KARL RAHNER, *Grundkurs des Glaubens*, Freiburg u.a. 1984, 416.

408 Vgl. u.a. HOFF, *Spiritualität und Sprachverlust*.

409 Eine prägnante Ausnahme findet sich allerdings in *Theodramatik II/1. Der Mensch in Gott*, Einsiedeln 1976.

410 Vgl. HANS URS VON BALTHASAR, *Die Apokalypse,* in: *„Ja, ich komme bald". Die Endzeit im Licht der Apokalypse,* hg. v. *Informationszentrum Berufe der Kirche*, Freiburg / Stuttgart 1985, 105–143.

411 HANS URS VON BALTHASAR, *Theodramatik. Bd. III – Die Handlung,* Einsiedeln 1980, 23.

Bedingungen der Moderne nicht an den Rand, sondern in den Mittelpunkt ihres Theologietreibens gestellt und dabei auch ihren futurischen Charakter nicht ausgeblendet haben[412].

Man sollte dabei die Eschatologie im Werk von Balthasars ausgehend von der Diagnose eines *iconic* oder *pictorial turn* als Erblickungslehre – also als „Ästhetik im kantischen Sinne als Lehre von der Wahrnehmung der Gestalt des sich offenbarenden Gottes“[413] – verstehen. Balthasar beschreibt dieses Projekt einer *theologischen Ästhetik*[414], die allerdings ausdrücklich eine performative oder dramatische, also eine *Handlungs*dimension in das Gegenüber von trinitarisch-göttlicher und menschlicher Freiheit einführt[415], wie folgt: „in der Theologie gibt es keine ‚bloßen Fakten‘, die man ohne jede (objektive und subjektive) Ergriffenheit und Teilnahme *(participatio divinae naturae)* wie irgendwelche weltlichen Fakten sonst feststellen könnte, in der angeblichen Objektivität des Teilnahmslosen, Unbeteiligten, Sachlichen“[416]. Balthasar verweist dann auf 2 Kor 3,18 als *locus classicus* der theologischen Ästhetik des Paulus, die „‚Schau des Glanzes des Herrn mit aufgehülltem Antlitz‘, durch die ‚wir in sein Bild umgeformt werden.‘“[417]

Eigentlicher Ausgangspunkt unseres Zugangs zum Denken Balthasars ist aber seine subtile Theologie des Todes. Denn diese schließt systematisch unmittelbar an seinen Ansatz einer theologischen Ästhetik an: In *Theodramatik III* schlägt er vor, mit Heidegger zu einem bewussten (personalen, nicht indi-

---

412 „Die beiden Punkte in seinem [Origenes] immensen Werk, die mich fesselten, sind genau angebbar: Der eine ist seine (im Gegensatz zu Augustinus stehende) Eschatologie mit ihrer Tendenz zur ‚All-Erlösung‘. Mir war klar, daß eine eindeutige Apokatastasislehre mit kirchlicher Lehre unvereinbar war, aber mir schien auch die augustinische Gewißheit einer (dicht?) bevölkerten Hölle unbiblisch. [...] Das andere Thema, das mich bei diesem Meister fesselte, war der von ihm mehrfach geäußerte Gedanke, daß Christus seine [...] Braut Kirche als Dirne vorfand, sie aber durch seine Erlösung in eine Jungfrau zurückzuverwandeln vermocht hat.“ HANS URS VON BALTHASAR, *Unser Auftrag. Bericht und Entwurf*, Einsiedeln 1984, 34f.

413 HANS URS VON BALTHASAR, *Herrlichkeit* Bd. I. Einsiedeln ³1988 (1961), 118.

414 Vgl. dazu insgesamt: MARCELLO NERI, *La testimonianza in Hans Urs von Balthasar. Evento originario di Dio e mediazione storica della fede.* Bologna (EDB) 2001.

415 „Gottes Offenbarung ist ja kein Gegenstand zum Anschauen, sondern ist sein Handeln in und an der Welt, das von der Welt nur handelnd beantwortet und so ‚verstanden‘ werden kann.“ HANS URS VON BALTHASAR, *Theodramatik I. Prolegomena,* Einsiedeln 1973, 15.

416 Ebd., Gleichzeitig droht freilich genau diese hochindividuelle Erblickungsqualität sich dem Zugriff einer ‚wissenschaftlichen‘, und das heißt zuvörderst ohne Verlust kommunizierbaren Theologie zu entziehen und bietet zudem keinen Schutz vor dem Missbrauch der Energien, die Religion immer (noch) freizusetzen in der Lage ist. Vielmehr fordert der Missbrauch gerade apokalyptischer Bilder und Inhalte Kriterien, die diese noch unqualifizierte und immer von eigenen Begierden und zeitgenössischen Verstellungen gefärbte Empfänglichkeit zu reinigen in der Lage sind. Der von Balthasar an dieser Stelle propagierten Vereinigung von Erblickungslehre und Entrückungslehre, Fundamentaltheologie und Dogmatik (zugunsten der Dogmatik) kann deshalb und weiteren Gründen nicht zugestimmt werden. Vgl. dazu JOACHIM VALENTIN, *Unabdingbare dialogische Kompetenz. Horizont und aktuelle Fragestellungen der Fundamentaltheologie*, Herder Korrespondenz 57 (2003), 237–242.

417 BALTHASAR, *Herrlichkeit I*, 119.

viduellen) „mich zu meinem eigenen Sterben Verhalten“[418] zu finden, sich nicht wie im „klassischen Judentum“ hinter dem Volksganzen zu verstecken, anders als Plato an eine Erschaffenheit der Seele zu glauben und ebenfalls anders als dieser die völlige Einmaligkeit der Existenz einzusehen, aber sich auch nicht mit der Vorstellung eines „natürlichen Todes“ zu beruhigen (Stoa).

Gleichzeitig darf für Balthasar aber auch der Anspruch auf persönliche Würde im Tod nicht aufgegeben werden. Damit würde man ja auf ein Ernstnehmen und „Gelten“ des eigenen Lebenswerkes verzichten. Letzteres gilt wegen der dann möglich werdenden „fabrikmäßige[n] Vernichtung“[419] gesichtsloser Individuen. Der Tod, ernsthaft betrachtet, lässt sich nicht befrieden. Er bleibt eine unheilbare Wunde, ein Riss. Er bildet das Ende jedes Sinnkonzeptes und wird deshalb zum Entstehungsort immerfort kompensierender narrativer und fiktionaler Zugänge zum Thema.[420]

Wie bereits angedeutet, lässt Balthasars Modell, was die Frage nach der Objektivität und einer intersubjektiv ausweisbaren Kritik apokalyptischer Bilder angeht, Fragen offen. Unbeeindruckt von der exegetischen Diskussion liegt für ihn darüber hinaus, wo er sich diesen Bildern ausdrücklich zuwendet, die Apokalyptik auf einer Linie mit der alttestamentlichen Prophetie. Alle Propheten haben in ihren Visionen Anteil an einer „in Gott bestehende[n] objektive[n] Bilderwelt“, aus der „in der Johannesapokalypse eine Art Summa“ gezogen wird[421]. Vor dem Hintergrund dieser Objektivität erscheinen ihm sowohl die Darstellungen Dürers als auch der Gegenwartskunst verfehlt[422]. Kriterien für die Richtigkeit einer Darstellung der Apokalypse werden aber an keiner Stelle genannt, wohl aber wird in Balthasars Spätwerk eine autoritative Deutung der Bilder der Offenbarung des Johannes geboten.

Festgehalten werden soll hier, dass Balthasar in dieser Arbeit implizit ein Modell der Oszillation zwischen Eindeutigkeit und Verborgenheit des Sinns der Bilder entwickelt. So hält er gemäß dem Text der Offenbarung ausdrücklich *drei Mysterien der Johannes-Offenbarung* fest, die sich unter irdischen Bedingungen nicht auflösen lassen: *Christus* also die geheimnisvollen Namen des Lammes und des vom Lamm Auserwählten, *das Antichristliche* also das widergöttliche Böse (Hure Babylon) und *die katholische Kirche* in der organischen Vielfalt von sieben Gemeinden, die sich selber nur von Christus her

---

418 BALTHASAR, *Theodramatik III*, 112f.

419 Ebd., 119.

420 Eine ähnliche „Ästhetik des Todes“ formuliert PAUL VALÉRY in *Eupaulinos oder der Architekt* (Frankfurt a.M. 1990). Valérys (freilich atheistische) Theorie der ästhetischen Erfahrung mündet in ein entschiedenes Lob der Endlichkeit und Gegenwärtigkeit des Daseins der Sterblichen. Dieser ihrer Begrenztheit werden sie in der ästhetischen Erfahrung auf eine ekstatische Weise inne. Sie erleben, dass gerade in dieser Begrenzung unbegrenzte Möglichkeiten der Anschauung und der Gestaltung liegen. Wo hingegen alles ewig währt, ist die Erfahrung der Einmaligkeit und Vielgestaltigkeit der Welt verloren. Nur ein endliches Dasein ist für den Augenblick des Hier und Jetzt offen.

421 BALTHASAR, *Theodramatik III*, 16.

422 DERS., *Apokalypse,* 140.

kennen (7 Sendschreiben).[423] „Die wiedergeborenen Bilder aber bleiben, aller Realisierung der alten Prophetie im Evangelium zum Trotz, noch immer Bilder und mahnen den Gläubigen, dass der prophetische Gehalt der evangelischen Worte und Taten Jesu und der Apostel sich in Dimensionen hin öffnet, die der christliche Glaube nie in beruhigten Besitz verwandeln kann.“[424] Hier werden die Bilder selbst zum Teil einer neuen ‚Negativen Theologie‘, die allerdings nicht schweigt, sondern im Gegenteil eine Fülle von Bildern produziert, die sich gegenseitig „tiefer auslegen“.[425] Ob ein solches Oszillieren auch im Text des Johannesoffenbarung markiert und dem Leser/der Leserin plausibel gemacht wird, darüber schweigt Balthasar: „Das Zentrum der Apokalypse besteht, wie sich zeigt, aus einer Folge von Bildern, die ‚in Spiegel und Rätsel‘ [...] die zwischen Himmel und Erde, Zeit und Ewigkeit sich entfaltenden Folgen des evangelischen Christusgeschehens zeigen. Aber die Apokalypse steht diesem Geschehnis nicht einfach als visionäre der realen Wirklichkeit gegenüber.“[426]

Einen Dualismus zwischen Alltagsrealität und täuschender oder diese überhöhender apokalyptischer Vision gibt es bei Balthasar also nicht. Die Apokalypse ist real, insofern sie dem Christen/der Christin ‚theodramatisch‘[427] das Kreuzesopfer Christi nachzuvollziehen hilft. Sie zeigt die Welt nach Christi Himmelfahrt im Kampf zwischen Gut und Böse, in einer spirituellen Perspektive, die existentiell in die Entscheidungssituation zwischen Lamm und Tieren, zwischen Christ und Antichrist zwingt, ohne diese als historisch-gegenwärtige Entitäten oder Personen definieren zu müssen. Sie kann kein Trostbuch sein, weil der Kampf noch nicht zu Ende gekämpft und folglich auch noch nicht entschieden ist, auf welcher Seite der Leser zu stehen kommen wird. Dass allerdings vor dem Hintergrund von Matthäus 25,31–46 die Rede vom ewigen Feuer der Hölle zugunsten eines auf Apokatastasis (Allerlösung) zulaufenden Purgatoriums („wie durch Feuer hindurch“, 1 Kor 3,12–15) entschärft werden muss, ist Balthasar gewiss[428], wie er auch an vielen anderen Stellen ausgeführt hat.[429]

---

423 Ebd., 108.

424 DERS., *Theodramatik III*, 45.

425 Ebd., Vgl. zum Zueinander von Schweigen und preisendem Gebet und dessen überbordenden Bildwelten im Werk Jacques Derridas: VALENTIN: *Atheismus in der Spur Gottes*, 187–191.

426 BALTHASAR, *Theodramatik III*, 43.

427 Vgl. dazu instruktiv: DANIELA ENGELHARD, *Im Angesicht des Erlöser-Richters. Hans Urs von Balthasars Neuinterpretation des Gerichtsgedankens.* Mainz 1999, 93–124.

428 Ausdrücklich wendet sich Balthasar gegen die doppelte Prädestination des Augustinus (BALTHASAR, *Apokalypse*, 143). Karl Rahner beharrt seinerseits auch an dieser Stelle und angesichts der Problematik der Prädestinationslehre auf einer Negativen Theologie ohne Bilder und versteht Apokatastasis als „Indiskretion“ (KARL RAHNER, *Grundkurs des Glaubens*, 418). An anderer Stelle (*Hermeneutik*, 420) heißt es: „eine richtige eschatologische Rede [müsse] sowohl das angemaßte Wissen um eine universelle Apokatastasis wie um das sichere Heil eines einzelnen vor seinem Tod ausschließen wie auch das sichere Wissen um eine sicher eingetretene Verdammnis.“ Er fährt an dieser Stelle jedoch ganz im Sinne Balthasars

*Gericht* ist bei Balthasar zudem zutiefst interpersonal und netzwerkartig angelegt. Es stehen sich – anders als in der Apokalypse – augenscheinlich[430] nicht einfach zwei Fronten gegenüber[431]: „Einem kann um eines anderen willen das Gericht erspart oder erleichtert werden."[432] Mit Verweis auf Joh 12,48[433] legt Balthasar darüber hinaus nahe, dass Christus und die Heiligen eher als Katalysatoren und Echo auf die eigenen Handlungen, denn im buchstäblichen Sinne richten: eine Denkbewegung, die in jüngeren Debatten um Vergebung nach Auschwitz eine wichtige Tür geöffnet hat.[434] Insgesamt kann die Offenbarung des Johannes keinesfalls die Aussage „Gott ist Liebe" (1 Joh 4,8) zurücknehmen. Balthasars Eschatologie ist also im Ganzen weniger als *christo-* denn als *theozentrisch* zu bezeichnen. Die Zornes- und Gerichtselemente versteht er denn auch als Verfremdungen, die ein vorschnelles Verstehen dessen, was wir für Liebe halten, verhindern: „Wir können das Feuer der Liebe Gottes nicht nach unserem armseligen irdischen Flämmchen bemessen. [...] die Liebe des dreieinigen Gottes bleibt ewig größer und unbegreiflicher als alles, was in unsere Begriffe eingeht".[435]

## 6.5 Aktuelle Entwicklungen

In den letzten beiden Jahrzehnten wird die Eschatologie als pastoraltheologischer Traktat aktuell. Dies verwundert insofern nicht, als auch in den Auseinandersetzungen um die ‚Auferstehung im Tod' bekanntlich die Tatsache, dass das Denken (Greshakes und Lohfinks) „die Verkündigung sprachlos

---

fort: „Von der möglichen Verdammnis kann nur gesprochen werden[...], insofern so, und nur so, dem Menschen verwehrt ist, den sicheren Sieg der Gnade in der Welt als für ihn selbst schon fixen und vorausgenommenen Posten in die Rechnung seiner noch zu wagenden freien Existenz zu stellen." (*Hermeneutik*, 422).

429 Vgl. u.a.: HANS URS VON BALTHASAR, *Kleiner Diskurs über die Hölle,* Ostfildern ²1987; *Was dürfen wir hoffen?* (Kriterien 75) Einsiedeln/Trier ²1989; *Apokatastasis,* TThZ 97 (1988), 169–182.

430 Balthasar versteht – vor allem im Lichte der Evangelien – die drastisch dargestellten Strafen für die Verworfenen als Ausdruck eines Zornes Gottes, diesen jedoch als „jene Bestimmtheit der Liebe Gottes, mit nichts, was ihrem lautersten Feuer widerspricht, paktieren zu können und zu wollen. Das Böse, das sich in die Herzen der Menschen eingefressen hat, muß um jeden Preis weg und aus der Welt so hinausgeworfen werden, daß es nichts mehr zu verzehren hat als sich selbst: aufsteigender Rauch von Ewigkeit zu Ewigkeit" BALTHASAR, *Apokalyptik*, 142.

431 Es gibt zwar zwei Heerlager, aber das Lamm übersteigt von Anfang an beide in der Gnade, deshalb haben die Zeugen in der Offenbarung des Johannes auch keine Angst.

432 DERS., *Eschatologie im Umriss*, in: *Pneuma und Institution* (SkTh IV), Einsiedeln 1974, 410–455, 440.

433 „Das Gericht aber ist dieses: Das Licht ist in die Welt gekommen, aber die Menschen hatten die Finsternis lieber als das Licht."

434 Vgl. Abschnitt 1.3.5.

435 BALTHASAR, *Apokalypse*, 142.

mach[e]"[436], ein wesentliches Argument für die Verabschiedung dieses Denkens darstellen.

### *6.5.1 Vergebung im Angesicht der Opfer*

Ottmar Fuchs, Pastoraltheologe in Tübingen, knüpfte 1995 zum 90. Geburtsjahr von Hans Urs von Balthasar an dessen Eschatologie an[437], wenn er dessen Rede von der Eschatologie als „Wetterwinkel in der Theologie unserer Zeit"[438] zunächst aufgriff, dann aber im rahnerschen Sinne auf die Christozentrik zurückband und mit diesem eine allzu genaue Kenntnis und Bebilderung jenseitiger Welten in der Eschatologie (nicht zuletzt im Namen derer, die als Preis für ein ewiges Leben ihr irdisches gewaltsam hingeben mussten) zurückwies.[439] Wiederum in balthasarscher Tradition und mit Verweis auf die historisch fatalen Folgen der Annahme einer ‚ewigen Hölle für die Andern'[440] führt Fuchs einen Jesus der Evangelien ein, der angeblich von einer Ewigkeit der Hölle nichts und ansonsten „nichts über das traditionell Verfügbare hinaus" wissen wollte, sondern in einer Art ‚Pädagogik der Höllendrohung' lediglich „eine diesseitige Steigerung von Mitmenschlichkeit und Gewaltlosigkeit"[441] angezielt habe.

---

[436] RATZINGER, *Eschatologie*, 99.

[437] OTTMAR FUCHS, *Gerechtigkeit im Gericht. Ein Versuch. Zum 90. Geburtsjahr von Hans Urs von Balthasar,* in: Anzeiger für die Seelsorge 104 (1995), 554–561

[438] BALTHASAR, *Eschatologie*, 415ff.

[439] FUCHS, *Gerechtigkeit*, 554.

[440] Dankenswert an späterer Stelle aber im gleichen Sinne ein Verweis auf Jürgen Werbicks Kritik (noch früher war hier: VERWEYEN, *Christologische Brennpunkte*, Essen [2]1985, 119) der historisch zwar als Kritik lesbaren, letztlich aber doch erschreckend teilnahmslosen Höllenbesichtigung Vergils in DANTEs *Divina Comedia*, die hier richtig als „nicht einmal als poetische Lizenz theologisch erträglich" genannt wird (FUCHS, *Gerechtigkeit*, 557) und deshalb in diesem Band auch keine ausführlichere Erwähnung findet. An anderer Stelle hat Ottmar Fuchs im Rückgriff auf Michel Foucaults Begriff der Pastoralmacht (vgl. dazu ausführlich Kapitel 1.2.3) auf den vor allem in der frühen Neuzeit angesichts von Erosionserscheinungen des Höllenglaubens angeschärften pastoralen Missbrauch und die fatale Übernahme apokalyptischer Bilder in reale Strafverfahren (Verbrennungen) und die damit verbundenen hierarchischen Selbstermächtigungsphantasien hingewiesen. OTTMAR FUCHS, *Deus semper maior: auch im Gericht. Von der Pastoralmacht zur Pastoralgnade*, ThPQ 144 (1996) 131–144.

[441] Ebd., 555. So auch ALFONS FÜRST (Identität und Toleranz im frühen Christentum, in: Orientierung 66 (2002), 26–31) „Während in den apokalyptischen Endzeit-Vorstellungen des Frühjudentums die Gottesherrschaft durch einen militärischen Sieg über die Feinde aufgerichtet wird, ist sie bei Jesus ohne blutigen Kampf und Sieg schon verborgen präsent. Nur die ‚Dämonen' werden ausgetrieben (Lk 11,20) und die Armen (Mt 5,3), die Kinder (Mk 10,4), die Zöllner und Dirnen (Mt 21,32) werden als erste hineinkommen." Auch die sogenannte ‚Feindesliebe' proklamiere, so Fürst „eine grundsätzlich Option gegen Gewalt, gegen Machtdemonstrationen und öffentliche Beleidigung". Dass für Origenes auch die finale Dämonenaustreibung noch ein Scheitern des Schöpfungsprojektes bedeutet hätte, darf hier gegen Fürsts im Kern apologetische Schilderung ebenso vermerkt werden wie der bei ihm drohende implizite Antijudaismus, denn seine etwas pauschale Gewaltkritik dürfte sich ja nicht nur gegen die ‚frühjüdische Apokalyptik', sondern müsste sich konsequent auch gegen die (‚christliche') Offenbarung des Johannes richten. Eine Reflexion auf die konstitutive Funktion von

Auch für Fuchs muss es freilich dennoch eine endzeitliche Gerechtigkeit geben, jedoch keine abgrundtiefe, ewige, denn: Für endlichen Schmerz in endlicher Zeit soll kein unendlicher Schmerz Vergeltung sein. Es braucht also keine Hölle, Gott selbst ist Feuer. Eine wirkliche Wiedergutmachung ist nur möglich „*im Lebenszusammenhang mit Gott und den Opfern selbst*".[442] Es scheint mir ein originärer Beitrag von Ottmar Fuchs zur zeitgenössischen Debatte zu sein, dass er, was bei Balthasar als freiheitliches Gerichtsgeschehen der Läuterung durch Gott und die Heiligen angelegt war, durch eine Stärkung der Position der ‚Verlorenen der Geschichte' durchaus im Sinne der Politischen Theologien *konkretisiert*. Damit verneint er die Frage nach der Möglichkeit einer universellen Vergebung unter Ausschluss der Opfer[443] ausdrücklich und hat ein neues Gedankenelement organisch in die Eschatologie *integriert*: „Ein vom Gesicht der Opfer abgewandtes und abgespaltenes Strafleiden wäre sinnlos, weil dann die Sühne nicht an dem Ort eingeklagt und fruchtbar würde, wo die Schuld verursacht wurde und Leid zugefügt hat."[444]

In einer späteren Publikation wendet sich Fuchs noch expliziter der Seite der Täter zu: Fuchs spricht hier von einem „Reueschmerz", der die „Würde der Opfer auf der Seite der Täter als konstruktives responsorisches Gegenleid erlebbar" mache.[445] Ausgereift erscheint die balthasarsche Vorgabe jedoch erst dort, wo Fuchs nicht nur die unübersehbare Verstrickung von Täter und Opfer in Prozesse der Anklage, Reue und Versöhnung annimmt, sondern mit Verweis auf 1 Kor 4,4f auch denen, die mit der ruhigen Gewissheit eigener Reinheit dem Gericht entgegenblicken, ins Stammbuch schreibt: „Siegerbewußtsein der Guten ist nicht am Platz. Als potentielle Täter werden sie wohl für die Rettung der faktischen Täter eintreten: dass es bei ihnen Gnade *ante factum* war und dass die Täter jetzt diese Gnade *post factum* nicht vorenthalten bekommen"[446].

---

Gewalt wäre hier also vonnöten, die Fürst leider schuldig bleibt und auch sonst für das frühchristliche und patristische Schrifttum bisher nur in Ansätzen vorliegt. Vgl. aber neuerdings JOSEF LÖSSL, *Sprachlich-ästhetische Darstellung und ‚Anwendung' von Gewalt in Texten frühchristlicher Apologeten*, in: Zeitschrift für Religionswissenschaft 20 (2012), 196–222.

442 FUCHS, *Gerechtigkeit*, 556.

443 ... wie sie von Emmanuel Levinas so eindringlich gestellt wurde – vgl. Kapitel 1.2.2 dieser Arbeit.

444 FUCHS, *Gerechtigkeit*, 557.

445 OTTMAR FUCHS, *Neue Wege einer eschatologischen Pastoral*, in: Tübinger Theologische Quartalschrift 179 (1999) 4, 279f.

446 OTTMAR FUCHS, *Unerhörte Klage über den Tod hinaus. Überlegungen zur Eschatologie der Klage*, in: M. EBNER u.a. (Hg.), *Klage* (JBTh 16), Neukirchen-Vluyn 2001, 347–380. Das sind freilich Spekulationen, die man endlos weitertreiben könnte, und die in ihrer Vorahnung bzgl. Komplexität und Singularität der Begegnungen bereits approximativ dem nahe kommen, was Jacques Derrida „Messianität ohne Messias" nennt, nämlich „das Kommen des anderen [...] dieser immer anderen Singularität". JACQUES DERRIDA, *Marx Gespenster*, Frankfurt a.M 1995, 110.

In einem bemerkenswerten Beitrag hat Jan-Heiner Tück 1999 die skizzierten Vorgaben von Ottmar Fuchs aufgenommen[447] und sie an mehreren Punkten präzisiert: Zum Ersten stellt Tück das Modell eines interpersonalen Gerichts, nicht zuletzt angestoßen von Johann Baptist Metz' in den Zusammenhang der ,Theologie nach Auschwitz'. Zum Zweiten klärt er die von Fuchs bereits in weitreichender Komplexität entwickelten mögliche Täter-Opfer-Relation insofern, als „auch die Opfer solange unerlöst bleiben, als sie über das Trauma ihres Leidens nicht hinwegkommen"[448] und „man die Identität des Täters nicht auf seine Untaten reduzieren kann"[449]. Zum Dritten weist er schließlich in einem Rückgriff auf Hans Urs von Balthasar und Paulus ausdrücklich auf die zentrale Rolle *Jesu Christi* in einem ergebnisoffenen Versöhnungsgeschehen hin,[450] eine Perspektive, die sich deshalb eröffnet, weil Tück diesen aus der Rolle des zunächst und vor allem *Anklagenden* befreit, in die Fuchs ihn zunehmend zu drängen scheint. Der vorauszusetzenden Freiheit von Tätern und Opfern wird Christus als mit unendlicher Geduld Wartender gerecht, dem ungeheuren Leid, das es rückblickend zu ertragen gilt, begegnet er als derjenige, der „den Weg der Leidenden bis in die äußerste Ohnmacht des Todes mitvollzogen hat"[451].

### *6.5.2 Der wartende Christus*

Tück greift auf ein von Fuchs schon einmal kurz angedeutetes Theologoumenon zurück, dessen Bedeutung in der gegenwärtigen eschatologischen Diskussion zunimmt, das sich allerdings, wie deutlich werden wird, aus mehreren Quellen speist. Fuchs hatte erstmals 1995 vor dem Hintergrund des Hörspiels *Festianus, Märtyrer* von Günter Eich[452] den höllensprengenden Herabstieg eines Unschuldigen aus dem Himmel mit der Bemerkung zitiert: „Ich bin zu den Sündern zurückgegangen, ich kann nicht im Paradies leben, solange es noch Menschen gibt, die leiden". In einem Beitrag von 2001 legt Fuchs eine soteriologische Vertiefung dieses Gedankens vor[453]: Ein Gott, der überhaupt der von Fuchs weiterhin angenommenen übermächtigen (Gottesan-)Klage am

---

[447] JAN-HEINER TÜCK, *Versöhnung zwischen Tätern und Opfern? Ein soteriologischer Versuch angesichts der Shoa,* in: Theologie und Glaube 89 (1999), 364–381.
[448] Ebd., 366.
[449] Ebd., 368.
[450] „In der Begegnung mit Christus, dem auferweckten Gekreuzigten, werden die Täter zugleich mit ihren Opfern konfrontiert, da Christus sich mit diesen rückhaltlos identifiziert hat und deren Anwalt beim Vater ist." Ebd., 374 „Indem die Opfer sich mit Christus identifizieren, treten sie ein in dessen Verhältnis zum Täter. Christus aber sieht im Täter – trotz seiner Untaten – den Nächsten und sucht ihm einen Weg der Versöhnung zu eröffnen." Ebd., 380.
[451] Ebd., 379.
[452] GÜNTER EICH, *Fünfzehn Hörspiele,* Frankfurt a.M. 1966, 524–563. Das Hörspiel Günter Eichs und Fuchs' Rezeption dürfen als besonders prägnante Fälle einer substantiellen (und nicht bloß illustrativen) Inspiration der Theologie von der Kunst her gelesen werden.
[453] JAN-HEINER TÜCK, *Theodizee und Christologie bei Johann Baptist Metz. Ambivalenz der Neuzeit im Licht der Gottesfrage*, Paderborn 2001, 295.

Jüngsten Tag gewachsen sein soll, muss seine Allmacht vor allem als *Allmacht des Mitleidens* erweisen[454]. Doch anstatt diese Allmacht (mit Balthasar) *trinitarisch* zu begreifen, führt bei Fuchs am Jüngsten Tag „Jesus [...] die Klage gegen Gott an".

Doch der Gedanke eines wartenden Christus, den Fuchs hier entwickelt, ist nicht neu. Schon 1977 hatte Hansjürgen Verweyen mit Bezug auf 1 Kor 15,22 prägnant formuliert: „Wer mit der Möglichkeit auch nur eines auf ewig Verlorenen *außer seiner selbst* rechnet, der kann nicht vorbehaltlos lieben."[455] und im weiteren Fortgang der Überlegungen wie nebenbei geschrieben: „Sieht man die Dinge so, dann bedeutet Himmel für alle [...d]en Entscheid für eine Geduld, die grundsätzlich niemals aufgibt, sondern unendlich lange auf den andern zu warten bereit ist."[456] Verweyen verweist nicht nur auf analoge (und einer Eschatologie, die den Gedanken des wartenden Erlösers ausklammert, überlegene) Traditionen in der Bodhisattva Tradition des Mahayana Buddhismus[457] und einer Legende über den Rabbi Hayim von Volozhyn[458], sondern fasst den Gedanken des Wartens auch erstmals explizit christologisch.[459]

In Verweyens Buch *Botschaft eines Toten?*[460] wird das Wartenkönnen nicht zuerst als eine Eigenschaft des Erlöserrichters (Balthasar) dargestellt, auf die sich der säumige Sünder verlassen könnte, etwa um nur umso länger in seiner eigenen Bösartigkeit zu verharren, sondern zuerst als *trinitarische* Eigenschaft vor dem Hintergrund, den die Wartenszusage Jesu in Mt 26,29 formuliert: „‚Ewig' ist allein die durch nichts verrückbare Entschiedenheit Gottes, unendlich lange auf das Ja seiner Kreatur zu warten. Wer Ja zu diesem Warten sagt, hat teil an dieser ewigen Entschiedenheit Gottes. [...] Der wirklich entschieden Wartende hat alles auf ihn zukommende Leiden bereits aktiv entgegengenommen. Er ist nicht mehr der rein Passive in seiner Passion."[461] Wartenkönnen ist damit zuerst eine *Handlungskategorie* der liebenden Nachfolge und nicht – wie in der dargestellten jüngeren Debatte – ein göttliches Attribut und damit Objekt (zu) weit reichender Spekulation.

Worum geht es bei dem Ganzen, was ist neu: Eine erlösend-richtende Vermittlung der Opfer- und Tätergeschichten im Sinne eines geduldig auf das

---

454 „Angesichts des wohl nicht an Zeit, aber an Intensität unendlichen Leidens in der Geschichte kann es wohl nur ein allmächtiger Gott sein, der ein derart allumfassendes Mitleiden aufzubringen vermag." FUCHS, *Unerhörte Klage*, 361.

455 VERWEYEN, *Christologische Brennpunkte*, 120.

456 Ebd., 121f.

457 Dieser Hinweis stammt ursprünglich aus RATZINGER, *Eschatologie*, 155f.

458 Ausgehend von CATHERINE CHALIER, *La persévérance du mal,* Paris 1987, bes. 163f. Beides zit.: HANSJÜRGEN VERWEYEN, *Gottes letztes Wort. Grundriß der Fundamentaltheologie*, Regensburg $^{4}$2002, 311–313.

459 Vgl. neuerdings zu diesem Thema und in der Tradition Hansjürgen Verweyens: MATTHIAS MÜLLER, *Christliche Theologie im Angesicht des Judentums: Bausteine einer Phänomenologie des Wartens,* Stuttgart 2009.

460 HANSJÜRGEN VERWEYEN, *Botschaft eines Toten? Den Glauben rational verantworten*, Regensburg 1997, 42–51.

461 Ebd., 49.

freie Ja zur Versöhnung wartenden und in diesem Sinne zur Nachfolge auffordernden Gottes:

Die liebende Zuwendung Gottes endet nicht mit dem irdischen Tod, der für die Allmacht und Ewigkeit Gottes keine wirkliche Grenze darstellt. Nach dem Sterben des *Leibes* hat (in der Ewigkeit, und damit nach Gisbert Greshake ‚im Tod')[462] die mit den leiblichen Prägungen eines gelebten Lebens gesättigte *Seele* die Konfrontation mit eben diesem Leben zu erwarten. Dies geschieht in der Frage nach ihrer Übereinstimmung mit einer von Beginn an guten Schöpfung bzw. nach der gelungenen Jesusnachfolge (Mt 25). Das Geschehen, welches allgemein als ‚Gericht' bezeichnet wird, stellt der Schuld, und oft genug abgründigen Niedertracht des Menschen eine geradezu ‚logische' Notwendigkeit dar, die in vielen Hochreligionen zu ähnlichen Vorstellungen einer außerirdischen Gerechtigkeit geführt hat. Die Annahme eines Zwischenzustandes – seit dem 11. Jahrhundert katholisch: ‚Purgatorium', das heißt ‚Reinigungsort oder -situation' – steht für die Gelegenheit, sich zu eben diesem Leben und der darin vollzogenen Abwendung von Gott noch einmal neu zu verhalten. ‚*Gericht'* würde dann die Begegnung mit den Opfern des eigenen Verhaltens im Angesichte Christi als eines Raumes der Versöhnung bedeuten. Insgesamt geht es um einen Prozess, der wegen der Schau auf eigene und fremde Abgründe sich durchaus auf das Feuerwort des Apostels Paulus (1 Kor 3,12–15) stützen könnte. Nach dem Zu-Ende-Kommen aller Spätfolgen menschlicher Schuld und nach der in unbedingter Freiheit der Menschen vollzogenen Reinigung darf als Ergebnis eines komplexen Prozesses der Begegnung von ‚Tätern' und ‚Opfern', der sich in einem von der unendlichen Geduld des Erlösers eröffneten Raum abspielt, Allversöhnung *(apokatastasis panton)* erhofft werden.[463] Eine solche – wahrhaft sowohl apokalyptische wie eschatologische – Zeitdimension welche die Leid- und Schuldverstricktheit der Geschichte sichtbar werden lässt, ist ein wesentlicher Anspruch, unter dem die im Folgenden darzustellenden Schichten der christlichen Tradition zu lesen sein werden.

---

462 Vgl. GISBERT GRESHAKE, *Das Verhältnis ‚Unsterblichkeit der Seele' und ‚Auferstehung des Leibes in problemgeschichtlicher Sicht,* in: DERS. / LOHFINK, *Naherwartung*, 82–130.

463 Vgl. VERWEYEN, *Gottes letztes Wort*, 311ff sowie: DERS., *Botschaft*, 45ff.

# 7. Neue Politische Theologie und Theologie der Befreiung

## 7.1 Neue Politische Theologie

Was hier relativ abstrakt formuliert wurde, das Aufladen der Eschatologie mit der politischen Dynamik, die sie auch in ihrer Entstehungszeit hatte, vollzog sich parallel an einem zweiten Ort in der katholischen Theologie und zwar ebenfalls in den sechziger Jahren bei Johann Baptist Metz; und zwar als historisch-kritische Erkenntnis im mehrfachen Sinn des Wortes: Von ihrem historischen Auftreten an markiert apokalyptische Literatur die Wahrnehmung einer unvertretbaren je historisch speziellen Krisenhaftigkeit irdischer Existenz des Menschen. Nur von Gott her im Sinne universaler Gerechtigkeit bzw. eines Gelingens des ‚Projektes Schöpfung' kann sie geheilt werden. Apokalyptik muss also nicht nur als literarischer Ausdruck historisch konkret leidender Menschen in den letzten Jahrhunderten vor Christi Geburt gelesen werden, sondern sie ist auch immer wieder neu von chancenlosen kirchlichen und gesellschaftlichen Randgruppen, Schwärmern und ‚Sekten' als Widerstands- und Hoffnungsbuch neu gelesen worden[464].

Bereits in einem Vortrag, den Johann Baptist Metz 1967 auf dem Internationalen Theologenkongress in Toronto[465] gehalten hatte, benennt er erstmals zwei zentrale Aufgaben der sich hier langsam entwickelnden „politischen Theologie" (ein Begriff, den Metz bereits einige Jahre vorher bei Gesprächen der Paulus-Gesellschaft verwendet hatte[466]): *Negativ* habe politische Theologie auf eine Entprivatisierung der zeitgenössischen Theologie hinzuarbeiten, *positiv* versteht Metz sie „als Versuch, die eschatologische Botschaft unter den Bedingungen unserer gegenwärtigen Gesellschaft zu formulieren".[467] Die eschatologische Dimension stellt also von Anfang an kein *Anhängsel* der Politischen Theologie dar, sondern ist ihr von ihren ersten Anfängen an eingeschrieben.

Wenn Johann Baptist Metz dann in seinen erstmals 1977 publizierten „Unzeitgemäßen Thesen zur Apokalyptik"[468] die Gottlosigkeit des allseits verbreiteten Evolutionismus[469] der reichen westlichen Gesellschaften anprangerte und

---

[464] Vgl. ELISABETH SCHÜSSLER-FIORENZA, *Das Buch der Offenbarung. Vision einer gerechten Welt*, Stuttgart 1994, 21–38.

[465] Der Vortrag fand Eingang in: JOHANN BAPTIST METZ, *Zur Theologie der Welt*, Mainz / München 1968, 99–121.

[466] Vgl. ROSINO GIBELLINI, *Handbuch der Theologie im 20. Jahrhundert*, Regensburg 1995 (Brescia 1992), 290.

[467] METZ, *Theologie der Welt*, 99.

[468] JOHANN BAPTIST METZ, *Hoffnung als Naherwartung oder der Kampf um die verlorenen Zeit. Unzeitgemäße Thesen zur Apokalyptik*, in: DERS., *Glaube in Geschichte und Gesellschaft. Studien zu einer praktischen Fundamentaltheologie*, Mainz $^{4}$1984, 149–160.

[469] Ebd., 152f.

vor allem den Verlust eines typisch apokalyptischen „Katastrophenbewusstseins“[470] einklagte, so darf hier gewiss seine Kritik an Rahners Reduktion der Eschatologie auf Anthropologie und Christologie mitgehört werden. Metz bemerkt, dass apokalyptische Texte den Menschen an die Begrenztheit seiner Zeit erinnerten, damit seinen Machbarkeitswahn begrenzten und so in gewisser Weise als Anfragen an nachindustrielle Subjektkonzeptionen zu verstehen seien. Neben diesem im weitesten Sinne ideologiekritischen Zugang hat für Metz die Erwartung eines Jüngsten Gerichts allerdings nicht nur eine fiktivtextuelle Relevanz, es muss vielmehr als *jederzeit zu erwarten* und damit als konkrete Realität im Lebensentwurf des christlich lebenden Menschen ernstgenommen werden. Ein solches Denken der Apokalypse als ‚Zeitbruch‘ wurde bei Metz vor allem angestoßen von dem offensichtlichen Messianismus im Werk Walter Benjamins[471], der das Kommen des Messias vor allem als Kreuzungspunkt, als Ort der Diskontinuität zwischen Zeit und Ewigkeit begreift.[472]

Metz knüpft also an im weitesten Sinne marxistische und prophetische Traditionslinien an und konzentriert sich wie Benjamin auf die aus der jüdischen und christlichen Tradition in den abendländischen Ideenpool eingeflossenen utopischen Potentiale einer gerechten Gesellschaft. Dies geschieht allerdings bereits auf einer zweiten, neomarxistischen Reflexionsstufe der Utopie – nämlich in dem zuerst von Adorno artikulierten Bewusstsein, dass sich „im Kontext der universellen Verblendung positive Maßstäbe für eine angemessene Praxis nicht formulieren lassen, ohne sie der Gefahr einer ideologischen Vereinnahmung zu unterwerfen“[473].

Wenn Metz in der Linie dieses Gedankens allerdings die „Katastrophenbilder der Apokalyptik“ vor allem als „Vorstellungsverbote im Blick auf Zukunft“[474] versteht, geraten – wie schon früh bemerkt wurde[475] – die klassischen Themen der Lehre (Himmel/Hölle, Fegefeuer, Gericht, Tod und Auferstehung) und damit ein nicht zu unterschätzendes Potential der apokalyptischen Bilder aus dem Blick. Aufgrund einer mangelnden Reflexion auf den textuel-

---

470 Ebd., 155.

471 … dessen Diktum, dass jede Sekunde „zu der Pforte wird, durch die der Messias in die Geschichte tritt“, Metz wörtlich zitiert (METZ, *Glaube in Geschichte*, 154). Vgl. zur Ambivalenz der Benjamin-Rezeption in der Neuen Politischen Theologie: TÜCK, *Christologie und Theodizee*, 106–117, zur kritischen Funktion des Messianismus die Passagen zu Emmanuel Levinas und Jacques Derrida in Kapitel 1.

472 Vgl. OTTMAR JOHN, *„…Und dieser Feind hat zu siegen nicht aufgehört“. Die Bedeutung Walter Benjamins für eine Theologie nach Auschwitz*, (Religion – Geschichte – Gesellschaft 6), Münster 2000.

473 TÜCK, *Christologie und Theodizee*, 97.

474 METZ, *Glaube in Geschichte*, 155.

475 RATZINGER, *Eschatologie*, 59ff. Ratzingers Kritik an der Politischen Theologie, sie redupliziere lediglich den Machbarkeitswahn der von ihr kritisierten Fortschrittsideologien „Der Mensch will Gott sein, aber er will es in der Weise des Prometheus“ (63), dürfte jedoch angesichts der ausdrücklichen Theozentrik der Metzschen Thesen zu weit gehen und reibt sich zudem an der ausdrücklichen Aufforderung zur Mitarbeit am künftigen Reich Gottes in *Gaudium et Spes* 39.

len und fiktionalen Charakter der Apokalyptik drohen nicht nur einzelne Inhalte der Tradition verloren zu gehen, sondern auch eigentlich unvermeidbare Fragen menschlicher Existenz nach einem Schicksal nach dem Tod, nach der universalen Gerechtigkeit Gottes und nach der Möglichkeit von Sinn zur Seite geschoben zu werden. Metz bewegt sich hier also – auch was die Kritikpunkte angeht – genau in den Spuren seines Vordenkers Ernst Bloch.

## 7.2 Theologie der Befreiung

„Das endzeitliche Klima einer akuten Erwartung oder eines tausendjährigen Reiches oder des Endes der Zeit hat überdauert und dauert mit Sicherheit bis in unsere Tage an. Dieses Klima darf daher weder in der theologischen Reflexion noch in der Pastoral vernachlässigt werden."[476] Aus diesen Worten spricht weniger der Geist einer reflexiven Eschatologie oder der eines theologisch gewendeten Neomarxismus, den man in Europa gleichwohl lange in ihnen finden wollte, sondern eher eine aktuelle Betroffenheit von der Präsenz millenaristischen Gedankengutes in katholischen Basisgemeinden und den schon zu dieser Zeit gerade rasant wachsenden ‚Pfingstkirchen' in Lateinamerika[477]. Sie wenden sich explizit gegen eine Theologie, die versucht, von einer „endzeitlichen Woge" Abstand zu gewinnen, die „in alle Richtungen brandet und dabei den Erdteil der Armen und Enterbten dieser Erde überspült"[478]. Wer also heute den konkreten Glauben an ein Kommen des Gerichtes ablehnt, steht gegen die Tradition der Armen und Entrechteten, seien sie Anhänger der Pfingstkirche oder der Befreiungstheologie.

Der wesentliche Impuls einer Neufassung der Eschatologie im befreiungstheologischen Kontext dürfte von Leonardo Boffs Büchlein *Was kommt nachher?*[479] ausgegangen sein. Sie entstand aber offenbar vor allem vor dem Hintergrund einer pastoralen Situation, die stärker als in einem von „Indifferenz gegenüber der Problematik der Transzendenz und Eschatologie"[480] geprägten Europa von volks- oder massenreligiösen Elementen bestimmt war und es noch ist: „wenn auch nicht immer in ganz entfalteter Form [ist] das Bewusstsein des christlichen Volkes in seinen Kämpfen [durchzogen] von [...] der

---

476 João B. Libânio / Maria C. Lucchetti Bingemer, *Christliche Eschatologie. Die Befreiung in der Geschichte*, Düsseldorf 1987, 54.

477 Die zuerst von Reinhold Niebuhr (*Moral Man and Immoral Society*, New York 1932, 62) geäußerte Vermutung einer *soziologischen Prägung theologischer Konzepte* in dem Sinne, dass evolutionistische Interpretationen bzw. Umdeutungen des Chiliasmus oder Millenarismus, wie sie auch von Origenes und Augustinus bis hin zu Karl Rahner vorgenommen wurden, stets die Hoffnungen privilegierter Statusgruppen zum Ausdruck gebracht haben, Modernisierungsverlierer dagegen auch heute noch zur Erwartung eines blitzartigen Eintreffens der apokalyptischen Wende neigen, findet hier neue Nahrung.

478 Libânio / Bingemer, *Christliche Eschatologie*, 55.

479 Leonardo Boff, *Was kommt nachher? Das Leben nach dem Tode*, Salzburg 1982.

480 Libânio / Bingemer, *Christliche Eschatologie*, 79.

Verheißung, die schon auf Erden eingelöst wird, aber auch in Gestalt des Zeichens und Unterpfandes für ein endgültiges Reich jenseits des Auf und Ab der Geschichte.“[481]

Angesichts der zunehmend an Kontur gewinnenden Opposition von apokalyptischem und messianischem Denken[482] müsste man die Eschatologie der Theologie der Befreiung wohl ebenfalls messianisch nennen. Sie nimmt ausdrücklich die Geschichte als einen Ort wahr, an dem das Reich Gottes bereits heranreift. Eine Aussage, die seit der Pastoralkonstitution des II. Vatikanischen Konzils[483] *Gaudium et Spes* vom Vorwurf des Millenarismus befreit ist, aber vor allem auch deshalb weil die Theologie der Befreiung selbst „einen klaren Unterschied [macht] zwischen innergeschichtlich-realsymbolischer Vorwegnahme und geschichtstranszendent-endgültiger Vollendung des Reiches Gottes.“[484.] Diese Eschatologie entspringt jedoch nicht zuerst einer Theologie. Vielmehr nimmt sie, wie Libânio/Lucchetti-Bingemer eindrücklich zeigen, die Volkstradition des ‚katholischen Kontinents‘ auf welche einen großen Reichtum an apokalyptischen Bildern und Ritualen enthält.

In der Eschatologie der Theologie der Befreiung, vor allem im Band Libânios und Lucchetti-Bingemers, der nach wie vor für das eschatologische Schlüsselwerk der Theologie der Befreiung gehalten werden darf, fällt eine auffällige Konzentration auf das Jenseits auf, und zwar nicht selten im Sinne einer Verlängerung oder Verklärung irdischer Utopien.[485] Dies dürfte jedoch daran liegen, dass die realen apokalyptischen Plagen und Kämpfe es dem leidenden Volk in Lateinamerika nicht ermöglicht, diese als Teil einer ihre Würde im Diesseits bewahrenden Hoffnung wahrzunehmen. Gerade extreme Unrechtssituationen lassen die Frage nach der Zukunft der Peiniger und damit die nach Purgatorium und Hölle (sowie nach dazu ‚passenden‘ Bildern und Ritualen) relevant werden. Und sie widersprechen nicht einfach der biblischen Bot-

---

481 LIBÂNIO / BINGEMER, *Christliche Eschatologie*, 78.

482 Vgl. ULRICH KÖRTNER, *Theologia messianica. Zur Kategorie des Messianischen in der gegen-wärtigen dogmatischen Diskussion*, in: Jahrbuch für biblische Theologie 8 (1993), 347-370, 347f.

483 *Gaudium et Spes* 39: „Alle guten Erträgnisse der Natur und unserer Bemühungen nämlich, die Güter menschlicher Würde, brüderlicher Gemeinschaft und Freiheit, müssen im Geist des Herrn und gemäß seinem Gebot auf Erden gemehrt werden; dann werden wir sie wiederfinden, gereinigt von jedem Makel, lichtvoll und verklärt, dann nämlich, wenn Christus dem Vater ‚ein ewiges allumfassendes Reich übergeben wird: das Reich der Wahrheit und des Lebens, das Reich der Heiligkeit und der Gnade, das Reich der Gerechtigkeit, der Liebe und des Friedens. Hier auf Erden ist das Reich schon im Geheimnis da; beim Kommen des Herrn erreicht es seine Vollendung.“

484 KEHL, *Eschatologie*, 197.

485 Dies scheint den Autoren auch selbst bewusst zu sein, wenn sie am Ende ihres Werkes bemerken: „Ein eiliger Leser könnte [...] irrigerweise schließen, das endgültige Reich Gottes sei nichts anderes als die bloße Enthüllung des bereits Geschaffenen“, dann aber im Duktus einer negativ-theologischen Theozentrik hervorheben: „Der harte Kern der Ewigkeit ist Gott selbst, und unsere endgültige Welt – unser Himmel ist nur verständlich als Ergebnis dieser einzigartigen und verwandelnden Beziehung zu Gott.“ LIBÂNIO / BINGEMER, *Christliche Eschatologie*, 135.

schaft. Die Ausführungen in den Kapiteln 15, vor allem aber 16 dieses Bandes machen deutlich, dass auch in der Predigt Jesu das Reich Gottes unter irdischen Bedingungen und unter ‚Mithilfe' christlich gesonnener Menschen heranreift und keineswegs nur am Ende der Zeiten wie ein reifer göttlicher Apfel vom Himmel fällt. Gleichzeitig ist natürlich vor der skizzierten Einseitigkeit zu warnen. Ihr zu folgen würde bedeuten, totalitären Wiederaneignungen der Eschatologie ‚von unten', etwa im Sinne von ins Jenseits transponierten Rachephantasien, zu erliegen.

# 8. Apokalypse – dualistisch: Ihre Funktion in den Endzeitkirchen

„Die Aufgabe des 21. Jahrhunderts wird sein, Gott von der Politik mit Gott zu trennen."[486]

## 8.1 Konfessionskundliche Einordnung der Endzeitkirchen

Es zeichnet die jüdisch-christliche Tradition aus, nicht nur die Vorstellung einer linearen Geschichte entwickelt zu haben, sondern auch, dass sie diese Linie über den überschaubaren Zeit-Raum hinaus in eine nicht mehr materiale, nicht mehr vom historischen Zufall bestimmte, sondern verheißungsvolle und in jeder Beziehung ‚andere' Sphäre hinein ausgezogen hat. Davon künden nicht nur die apokalyptischen Schriften jüdischen Ursprungs, die sich im christlichen Kanon finden und – wenn auch eher subkutan – bis heute in den Großkirchen wirksam sind, nicht nur die Vorstellung eines Zeitalters des Heiligen Geistes oder einer Neuen Kirche wie sie Joachim von Fiore und Emanuel Swedenborg erwartet haben. Auch das ‚Neue Zeitalter' der New Age Bewegung, die Geisterwelt der Spiritisten, das Reich Jehovas und seiner Zeugen sowie die Verwandlung des Weltraums in ein Reich der nichtmenschlichen Intelligenz und damit der Verheißung außerirdischer Erlösung sowie Ron Hubbards Hoffnung auf eine *Cleared Earth* sind Ergebnis einer typisch abendländischen Entwicklung, deren eindrückliche Bilder bis heute eine nicht zu unterschätzende emotionale und institutionelle Ressource darstellen.[487]

Dass die apokalyptische Erhitzung, die zu Beginn des 19. Jahrhunderts die dezidiert gegenaufklärerischen Erweckungsbewegungen in Großbritannien und den USA hervorgebracht hat,[488] bis heute nicht nur fortexistiert, sondern die drei großen ‚Endzeitkirchen'[489], die hier entstanden, auch und gerade in den letzten 50 Jahren einen eklatanten Zuwachs an Mitgliedern erfahren konn-

---

486 Edgar L. Doctorow, Autor des Romans *City of God* (London, Little Brown, 2000).

487 Vgl. Joachim Valentin (Hg.), *Weltuntergang oder Neue Kirche? Endzeitglaube am Rande und jenseits der Großkirchen* (Arbeitstexte zur religiös-weltanschaulichen Information und Diskussion 9), Freiburg 2001.

488 Vgl. Gustav Adolf Benrath / Reinhard Deichgräber / Walter Hollenweger, *Art. „Erweckungsbewegungen"* in: TRE X (1982), 205–227 sowie Ulrich Gäbler, *„Auferstehungszeit". Erweckungsprediger des 19. Jahrhunderts*. München 1991, hier v.a. das Kapitel: *„Erweckung" Historische Einordnung und theologische Charakterisierung* (161–187).

489 Der Begriff wird im Folgenden noch geklärt werden.

ten, ist Indiz für eine Interesse, das die traditionellen christlichen Kirchen vor allem in den USA offenbar nicht in hinreichender Weise befriedigen konnten.

Bereits Augustinus hatte bekanntlich – fußend auf Texten des Neuen Testaments (vor allem auf das lukanische Doppelwerk) – jedem Millenarismus endgültig eine Absage erteilt, indem er die Zeit der Kirche mit dem in der Offenbarung des Johannes angekündigten tausendjährigen Friedensreich identifizierte und – zu seiner Zeit noch ohne Not – eine metaphorisch-spirituelle Deutung der Zahl 1000 sowie der Inhalte der Johannesoffenbarung vorschlug.[490]

> „Und der Engel ergriff den Drachen […] warf ihn in den Abgrund, schloss ab und versiegelte ihn obenauf, damit er nie mehr die Völker irreführe – bis die tausend Jahre am Ziel sind. Danach muss er gelöst werden – eine kleine Zeit. Und ich sah die Throne und sie setzten sich darauf. Und gegeben ward ihnen das Gericht. […] Sie lebten und waren König mit dem Messias – tausend Jahre lang. Die übrigen der Toten lebten nicht auf – bis die tausend Jahre ans Ziel gelangt sind. Diese Auferstehung ist die erste. Selig und heilig, wer teil hat an dieser ersten Auferstehung. Über diese hat der zweite Tod keine Vollmacht. Sie werden Priester Gottes und des Messias sein; und sie werden König sein mit ihm – tausend Jahre lang." (Offb 20, 1–6)

Gleichzeitig war damit die (katholische) Kirche als dauerhafter Ort jenes Friedensreiches etabliert und die Unterscheidung zwischen Kirche und Sekte in die abendländische Ideengeschichte eingeführt, die uns im nächsten Kapitel ausführlicher beschäftigen wird. Die abendländische Kirchengeschichte, die Ikonographie und genauso die politische Geschichte Europas ist auf Schritt und Tritt erfüllt von apokalyptischen ‚Motiven' im mehrfachen Sinne des Wortes: Nämlich als Bild des Gerichts und des Untergangs in der Kunst und als Legitimation der großen europäischen Reiche wie auch der bedeutendsten politischen Umstürze.

Erkenntnisleitend ist hier die Vermutung, dass mit der Radikalisierung der sich schon in neutestamentlicher Zeit andeutenden Spaltung zwischen präsentischer und futurischer Eschatologie nicht nur Wertloses aus dem Traditionsbestand der großen Kirchen abgeflossen ist. Von daher verdienen die verhältnismäßig großen Endzeitkirchen (jeweils 6–11 Millionen Mitglieder weltweit) eine genauere Betrachtung, was ihre institutionelle Struktur und vor allem was die Funktion des Apokalyptischen und ihrer – im weitesten Sinne – futurischen Eschatologie angeht.

Die hier als „Endzeitkirchen" bezeichnet Gemeinschaften wurden bis in jüngerer Zeit im deutschsprachigen Raum mit der Titulatur „Sekte" belegt. Der Be-

---

[490] Zuletzt hat KARLA POLMANN gezeigt, wie Augustinus in den Büchern XXI und XXII von *Civitas Dei*, fußend auf Origenes' Matthäus-Kommentar für eine *allegorische Lektüre* der eschatologischen Passagen der Bibel plädierte und sie damit *spiritualisierte* und *entpolitisierte*. Von nun an wird der Kampf zwischen Gut und Böse als fortwährender Kampf in den Herzen der Menschen bzw. innerhalb der Kirche verstanden. *Moulding the present. Apokalyptic as Hermeneutics in City of God 21–22,* in: Augustinian Studies 30/2 (1999), 154–181.

griff „Sekte“ wirkt jedoch als Kampfbegriff zur Desavouierung des andern. Er leitet sich von *secare*, Abschneiden, bzw. *secta*, Räuberbande ab. Ein solcher exklusivistischer Umgang mit abweichenden Gruppierungen, wie er v.a. in den protestantischen Kirchen üblich ist, ist nicht alternativlos: Hinduismus und Buddhismus inkludieren ihre „Sekten“, was zu weitaus friedvolleren und weniger gewalttätigen Verhältnissen führte. Im heutigen kirchlichen Gebrauch immunisiert die Verwendung des Begriffs häufig gegen eine nähere Beschäftigung mit der entsprechenden Gruppierung und reproduziert damit in gewisser Weise die Weltabwehr der ‚Sekten‘ mit einer Sektenabwehr der Kirchen.

Als gängige Struktur-bezogene bzw, soziologische Kriterien der neueren Debatte um den Sektenbegriff sind zu nennen[491]:

*1. eine christliche Wurzel 2. ein Absolutheitsanspruch auf das Heil gegenüber anderen christlichen Kirchen 3. die Verweigerung der christlichen Gemeinschaft und damit verbunden eine scharfe Kirchenkritik 4. die aggressive Mission im Bereich der Großkirchen (Proselytismus)5. der klare Umriss der Gruppe mit deutlichen Grenzen zwischen Innenwelt und Außenwelt, sowie 6. hierarchische, häufig zentralistische Machtstrukturen, ein geschlossenes Lehrsystem und eine normierte Lebenspraxis.*

Für die letzten Jahrzehnte ist festzuhalten, dass die Instanz, die den Ausschluss anderer ausspricht nun nicht mehr *die großen Kirchen* sind, die ein ‚Anathema‘ über ‚Spalter‘ aussprechen, sondern *die moderne Gesellschaft* – die Religionswissenschaften sind eines ihrer Bestandteile –, die diejenigen nicht in ihrer Mitte duldet, welche sich der Modernisierung und mit dieser der Privatisierung der Religion nicht zu beugen bereit oder in der Lage sind.[492]

## 8.2 Religionspsychologische Kriterien

Man muss die Endzeitorientierung in den erwähnten Kirchen nicht von ihren Defiziten, man kann ihn auch von ihren religionspsychologischen Ressourcen her fassen: Als Ergebnis diverser US-amerikanischer Studien lässt sich etwa festhalten, dass „der kooperative Coping-Stil, die Suche nach spiritueller Unterstützung durch Gott, positive Formen des religiösen Reframing[493] und die Suche nach sozialer Unterstützung im religiösen Kontext als eher hilfreich bei

---

[491] Nach HANSJÖRG HEMMINGER, *Was ist eine Sekte? Erkennen – Verstehen – Kritik*, Mainz / Stuttgart 1995.

[492] Vgl. zum so undifferenzierten wie notwendigen Begriff „Fundamentalismus“ und seiner Kennzeichnung als zentrales Ferment der Moderne besonders: THOMAS MEYER (Hg.), *Fundamentalismus in der modernen Welt*, Frankfurt a.M. 1989; JOZEF NIEWIADOMSKY (Hg.), *Eindeutige Antworten. Fundamentalistische Versuchung in Religion und Gesellschaft*, Thaur 1988 und MARTIN RIESEBRODT, *Die Rückkehr der Religionen. Fundamentalismus und der ‚Kampf der Kulturen‘*, München 2000.

[493] Engl. für: psychischer Wiederaufbau, Stabilisierung.

der Belastungsbewältigung gelten“, während „Unzufriedenheit mit der Glaubensgemeinschaft oder mit Gott, negative Formen des religiösen Reframing, sowie religiöse Vermeidungsstrategien“[494] hingegen eher von Nachteil für eine erfolgreiche Konfliktbewältigung zu sein scheinen. Weitere Voraussetzungen für ein erfolgreiches Coping ist die tiefe persönliche Überzeugtheit von den gewählten Strategien – Fremdsteuerung hat keine positiven Auswirkungen.

Von Zwingmann und Murken auf den Fall eines als nahe bevorstehend erwarteten Weltendes angewendet (speziell auf die auch Zeugen Jehovas und die Neuapostolische Kirche) erbringt die beschriebene Methodik folgende Ergebnisse: Insgesamt ist der Wechsel zum in den genannten Gruppierungen vertretenen Millenarismus mit dem Ziel einer aktuellen Konfliktbewältigung als *re-creation*-Strategie, also als radikaler Wechsel sowohl bisheriger Mittel als auch der Wege einer Zielerreichung zu beschreiben:

Statt wie bisher auf seine leidvolle Vergangenheit blickt der Klient nun auf eine verheißungsvolle Zukunft, die zudem plötzlich als erreichbar erscheint. Persönliche Krisen der Vergangenheit waren nicht sinnlos, sondern notwendige Folge der Nichtübereinstimmung mit dem erforderlichen Moralkodex. Wer durch die Zugehörigkeit zu seiner neuen religiösen Gemeinschaft Zugang zu deren (nebenbiblischen) Sonderoffenbarungen erhält, erfährt eine deutliche Wertsteigerung der eigenen Person. Ein genau beschreibbarer ‚Katastrophenfahrplan‘ macht die – so oder so zu erwartenden – apokalyptischen ‚Wehen‘ auf dem Weg zum zukünftigen Heil kontrollierbar. Zudem wirken sich bei einem eintritt in die Gemeinschaft die neuen Sozialkontakte und die damit verbundene Bestätigung der eigenen Zukunftserwartungen im Sinne einer „konsensuellen Validisierung“ ebenfalls positiv aus. Da offenbar mit Hilfe solcherlei neuer Welt- und Lebensdeutung die Sinnhaftigkeit des eigenen Lebens trotz augenscheinlicher Leid- und Absurditätserfahrung durchaus neu plausibel werden kann, ist es nicht verwunderlich, dass die wenigen vorliegenden empirischen Studien tatsächlich auf Verbesserungen des psychosozialen Befindens durch Engagement in millenaristischen Gruppierungen hindeuten.[495]

Gleichzeitig sind damit spezifische Schwierigkeiten verbunden, die Zwingmann und Murken ebenfalls zusammentragen. Sie verweisen auf die soziale Abschottung, die – dem ‚sektenhaften‘ Charakter der millenaristischen Gruppierungen geschuldet – oftmals zum Abbruch des Kontaktes zum bishe-

---

[494] ZWINGMANN, CHRISTIAN / MURKEN, SEBASTIAN, *Religiosität, Zukunftsbewältigung und Endzeiterwartungen*, in: MÖLLER, JENS / STRAUSS, BERND / JÜRGENSEN, SILKE (Hg.): Psychologie und Zukunft, Prognosen, Prophezeiungen, Pläne, Göttingen, 255-278, 262.

[495] Ebd., 268. Diese Ausführungen werden durch eine ältere Arbeit von JAMES A. BECKFORD zu den Zeugen Jehovas bestätigt *(New Wine in new Bottles. Departure from Church Sect Conceptual Tradition,* in: Social Compass 23 (1976), 71–85). Beckford nennt vor allem drei mögliche Gründe für die Anziehungskraft millenaristischer Gruppierungen: 1. frustration-compensation, based on the concept that either absolute or relative class and status deprivation predisposes individuals to sectarianism (2) worldview construction, rooted in the idea that social and moral confusion creates an interest in sectarian views und (3) social solidarity grounded on the notion that social isolation leads people to become involved in sectarianism.

rigen Freundeskreis und zur Familie und damit zu psychischer Destabilisierung führen kann. Soziales oder politisches Engagement erscheint angesichts des nahe bevorstehenden Weltuntergangs nun irrelevant. Der institutionelle Organisationsgrad chiliastischer Gruppierungen bleibe deshalb häufig gering.[496] Vor allem die strikte Trennungslinie „zwischen religiöser und säkularer Welt"[497] wird an dieser Stelle als psychisch problematisch genannt. „Erhebliche Risiken birgt es, wenn millenaristische religiöse Gruppierungen die Schwelle zur ‚world that has yet to be born'[498] als errichtet oder überschritten wahrnehmen". Zu verweisen ist hier vor allem auf die Vielzahl kleinerer apokalyptischer Gruppen, die in den letzten 20 Jahren Massenselbstmorde, Morde in den eigenen Reihen und Attentate verübt haben[499]. Als Ursache für die suizidale Gewalttätigkeit, die in unserem Zusammenhang weniger interessiert, führen Zwingmann und Murken autoritäre Führergestalten an, sowie den Glauben, das Anbrechen der Apokalypse selbst auslösen zu sollen oder sich durch eine ‚Entrückung im Selbstmord' diesen Ereignissen entziehen zu können (Prätribunationalisten), während Posttribunationalisten glauben, bereits in der Zeit des Gerichtes zu leben, was ihre Gewaltbereitschaft ebenfalls fördert. Abschließend gestehen die Autoren zu, dass trotz des vorliegenden empirischen Materials viele Fragen offen bleiben.

Im Folgenden wird auch für die drei bearbeiteten Endzeitkirchen deutlich werden, dass ein starkes Anwachsen der Mitgliederzahl tatsächlich nicht nur die Organisationsform einer kleinen, ursprünglich euphorischen und kreativen Gruppe massiv verändert, sondern auch die Form ihrer Mitgliederbindung und die Gestaltung des Glaubenslebens. Weder die Zeugen Jehovas, noch die Hei-

---

[496] Dass eine solche Lähmung für kleinere Gruppierungen und die einzelnen Individuen zutrifft ist sicher richtig. Die im Folgenden zu betrachtenden Endzeitkirchen weisen jedoch eine wesentlich andere Größenordnung und eine hohe institutionelle Strukturierung auf, was die Ausführungen Zwingmann und Murkens an dieser Stelle relativiert.

[497] CHRISTIAN ZWINGMANN / SEBASTIAN MURKEN, *Religiosität, Zukunftsbewältigung und Endzeiterwartungen*, in: MÖLLER / STRAAß (Hg.), *Psychologie der Zukunft*, Göttingen 2000, 269.

[498] DAVID G. BROMLEY: *Constructing Apocalypticism. Social and Cultural Elements of Radical Organisations*, in: TH. ROBBINS / S.J. PALMER (Hg.), *Millennium Messiahs*, New York 1997, 31–45. Zit. Ebd. Auch Zwingmann/Murken stützen sich im Wesentlichen auf die Studie *When Prophecy fails* von L. FESTINGER / H. RIECKEN / S. SCHACHTER (Minnesota 1956), erklären jedoch: „Da die Kosten eines Bruchs mit den derzeit wichtigen Glaubensinhalten, Beziehungen und sinnstiftenden Handlungen höher erscheinen, als der mögliche Nutzen eines [...] Engagements in Realismus und Konformität, werden die chiliastischen Zielsetzungen und Zielerreichungsstrategien nach dem Muster ‚mehr desselben' *(preservation)* intensiviert." Ebd.

[499] Massenselbstmord der 912 Anhänger des *Peoples Temple Movement* 1978 in Jonestown; Massenselbstmord der Anhänger der *Branch Davidians* in Waco, Texas 1993; Massen(selbst)mord an den Anhängern des *Sonnentempler Ordens* 1994 in den Schweizer und französischen Alpen sowie in Kanada; Sarin-Gas-Attentat in der Tokioter U-Bahn durch die japanische Gruppierung *AUM-Shinriko* 1995, Massenselbstmord der Gruppe *Heavens Gate* 1997 in San Diego/Kalifornien; versuchter Selbstmord der neohinduistischen Gruppierung *Brahma Kumaris* 1998 auf Teneriffa.

ligen der Letzten Tage oder die Neuapostolische Kirche können in dieser Hinsicht heute als Sekte bezeichnet werden.

## 8.3 Kirche Jesu Christi der Heiligen der letzten Tage (Mormonen)

*Geschichte und Lehre*

Das Fehlen von kritischen Auseinandersetzungen mit der Kirche Jesu Christi der Heiligen der letzten Tage (HLT) – nicht nur im deutschsprachigen Raum – , die jenseits einer *Geschichte* dieser Kirche auch eine *Analyse der Lehre* versuchen, ist frappierend.[500] Andererseits finden sich nicht wenige Arbeiten, deren (großkirchlich-)apologetische Absicht offen zutage liegt, und die eine unvoreingenommene theologisch-anthropologische Beurteilung dieser Glaubensgemeinschaft vermeiden. Hier fällt dann schnell, nicht selten nach einer kurzen Rechtfertigung des Sektenbegriffs, das entsprechende Urteil. Bezüglich der theologischen Valenz bleibt es bei einer Aufreihung verschiedener Glaubensinhalte, die eine reflektierte Kriteriologie ebenfalls vermissen lassen.

Wie im Anschluss auch hinsichtlich der Zeugen Jehovas und der Neuapostolischen Kirche wird unser Anliegen im beschriebenen Zusammenhang deshalb sein, nach einer kurzen überblicksartigen Skizzierung von Geschichte, organisatorischer Struktur und Lehre, die Funktion des *mormonischen Endzeitglaubens* in Bezug auf interne Strukturen und zugrundeliegende Anthropologie zu untersuchen.

---

[500] Im deutschsprachigen Raum sind die im Folgenden mit Vorbehalt berücksichtigten Arbeiten von RÜDIGER HAUTH (*Die Mormonen. Geheimreligion oder christliche Kirche? Ein Ratgeber,* Freiburg 1995) und HERMANN VOGT brauchbar, aber eher der großkirchlichen Apologetik zuzuordnen. Das materialreiche Werk ALBERT MÖSSMERS *Die Mormonen. Die Heiligen der Letzten Tage* (Solothurn 1995) muss wegen sich häufender historisierender Sympathiekundgebung ebenfalls kritisch gelesen werden. Für den englischsprachigen Raum gilt auch heute noch, was ARMAND L. MAUSS 1989 formuliert hat: „scholarly and systematic theological literature relating to the Mormons is quite rare. There is a small official literature produced by an earlier generation of scholars among the Mormons leadership. These were not theologians, however, and while their work is articulate and persuasive, it is ultimately of an amateur nature." (*God of Gods: Some Social Consequences of Belief in God among Mormons*, in: *Social Consequences of religious belief.* Hg. v. William R. Garett, New York 1989, 44–65, 45). Letztere kritisch zu lesen und auf ihren Gehalt zu prüfen würde den Rahmen unseres Vorhabens sprengen. Erwähnenswert ist hier außerdem die Studie von JON KRAKAUER, *Mord im Auftrag Gottes. Eine Reportage über religiösen Fundamentalismus in den USA*, München 2003 Bezüglich mormonischer Selbstzeugnisse stütze ich mich im Folgenden vor allem auf die *vier normativen Texte* der Kirche Jesu Christi der Heiligen der Letzten Tage selbst.

## *Selbstverständnis*

Gründer der *Kirche Jesu Christi der Heiligen der letzten Tage (HLT)*[501] war der US-Amerikaner Joseph Smith (1805–1844). Mit 15 Jahren hatte er nach der mormonischen Tradition eine Vision, in der ihm Gott Vater und Jesus Christus geboten haben, sich keiner bestehenden Kirche anzuschließen, da sie alle falsch und verworfen seien. Eines Tages soll Joseph Smith ein Engel namens Moroni erschienen sein und ihm Goldtafeln mit einem Manuskript des *Buches Mormon* übergeben haben, das bei New York vergraben gewesen sei. Es stamme von aus Israel ausgewanderten Judenstämmen, die nach Bruderzwisten im ersten Jahrtausend nach Christus ihrerseits untergegangen seien, so dass die wahre Lehre für viele Jahrhunderte verschollen gewesen sei. Joseph Smith übersetzte die später verschollenen Tafeln angeblich aus dem Altägyptischen und veröffentlichte das Buch Mormon 1830. Inhalt dieser Schrift ist eine heilsgeschichtliche Interpretation der Vergangenheit Amerikas.[502]

Massive Anfeindungen von Seiten der meist protestantischen Mitbewohner (im internen Sprachgebrauch teilweise bis heute *Gentiles* genannt) zwangen die Vertreter der jungen Gemeinschaft schon früh, von der Ostküste in Richtung Westen zu ziehen – eine von immer neuen Offenbarung und enttäuschten Hoffnungen begleitete und durch kämpferische Auseinandersetzungen (die unter anderem zum ‚Martyrertod des Gründers Joseph Smith durch eine Gewehrkugel 1844 in Missouri führten) bedrohte entbehrungsreiche Wanderschaft, die man später als ‚Exodus' rekonstruierte. Salt Lake City im heutigen US-amerikanischen Bundesstaat Utah wurde schließlich von der Glaubensgemeinschaft als ‚Neues Jerusalem' gegründet.

Das ‚Mormonentum' ist nach eigenem Verständnis die ‚amerikanischste' aller Religionen, mit enormen Erfolgen ihrer Mitglieder in Wirtschaft und Wissenschaft und für ihre Anhänger von hoher identitätsstiftender Kraft. So wie Mohammed mit einer Offenbarung in Arabisch den Arabern ihre Religion gab, so habe Joseph Smith den Amerikanern eine weitere Weltreligion und eine Offenbarungsschrift in englischer Sprache geschenkt: Die Entdeckung Amerikas durch Kolumbus wird als Offenbarungstat im Buch Mormon er-

---

501 Weitere Informationen finden sich im Internet: Unter http://www.mormonen.de (11. Oktober 2012) hat ein Kritiker etliches an Informationen zusammengestellt und wurde dafür von den HLT gerichtlich verfolgt. Die offizielle Domain der Kirche Jesu Christi der Heiligen der letzten Tage (Latter Day Saints) lautet: http://www.lds.org (11. Oktober 2012).

502 Die *‚Echtheit'* des Buches Mormon im Sinne einer ‚übernatürlichen' Offenbarung ist vielfach mit guten Gründen angezweifelt worden. So u.a. von HERMANN VOGT, *Die totale Mission der Mormonen. Aufstieg und Expansion einer amerikanischen Großsekte*, in: ZkTh 112 (1990), 406–426. Mir scheint jedoch, dass die *Wahrheit* einer Offenbarung sich nicht aus dem Beweis – oder der Bestreitung – ihres ‚übernatürlichen' Ursprungs, sondern nur mit der kritischen Hinterfragung ihres *Inhalts* erweisen lässt. Folglich wird im Folgenden ganz ernsthaft nach der Selbstreflexivität der „Theologie" der Mormonen sowie nach der Vertretbarkeit ihres Jenseitsglaubens vor dem Forum der Vernunft gefragt werden müssen.

wähnt (1 Nephi 13,12)[503]. Es wird ein Neues Jerusalem auf amerikanischen Boden erwartet, ja man nimmt sogar an, dass Gott Vater und Jesus Christus selbst Amerika ‚besucht' hätten (3 Nephi 11–28, mit Verweis auf die Rede von einem großen weißen Gott, von dem in indianischen Mythen die Rede ist). Der Garten Eden wird in der Grafschaft Jackson, Missouri vermutet und dort für das Ende der Zeiten wieder erwartet. Wurzel dieses Selbstbewusstseins ist die bereits im frühen 19. Jahrhundert von Richard Brothers entwickelte Vorstellung, vor dem babylonischen Exil sei ein gewisser Teil des Volkes Israel nach Amerika ausgewandert („zehn verlorene Stämme") und habe dort nach internen Kämpfen im Laufe der Zeit den wahren Glauben verloren.

Neben diesem Selbstverständnis als amerikanische Religion gehört es zur mormonischen Identität, auf die vielen Parallelen ihrer Geschichte zu der des jüdischen Volkes hinzuweisen, als dessen Nachkommen man sich versteht: Konsequent findet sich in der HLT kein Antisemitismus, auch keine ausgeprägte Feindschaft gegenüber den amerikanischen Ureinwohnern, wohl aber Juden- und Indianer*mission*, da eine Bekehrung der vom wahren Glauben Abgefallenen als Wille Gottes verstanden wird.

Die Kirche der Heiligen der letzten Tage ist *außerhalb Europas* eine der am stärksten wachsenden Religionsgemeinschaften. Zur Zeit gibt es wahrscheinlich etwa 12 Millionen Mormonen weltweit, 1963 waren es noch zwei Millionen.[504] In den USA ist die Zahl der HLT in den letzten 30 Jahren um 225 Prozent auf 5,5 Millionen gestiegen. In Deutschland bekennen sich zur Zeit ca. 35.000 Menschen zur Kirche Jesu Christi der Heiligen der letzten Tage.[505]

### *Organisation und Hierarchie*

Seit Joseph Smith gilt der ‚Präsident' der Kirche als ‚Apostel' und empfängt weitere ‚Offenbarungen'[506], durch die bisherige Aussagen der Kirche teilweise massiv verändert werden. Die Organisation der HLT ist ursprünglich hierarchisch strukturiert, hat jedoch im 20. Jahrhundert einen Demokratisierungsprozess durchlaufen[507]: Der Präsident ist lebender Prophet, seine Offenbarungen müssen jedoch einem ‚Rat der Zwölf', einem ‚Rat der Siebzig' und schließlich der ganzen Kirche vorgelegt und durch diese bestätigt werden. Eine ursprünglich unreflektierte Vorstellung fortgesetzter unmittelbarer Offenbarung als direkter Anrede Gottes an einzelne Führerpersönlichkeiten ist hier durch das Verständnis zwar *individuell inspirierter* aber doch *sozial kontrollierter* Entscheidungen abgelöst worden.

[503] Das Buch Mormon gliedert sich in 15 Bücher: 1/2 Nephi, Jakob, Enos, Jarom, Omni, Worte Mormons, Mosia, Alma, Helaman, 3/4 Nephie, Mormon, Ether, Moroni.

[504] Laut der dem evangelikalen Milieu zuzuordnenden Zeitschrift *Idea-Spektrum* (16.9.98) sind jährlich 57.000 Missionare weltweit unterwegs.

[505] Vgl. dazu die Informationen unter www.agpf.de und www.relinfo.ch (11. Oktober 2012).

[506] Vgl. HAUTH, *Mormonen*, 40ff.

[507] MÖSSMER, *Mormonen*, 200.

Im Jahr 1835 führte Joseph Smith aufgrund einer erbetenen Offenbarung vom 28. März 1835 ein *zweistufiges Priestertum* ein,[508] das formal auf die Schriften des Alten Testamentes zurückgeht.[509]

Weltweit ist die HLT in circa 25 Regionalbezirke und darunter noch einmal in Regionen eingeteilt. Kleinste Einheit ist der sogenannte (Zelt)Pfahl, die Gemeinde, die jeweils 2000–10.000 Personen umfasst. Sie wird von einem Bischof mit Beratern geleitet, deren Kompetenz dort, wo dies staatskirchenrechtlich möglich ist, in der Tradition des aaronitischen Priesteramtes auch weltliche Belange umfasst. In Teilen der Welt, in denen keine Organisation dieser Art besteht, gibt es „Missionen".[510]

## *Theologie?*

Ein ursprüngliches Evangelium wurde nach mormonischem Verständnis bereits Adam, Abraham und anderen ‚Patriarchen' offenbart[511] und zwar in verschiedenen *„dispensations"* (Bekanntmachungen des Willens Gottes): in einer *patriarchalischen* Periode (Adam bis Noach), einer *noachischen* (Noach bis Abraham), einer *mosaischen* und in einer letzten *durch Jesus Christus*, der „Dispensation der Fülle der Zeiten" im Sinne einer umfassenden Offenbarung niedergelegt in der Bibel. In einer *großen Apostasie* fiel das Christentum jedoch bereits in den ersten Jahrhunderten von der wahren Lehre ab. Alle nachfolgenden Abspaltungen, folglich also alle heute existierenden christlichen Kirchen, haben an diesen frühen Irrtümern teil und sind nicht heilswirksam. Reaktion Gottes auf den der jeweiligen Dispensation vorhergehenden Abfall war jeweils die *Wegnahme des wahren Priestertums*, das im Zusammenhang der Dispensation wiederhergestellt werden musste. Erst die Entdeckung des *Buches Mormon* durch Joseph Smith ermöglichte eine Rückkehr zu den ursprünglichen wahren Lehren („Fülle des Evangeliums") und damit auch zum wahren allein gültigen Priestertum.

---

508 Vgl. *Doctrine and Covenants* (deutsch: Lehre und Bündnisse), Abschn. 68 und 104.

509 Im Aaronitischen oder Levitischen Priestertum (niedrigere bzw. weltliche Stufe) gibt es drei Ränge, denen ein Bischofskollegium vorsteht, alle Ränge sind intern kollegial organisiert: Der *Diakon* hat die Aufgaben zu warnen, die Schriften auszulegen, zu ermahnen und einzuladen; die Aufgabe des *Lehrers* ist vor allem die Kontrolle der Mitglieder; der *Priester* tauft, hält ‚Abendmahl' und predigt. Das *‚höhere' Priestertum des Melchisedek* ist folgendermaßen strukturiert: Die Aufgaben des Ältesten sind die Leitung der sogenannten *confirmations* und der Versammlungsvorsitz. Außerdem kennt man die Siebziger, für deren Amt eine zweijährige Missionarstätigkeit die Voraussetzung bildet, und Hohepriester, die sich auf verschiedene hohe Leitungsämter unter anderem das des Präsidenten der Kirche vorbereiten. Diese Hierarchie wird durch einen ‚Zehnten' finanziert, der auf das Bruttoeinkommen erhoben wird. Mit dieser Finanzierung ist die HLT zu einer der reichsten Kirchen der Welt geworden.

510 MÖSSMER, *Mormonen*, 207.

511 „[...] es wurde im himmlischen Reich formuliert, bevor die Grundfesten der Erde gelegt wurden." Ebd., 88.

Mormonen sprechen von *mehreren Göttern*[512], genauer von der *tritheistisch gedachten Hauptgottheit* (Godhead) sowie einer *‚göttlichen Mutter‘* (Divine Mother), die in besonderer Verbindung zur Erde steht. Von diesen werden allerdings nur drei – die männlichen – verehrt, und nur zu Gott Vater („Elohim“) wird gebetet.[513] Dazu kommt eine „unendliche Anzahl heiliger Personen, die von zahllosen belebten Welten kommen, zur „Erhöhung“ übergegangen und so Götter sind“[514]. Bezüglich der HLT ist also nicht ganz ohne Grund von *Polytheismus* gesprochen worden.

Die Götter werden ursprünglich menschlich und bleibend leiblich gedacht[515]; „Gott selbst war einst wie ein Mensch, hat sich jedoch fortentwickelt bis er die Stufe einer Gottheit erreichte.“[516] An anderer Stelle heißt es: „Wie der Mensch ist, war Gott einst: wie Gott ist, kann der Mensch einst werden.“[517]

Jesus Christus ist folglich nicht gezeugter Sohn Gottes, sondern wurde zu Lebzeiten als rechtschaffen lebender Mensch an Sohnes Statt angenommen und damit vergöttlicht.[518] Dieser ‚Adoptianismus‘ ist universal, das heißt für jeden Menschen analog nachvollziehbar. Es herrscht Monolatrie, also Verehrung Gott Vaters, zu dem allerdings im Namen Jesu Christi gebetet wird. Der heilige Geist gehört als *Holy Ghost* (als einziger unkörperlich) zur Dreiheit von Vater Sohn und Heiligem Geist, während mit *Holy Spirit* eine göttliche Kraft bezeichnet wird, die von der Dreiheit ausgeht und auch als ‚Geist Gottes‘, ‚Geist der Wahrheit‘ etc. bezeichnet werden kann.[519] Jesus (= Jehova), hat im Auftrag des Vaters die Welt geschaffen.[520] Es gibt nichts Nichtmaterielles,

---

512 So etwa im Schöpfungsbericht der *Köstlichen Perle*, Buch Abraham, 4,25ff. Eine Zusammenstellung weiterer Belege findet sich bei A.A. HOWSEPIAN, *Are Mormons Theists?* In: *Religious Studies* 32 (1996), 357–370, 358, Anm. 4ff.

513 BRUCE R. MCCONKIE, *Mormon Doctrine,* Salt Lake City $^{2}$1979 (1966), 577.

514 Vgl. MÖSSMER, *Mormonen*, 95, Anm. 62.

515 Auf den hier deutlich werdenden spiritualistischen Materialismus wird im Kontext des Endzeitglaubens noch näher eingegangen.

516 Vgl: *Times and Seasons*, 99, 15.8.1844, Bd. 5, 613f.

517 Zit.: U.a. in: KURT HUTTEN, *Seher, Grübler, Enthusiasten. Sekten und religiöse Sondergemeinschaften der Gegenwart*, Stuttgart $^{8}$1962, 575. Zu Recht hat A.A. Howsepian eingewandt, dass eine solche Annahme vor der abendländisch-philosophischen Tradition, wie sie etwa in Anselms Monologion zum Ausdruck kommt, keinen Bestand hat: „Given this understanding [...] God the Father is himself not an infinite Being.“ (*Are Mormons Theists*, 362). Dies gilt insbesondere, wenn auch für die Gottheit von einer weiterführenden inneren Entwicklung ausgegangen wird: „God himself is increasing and progressing in knowledge, power, and dominion, and will do, worlds without end.“ (Ebd.) W. WOODRUFF (vierter Präsident der HLT), *The Journal of Discourses by Brigham Young, His two Councellors, the Twelve Apostels, and others, 26 volumes, reported by G.D. Watt,* Liverpool 1854–1886, VI, 120, zit. HOWSEPIAN, *Are Mormons Theists*, 362 Anm. 18. Auch der höchste Gott der HLT ist kein „Höchstes über das nichts Höheres gedacht werden kann“.

518 In *Doctrine and Covenants,* Abschn. 90 sagt Johannes der Täufer von Jesus, dass er nicht als Gottes Sohn präexistierte, sondern „er stieg auf von Gnade zu Gnade, bis er eine Vollkommenheit erreichte“ (2a).

519 HAUTH, *Mormonen*, 62.

520 Parallelen zum gnostischen Demiurgen sind hier naheliegend; die Entwicklungslinie einer ideengeschichtlichen Beeinflussung muss allerdings vorerst im Dunkeln bleiben.

demnach wurde die Welt aus Geist-Stoff geschaffen. Auch die Menschen präexistieren als Geistmaterie, ihr irdischer Leib wird zur Auferstehung neu erschaffen[521].

Zwar fallen hier bereits Parallelen zum herkömmlichen christlichen Glauben ins Auge. Es lassen außerdem mehr als 400 Übereinstimmungen des Buches Mormon mit der englischen *King James Bibel* diese Bibel als entscheidende Quelle der Offenbarungen für Joseph Smith erkennen.[522]

Es handelt sich bei den HLT aber eindeutig um eine neue Religion, die sich aus dem Christentum entwickelt hat.[523] Dementsprechend gibt es ähnliche ‚Mutter-Tochter-Konflikte' wie zwischen Christentum und Judentum oder Buddhismus und Hinduismus: Mormonen halten sich selbst in der Regel für die einzig wahren Christen und sind an ökumenischen Kontakten nicht interessiert, da andere Kirchen grundsätzlich dem Apostasieverdacht anheimfallen. Insofern dürften sie also im sozialpsychologischen Sinne eine ‚Sekte' genannt werden.

Voraussetzungen für die Rückkehr zu Gott sind für Konvertiten wie für ‚geborene Mormonen' Bußfertigkeit, Taufe und der Empfang des heiligen Geistes in einer anschließenden ‚Confirmation', die im Normalfall im Alter von acht Jahren vollzogen wird.[524] Dieses ‚Initiationssakrament' kann von anderen Kirchen nicht gültig gespendet werden, weil ein Glaubensabfall jeweils als ‚Wegnahme' der Offenbarungen und des wahren Priestertums verstanden wird. Bei Kirchenaustritt erfolgt dementsprechend Taufentzug, bei Wiedereintritt muss neu getauft werden. Gleichzeitig wird die mormonische Taufe von den anderen christlichen Kirchen wegen des Polytheismus nicht als trinitarische Taufe anerkannt. Die Abendmahlsfeier, regelmäßig in jedem Sonntagsgottesdienst, wird als Gedächtnismahl Jesu gemäß der „heiligen Handlung von Brot und Wein" im Buch Mormon (3 Nephi 18) gefeiert. Statt des (verbotenen) Weines wird Wasser ausgeteilt.

Es wird zwischen himmlischer und irdischer Ehe unterschieden: Ein Jahr nach der „irdischen Eheschließung können die Eheleute im Tempel „für Zeit und Ewigkeit", das heißt über den Tod hinaus aneinander „gesiegelt" werden. Es handelt sich hierbei jedoch um ein streng geheim gehaltenes Ritual der Kirche der Heiligen der letzten Tage. Die bekannten Rituale sollen weiter unten kurz dargestellt werden sollen.

---

[521] MÖSSMER, *Mormonen*, 99.

[522] Ebd., 90.

[523] „Sie haben eine kulturelle Kontinuität mit dem Christentum beibehalten, aber die Mormonen sind eine neue Religion." RODNEY STARK, *The Rise of a New World Faith*, in: *Review of Religious Research* 26 (1984), 23.

[524] Vgl. HAUTH, *Mormonen*, 71ff.

### *Moral*

Von lebensweltlicher Relevanz sind allgemeine Lebensregeln mormonischer Existenz, Sekundärtugenden, die eine gewisse Konvergenz mit dem aufweisen, was als Spielart des *„american way of life"* bezeichnet werden könnte: Nichtstun führe zu Verfall. Kaffee, Tee, Tabak und Alkohol sind verboten,[525] Meditation oder Andacht als religiöse Vollzüge sind weitgehend unbekannt, der Sonntag, Sabbat genannt, ist mit Gottesdienst, Sonntagsschule und anderen gemeindlichen Aktivitäten angefüllt, der Montag wird für familiäre Aktivitäten freigehalten. Alle Kirchenmitglieder sind angehalten, wegen der erwarteten ‚großen Drangsal' Vorrat für ein Jahr im Haus zu haben. Hierfür wird gerne das Gleichnis der zehn klugen bzw. törichten Jungfrauen zitiert (Mt 25,10).

Die Vermeidung von Mischehen und eine große Kinderzahl sowie Missionierung führten im letzten Jahrhundert zu eminentem Wachstum. Missionierung an der Haustür ist dabei nicht so erfolgreich wie ein geschicktes Werben im Kreis der Nachbarschaft und Bekannten oder in Fußgängerzonen, das nach einem genauen Konzept (das dem der Zeugen Jehovas nicht unähnlich ist) erfolgt – zunächst keine religiösen Themen erwähnen, Menschen auf persönliche Problemfelder ansprechen – und dabei ausdrücklich die prädestinierte Personengruppe anspricht. Die für höhere Mitglieder des Melchisedekschen Priestertums (‚Siebziger') unerläßliche zweijährige Missionszeit (meist im Ausland), die direkt nach der Schulausbildung – also von sozial noch wenig geprägten jungen Menschen – absolviert wird, wird durch einen Intensivkurs vorbereitet.

Das System mormonischen Wirtschaftens resultiert aus der bis vor kurzem noch weitgehenden Autonomie Utahs und ist als „solidarischer Kapitalismus" bezeichnet worden.[526] Sozialhilfe wird abgelehnt, stattdessen existiert ein kirchlicher Wohfahrtsplan. Spirituelles und weltliches Wohl gehören zusammen, Wissenserwerb gilt als positiv und entsprechend wächst die Religiosität mit steigendem Bildungsgrad, während sie unter pluralistischeren Bedingungen bei Akademikern bekanntlich abnimmt.

Die bis 1896 *allgemein* und seit ihrer Abschaffung durch Druck der Amerikanischen Bundesregierung *nur noch in mormonischen Splittergruppen* praktizierte (in Utah aber staatlich kaum verfolgte) Polygamie wirkte letztlich als Ferment einer patriarchalen Hierarchie: Frauen haben keinerlei Macht und Aufstiegsmöglichkeiten in der HLT. Selbst wohlwollende Darstellungen müssen zugestehen, dass Frauen unter der Polygamie litten.[527] Mit der Verwerfung der Polygamie 1895 war der Weg zur gesellschaftlichen Integration in die Vereinigten Staaten und der Übernahme bürgerlicher Werte geebnet. Ja, sie ermöglichte gar eine Hypostasierung der bürgerlichen Familie als soteriologi-

---

525 *Doctrine and Covenants*, Abschn. 89.
526 MÖSSMER, *Mormonen*, 236, vgl. *Doctrine and Covenants* Abschn. 131,6.
527 MÖSSMER, *Mormonen*, 178.

scher Größe, wie sie in keiner anderen Religionsgemeinschaft zu finden ist. Zunehmend werden die Mormonen heute zu einer Paar- und Familienkirche, die Alleinlebende an den Rand drängt.

Im 19. Jahrhundert waren Frauen wegen der Pioniersituation noch vielfältig berufstätig gewesen, mit zunehmender Konsolidierung der Kirche werden die einschlägigen Texte aus den Paulusbriefen und Schöpfungsgeschichte jedoch ebenso prägend wie in einer Mehrzahl der christlichen Denominationen. Zunehmend wirkt sich aber, bestimmten Ausprägungen des kirchlichen Marienglaubens entsprechend, der mit der Zeit entwickelte Glaube an eine weibliche Gottheit[528] zur Stütze eines Rollenmodells der geduldigen Gebärerin von ‚Gotteskindern' aus, ohne jedoch zu einer sozialen Aufwertung der Frau zu führen.

### *Zur Funktion des Apokalyptischen*

Mormonen glauben an Reinkarnation im Zusammenhang einer Präexistenz der Seelen bei Gott. „Das irdische Leben ist nur ein Akt des großen mehrere Welten und Leben umfassenden Dramas."[529]

Der Jenseitsglaube der Mormonen ist demnach knapp als evolutiv-prämillenaristisch zu bezeichnen. Zumindest den Mitgliedern der Kirche droht nach der ersten Auferstehung, die als Vereinigung der Geister aus dem Paradies und der Körper in den Gräbern gedacht wird, kein Gericht. Wohl aber den Nichtmitgliedern. Dabei wird eine Verbannung der Bösen in die Geisterwelt erwartet. Es folgt ein tausendjähriges Friedensreich, in dem unter den verbliebenen Nichtmormonen weiterhin missioniert und gepredigt wird. Dies bewirke eine fortschreitende „Verjüngung und Verklärung der Erde". Die Mormonische Kirche ist inzwischen herrschende Institution auch in der Geisterwelt geworden. Besiegelung und Taufe (auch von Toten) durch sie entscheidet nun über eine Existenz Einzelner im Himmel. Als Kinder Verstorbene werden erst zu Erwachsenen, im Millennium aber wieder zu Kindern, damit sie von ihren Müttern erzogen werden können. Über die Zeit nach dem Millennium werden wenig Auskünfte gegeben, außer, dass auch hier immerwährender Fortschritt[530] herrschen wird, der letztlich in einer Allversöhnung als *„Apotheosis* des Menschen"[531] endet. Entgegen der im 19. Jahrhundert üblich gewordenen Spiritualisierung der Jenseitserwartung erwarten die HLT die reale irdische Herrschaft des Königs der Könige als Tag des glorreichen Sieges ihrer Kirche. Die Zahl der Verdammten ist nun allerdings nur noch so klein, dass „sie an den Fingern einer Hand aufgezählt werden können".[532]

---

[528] Ebd., 252.

[529] BERNHARD LANG / COLLEEN MCDANNELL, *Der Himmel. Eine Kulturgeschichte des ewigen Lebens*, Frankfurt a.M. 1990, 417.

[530] HUTTEN, *Seher*, 588.

[531] Ebd., 589.

[532] CHARLES S. BRADEN, *These Also Believe. A Study of Modern American Cults and Minority Religious Movements,* New York 1949, 176.

Die Mormonen unterscheiden zwischen zwei Orten, der endzeitlichen Gottesherrschaft: *Jerusalem*, dem Ort für die Juden und *Zion*, das, von Jerusalem distinkt, gedacht wird als Ort für alle Nicht-Juden. Alle Spekulationen konzentrieren sich also auf Zion. Es wird erwartet „im gelobten Land Amerika“ als diesseitiges tausendjähriges Gottesreich, dessen Ausmalung einmal vielen Sehnsüchten des 19. Jahrhunderts entgegenkam – vor allem denen der Armen, denen die Portale der großen Kirchen verschlossen blieben. Als Ideal gilt „die vereinigte Ordnung Enochs, in der es kein Arm und Reich gab.[533] Das Gericht zu Beginn des Millenniums wird zwar niemals datiert, es wird aber immer wieder davon gesprochen, dass der Herr nahe sei[534]. Es sind an dieser Stelle also immerhin die Vermeidung drastischer Höllenschilderungen und die sozialutopischen Qualitäten dieser Jenseitsvorstellungen herauszustellen.

### *Jenseits im Diesseits*

Über einen Bestand an bibelnahen und dezidiert apokalyptischen Texten hinaus existiert eine allgemeine mormonische Lehre vom Jenseits, die sich nicht in den genannten Offenbarungsschriften, sondern in Tempelritualen oder den Schriften verschiedener Präsidenten niedergeschlagen hat:

So existiert eine mormonische Planetologie, die sich konsequent aus dem spirituellen Materialismus der HLT ergibt: Die Annahme, es gäbe nichts Immaterielles, fordert eine Lokalisierung der zukünftigen Geschehnisse im Weltraum, sie sind also in einer gewissen, dem modernen Positivismus geschuldeten Weise nicht mehr wirklich jenseitig, sondern im Hier und Jetzt lokalisiert und stehen mit dem irdisch Existenten in unmittelbarem Zusammenhang. Damit stehen die Mormonen in der Tradition dessen was Carl Christian Bry „verkappte Religionen“ nannte[535]: Das Jenseits wird greifbar „hinter der Tapete“. Ein quasispiritistischer Kontakt mit der Geisterwelt (etwa in den häufigen Offenbarungen an die Präsidenten) ist jederzeit möglich.

Dieser spirituelle Materialismus ermöglicht auch einen direkten Zugriff auf die innerweltlichen Zukunftsgeschehnisse. Das Handeln der mormonischen Kirche in der Zeit kann außerdem als unmittelbar wirksam auf die Ereignisse nach Tod und Auferstehung gedacht werden.[536] Die Vorstellung einer radikalen Andersheit der Welt Gottes und seiner Souveränität, die sich menschlicher Einflussnahme letztlich entzieht, fällt diesem Materialismus zum Opfer. Sie hatte sich nicht zuletzt auf die reine Geistigkeit Gottes in der christlich abendländischen Tradition gestützt.

---

[533] MÖSSMER, *Mormonen*, 85.

[534] Vgl. UNDERWOOD, *Mormons*.

[535] CARL CHRISTIAN BRY, *Verkappte Religionen. Kritik des kollektiven Wahns*, Hg. u. m. e. Vorwort versehen von M. GREGOR-DELLIN. München 1979 (1924).

[536] So wird etwa im Endowment-Ritual ein neuer Name vergeben, der heilig und geheim gehalten werden soll. Er wird als Ausweis für den Eintritt in das Reich Gottes nach der Auferstehung verstanden. Vgl. HAUTH, *Mormonen*, 122.

Gleichzeitig ermöglicht er die Vorstellung einer linearen und umfassenden Vervollkommnung des irdischen Menschen: Er wird zu einem Gott im mormonischen Pantheon und lebt dort weiter wie ein Mensch auf Erden. Konsequent kommt der Fortpflanzung eine metaphysische Qualität zu. Entscheidend ist weniger die Liebe unter Menschen, als die Besiegelung durch die Kirche und die patriarchalische Ordnung. Ehen leben durch „Siegelung" über den Tod hinaus und sind im Himmel weiter fruchtbar. Der patriarchale Gedanke einer ewigen und damit immer gleichzeitigen Dynastie der eigenen in ihrer Zahl weiter wachsenden Nachkommen, der sich bereits im inzwischen verworfenen Gedanken der Polygamie gezeigt hatte, wird hier ins Unendliche fortgeschrieben.

### *Familienglück als metaphysische Größe*

Das Wiedersehen der engsten Familienmitglieder im Jenseits gilt den HLT als zentrale Verheißung. Im Anschluss an die Erzvätererzählungen der hebräischen Bibel, in Harmonie mit US-amerikanischer Familienideologie und so unzweifelhaft patriarchal geprägt, jedoch unter Ignorieren der familienskeptischen Aussagen Jesu und schwer vereinbar mit einer universalistischen Ethik heißt es sogar: „Ganz offensichtlich wird diese heilige Praxis [Polygamie] nach dem zweiten Kommen des Menschensohnes und dem Anbruch des Tausendjährigen Reiches wieder beginnen."[537]

Dass die unendliche Verlängerung eines idealisierten irdischen Familienglücks im Zentrum der mormonischen Jenseitshoffnungen steht, macht auch das folgende Zitat deutlich: „Wenn ich keine Hoffnung und Erwartung mehr hätte, meinen Vater, meine Mutter, meine Brüder, meine Schwestern und Freunde wiederzusehen, mein Herz würde sofort zerreißen und ich müsste hinab in mein Grab gehen."[538]

Die mormonischen Jenseitsvorstellungen wurden bereits als fortschrittsorientiert und evolutiv bezeichnet.[539] Die Chance, die hier für den Bildgebrauch und

---

[537] MCCONKIE, *Mormon Doctrine*, 578.

[538] BRIGHAM H. ROBERTS (Hg.), *History of the Church of Jesus Christ of Latter Day Saints – Documents of the early church* (by Joseph Smith, 7 vols. ed. by B.H. Roberts, 2nd ed., The Desert Book Co., Salt Lake City, 1978) Bd. 5, 361f.

[539] Bereits Arno Schmidt hatte auf die Parallelen zwischen dem Buch Mormon und der meist schwarzromantischen angelsächsischen Proto-Science-Fiction á la EDGAR ALLAN POES *Arthur Gordon Pym* hingewiesen. Erik Davies hat sie materialreich, aber unkritisch im Detail erarbeitet (*Techgnosis.* Myth, Magic & Mysticism in the Age of Information. London, 1999.). In einem Beitrag anlässlich der olympischen Winterspiele in Salt Lake City hat Dietmar Dath am 11.2.2002 in der F.A.Z. Nr. 35 (58) zudem Science-Fiction-Autoren und Regisseure aufgezählt, die entweder biographisch oder wenigstens ideengeschichtlich von mormonischem Gedankengut beeinflusst genannt werden müssen: Raymond F. Jones, der Autor von *Metaluna antwortet nicht* und *Alien*, Samuel W. Taylor, Autor von *Flubber* und *Der zerstreute Professor,* Gerald N. Lund und B. Franklin Thatcher, Bischof der HLT und Verfasser mehrerer *Raumschiff Enterprise* Episoden. Besonders ist hier aber Orson Scott Gard zu erwähnen.

eine Motivation für ein arbeitsames und glückliches irdisches Leben liegt, ist offensichtlich: Gerade die entscheidende ‚Errungenschaft' der jüdischen Apokalyptik, der Zeitbruch, der durch die Zwei-Äonenlehre eingeführt wird, wird bei den Mormonen rückgängig gemacht. Millennium und Gericht sind nur Entwicklungsstufen eines unaufhaltsamen Fortschritts zur Vervollkommnung. Idealbilder irdischer Existenz können überhöht und idealisiert in alle Ewigkeit fortgeschrieben werden. Die Tempelrituale bieten in ihrem selbstbewussten Zugriff auf jenseitige Verhältnisse dabei eine zusätzliche rituell ‚verbürgte' Sicherheit.

Dass auch die apokalyptische Bildwelt der Kunstgeschichte nicht ohne Anthropomorphismen auskam, steht außer Frage, gleichwohl ist in der Theologiegeschichte immer wieder die Andersheit Gottes hervorgehoben und seit Augustinus die Unerkennbarkeit der Prädestination für irdische Augen betont worden. Der im großkirchlichen Christentum immer wieder virulenten Gefahr einer Abwertung der diesseitigen menschlichen Existenz können die HLT nur schwerlich verfallen. Dafür droht eine Vergötzung diesseitiger Verhältnisse auf Kosten nicht zuletzt der Idee einer universellen Gerechtigkeit, die im Gericht wiederhergestellt wird. Diese Idee ist jedoch nur mit der Annahme einer universalen, auch Familienbande sprengenden Ethik zu denken.

## 8.4 Jehovas Zeugen

*Geschichte und Lehre, Selbstverständnis und Sozialstruktur*

In großer Nähe zu Glauben und Struktur der Adventisten wurden die Zeugen Jehovas Ende des 19. Jahrhunderts in den USA gegründet und stehen damit in gewisser Weise an ihren Ursprüngen im Strom der breiten angloamerikanisch-protestantischen Tradition, die an dieser Stelle damit exemplarisch aufscheint.

Charles Taze Russell (1852–1916) – wie seine Frau gehörte er zunächst den Adventisten an, die bereits für 1840/44, später für 1874 den Weltuntergang prophezeit hatten – gründete 1870 die *Bible Students* (dt.: Ernste Bibelforscher) mit Blick auf den von ihm ebenfalls für 1874 prophezeiten Weltuntergang. Die 1881 gegründete *Watchtower Bible & Tract Society* (Wachtturm-Bibel- und Traktatgesellschaft", WTG) einwickelte sich durch Russells Missionsreisen vom Verlag zum schnell wachsenden Religionskonzern. Die vorhergesagten Weltuntergänge 1881, 1914, 1918 und 1920 trafen jedoch nicht ein. Russells Nachfolger J.F. Rutherford (Präsident von 1917–1942) gab in der Broschüre *Millionen jetzt lebender Menschen werden nicht sterben* ein neues

---

„[D]er bekannteste, kommerziell erfolgreichste und wohl auch beste mormonische Schriftsteller der Gegenwart [...] unternimmt in seinem 1987 begonnenen ‚Alvin Maker' – Zyklus nichts Geringeres als eine Neuerschaffung der amerikanischen Geschichte aus dem Geist der mormonischen Gnostik." Es geht hier um die Bücher *Seventh Son* (1987), *Red Prophet* (1988), *Prentice Alvin* (1989), *Alvin Journeyman* (1995) und *Heartfire* (1999).

Datum aus (1925) und 1931 der Bewegung ihren neuen Namen *„Jehovas Witnesses“*. Die Mitgliederzahl erhöhte sich in der Folgezeit trotz oder wegen seiner Tiraden gegen alle anderen Konfessionen und Religionen, die er als Kinder Satans apostrophiert. N.H. Knorr, sein Nachfolger (1943–1976), sorgte für effizientere Organisation — vor allem der Predigerausbildung in sogenannten Gileadschulen —, geschicktes finanzielles Management und damit für ein Ansteigen von deren Zahl von 150.000 auf 2.224.000. Ein erneut nicht eintreffendes Weltende 1975 führt allerdings zu Abspaltungen und erheblichem Mitgliederschwund. Der vierte Präsident, F.W. Franz (1976–1992), schließlich organisiert weltweit den Bau von „Königreichssälen“[540], Länderbüros und Kongresszentren.[541] 1992 bis 2000 stand M.G. Henschel den ZJ vor. Er war unter anderem maßgeblich daran beteiligt, den Irrtum der WTG bezüglich des Weltuntergangs 1975 den „Brüdern“ zu verschweigen sowie diverse Erleichterungen der Lebensführung (Erlaubnis des Zivildienstes) zu verhindern. 1992 hat die Organisation weltweit 4.472.787 Prediger (163.095 in Deutschland) und ca. 11 Millionen Sympathisanten. Seit dem Jahr 2000 hat dieses Amt Don A. Adams inne

Größter Wert wird bei den Predigern auf die Erfüllung des ‚Predigtdienstes‘ gelegt. Nur partielle Berufstätigkeit (keinesfalls in einer kirchlichen Einrichtung), Verweigerung staatlicher und kirchlicher Feiertage, persönlicher Feste (Geburtstag) und der Teilnahme an Wehr- oder Zivildienst sowie anderen ehrenamtlichen (auch politischen) Engagements und jedes nicht unbedingt nötigen Kontaktes mit der „Welt“, etwa auch der Besuch einer höheren Schule und Hochschulstudium, sowie die fünfmaligen Treffen in der Woche sollen die maximale Konzentration auf diese Aufgabe, über deren Ausführungen mit subtiler Genauigkeit gewacht wird, gewährleisten.

### *Bibelverständnis*

Die ZJ[542] erheben den Anspruch, die einzigen Christen zu sein, die wahres Christentum lehren und leben. Es begegnet also erneut der problematische Alleinvertretungsanspruch. Sie berufen sich zwar auf neue Einsichten vor allem ihres Gründers Russell, können jedoch nicht im strengen Sinne als Neuoffenbarer bezeichnet werden, da die biblische Gerichtserwartung zwar dualistisch zugespitzt, nicht aber wesentlich modifiziert wird. Die tiefe Kluft zu den meis-

---

540 Name der Versammlungsräume, angelehnt an die jesuanische Reich-Gottes-Predigt.

541 Mit ihm stand zum ersten Mal seit Russell wieder ein Präsident mit profunden Bibelkenntnissen, ja sogar mit einem Interesse an der Exegese an der Spitze der WTG. EVA-MARIA KAISER / ULRICH RAUSCH, *Die Zeugen Jehovas. Ein Sektenreport*, Augsburg 1996, 137ff.

542 HERBERT WEBER / FRIEDERIKE VALENTIN, *Die Zeugen Jehovas*, Freiburg 1994; ANDREAS FINCKE, *‚Wir sind kein Teil der Christenheit‘. Jehovas Zeugen heute*, MD EZW 63 (2000), 138–156. Bzgl. Selbstdarstellung vgl. die (deutschsprachige) Homepage der Zeugen Jehovas http://www.jehovaszeugen.de; kritische Information ehemaliger Zeugen Jehovas finden sich beim Infodienst des Netzwerks ehemaliger Zeugen Jehovas in Deutschland. http://sewolf.com/infolink (12.12.2012).

ten anderen biblisch-christlichen Gemeinschaften wird darüber hinaus darin deutlich, dass die ZJ in vielen wesentlichen Punkten nicht mit dem übereinstimmen, was im Nicäo-Konstantinopolitanischen Symbolon grundgelegt und von einer Mehrheit der christlichen Kirchen als Interpretationsschlüssel für die Heilige Schrift geteilt wird.

Diese Distanz zu einer Mehrzahl der christlichen Kirchen spiegelt sich auch in der Tatsache, dass die ZJ – wie die Mormonen – von einem Abfall der übrigen Kirchen vom wahren Christentum bereits mit der beginnenden frühkirchlichen Theologie am Ende des ersten Jahrhunderts nach Christus ausgehen.[543] Trotzdem nennen sie zur geistesgeschichtlichen Selbstverortung immerhin sieben *„messengers of the church throughout the ages“*[544]: Der Apostel Paulus, der Evangelist Johannes, Arius, Waldo, Wycliff, Luther und Russell. Die ideengeschichtliche Inkonsistenz dieser ‚Ahnenreihe‘ – die Erwähnung von Waldo und Wycliff dürfte vor allem dem eigenen Minderheiten- ja Opferstatus geschuldet sein, die von Arius ihrer Leugnung von Jesu Gottessohnschaft – findet ihre Analogie in der teilweise inkonsistenten ‚Theologie‘ der ZJ.

Insgesamt existiert nämlich ebenfalls keine in sich schlüssige und zum theologischen System geronnene Lehre wie bei den großen christlichen Kirchen.[545] Gegen die mündliche ‚Tradition‘ in Judentum und Katholizismus hatte man sich immer abgegrenzt und sich auf das Luthersche, durch die Aufklärung in die Kritik geratene Sola-Scriptura-Prinzip berufen. Weil jedoch die (protestantische) bibelwissenschaftliche Entwicklung von Anfang an ignoriert wurde, kann man gerade deshalb mit Penton von „a kind of nineteenth-century, fundamentalist history“ sprechen, „which ignores the last hundred years of scholarship in the field“[546].

Solcherart normativer Bibelinterpretation entspricht die hierarchische Struktur der ZJ, die ohne nennenswerte Ländervertretungen unmittelbar auf die in Brooklyn zentralisierte weltweite Leitung der ZJ zuläuft. Diese Struktur rechtfertigt ein in der Literatur[547] missverständlich „katholisch“ genanntes „concept of the ‚faithful and discrete slave’“ (bzw. ‚servant‘). So lautet die Bezeichnung für den Präsidenten der *Watchtower Society*, der fordert, dass auch falsche Lehren der *Watchtower Society* geglaubt werden müssen, um das ewige Heil zu erlangen. Eine temporäre Irrtumsfähigkeit wird immerhin zugestanden[548].

---

543 Der Wachtturm (WT) 1959, 415; 1961, 703.

544 WT 1.4.1919. Zit in: M. JAMES PENTON, *Apocalypse Delayed. The Story of Jehovah's Witnesses*, Toronto u.a. $^{2}$1997, 181. Bei der Arbeit von Penton handelt es sich um die theologisch wertvollste und am besten recherchierte Monographie zum Thema. Sie war für die folgenden Überlegungen eine wichtige Stütze.

545 PENTON, *Apokalypse*, 159f.

546 Ebd., 183.

547 Ebd., 160.

548 So sinngemäß im Interview mit Präsident Frederick Franz im *Crown Counsellor*, 1954, 105ff.

Trotzdem entwickelt sich die WTS zunehmend zum ersten Offenbarungsmedium noch vor der Bibel (von deren Studium außerhalb der Society ausdrücklich abgeraten wird[549]). Dies gilt im Sinne einer ‚fortschreitenden Offenbarung' fußend auf einer eigenwilligen Deutung von Spr 4,18[550]. Sie dient den ZJ vor allem zur Selbstlegitimation nach Fehldatierungen der Apokalypse und Umdeutung der eigenen Prophezeiungen, nicht aber im Sinne einer Relativierung gegenwärtiger Lehraussagen.

Als kanonische Bibel, verbal inspiriert, fungiert der hebräische bzw. protestantische Kanon mit 66 Büchern – die ‚Apokryphen' gelten nicht als göttlichen Ursprungs.[551] Nachdem bis in die vierziger Jahre des 20. Jahrhunderts herkömmliche Bibelübersetzungen ins Englische verwendet wurden, wie die *King James Bible* oder *Byngtons Bible in Living English*, erarbeitete das *New Worlds Translation Committee*[552] nach dem zweiten Weltkrieg die bis heute gebräuchliche *Neue-Welt-Übersetzung*, weitgehend fußend auf R. Kittels griechischem und hebräischen Text[553]. Allerdings wurden beispielsweise die Übersetzung von *stauros* mit Marterpfahl *(torture stake)* und *ho theos* mit Jehova einer Assimilation des Tetragramms immer wieder als unsachgemäß, ja als Interpolation kritisiert[554]. Auch der historisch entstellenden Aussprache des unvokalisierten Tetragramms YHWH sind sich die ZJ durchaus bewusst, nicht *Namen* seien jedoch entscheidend, so heißt es entschuldigend, sondern *Inhalte*.[555]

An dieser wie an einer Vielzahl anderer problematischer Partien ist zu konstatieren, dass es sich nicht etwa um die ‚beste aller Bibelübersetzungen', sondern um eine nach den Mustern der Witnesses redigierte Bibelfassung handelt. Darüber hinaus kann die bei Russell grundgelegte Methodik kaum anders als biblizistisch genannt werden. Ungeachtet der Erkenntnisse moderner Bibelwissenschaft, deren Existenz in ZJ-Kreisen keineswegs unbekannt ist[556], wird die Bibel bis heute als großes Rätsel gelesen, was eine Hinterfragung der bekannten Doppelungen und internen Spannungen im Text im Sinne einer historischen Kritik verhindert; von der ‚rechten' Bibellektüre, die in der Lage ist, in diesen Rätseln Verborgenes ans Tageslicht zu bringen, werden nicht nur wörtliche Antworten auf alle aktuellen Fragen erwartet, sondern auch eine Vorhersage entscheidender postbiblischer Ereignisse. Dies alles gilt unter der Bedingung, dass das Puzzle verschiedenster alt- und neutestamentlicher Schriftstellen in rechter Weise zusammengesetzt wird.

---

549 *WT* 1981, 28f.

550 „Doch der Pfad der Gerechten ist wie das Licht am Morgen; es wird immer heller bis zum vollen Tag."

551 *Equipped for every good work*. Brooklyn, NY 1946, 85–96.

552 Die Zusammensetzung und akademische Qualifikation dieses Gremiums wird bis heute geheimgehalten.

553 PENTON, *Apokalypse*, 173.

554 Ebd., 175.

555 *The Truth that leads to Eternal Life*, Brooklyn, NY 1968, 17–19.

556 PENTON, *Apokalypse*, 176.

Dazu bedient sich die Watchtower Society bis heute – allerdings in äußerst unkoordinierter Weise – einer im weitesten Sinne allegorisch zu nennenden Auslegungstechnik. Dass sich dabei bisweilen zentrale Thesen im Laufe der Zeit im Sinne einer Parusie-Verzögerung massiv verändern ließen, ermöglichen eine steile Hierarchie und die hohe motivationale Bedeutung der Apokalypse für die ZJ.

*Theologie?*

Das Gottesbild der ZJ ist, wie bereits aus dem Gottesnamen Jehova anklingt, stark alttestamentlich geprägt. „Jehova" ist der eine Gott, Vater derer, die ihn verehren und Herr der Heerscharen für diejenigen, die ihn leugnen. Er ist ein Gott, der hier und heute wirkt, der den zukünftigen Verlauf von Geschichte vorhersehen kann und dies in den Prophezeiungen der wörtlich inspirierten Hl. Schrift auch kundgetan hat.

Der Christus-Messias „Jeshuah", der von ihm gesandte Retter, ersterschaffener und präexistenter Sohn Gottes (*deuteros theos* – die Trinität wird abgelehnt[557]), angekündigt von den Propheten, wird von einer jungfräulichen Mutter geboren (zur Gründung seiner übernatürlichen Herkunft), predigt das Königreich der Himmel und stirbt am 15. Nissan des Jahres 33, um sein Leben als Opfer für die Sünde Adams hinzugeben. Wenngleich offiziell das chalcedonensische Dogma abgelehnt wird, trifft die Formel vom wahren Menschen und wahren Gott durchaus das Christusverständnis der ZJ. Wenn gleichzeitig erst die *Taufe* Jesu ihm seinen göttlichen Status gibt, so werden hier einmal mehr die logischen Inkonsistenzen – auch in der Christologie – deutlich.

Unsichtbar ist Jesus seitdem in der Welt zugegen, denn seine Auferstehung geschah im Geiste, nicht im Fleisch (1 Petr. 3, 18). So ist es ihm auch möglich, seit 1914 (dem Jahr eines ursprünglich vorhergesagten Weltuntergangs) einen Kampf gegen Satan zu führen, den er bereits damals aus dem Himmel auf die Erde gestürzt hat, und den er im bald bevorstehenden (aber seit 1976 nicht mehr genau datierten) endzeitlichen Kampf bei Harmageddon endgültig besiegen wird. Im dann errichteten tausendjährigen Paradies auf Erden herrscht Jesus mit den Führern seiner Versammlung als Priester-König. Es leben nun nur noch Zeugen Jehovas, 144.000 von ihnen – ihre Namen stehen seit den dreißiger Jahren des 20. Jahrhunderts fest – wird sogar eine himmlische Hoffnung zugesagt.[558] Alle anderen werden in einem irdischen Paradies leben.

---

557 *The Word – Who Is He According to John?* Brooklyn, NY 1962, passim.

558 *The Truth that leads to eternal Life,* 46–54, 102–113. *Wem* genau das endzeitliche Heil zuteil wird, wurde Russell selbst erst nach einiger Zeit klar: Seine ursprüngliche Lehre hatte gemäß Gen 22, 16–18 noch die gesamte Judenheit als „Same Abrahams" samt der Mitglieder seiner *Bible Students* umfasst. Mit dem Wachstum seiner eigenen Gemeinschaft wurde die Zahl 144000 zunehmend konkret und nicht mehr metaphorisch verstanden. Jesus Christus wurde – zu Ungunsten Abrahams zum einzigen Heilsvermittler erklärt. Vgl. Art.: *Israel Gottes*, in:

Der Glaube an einen Heiligen Geist in einem trinitarischen Sinne wird wie gesagt abgelehnt, dafür aber der biblische Glaube an wirkmächtige Geister und Dämonen, Engel und Teufel – vor allem den Erzengel Michael und Satan – gepredigt. Der Dämonenglaube ist dabei ein wesentliches Element ‚interner Führung', wenngleich gerade in jüngeren Veröffentlichungen die neuzeitliche Kritik am Dämonenglauben aufgegriffen und zum Beispiel bei schwerer Krankheit ausdrücklich zum Arztbesuch aufgefordert bzw. vor dem Einsatz von Amuletten etc. (mit Verweis auf 2 Kor 6,15) gewarnt wird. Von den hier unkommentiert auftauchenden Konzessionen an das moderne Weltbild wird noch zu reden sein.

Das Menschenbild der ZJ ist geprägt von einem Leib-Seele-Dualismus, der allerdings nicht von einer Unsterblichkeit der Seele ausgeht.[559] Mit Verweis auf Ez 18,4.20 wird vielmehr die Sterblichkeit der sündhaften Seele proklamiert. Folglich wird weder eine Hölle noch ein Fegefeuer geglaubt, sondern – in gewisser Weise anknüpfend an die alttestamentliche Sheol-Vorstellung, bzw. frühe alttestamentliche Auferstehungskonzeptionen – eine Annihilation der sündigen Seele im Tod angenommen[560]. Was vom Menschen bleibt, ist ein immaterielles Abbild im „Gedächtnis Gottes"[561]. Parallel zur Verweigerung des Geist-Glaubens wird die biblische Rede vom ‚Geist des Menschen' (*‚ruah neshamah'*) auf die bloße Lebenskraft des Körpers reduziert, die der Mensch mit den Tieren gemeinsam habe.[562]

Das Herrenmahl wird einmal im Jahr am 14. Nissan nach Sonnenuntergang in Anwesenheit der gesamten Gemeinde als Gedächtnismahl gehalten. Was mit der Formel „dieses bedeutet (!) mein Leib" gemeint sein soll, unterlag ebenfalls einer dogmatischen Kehrtwende: Während bis 1956 an den mystischen Leib der Kirche der 144 000 gedacht war, hieß es im Wachturm von 1956: „His body? Yes, his own body, his whole body, head and all, that he was to give for them."[563] eine Wende, die angesichts der Weigerung vieler ZJ, diese Rücknahme einer Identifizierung von Geistgesalbten und Leib Christi zu akzeptieren, im Wachturm vom 1. Juli 1959 ihrerseits zurückgenommen wurde.

Weder Taufe noch Herrenmahl werden als Sakramente, also als Zeichen einer inneren Wirklichkeit, sondern als „public demonstration, testifying, that one has made solemn dedication to Jehovah God and is presenting himself to his will"[564], verstanden. Die Taufe wird nach einer Glaubensprüfung als Was-

---

WACHTURMGESELLSCHAFT (Hg.), *Einsichten in die Heilige Schrift*, Bd. I. Selters/Ts. 1989, 1246. Sowie auch PENTON, *Apokalypse*, 187.

559 „We see then, that the human soul is the person himself, and when the person dies, it is the human soul that dies" *The Truth that leads to Eternal Life*, 37.

560 Vgl. *WT* 1998, 4ff.

561 Vgl. WACHTURMGESELLSCHAFT, *Einsichten in die Heilige Schrift*, 821.

562 *The Truth that leads to Eternal Life*, 38–40.

563 *WT* 1956, 49.

564 *The Truth that leads to Eternal Life*, 183f.

sertaufe durch Ganzeintauchen vollzogen. Die ZJ kennen auch eine Geisttaufe in den Tod Jesu hinein, die jedoch den 144000 vorbehalten ist, die (sofern vor 1914 verstorben) bereits damals, bei einer „ersten Auferweckung" im Himmel versammelt wurden, und – sofern später verstorben – inkonsequent ohne Tod ihrer Seele ‚auferstehen' werden. Die Übrigen müssen sich mit der Aussicht auf ein Leben im tausendjährigen (irdischen) Paradies begnügen.[565]

Andere ZJ, „andere Schafe" oder „Jonadabs" genannt, bleiben auch in ihrem irdischen Leben ‚zweite Garnitur' und haben nicht die Chance, in Führungsämter aufzusteigen. Von ihnen wird gar gelehrt, sie seien nicht gerechtfertigt und erhielten Zugang zum ewigen Heil nur nach einer langen Phase der Prüfung während des Millenniums[566]. Hier wird bereits deutlich, wie sehr die Orientierung der Ideologie der WTS an aktuellen sozialen und hierarchischen Bedürfnissen zu theologischen Inkonsistenzen führt.

### *Allgemeine Lebensregeln*

ZJ halten an der Heiligkeit des Lebens fest und verweigern deshalb den Wehrdienst (dies auch aufgrund ihrer Verachtung gegenüber allen weltlichen Institutionen wie dem Staat, die sie auch zur Wahlverweigerung führt). Inkonsequent und unter dem Einfluss der evangelikalen *‚Moral Majority'* in den USA wird *hier* die Todesstrafe befürwortet und werden *dort* die Feinde Gottes der ewigen Vernichtung anheimgegeben.[567] Gleichwohl ist Geburtenkontrolle (außer bei medizinischer Indikation) verboten.

Besonderes Aufsehen erregen die ZJ regelmäßig im Zusammenhang mit dem Verbot der Bluttransfusion, das sie aus dem alttestamentlichen Verbot, Blut zu verspeisen (Lev 3,17; 7, 26; 17,10 u.ö.) herleiten – entgegen medizinischer Erkenntnisse wird die intravenöse Zufuhr für eine Form des Verspeisens gehalten.[568] Diese Haltung wurde bezüglich ihrer Details (Blutprodukte in Lebensmitteln und in der Medizin) in den sechziger Jahren mehrfach revidiert[569] und in den späten neunziger Jahren auf starken inneren und äußeren Druck dem Gewissen des Einzelnen überlassen.

565 ZJ, die dennoch die „Besiegelung" für sich beanspruchen, werden – teilweise mit psychischen Pressionen – dazu gebracht, ihre Zugehörigkeit zu den 144 000 zu widerrufen; im Falle der Weigerung werden sie ausgeschlossen. Ebd., 194.

566 WATCHTOWER BIBLE AND TRACT SOCIETY (Ed.), *Life everlasting in freedom of the Sons of God*, Brooklyn, NY 1966, 369, 370, 398–400.

567 *WT* 1981, 10ff.

568 Vgl. u.a.: *WT* 1975, 414f. Das bis heute gültige Verbot der Bluttransfusion funktioniert gerade mit Blick auf den bald (wenn auch nicht datiert) erwarteten Weltuntergang: Wer Bluttransfusionen angenommen hat, wird nicht auferstehen, sondern verworfen, so nimmt man lieber den irdischen Tod in Kauf als den ewigen zu erleiden.

569 PENTON, *Apokalypse*, 204ff.

*Zur Funktion des Apokalyptischen: Das ständig verschobene Zeitenende*[570]

Datierungen des Jüngsten Tages sind in einer Vielzahl von (Frei-)Kirchen protestantischer Provenienz üblich (gewesen). Nicht zuletzt im Kontext des Adventismus. Dieses konfessionskundlich unübersichtliche Feld soll an dieser Stelle exemplarisch sichtbar werden:
Grundlegend für die aktuelle Chronologie der ZJ ist der 1.10.646 v.Chr., der für den Termin des Falls Jerusalem unter Nebukadnezar gehalten wird, sowie die von Daniel prophezeiten „sieben Zeiten“, in denen Jerusalem niedergetreten sein werde (rechnet man ein Prophetenjahr mit 360 Tagen, kommt man auf 2560 Tage/Jahre) bzw. die Prophezeiung in Offb 11,2, wo von zwei Zeugen die Rede ist, die jeweils 1280 Tage in Trauer predigen werden (= 2560 Jahre). Auf diesem Weg soll das Jahr 1914 als Jahr für das Ende der Unterdrückung Jerusalems und also der Wiederkunft Christi markiert werden können. Diverse scheinbar biblisch begründete Prophezeiungen für die Zeit dazwischen (Geburts- und Todesjahr Christi, Zerstörung Jerusalems, Beginn und Ende der „Papstherrschaft über die Christenheit“ 539–1799) dienen vor allem dem Beweis der Richtigkeit biblischer Datierungen und stützen so das entscheidende Jahr 1914. Der ausgebliebene Weltuntergang und der Kriegsausbruch in diesem Jahr bieten dann den Ausgangspunkt für weitere Datierungen, die nacheinander die Jahre 1920, 1925, 1975 und 1976 als Termine für das Ende der irdischen Welt ausrufen.

In den Veröffentlichungen seit etwa 1976 taucht der Begriff „Chronologie“ jedoch nur noch in Bezug auf Vergangene nicht aber zukünftige Datierungen auf. In den meisten Fällen geht es nun um den Erweis der Richtigkeit der biblischen Datierungen, ohne dass der Anspruch erhoben wird, den Termin des Weltuntergangs zu kennen. Auch in neueren Texten über die Auferstehung ist ein allgemeiner Trend zur innerbiblisch-distanzierenden Rede und zum metaphorischen Sprechen zu beobachten. Daneben wird in jüngerer Zeit summarisch zur Hoffnung auf Auferstehung aufgefordert, ohne daran eine ausgefeiltere Lehre der zu erwartenden Geschehnisse zu knüpfen.[571] All diese Tendenzen lassen eine Entwicklung der biblisch ausgesprochen gebildeten Führungselite der ZJ im Sinne einer modernen erkenntniskritischen Position gegenüber biblischen Texten und eine Zurücknahme der meisten weitreichenden Prophezeiungen aus der eigenen Frühzeit bemerken. Bezüglich der zu glaubenden In-

---

[570] Vgl. für die folgenden Ausführungen v.a.: BIBEL UND TRAKTATGESELLSCHAFT (Hg.), *„Vergewissert Euch...“*, Selters/Ts. 1974.

[571] Vgl. etwa *WT* 1998, 18: „Paulus forderte die Korinther daher nachdrücklich auf: ‚Wacht in gerechter Weise zur Nüchternheit auf, und treibt nicht Sünde, denn einige haben keine Erkenntnis Gottes. Ich sage es euch zur Beschämung‘ (1 Kor 15,34). Eine ablehnende Haltung zur Auferstehung bewirkte bei einigen eine geistige Benommenheit, als wären sie betrunken. Sie mußten aufwachen, nüchtern bleiben. Ebenso müssen gesalbte Christen heute in geistiger Hinsicht wach sein, sie dürfen sich nicht durch die skeptische Haltung der Welt beeinflussen lassen. Sie müssen an ihrer Hoffnung auf eine Auferstehung zu himmlischem Leben festhalten.“

halte apokalyptischer Natur kann geradezu von einer Nähe der ZJ zu den großen christlichen Kirchen gesprochen werden. Auferstehung der Toten, Gericht, gestufte Teilhabe an der Herrlichkeit Gottes, Vernichtung der Sünder. Alle weitergehenden Spekulationen werden mit dem Verweis auf das „Vertrauen in Jehova“ abgelehnt.

Ob diese bisher wenig bemerkte Entwicklung auch im Sinne einer Abnahme subtiler innerer Machtausübung – vor allem im Sinne einer größeren Ausbreitung und Vergrößerung finanzieller Ressourcen – verstanden werden darf, muss abgewartet werden. Es bleibt aber deutlich festzuhalten, dass apokalyptische Elemente, vor allem der Glaube an ein unmittelbar bevorstehendes jüngstes Gericht an Relevanz bezüglich der inneren Selbstorganisation der ZJ zugunsten anderer Elemente deutlich abgenommen haben. Ähnlich wie bezüglich Blutspendeverbot und Dämonenglaube fordert der Modernisierungsdruck auch bezüglich Datierung und genauer Fassung des Jenseitsglaubens seinen Tribut von den ‚Zeugen‘ vor allem in Form einer subtilen Metaphorisierung des Jenseitsglaubens.

### *‚Glücklichsein‘ als Ausdruck wahren Glaubens*

Was für ein Mehrzahl ‚volkskirchlich‘ organisierter Religionsformen zutrifft, gilt auch für die Zeugen Jehovas: Die in menschlicher Existenz sich ergebende fundamentale Absurdität, das Ausgeliefertsein an die Wechselfälle des Schicksals, die Konfrontation mit Scheitern, Krankheit und Tod wird nicht ausgehalten, sondern einseitig aufgelöst. Schicksalsschläge werden folglich als Strafe von Jehova interpretiert, die Tatsache der Erlösung, die für alle Mitglieder der ZJ angenommen wird, lässt nur eine einzige Grundstimmung zu: Glück und Zufriedenheit. Eine solche Verdrängung kontingenter und absurder Lebensinhalte führt jedoch konsequent in externalisierte Gewalt, weil zumindest die Psyche jüngerer Kinder diese Verdrängung der Realität nicht hinnimmt, und in Reaktion darauf (gemäß dem Bibelwort Spr 29,15) körperliche ‚Züchtigungen‘ offenbar auch nicht immer ausbleiben. Der Zwang zum Glücklichsein führt auch bei Erwachsenen zu psychischen Erkrankungen, wie in jüngster Zeit zwei repräsentative Studien zeigen konnten[572]. Gründe dafür sind: Rigide Sexualmoral, eintönige Glaubenslehre, Verbot jeder Art von Hobby, Unterhaltung, Lektüre, Weiterqualifizierung, unredlicher Umgang untereinander (da gerade in der Gemeinde die Normen der Gesellschaft besonders streng eingehalten werden müssen, Denunziation an der Tagesordnung ist und ein starker Wettbewerb bzgl. der rechten Observanz herrscht). In anderer Form erleben ausstiegswillige Mitglieder diese Gewalt, die bis zur völligen

572 ELMAR KÖPPL, *Die Zeugen Jehovas. Eine psychologische Analyse*, München 1990; JERRY BERGMANN, *Jehovas Zeugen und das Problem der seelischen Gesundheit*, München 1994.

Verweigerung jedes Sozialkontaktes selbst der nächsten Familienmitglieder führt.[573]

*Hierarchische Führungsstruktur*

Liberal in den frühen Jahren (auch gegenüber den Mitgliedern anderer Kirchen), wird der Person des Gründers und ersten Präsidenten Russell[574] nach den ersten gescheiterten Prophezeiungen nun eine besondere ‚heilsgeschichtliche' Rolle zugesprochen. Nach Mt 24,45 wird er „treuer und verständiger Knecht" genannt[575]. Aber damals ging es noch darum, die Mitglieder zu überzeugen, nicht Zwang auf sie auszuüben. Erst Russells Nachfolger im Präsidentenamt, Rutherford, entwickelte die theokratisch-hierarchische Struktur der Zeugen Jehovas, die keinen institutionell verankerten Rückfluss von Seiten der Gläubigen mehr zuließ. Es existiert keine Vorstellung eines *‚sensus fidelium'*, der einen wichtigen Bestandteil der Anpassungsfähigkeit einer religiösen Gemeinschaft an gesellschaftliche Veränderungen ermöglichen würde. Wenn Veränderungen vorgenommen werden, so geschieht dies „von oben", also aus der obersten Führungsebene der Weltorganisation, die bis 1971 allein aus dem Präsidenten und einem von ihm abhängigen Führungszirkel bestand.[576] Seit 1971 wird die Herrschaft des Präsidenten durch die „leitende Körperschaft", ein 12-Männer-Kollegium, flankiert, eine Institution, die erst seit 1975 auch tatsächliche Machtbefugnisse hat.

Die Entstehung der ZJ im besonderen Klima US-amerikanischer Religionspolitik verhindert von je her eine Selbstrechtfertigung des Glaubensgebäudes vor dem Forum einer autonomen philosophischen und historischen Vernunft, die eine Anschlussfähigkeit der ZJ an die nachaufklärerische geistesgeschichtliche Entwicklung ermöglicht hätte und auch gegen Abweichungen des Führungspersonals hätte eingeklagt werden könnte. Die beschriebenen Kurswechsel der Führungsspitze in konstitutiven Fragen des ZJ-Glaubensgebäudes wirken damit aber nicht nur totalitär in der Außenperspektive und verhindern den überfälligen ökumenischen Dialog mit anderen Kirchen, sondern führen auch intern zu psychischen Problemen und Gewaltausbrüchen gegen die ‚unfügsa-

---

[573] „Der Apostel Johannes sagte über jemand, der in der Versammlung ein unverbesserlicher Widerspenstige [sic!] wird: ‚Nehmt ihn niemals in euer Haus auf, noch entbietet ihm einen Gruß' (2 Joh 10). Eltern mögen es für notwendig erachten, eine ähnliche Haltung gegenüber ihrem eigenen Kind einzunehmen, wenn es volljährig ist und durch und durch rebellisch wird. So schwierig und schmerzlich ein solcher Schritt auch sein mag, ist er doch in manchen Fällen unumgänglich, um den Rest der Familie zu schützen." *Das Geheimnis des Familienglücks*, Selters/Ts. 1996, 87ff.

[574] … der als gelernter Kaufmann seine Vorherrschaft in der damals wie heute unter ökonomischen Gesichtspunkten verstandenen Watchtower-Society nicht zuletzt seinem Besitz der Aktienmehrheit verdankte.

[575] WERNER COHN, *Jehovas Witnesses as a Proletarian Movement*, in: *The American Scholar*, 24 (1955), 288. Zit. PENTON, *Apokalypse*, 5.

[576] PENTON, *Apokalypse*, 6.

men Kinder‘ und bewirkten immer wieder neue Plausibilitätsverluste und einen massiven Mitgliederschwund aufgrund mangelnder Rationalität der Prophezeiungen.

*Fazit*

Die Vermeidung von Datierung und realistischem Ausmalen jenseitiger Ereignisse in jüngeren Publikationen der Zeugen Jehovas, verursacht durch herbe Enttäuschungen bei den vergangenen Datierungen und die damit verbundene Gefahr des Mitgliederschwunds, kommt einer schrittweisen Metaphorisierung von früher getroffenen Jenseitsaussagen und damit einer „Negativen Theologie der Apokalypse“ entgegen. Gleichzeitig werden sowohl die Reflexion auf diese Lehrveränderung und ihre Ursachen vermieden wie auch die Freigabe der individuellen Schriftinterpretation im Sinne einer nicht zentral gelenkten biblischen Theologie, die Voraussetzung einer individuellen Rezeptionsästhetik biblischer Bilder darstellen würde. Die Bilder verlieren ihre lehrhafte Relevanz und treten dadurch nach und nach in den Hintergrund, anstatt ein neues Eigenleben zu entfalten.

Die rigide Hierarchie, die nach wie vor vor allem am Erhalt der administrativen und finanziellen Macht über die Mitglieder interessiert zu sein scheint, kann weder einen offenen Diskurs über Glaubensinhalte noch eine Veränderung der Strukturen zulassen. Durch die Organisation der WTS vor allem aber durch die subtile Vermeidung höherer Bildung der Mitglieder und die beinahe komplette Regelung (und das heißt vor allem: Vermeidung) der Außenkontakte sowie über die angedrohte soziale Isolierung bei Austritt sind nach wie vor ausgesprochen wirksame Instrumente. Insgesamt ist also festzuhalten, dass bzgl. des ehemals hyperrealistischen Umgangs mit apokalyptischen Bildern zwar Modernisierungstendenzen wahrzunehmen sind, diese Entwicklung jedoch angesichts einer erdrückenden Übermacht institutioneller und ‚pastoraler‘[577] Kontrollmechanismen nicht im Sinnen einer Befreiung des Einzelnen und seiner religiösen Kreativität wirkt.

Auch die Entscheidung nach den schlechten Erfahrungen mit fehlgeschlagenen Datierungen des jüngsten Gerichtes liegt auf diese Linie. Ob der Verzicht auf ein so wesentliches Element der Mitgliederbindung – immerhin durften diese bis 1975 den Eintritt in ein irdisches Paradies noch zu Lebzeiten erwarten – langfristig ohne ‚negative‘ Folgen bleibt, wird man abwarten müssen. Insgesamt könnten jedoch das endgültige Erkalten der kleingruppentypischen Naherwartung und die damit verbundene institutionelle Verfestigung als „Kirche“ hinreichende eigene Bindungskräfte entfalten. Die Großkirchen könnten hier ihre eigene spiritualisierende Haltung zur „Parusieverzögerung“ bestätigt finden. Die Tradition der schon früh entwickelten präsentischen Eschatologie haben sie als Virtuosenreligion den Zeugen Jehovas voraus.

[577] Verstanden im Sinne Michel Foucaults.

## 8.5 Neuapostolische Kirche

Die Neuapostolische Kirche (NAK) ist in Deutschland nach den beiden Großkirchen und inzwischen der orthodoxen Kirche die größte christliche Gemeinschaft. Sie hatte 1999 in Deutschland ca. 400 000 und weltweit 7,5 Millionen Mitglieder, Tendenz: steigend. Damit ist sie in Deutschland größer als alle Freikirchen zusammen mehr als doppelt so groß wie die Wachtturmgesellschaft der Zeugen Jehovas rechtfertigt also ebenfalls einer kursorischen betrachtung[578].

### *Geschichte, Lehre[579] und Sozialstruktur*

Bereits im Gründungsdokument der Vorgängerorganisation der Neuapostolischen Kirche, der britischen *Katholisch-Apostolischen Kirche,* ist ihre millenaristische Ausrichtung deutlich sichtbar: 1826 waren über 30 Vertreter unterschiedlichster erweckter Kreise in Albury Park, dem Landsitz des Bankiers Henry Drummond, zusammengekommen, um im Gebet und durch gemeinsames Bibelstudium die sich teilweise widersprechenden zeitgenössischen Deutungen biblischer prophetischer Verheißung zu erörtern. Ulrich Linse charakterisiert diese Gruppierungen als pfingstliche „Randerscheinung der konservativ romantischen Erweckungsbewegung"[580].

Ihre Intention lebte u.a. als Millerismus seit den vierziger Jahren des 19. Jahrhunderts in den USA weiter. Die Versammlung, die im Kontext vielfältiger antiaufklärerischer Aufbrüche dieser Art in England und den USA zu verstehen ist, einigte sich auf folgende grundlegende und im Kern dispensationalistischen[581] Aussagen:

> „Die gegenwärtige christliche Haushaltung [Epoche] wird nicht durch eine immer mehr zunehmende Kraft und Ausbreitung der Predigt des Evangeliums zuletzt unmerklich in das Gottesreich übergehen, sondern durch schwere Gerichte, die auf die Zerstörung des jetzigen Kirchen- und Staatswesen abzielen werden, in ähnlicher Weise endigen, wie vormals die jüdische Haushaltung.
>
> Im Verlaufe der auf sie herabtriefenden Gerichte werden die Juden ihrem Lande zurückgegeben und als Volk wiederhergestellt werden. Die Gerichte aber begin-

---

578 Vgl.: ANDREAS FINCKE, *Die neuapostolische Kirche im Umbruch. Zwischen Wachstum und Reformstau*, EZW Texte 146 (1999), 2.

579 Die folgenden Ausführungen orientieren sich unter anderem an den instruktiven Ausführungen bei HELMUT OBST, *Neuapostolische Kirche – die exklusive Endzeitkirche*, Neukirchen Vluyn 1996.

580 ULRICH LINSE, *Geisterseher und Wunderwirker. Heilssuche im Industriezeitalter*, Frankfurt a.M. 1996, 34. GUSTAV ADOLF BENRATH / REINHARD DEICHGRÄBER / WALTER HOLLENWEGER, *Art. „Erweckungsbewegungen"* in: TRE X (1982), 205–227 sowie GÄBLER, *„Auferstehungszeit"* hier v.a. das Kapitel: *„Erweckung" Historische Einordnung und theologische Charakterisierung* (161–187).

581 Vorstellung von in mehreren Schüben ergangenen Neuoffenbarungen an je neue Kirchen, nachdem Vorgängerkirchen der Apostasie verfielen.

nen bei dem Teil der Kirche, welcher bis dahin am meisten begünstigt war und darum auch die meistverantwortliche ist. Auf die Gerichte wird eine Periode allgemeiner Glückseligkeit für das Menschengeschlecht, ja für alle irdische Kreatur folgen, die man kurz als das tausendjährige Reich bezeichnet. Die Wiederkunft Christi geht dem tausendjährigen Reich voraus oder tritt zum Beginn desselben ein.

Eine große prophetische Periode von 1260 Jahren, die unter der Regierung Justinians begann,[582] ist zur Zeit der französischen Revolution abgelaufen; von da beginnen die Ereignisse, welche die Zukunft Christi unmittelbar einleiten und diese also in Bälde erwarten lassen."[583]

Frühe Schlüsselfiguren wie der Londoner Rechtsanwalt John Bate Cardale, und Edward Irving, Prediger der schottisch-presbyterianischen Kirche, verkündeten, ein zweites Pfingsten sei angebrochen. Widerstände von Seiten der traditionell orientieren Gemeindeteile und der anglikanischen Kirche gegen die ‚Irvingianer' führten 1833 zu seiner Absetzung, denn die Verfassung der reformierten schottischen Nationalkirche, der beide angehörten, schloss ein weiteres direktes Eingreifen Gottes aus.[584]

Diese Verstoßung führte letztlich zur Gründung einer neuen Kirche, die – mit Bezug auf die Erwartung eines neuen Pfingsten – auf einer Hierarchie von nach und nach berufenen Aposteln gründen sollte.[585] Am 14. Juli 1835 wurden in London 12 ‚katholische' Apostel ausgesandt, mit dem Ziel einer ökumenischen Reform des Christentums weltweit. Gleichzeitig ergingen appellative Schreiben[586] an gekrönte Häupter und den Papst – sie blieben allerdings ohne Folge sieht man von einer internen Neugründung mit romantisch katholisierter Liturgie ab: die Katholisch-Apostolische Kirche war entstanden, die sich nun über Europa verbreiteten sollte.

Der für Norddeutschland zuständige Apostel Thomas Carlyle sorgte dafür, dass die Katholisch-Apostolische Kirche immerhin in Deutschland mit ähnlicher Geschwindigkeit wuchs wie in England. Die vierziger Jahre des 19. Jahrhunderts waren nach kaum verarbeiteten Industrialisierungsschüben und enttäuschten Demokratisierungserwartungen in Deutschland von um sich greifender Verunsicherung geprägt. Deshalb könnten die Apostel hier auf besonders offene Ohren getroffen sein. Ruhig und friedlich erwarteten die neuen Kirchenmitglieder nun die baldige Wiederkunft des Herrn. 1861 zählten die

---

582 Bereits seit 1260 (Zeit Joachim v. Fiores!) ergibt sich das „objektive" Problem, dass mit Mt 1,17 nicht mehr im Sinne einer Verdopplung der Generationen vor Christus für die Zeit nach ihm ‚gerechnet' werden kann, es sei denn, man lässt die Spanne der Generationen später beginnen z.B. wie hier unter der Regierung des byzantinischen Kaisers Justinianos I, die lange als endgültige Machtergreifung des röm. Papsttums interpretiert wurde.

583 Ernst Adolf Roßteuscher, *Der Aufbau der Kirche Christi auf den ursprünglichen Grundlagen*, Basel ²1886, 106, zit. Obst, *Neuapostolische Kirche*, 12.

584 Vgl. Linse, *Geisterseher und Wunderwirker*, 37f.

585 „Neben die horizontale Gliederung der Ämter (Apostel, Prophet, Evangelist, Hirte) trat die vertikale Gliederung (Engel, Bischof, Priester Diakon)." Obst, *Neuapostolische Kirche*, 14.

586 „Zeugnis an die geistlichen und weltlichen Häupter der Christenheit".

etwa 30 deutschen Gemeinden 3000 Mitglieder v.a. aus den unteren Schichten.[587] Angezogen wurden vor allem evangelische, kaum katholische Christen und Christinnen.

Die englischen Gemeinden gerieten nach dem Tod der ersten Apostel dagegen in eine regelrecht urchristliche Parusie-Krise und lösten sich nach dem Tod des letzten Apostels 1901 nach und nach auf. Die Kirchen im übrigen Europa akzeptierten dies zunächst nicht und existierten unter der Leitung von Unterdiakonen und Laienhelfern als Familienkirchen einige Jahrzehnte weiter, um sich dann ebenfalls nach und nach aufzulösen. Hier war es wegen der engen Bindung an die Autorität der ersten ‚Apostel' nicht gelungen, die Euphorie der erweckungsbewegten Kleingruppe in ein institutionell gefestigtes kirchenähnliches Stadium zu überführen.

Die deutsche Neuapostolische Kirche, in ihrer heutigen Verfassung, verdankt ihre Existenz dem Berliner ‚Priesterpropheten' Heinrich Geyer, der 1860, nach dem Tode der ersten beiden Apostel eine Berufung von neuen Aposteln durch den heiligen Geist verkündete und die junge Kirche damit für eine institutionelle Zukunft jenseits der ausbleibenden Erfüllung ihrer Naherwartung öffnete. Ein anderer konstitutiver Einschnitt für die NAK in Deutschland bildete während der wachsenden Entfremdung von der englischen Mutterkirche und nach der Ernennung weiterer deutscher Apostel die Einführung des *Stammapostelamtes*, das erst eine einheitliche Führung ermöglichte. Erster Stammapostel war *Friedrich Krebs (1832–1905)*, der den Bruch mit der englischen Mutterkirche endgültig vollzog. Krebs erreichte darüber hinaus ein beträchtliches Wachstum der Kirche in kleinbürgerlichen Kreisen, indem er ihr eine „stärkere antikirchliche Protesthaltung [gab], die in Verbindung mit dem praktischen Volks- und Laienpriestertum sowie den gegebenen Heilsgarantien viele anzog."[588]

Vor allem schaffte er das zunächst (auch gerade Sinne einer fiktionalen Anthropologie) ausgesprochen kreative aber zunehmend auch schwer zu steuernde da euphorisch-machtkritische Prophetenamt ab, indem er es mit dem Apostelamt vereinte. Dieser institutionellen Schlüsselfigur kam nun große Machtfülle zu. Durch Abschaffung der Kollegialität unter den Aposteln konnte der Stammapostel nun sogar christusgleiche Heilsvermittlung für sich proklamieren und von den Kirchenmitgliedern unbedingten Gehorsam bis in persönliche Lebensvollzüge hinein fordern.[589]. Krebs war der erste ‚Apostel', der

[587] Eine soziale Prägung, die der Neuapostolischen Kirche bis heute und bis hinein in die höchste Führungsebene, dem Stammapostelamt, erhalten blieb, und die sie u.a. mit den Zeugen Jehovas verbindet. In der Eröffnung des Priester-, Propheten- und Apostelamtes für Handwerker, einfache Händler und Bauern unter Umgehung der in den großen Kirchen eingebürgerten akademischen Priesterausbildung dürfte wesentlich die Attraktivität und Volksnähe der neuapostolischen Kirche wie anderer Endzeitkirchen der Kaiserzeit und Weimarer Republik beigetragen haben.

[588] Ebd., 41.

[589] Ulrich Linse nennt Krebs den Prototypen eines wilhelminischen „Übermenschen". LINSE, *Geisterseher und Wunderwirker*, 44.

nach weltweiter Verbreitung der Kirche seine Nachfolge bereits vor seinem Tode geregelt hatte. Von nun an kann also die Geschichte der NAK – ähnlich wie die der Mormonen und der Zeugen Jehovas – als Geschichte der Persönlichkeiten ihrer Stammapostel geschrieben werden.

Krebs' Nachfolger *Hermann Niehaus (1848–1932)* führte das Werk des ersten Stammapostels fort und entwickelte die NAK zu einer internationalen Organisation mit Neugründungen vor allem in den USA. Nachdem der Erste Weltkrieg zu einer Zunahme ‚schwärmerischer' und ‚eschatologisch-apokalyptischer' Strömungen in der NAK sowie zu einer Einführung eines Abendmahles mit Hostien und (durch drei rote Punkte markierten) Wein zur Betreuung der Frontsoldaten geführt hatte, bedeutete das Ende der Monarchie in Deutschland 1918 offenbar eine ernsthafte Autoritätskrise für die NAK, die sich vor allem in verschiedenen Abspaltungen ausdrückte.

Trotz solcher Krisen sah die Weimarer Republik ein rasantes Wachstum der (seit 1930 nun auch offiziell so genannten) Neuapostolischen Kirche, das intern der straffen Führung seit Schaffung des Stammapostelamtes zugeschrieben wurde:[590] 1925 gab es in Deutschland 138 000 neuapostolische Christen, 1928 1528 Gemeinden in Europa und 200 in Übersee.

Unter dem Stammapostel *Johann Gottfried Bischoff (1871–1960)* war das ‚Dritte Reich' zu durchstehen. Eine jüngere materialreiche Studie belegt die frühe Angleichung an von der NSDAP geforderte Linientreue.[591] Die straffe interne hierarchische Führung und das weitgehende Fehlen externer Kriterien für eine Machtkritik (Bibel, theologisch-akademische Ausbildung) dürften das Ihre hierzu getan haben. Obwohl die Kirche 1936 selbst nur knapp dem Verbot kleinerer Religionsgemeinschaften entkam, wurde bis in die Kriegszeit hinein zum Beispiel gegenüber ausländischen neuapostolischen Gemeinden erfolgreich Werbung für „Ordnung, Einigkeit und Wohlergehen des Volkes"[592] gemacht. Die Kirche wuchs im Dritten Reich anders als alle anderen Religionsgemeinschaften um fast 100 000 Mitglieder.[593] Diese Zeit wird bis heute als Blütezeit der NAK beschrieben, ein Schuldbekenntnis ist bisher m.W. nicht erfolgt.

Bischoffs vom Apostelkollegium gewählter Nachfolger *Walter Schmidt (1891–1981)* erfuhr nicht den Segen seines Vorgängers für sein Amt, die ‚apostolische Sukzession' (Obst) brach ab. Jedoch verbreiteten sich nun weder Zweifel an der Rechtmäßigkeit der NAK, noch kam es zu größeren Austritts-

---

590 Vgl. *Geschichte der Neuapostolischen Kirche.* Überarbeitung der von G. Rockenfelder zusammengestellten und von J.G. Bischoff herausgegeben Fassung, Frankfurt a.M. 1987, 103.

591 „Jeder Diener und jedes Mitglied der Neuapostolischen Gemeinde ist durch die planmäßige Beeinflussung seitens der Hauptleitung in nationalsozialistischem Sinn erzogen, so dass die meisten Mitglieder der Neuapostolischen Gemeinden der Nationalsozialistischen deutschen Arbeiterpartei angehören oder ihr nahestehen. 'Heil Hitler' gez. J.G. Bischoff." Zit. nach: *Michael König*, *Die Neuapostolische Kirche in der NS-Zeit und ihre Auswirkungen bis zur Gegenwart*, Feldafing 1993, 17.

592 Zit. aus dem Brief einer südafrikanischen Delegation, Ebd., 6.

593 OBST, *Neuapostolische Kirche*, 54.

bewegungen. Im Gegenteil: Als der vierte (und letzte deutsche) Stammapostel 1975 sein Amt in die Hände seines Nachfolgers legte, war eine weitere Verbreitung der Kirche (in 120 Länder) und eine Verdoppelung der Mitgliederzahl (nun 1 Million) zu verzeichnen.[594]

*Ernst Streckeisen (1905–1978),* wie alle anderen Präsidenten aus einfachen (neuapostolischen) Verhältnissen stammend, markiert eine weitere Öffnung und institutionelle Konsolidierung der NAK. Wegen seines plötzlichen Todes musste 1978 *Hans Urwyler (1925–1994)* vom Apostelkollegium zum Stammapostel gewählt werden. Er erlebte das Wachstum der Kirchenmitgliederzahl auf 4 Millionen. Auch sein Nachfolger, der heutige Stammapostel *Richard Fehr (seit 1988, * 1939)* ist ein Schweizer. Er zeichnet sich bisher durch eine Liberalisierung der NAK und eine Öffnung für die zeitgenössische Kultur aus. Aber vor allem das nach wie vor rasante Wachstum der Kirche stellt für ihn eine große Herausforderung dar.

### *Lehre*

Die zehn Artikel des neuapostolischen Glaubensbekenntnisses beinhalten neben dem Bekenntnis zum dreifaltigen christlichen Gott und der apostolischen (!) Kirche die neuapostolischen Lehren über Apostelamt, Taufe, Abendmahl, ‚Versiegelung', die Endereignisse und das Verhältnis zur staatlichen Obrigkeit. Alles das ist festgehalten im ‚Katechismus' der NAK.[595] Grundlagentext ist die Heilige Schrift in der Luther-Übersetzung von 1912, der meist alttestamentliche Apokryphen (4 Esra!) beigegeben sind. Sie ist – ‚wörtlich' verstanden und in allen Aussagen bzgl. des Volkes Israel bzw. der jungen Kirche auf die NAK hin gedeutet – neben den „Worten der lebenden Apostel" normative Quelle der neuapostolischen Lehre.

Eine theologische Ausbildung, selbst eine Bibelschule nach dem Muster der Freikirchen ist in der NAK jedoch auch für hochrangige Kirchenführer unüblich, ja wurde lange Zeit mit Verweis auf die angebliche Lebensferne großkirchlicher Theologie regelrecht abgelehnt. Diese Tatsache, die unklare Berufungspraxis der Apostel sowie das weitgehende Fehlen einer akademisch-theologischen Lehre (von einem Dialog mit natur- und geisteswissenschaftlichen Nachbardisziplinen ganz zu schweigen) verbieten den Vergleich mit dem katholischen Nebeneinander von Schrift und Tradition und erinnert eher an

---

594 OBST, *Neuapostolische Kirche*, 71.

595 NEUAPOSTOLISCHE KIRCHE INTERNATIONAL (Hg.), *Fragen und Antworten über den neuapostolischen Glauben*, Zürich 1992 (1916). Andere lehrhafte Primärquellen sind die *Reichsgottesgeschichte* (*Kurzgefasste Geschichte des göttlichen Heils- und Erlösungsplanes mit den Menschen*, hg. vom APOSTELKOLLEGIUM DER NEUAPOSTOLISCHEN KIRCHE. Dortmund/Frankfurt a.M. [4]1991) und die oben schon erwähnte *Geschichte der Neuapostolischen Kirche*, zusammengestellt und bearbeitet v. JOHANN GOTTFRIED BISCHOFF, Frankfurt a.M. 1987.

den antiintellektuellen Affekt der Zeugen Jehovas oder der charismatischen Erneuerungsbewegung in den Pfingstkirchen.

Gleichwohl entfaltete sich mit der Zeit eine Art ‚Laientheologie' in den Äußerungen der Apostel. Die sich neben wenigen regelrechten Lehrbüchern primär in den Zeitschriften *Herold*, *Apostolische Rundschau* und *Unsrer Familie* finden. Wie in den beiden anderen beschriebenen Gruppierungen findet sich auch in der Lehre der NAK ein ausgesprochener Heilssolipsismus. Das heißt: Nicht nur wird wahre Erlösung und das Bestehen im nahe bevorstehenden Gericht nur durch die Neuapostolische Kirche vermittelt, sie ist auch die authentische (Neu)Gründung (nicht Wiederherstellung) der Apostelkirche durch eine „Ausgießung des Heiligen Geistes mit der Wiedergabe des Apostelamtes und der Aufrichtung der apostolischen Kirche der Endzeit"[596].

Aus dieser Sichtweise resultiert die Betrachtung der gesamten Kirchengeschichte zwischen dem Tod der Apostel Jesu und dem Auftreten der ‚neuen' Apostel als Zeit des Abfalls und Verfalls. Die Kette authentischer Zeugen in dieser Geschichte ist beinahe identisch mit der der Zeugen Jehovas – es sind erneut vor allem die Randständigen und oftmals gescheiterten Reformer der abendländischen Geschichte wie Waldo, Wyclif, Hus, Savonarola; nach der Reformation werden vor allem Männer der Reformorthodoxie und des Pietismus wie Zinzendorf und Bengel genannt.[597]

Wie das Papstamt wird – entgegen der Intention der Katholisch-Apostolischen Vorgängerkirche[598] – das Stammapostelamt als einheitsstiftendes aus der Sendung des Petrus durch Jesus Christus legitimiert:[599] „Der Stammapostel ist als das sichtbare Haupt der Kirche Jesu Christi in allen ihren Angelegenheiten oberste Instanz. Er wird von den Mitgliedern der Neuapostolischen Kirche als Repräsentant des Herrn auf Erden angesehen und versteht sich selbst als Gehilfe des Glaubens seiner Brüder und Geschwister."[600]

Dem Apostelamt nachgeordnet sind folgende Ämter in hierarchischer Reihenfolge (Aufgaben jeweils in Klammern):[601] *Bischof* (pflegt die priesterlichen Ämter gemeinsam mit den Aposteln), *Bezirksältester* (dient als priesterliches Vorbild unter den Ämtern, ordnet und überwacht), *Hirte* (nimmt sich der Schwachen an und geht den Verirrten nach), *Evangelist* (predigt das Evangelium von Jesus Christus), *Priester* (verwaltet die drei Sakramente Taufe, Sündenvergebung und Abendmahl und übt Seelsorge in den Gemeinden), *Diakone* und *Unterdiakone* (haben praktische Aufgaben, und bereiten auf die höheren

---

596 NEUAPOSTOLISCHE KIRCHE – INTERNATIONALER APOSTELBUND (Hg.), *Göttliche Verheißungen und ihre Erfüllung*, Frankfurt a.M. / Zürich 1983, 17. Zit. OBST, *Neuapostolische Kirche*, 118.

597 Vgl. *Reichsgottesgeschichte*, 95–130.

598 OBST, *Neuapostolischen Kirche*, 122.

599 „Ihm allein erteilte Jesus in Abwesenheit der übrigen Apostel besondere Vollmachten. (Mt 16,18)" Vgl. *Fragen und Antworten*, 140–142.

600 *Fragen und Antworten*, 177.

601 Ebd., 85–88.

Ämter vor). Nach der starken Ausbreitung der Kirche in den letzen Jahren und der damit verbunden großen Zahl von neuen Amtsträgern wird ihre Ausbildung in den Gemeinden trotz fehlender Seminare und einer regelrechten Theologie nicht mehr völlig dem Zufall überlassen.

Frauen sind grundsätzlich zu den Ämtern nicht zugelassen, denen allein die Verwaltung der Sakramente[602] und des Wortes Gottes und damit der göttlichen Gnadenmittel im vollen Umfange zusteht. Frauen haben sich in der Regel als ‚Gehilfinnen' der Männer zu verstehen, also das traditionelle patriarchale Familienkonzept zu verwirklichen. Was dies vor allem für die Gattinnen von Amtsträgern bedeutet ist ausführlich dargestellt worden.[603]

Die *Taufe* erfolgt durch einen Amtsinhaber gewöhnlich im Säuglingsalter trinitarisch und mit Wasser, wird also von den Kirchen der Ökumene anerkannt. Ihre Vollform erreicht sie jedoch in der NAK erst durch die sogenannte *Versiegelung*, ein der übrigen Christenheit nicht bekanntes und höchstens der Firmung vergleichbares Sakrament, das, 1847 erstmals aufgrund von prophetischer Rede gespendet, an eine Praxis der Urapostel[604] anknüpfen soll. Erst dieses Sakrament garantiert – lebendiges Glaubensleben vorausgesetzt – die endgültige Teilhabe an der NAK als Endzeitkirche.

Das *Abendmahl* wird allsonntäglich unter Leitung eines Apostels oder bevollmächtigten Priesters vollzogen.[605] Sein Verständnis kommt dem lutherischen Gedächtnismahl nahe. Eine Beichte gibt es nicht, vielmehr wird die Sündenvergebung („Freisprache") durch das Sprechen des Vaterunsers vor dem *Abendmahl* vollzogen. Diese wird nur würdig empfangen, wo Einsicht in die eigene Vergebungsbedürftigkeit, aufrichtige Reue, ernstgemeinter Vorsatz und gläubiges Ergreifen der Freisprache sich vollziehen.

Über die genannten drei Sakramente hinaus kennt die NAK *Segenshandlungen,* die eine wesentliche Rolle vor allem für die neuapostolische *Frömmigkeit* spielen. Auch sie sind ans Amt gebunden und werden zu folgenden Anlässen gespendet: Konfirmation, Verlobung, Trauung, Hochzeitsjubiläum. Auf Wunsch der Eltern wird auch ein vorgeburtlicher Segen erteilt. Wichtigste Segenshandlung ist die *Konfirmation*, die ähnlich wie in der evangelischen Kirche den Eintritt des Kirchengliedes in die Selbstverantwortung signalisiert, jedoch zwar nicht mit der (Erst-)Zulassung zu einem der Sakramente verbunden ist, aber eine Einführung in das neuapostolische Glaubenswissen voraussetzt.[606]

---

602 Sie werden in Fragen und Antworten auf den Ss. 91–230 abgehandelt; diese Passagen sowie OBST, *Neuapostolischen Kirche*, 127–136 liegen den folgenden knappen Ausführungen zugrunde.

603 OLAF STOFFEL, *Angeklagt – Die Neuapostolische Kirche. Erfahrungen eines Aussteigers,* Gütersloh $^{2}$1999.

604 Geistempfang durch Handauflegung beschrieben in Apg 8, 14–19; 19,6 und 2 Tim 1,6.

605 Statt von „Konsekration" wird von „Aussonderung" gesprochen.

606 Entscheidendes Element ist das sogenannte Konfirmationsgelübde, das eine Absage an den Satan sowie Glauben und Gehorsam gegenüber dem dreieinigen Gott beinhaltet.

## *Zur Funktion des Apokalyptischen*

Neben der *Apostel- und Ämterlehre* ist die starke *Endzeitorientierung* das zweite prägende Merkmal der NAK.[607] Dies gilt zumindest seit dem Beginn des 20. Jahrhunderts, als die Schrecken des Ersten Weltkrieges nicht nur in der NAK die Erwartung einer nahe bevorstehenden Endzeit für viele wahrscheinlich werden und die millenaristische Orientierung der Katholisch-Apostolischen Mutterkirche[608] wieder in den Mittelpunkt der Verkündigung treten ließ. Sie war in den „satten" Jahren des Kaiserreiches in Vergessenheit geraten. Heute darf jedes Gemeindeglied, „als Glied der Brautgemeinde, die den Bräutigam unmittelbar erwartet, [...] sich ins Zentrum aller künftigen Geschehnisse gestellt"[609] sehen.

## *Endzeiterwartung*

Dabei handelt es sich – ähnlich wie im Konzept der Zeugen Jehovas – um eine allgemeine Naherwartung, die in Predigten und anderen Verlautbarungen immer wieder beschworen, aber seit dem Verklingen der „Bischoff-Krise" niemals mehr datiert wurde. Immerhin ist sie aber so stark im allgemeinen Bewusstsein verankert, dass es nie zur eigentlich kirchentypischen Ausbildung nennenswerter diakonischer Einrichtungen der NAK kommen konnte: „Der Kampf um soziale und politische Veränderungen erscheint in dieser endzeitlichen Welt aussichtslos und angesichts der Nähe der Wiederkunft Jesu und der Veränderungen aller Dinge von oben her auch überflüssig."[610]

Um so sinnvoller scheint aber der direkte Zugriff auf das Wohlergehen der (als in der biblischen[611] Tradition der Großkirchen „nach dem Tode weiterlebend" gedachten) Verstorbenen zu sein. Denn für sie soll nicht nur gebetet werden, die Apostel haben auch die Vollmacht für einen regelrechten ‚Erlösungsdienst' an den Toten: „die Totenreiche und das Himmelreich aufzuschließen" (vgl. Mt 16,19). Sofern sie nicht der NAK angehörten, wird den Verstorbenen in einer symbolische Handlung an drei Sonntagen im Jahr das Abendmahl gereicht, sie werden dadurch in die NAK eingegliedert und ‚erlöst'. Dies geschieht „unversiegelten" Verwandten, aber auch fremden Menschen, die Kirchenmitgliedern im Traum erscheinen, oder auf andere Weise kundtun, dass sie eine solche Maßnahme wünschen.[612] Ähnlich wie die HLT ihre Totentaufe, begründet die NAK diese Tradition mit 1 Kor 15, 29 und Tim 1,16–18.

---

[607] Die entsprechenden Passagen finden sich in *Fragen und Antworten*, Frage 251–258 bzw. auf den Ss. 122–125.
[608] Vgl. S. 67.
[609] OBST, *Neuapostolischen Kirche*, 137.
[610] Ebd.
[611] Vgl. Lk 14,12–14 u. Offb 6,9–12.
[612] Vgl. OBST, *Neuapostolischen Kirche*, 144.

Dass die NAK in solch enger Verbundenheit mit ihren Verstorbenen lebt, ergibt sich aus der dauernden Gewissheit, dass Christus ‚bald‘ wiederkommen wird. Eine Naherwartung, die, zeitlich-linear verstanden, immer wieder neu versichert und kontrafaktisch zum erlebten Alltag behauptet werden muss.

Hier entwickelte sich jedoch in den letzten Jahren, wahrnehmbar in den Predigten des Stammapostels Fehr, ähnlich wie bereits bei den ZJ beobachtet, eine pastorale Relativierung: Einerseits werden die Zeichen der Zeit – hier besonders entscheidend die inzwischen weltweite neuapostolische Mission gemäß Mt 24,14 – pauschal als auf eine nahe Apokalypse hindeutend ins Spiel gebracht, andererseits muss mit Verweis auf die aktuelle Zeit des ‚Spätregens‘ zur Geduld gemahnt werden. Einerseits wird begütigend auf die Datierungsverweigerung in Mt 24,36 verwiesen[613], andererseits ist es die Sammlung der Auserwählten, also eine von der NAK zu vollziehende *irdische* Maßnahme, die konsequent das Ende der Zeiten herbeiführen soll. Ein Rückgang der Mitgliederzahlen oder eine Beschränkung der Missionierungsmöglichkeiten würde also die seit mehr als hundert Jahren beschworene konkrete Naherwartung konterkarieren: eine zwar auf Bibelstellen gut gestützte Logik des Unplanbaren, die gleichwohl immerfort pauschal bestätigt werden muss.[614]

Die *Lehraussagen* orientieren sich an den – wörtlich verstandenen – Aussagen der Offenbarung des Johannes und sprechen in diesem Zusammenhang von „sieben zukünftigen Endereignissen“. Weitergehende Spekulationen werden vermieden: „Ausgangspunkt ist (1.) die ‚Vollendung der Gemeinde Jesu Christi‘ im Zusammenhang mit der ‚Sammlung der Auserwählten‘ (Joh 10,16) und der ‚Heiligung der Kinder Gottes‘ (Eph 4,11–13; 1 Thess 3,12.13).“ Ist sie erfolgt, kommt es (2.) zur „Ersten Auferstehung“. Diese ist gleichbedeutend mit der Wiederkunft Christi.[615] Jesus wird nun die nach oben beschriebenem Ritual erlösten „Brautseelen“ sowie die noch lebenden und verstorbenen „würdigen“ Mitglieder der NAK als erste zur Auferstehung, und dann (3.) zur Hochzeit (Mt 25,10; Offb 19,7) führen. Sie alle „empfangen den Leib der Verklärung und werden zugleich entrückt in den Wolken, dem Herrn entgegen.“[616] Auf der so die Reinen und Unschuldigen entbehrenden Erde breitet sich konsequent (4.) „das zunehmende gottfeindliche Treiben in der Herrschaft des Satans“ aus. „Diese furchtbare Zeit findet ihren Abschluss dadurch, dass Christus mit seinen Auserwählten aller Welt sichtbar in das Geschehen der Welt eingreift (Offb 19,11–16), Satan und seinen Anhang überwältigt und seine Herrschaft beseitigt (Offb, 19, 17–21)“[617] und damit (5.) ein tausendjäh-

[613] Tag und Stunde der Wiederkunft weiß allein der Vater.

[614] „Wir haben keinen einzigen Grund anzunehmen, der Herr werde in unseren Tagen noch nicht kommen. Ungezählte Gründe berechtigen uns zu dem Glauben und der frohen Erwartung, daß der Tag seiner Wiederkunft unmittelbar bevorsteht.“ *Göttliche Verheißungen*. Zit. OBST, *Neuapostolische Kirche*, 148.

[615] *Fragen und Antworten*, 122, (Frage 254)

[616] Ebd., 123, (Frage 254).

[617] Ebd., 124, (Frage 257).

riges Friedensreich auf Erden errichtet. Darauf folgen, nachdem Satan noch einmal Gelegenheit hatte, die Menschen zu verführen, (6.) zweite Auferstehung (der Seelen, die nicht an der ersten teilgenommen haben) und Endgericht. Die irdische Welt endet (7.) mit der neuen Schöpfung Gottes. „Alsdann wird der Sohn dem Vater alles übergeben, auf dass Gott sei alles in allem (1 Kor 15,28).“[618]

Bei allem Rigorismus der Lebensführung in der NAK,[619] erzwungen durch den Verweis auf diese endzeitlichen Ereignisse und die Autorität der Apostel, ist zwar herauszustreichen, dass eine letzte Bekehrungsmöglichkeit *aller* Menschen zu Christus im Gericht eingeräumt wird. ‚Bekenntnis zu Christus' bedeutet jedoch Bekenntnis zur NAK. Von einem ‚anonymen Christentum' oder einem Gericht nach allgemeinen ethischen Maßstäben, etwa der Einhaltung der zehn Gebote auch für Menschen jenseits der NAK, ist nicht die Rede. Mitgliedern, die sich im Glauben redlich bemühen, wird hier jedoch eine klare und sichere Heilsgewissheit vermittelt. Darin liegt sicher einer der wesentlichsten Gründe für die Attraktivität dieser Kirche unter den Bedingungen von Ungewissheit und Relativierung der Jenseitsaussagen wie sie in den letzten Jahrzehnten in den großen Kirchen Platz gegriffen hat. Dies gilt zumindest für diejenigen, denen aufgrund ihrer Bildung oder anderer Bedingungen der Massenreligiosität die Notwendigkeit einer kritischen Rückfrage nicht plausibel sein kann, oder die gar aufgrund mehr oder weniger problematischer psychischer Strukturen[620] genau *diese* Gewissheit im Endzeitglauben suchen.

### *Umgang mit Kritik*

Da die NAK sich selbst die Autorität zuspricht, mit Hilfe der Ämterstruktur und der ‚Sakramentenspendung' unmittelbaren Einfluss auf das Jenseits auszuüben, liegt es nahe, Kritikern mit der Verweigerung zukünftigen Heils zu drohen. So lautet denn auch eine typische Äußerung: „Der Kritiker empfängt nichts“[621]. Die rigide Ämterstruktur ist nicht dazu angelegt, Anregungen oder gar Kritik von außen positiv zu verarbeiten, vielmehr stellt diese eine strukturelle Bedrohung des geschlossenen Systems dar.

Das Aufkommen neuer Medien erleichtert allerdings wie in vielen anderen Zusammenhängen auch das anonyme Äußern von Kritik durch Mitglieder und Amtsinhaber, so dass aufgrund der entstandenen Vielfalt von Diskussionsforen eine Beibehaltung der bisherigen Führungsstruktur unwahrscheinlich erscheint.

---

618 Ebd., 124f.
619 ...wie er immer wieder von Aussteigern betont wird: Vgl. v.a.: OLAF STOFFEL, *Angeklagt.*
620 Vgl. Ebd., 21ff.
621 FINCKE, *Neuapostolische Kirche im Umbruch*, 11.

*Fazit*

Bei der NAK sind Differenzen der Inhalte ihres Jenseitsglaubens zur großkirchlichen Eschatologie weniger deutlich als bei Mormonen und Zeugen Jehovas. Hier dürften die spezifischen interkonfessionellen Bedingungen im Deutschland des späten 19. und frühen 20. Jahrhunderts eine klare Beeinflussung durch zeitgenössische katholische Theologie bewirkt haben.

Allerdings sind die negativen Auswirkungen einer konkret-linear gedachten Naherwartung auch entsprechend gut zu beobachten: Ein eklatanter Ausfall diakonischen Handelns, der mögliche Machtmissbrauch durch Androhung einer Bestrafung oder Nicht-Teilhabe am jenseitigen Heil für Kritiker und Unfolgsame, das nicht etwa durch Gott allein, sondern durch die Kirchenleitung selbst wesentlich mitentschieden wird (Ausfall einer antisubjektivistischen Negativen Theologie). Die entscheidende Funktion des Jenseitsglaubens macht die Anstrengungen plausibel, mit denen gerade bei der NAK trotz offensichtlicher Inkonsistenzen an der Fortdauer der Rede vom baldigen Kommen bei gleichzeitiger ständiger Verzögerung aufrechterhalten wird. Dass es dabei letztlich um Macht geht, zeigt die Häufung der Abspaltungen im Gefolge der autoritätskritischen Wende nach dem Ersten Weltkrieg – hier greift Michel Foucaults Kritik der Pastoralmacht.

Um die totalitären Tendenzen der NAK einzugrenzen, wäre vor allem eine dezidiert theologische Priesterausbildung von Nöten, und damit verbunden die Einführung theologischer Forschung als einer Instanz der Kritik. Andererseits ist freilich zu konstatieren, dass in der NAK das tatsächliche Ernstnehmen einer durch Gottes Existenz veränderten Wirklichkeit lebendig zu sein scheint, oder doch zumindest ‚pastoral' immer wieder beschworen wird. Hier wird zumindest nicht metaphorisierend vertröstet oder abgewiegelt. Dahinter dürfte, wenn die katholische Kirche Massenreligion im Weberschen Sinne bleiben will, auch eine neue katholische Verwendung apokalyptischer Bildwelten nicht zurückbleiben.

Nur wenn man die Endzeitkirchen mit Max Weber als Phänomen der *Massen-* und nicht der *Virtuosenreligiosität* begreift, gelingt es über ihre offensichtlichen logischen Inkonsistenzen hinwegzusehen und ihre Valenz als Kirchen der nicht selten sozial depravierten Unterschichten zu begreifen. Dazu kommt bei NAK und ZJ ein ausgesprochen antiintellektueller Affekt, der sich vor allem der Tatsache verdankt, dass die Entstehungszeit aller drei Kirchen und ihre Wurzeln in den angelsächsischen Erweckungsbewegungen einen Kulminationspunkt antirationalistischen Denkens darstellte und sich dieser Affekt bis heute ungebrochen fortzeugt. Selbst die Hochschätzung der Wissenschaft, wie sie sich bei den Mormonen findet, richtet sich ja nicht auf die aufklärerischen Ideale der Subjektphilosophie und ihres emphatischen Freiheitsbegriffs, sondern vor allem auf eine instrumentelle Vernunft, wie sie im Kontext amerikanischer Fortschrittsideologie in das evolutive Weltbild der Kirche eingepasst werden kann.

Andererseits überdecken die ausgesprochen totalitär erscheinenden Strukturen der Endzeitkirchen vielleicht einen in ihrem Kontext bisweilen doch zumindest *möglich* erscheinenden nicht-totalitären Bildgebrauch in einer privaten Spiritualität, die der Forschung naturgemäß nur schwer zugänglich ist. Wenn das baldige Eingreifen Gottes in die Geschichte wirklich *geglaubt* wird, so erhalten alltägliche Handlungen doch immerhin eine Relevanz und Dringlichkeit, die in der großkirchlichen Theologie (G. Greshake) zwar eingefordert, in der großkirchlich-pastoralen Praxis aber – von lateinamerikanischen Basiskirchen vielleicht einmal abgesehen – bisher kaum umgesetzt wurde. Dies gilt vor allem weil zumindest unter den Bedingungen westlicher Industrienationen das Problem der Gerechtigkeit im Gericht sich derzeit nicht mit der Dringlichkeit stellt, die eine tatsächliche Naherwartung zu erzeugen in der Lage wäre.

# 9. Kleinkirchliche Lösungen vom 18.–20. Jahrhundert

## 9.1 Die Buchserie *Left Behind*

> „Am schlimmsten war seine Befürchtung, dass er zu spät mit dem Bibellesen begonnen hatte. Ganz offensichtlich war es zu spät für ihn, mit seiner Frau und seinem Sohn zusammen in den Himmel zu gehen. Aber war es für ihn wirklich endgültig zu spät?"

Die zitierten Befürchtungen eines Flugkapitäns, Rayford Steele, können sicher höchstens von einer Minderheit europäischer Zeitgenossen geteilt werden. In unseren Breiten nimmt nicht nur die Kirchenquote weiter ab, sondern auch die Empfänglichkeit für Endzeitprophetien und biblizistische Bibellektüre bewegt sich im Promillebereich. Nicht so in den USA: Hier sind die Bücher der zwölfteiligen Romanreihe *Left behind*, aus deren ersten, titelgebendem Band (dt. Ausgabe: *Finale,* Asslar 2001*)* das Zitat stammt, seit 1995 65 Millionen Mal verkauft worden.[622] Angesichts des ungeheuren Erfolges erstaunt allerdings weniger das beklagenswerte literarische Niveau „die Flachheit der Charaktere spottet jeder Beschreibung, alles Begehren ist ausgeschaltet, die Bibel stets zur Hand, sollte sich die Libido dennoch melden. [...] Noch in den tödlichsten Momenten der Gefahr spricht man zivilisiert und höflich miteinander, trinkt Mineralwasser und benimmt sich wie im Kommunionunterricht."[623]

Viel mehr verstört das Thema und der Bierernst, mit dem ein Cocktail aus den „über tausend Prophezeiungen der Bibel" als Ansage über die kommenden Jahrzehnte der Erde begriffen werden. Tim LaHaye und Co-Autor Jerry B. Jenkins bestehen darauf, dass ihre Bücher keineswegs in die Kategorie *Science Fiction* fallen. Auf der *Left Behind*-Website schreiben sie, die präapokalyptische Theologie der Serie sei „die vorrangige Bibel-Interpretation evangelikaler Christen„. Die Genrebezeichnung ‚Roman' führt also in die Irre: Mögen auch Science-Fiction-erprobte Computerkids die literarisch aufgepeppte Apokalypse durch die selbe fiktionale Brille sehen wie STAR WARS, HERR DER RINGE oder MATRIX, den Autoren ist nicht zum Spaßen zu Mute. Für sie gibt es – wie für alle Fundamentalisten – kein hermeneutisches Problem bei der Bibellektüre und das heißt: keine Trennungslinie zwischen Vision, Fiktion oder Prophezeiung einerseits und Alltagsrealität im 21. Jahrhundert andererseits. Das lässt sich auch daraus ersehen, dass La Haye und Jenkins unter dem

---

[622] Vgl. als einzige mir bekannte ausführlichere deutschsprachige Literatur neuerdings: CHRISTOPH RAEDEL, *Faszination des Endes. Theologie und Fiktion in der ‚Left Behind' – Buchreihe* (EZW-Texte 212) Berlin 2010. Hier wird allerdings langatmig der darbyistische Dispensatinalismus dargestellt, nur um zum Ergebnis zu kommen, dass er als weltanschaulicher Hintergrund für die Left-*Behind*-Buchreihe nicht taugt.

[623] FAZ 73, 27.03.2002, 41

Titel *Are we living in the End-Times*[624] der Buchreihe einen ‚theologischen' Kommentar folgen ließen, der unmittelbare Verbindungen zwischen der Bibel, der aktuellen weltpolitischen Lage und ihrer Romanhandlung herstellt und damit den fiktionalen Kokon des Romans auf US-amerikanische (Welt-)Politik hin aufsprengt. Doch dazu später und zurück zur Buchreihe – worum geht es und wie ist sie gearbeitet?

Der Flugkapitän Rayford Steele setzte einstmals voll auf Karriere. Seine Frau und die beiden Kinder hatten das Nachsehen. In der Not um die zerstörte Beziehung suchte seine Frau Irene Hilfe in einer christlichen Gemeinde, wo sie zum Glauben an Jesus Christus fand. Steele selbst hatte seinerseits ein Auge auf die attraktive Stewardess Hattie Durham geworfen. Dann, während eines Flugs nach London, geschieht Unglaubliches: Ein Teil der Passagiere verschwindet spurlos, und dies geschieht – wie man bald darauf erfährt – auf der ganzen Welt. Überall bricht Chaos aus, denn es sind nicht nur sämtliche ungeborenen Kinder aus dem Leib ihrer Mütter verschwunden sondern auch tausende Bus- und Autofahrer, Piloten und Fluglotsen.

Im Flugzeug Rayford Steeles sitzt auch der ambitionierte TV-Reporter Cameron ‚Buck' Williams. Er steckt mitten in einer Recherche, die ihn nach Israel geführt hatte. Während seines Aufenthaltes dort hatten russische Kampfflieger Israel angegriffen. Doch die Jets explodierten in der Luft, ohne dass im Heiligen Land irgendjemand Schaden genommen hätte (vgl. Ez 38–39). Weitere Recherchen, in deren Verlauf er mehrfach in Lebensgefahr gerät, lassen Buck auf eine Verschwörung stoßen: Die Drahtzieher, angeführt von Jonathan Stonagal und Joshua Cothran, wollen die Weltherrschaft an sich reißen. Der Leser wird nun Zeuge des vom göttlichen Eingriff in die Weltgeschichte provozierten Bekehrungsprozesses der beiden Männer. Konkret ausgelöst wird er durch Bruce Barnes, ein Mitglied der Gemeinde von Steeles entrückter Gattin. Ein Videoband gibt Aufschluss über die Hintergründe der weltweiten katastrophalen Ereignisse: Alle wahren Christen sind ‚gemäß' 1 Thess 4,13–18 *(14: Ist Jesus – wie wir glauben – gestorben und auferstanden, so wird Gott ebenso auch die Entschlafenen durch Jesus, mit ihm zusammen wieder herbringen. [...] 16 Denn: er, der Herr, wird beim Befehl [...] herniedersteigen vom Himmel und die in Eins mit dem Messias Verstorbenen werden zuvörderst auferstehen")* von der Erdoberfläche verschwunden und durch die Macht Jesu Christi in den Himmel entrückt worden. Folgt man weiteren biblischen Prophezeiungen, so sind in Kürze die Machtergreifung des Antichristen als UNO-Generalsekretär, die Verlegung des UNO-Sitzes von New York nach Babylon, sowie die sieben Jahre der Trübsal und „großen Drangsal" (Offb 15) zu erwarten, in denen alle Menschen einer letzten Prüfung unterzogen werden: Wer sich bald zu Christus bekehrt *(als Born-Again-Christian),* wird entweder

---

[624] *Leben wir in der Endzeit. Biblische Prophezeiungen und ihre Bedeutung für heute*, Asslar 2002.

*gleich* unsterblich oder, wenn er einer der vielfältigen Plagen zum Opfer fällt, doch *nach seinem Tode* zu Christus eingehen. Der quasi-ontologische Unterschied zwischen *Born Again Christians* und langweiligen „Alltagschristen" (gemeint sind Mitglieder der liberalen *Mainline-Churches* in den USA und des Katholizismus) wird im Roman immer wieder betont – für diese ‚Lauen' ist eine zweite Bekehrung, eine Erweckung notwendig, sonst sind sie wie die „Feinde Gottes" dem endgültigen Untergang geweiht. Darüber hinaus ist zu erwarten, dass zwei unverwundbare Prediger an der Jerusalemer Klagemauer 144000 Juden zur Konversion zum Christentum bringen werden.[625] Die Bekehrung erhält also die sprichwörtliche *apokalyptische Dringlichkeit*. Jede(r) steht jetzt und heute in einer Entscheidungssituation, für die nur ein kleines Zeitfenster bleibt.

Damit sind die Weichen für den Rest des ersten Bandes und die gesamte Reihe gestellt: Von Stonagal und Cothran, den Drahtziehern der Weltverschwörung, unterstützt, wird Nicolai Carpathia, der Präsident Rumäniens, tatsächlich zum UNO-Generalsekretär gewählt. Die Verlegung des UNO-Hauptquartieres folgt auf dem Fuße und auch alle anderen Prophezeiungen schnurren wie am Schnürchen ab. Die sich immer weiter zuspitzende Situation durch Naturkatastrophen und die als Friedenspolitik (!) getarnte Tyrannei des ‚Antichristen' – u.a. die gewaltsame Einführung der „Enigma-Babylon-Welteinheitsreligion", der der Kardinal von Cincinnaty vorsteht – erfordert bald ein Abtauchen der wahren Christen in den Untergrund, darunter inzwischen viele konvertierte Juden, die Redaktion einer weltweit von Millionen gelesenen Internetzeitschrift „The Truth" (Die Wahrheit) und den Aufbau einer Kampftruppe für die letzte große Schlacht in Harmageddon (Megiddo, Israel), die ‚Tribulation Force'. „Ihr Ziel war kein geringeres, als sich während der sieben schlimmsten Jahre, die dieser Planet jemals erleben würde, gegen die Feinde Gottes zu stellen und gegen sie zu kämpfen." Im zwölften Band *Glorious Appearing* wird schließlich die Wiederkunft Christi und das Jüngste Gericht in brutaler Genauigkeit ausgemalt: „Tausende Jahre menschlicher Geschichte, die durch Kriege, Tod und Sünde geprägt waren, kommen an ihr Ende, wenn der Herr Jesus Christus zur Erde zurückkehrt", um die Bösen hinzurichten und die Guten in den Himmel zu holen. Das Ganze geschieht, so will es Dan 9,27[626] genau sieben Jahre nach der Unterzeichnung des Friedensvertrages zwischen Israel und der vom Antichristen geleiteten UNO.

---

[625] Offb 11,3: „Und meinen zwei Zeugen werde ich geben, dass sie in Säcke gewandet, prophetisch reden 1260 Tage lang. Und will einer sie schädigen, fährt Feuer aus ihrem Mund und frisst ihre Feinde. Diese haben die Vollmacht den Himmel zu schließen, dass kein Regen die Tage ihrer Prophetenrede benetzt. Und wenn sie ans Ziel gebracht haben ihr Zeugnis, wird das Tier, das dem Abgrund entsteigt mit ihnen Krieg führen und sie besiegen und töten."

[626] „Für viele macht er den Bund eine Woche lang schwer [...] bis zum beschlossenen Ende, das über den Verwüster sich ergießt."

### *9.1.1 Die Autoren Tim LaHaye und Jerry B. Jenkins*

Das Autorenduo Tim LaHaye und Jerry B. Jenkins kommt aus dem Feld der US-amerikanischen *Evangelikals,* konservativer, hierzulande gerne etwas undifferenziert ‚fundamentalistisch' genannter Christen, die sich unter der Bush-Regierung durch massive politische Lobbyarbeit für die konsequente Durchsetzung der sogenannten *„social issues"* oder *„family values"*, also einer konservativen Familienpolitik, einer Reduktion der Sozialleistungen, klarer Stellungnahmen auf den Feldern gleichgeschlechtliche Partnerschaften und Abtreibung, aber auch im Sinne einer Israel-freundlichen Politik der militärischen Stärke und des Unilateralismus engagiert haben – wie die Politik George W. Bushs zeigte, mit Erfolg.

LaHaye, Ideengeber des Buchunternehmens, promovierte vor mehr als fünfzig Jahren an der fundamentalistischen Bob Jones University in South Carolina und hat seither eine zentrale Rolle als Prediger der *Southern Baptists*, Schriftsteller (mehr als vierzig Buchitel), Institutsgründer und Berater in den Reihen der extremen Rechten gespielt. Seine Frau Beverley hat vor Jahrzehnten den um das geistliche Wohl von Amerikas Frauen besorgten evangelikalen Club *Concerned Women of America* gegründet und lange Jahre geleitet. Außerdem hob Reverend LaHaye 1979 gemeinsam mit dem Evangelisten Jerry Falwell die *Moral Majority* mit aus der Taufe und organisierte das hinter verschlossenen Türen diskret operierende *Council for National Policy*, laut Fernsehkanal ABC der mächtigste Verbund der amerikanischen Konservativen.

Bei den genannten Institutionen handelt es sich rechtlich um so genannte PACs *(Political Action Comittees)*, eine in Europa weitgehend unbekannte (oder wirkungslose) Organisationsform, die nicht zuletzt durch eine Reform des Wahlfinanzierungsrechts und angesichts schwacher Parteien in den USA zu nicht unterschätzendem Einfluss gekommen ist. Als religiös grundierte Interessenverbände mit quasipolitischen Zielen, spielen sie vor allem in Sachen millionenschwerer Finanzaquirierung und Wählermobilisierung eine entscheidende Rolle und dürften bei der Wiederwahl George W. Bush im Jahr 2004 bedeutsam gewesen sein. „Religion ist für zwei Drittel (64%) der wahlberechtigten Amerikaner [...] ein wahlentscheidendes Kriterium, vor allem für weiße evangelikale Christen: 70% erklärten sich als Republikaner bzw. ihnen nahstehend."[627] Aber bereits in den achtziger Jahren legten sie den Grundstein für den hohen Organisationsgrad der ursprünglich politikabstinenten christlichen Rechten und konnten bei der Wahl Ronald Reagans 1980 erstmals wahrnehmbare konservative Wählerschichten mobilisieren.

Doch erst in den neunziger Jahren war die *Apokalypse* in den Fokus der beiden Autoren sowie der *Christian Right* insgesamt gerückt. Zwar hatte schon 1970 der evangelikale Prediger Hal Lindsey mit seinem Roman *The late*

---

[627] JOSEF BRAML, *Die religiöse Rechte in den USA* (SWP Studien S35), Berlin 2004, 9.

*great Planet Earth*[628] eine politische Aktualisierung und manichäische Zuspitzung der Endzeitprophezeiungen vor dem Hintergrund des Kalten Krieges vorgelegt und mehr als 15 Millionen mal verkauft – das Buch hat in vielen Punkten für die *Left-Behind*-Serie Pate gestanden und war auch bei Freikirchen und Pfingstgemeinden in Europa weit verbreitet. Aber erst 1994, nachdem die christliche Rechte im Kontext des überwältigenden Wahlsieges der Clinton Administration 1992 stark an Einfluss verloren hatte und vor dem völligen Zerfall stand, gründete LaHaye sein *Pre-Trib Research Center*. Es befaßt sich mit der Vorbereitung für das Jenseits. „Trib" steht wieder für *tribulation* (Drangsal, Heimsuchung), jene Zeit, in der der Antichrist die Erde beherrscht und bezwungen werden muss, damit das Reich Gottes auf Erden errichtet werden kann. 1995 erschien dann mit völlig unerwartetem Erfolg *Left Behind I* und brach seitdem einen Bestsellerrekord nach dem anderen – angeblich wurde LaHaye für einen der Folgebände mit 51 Millionen Euro der höchste Vorschuss der Literaturgeschichte gezahlt. Parallel dazu ist ein ungeahnter Einflussgewinn der *Christian Right* von einer Außenseiterposition, über die Funktion konventioneller Interessengruppen hin zur wichtigsten Hintermannschaft einer regierenden Partei, der Republikaner zu beobachten.

Dass wir es hier nicht mit dilettierenden Predigern zu tun haben, zeigt auch ein Blick auf die merkantile Homepage, wo neben der Buchreihe und Audiobooks, Comics und CDs die inzwischen zusätzlich für verschiedene Zielgruppen – Irak-Soldaten, Kinder und Jugendliche – vorliegen, dem 2001 von *Twentieth Century Fox* produzierten Spielfilm und diversen Computerspiel-Varianten für einen *prophecy club* geworben wird, eine Newsletter, die wöchentlich die apokalyptische Interpretation des jeweils aktuellen Weltnachrichten liefert: Hier heißt es entschuldigend: *America will still be a powerful nation in the last days, but the Lord simply chose not to mention her specifically. One of the hardest things for American prophecy students to accept is that the United States is not clearly mentioned in Bible prophecy.*

In Deutschland wurde die *Left Behind*-Serie zunächst von der Gerth Medien GmbH in Asslar-Berghausen veröffentlicht, einem christlich orientierten Verlag mit Mail-Order-Service. Seit dem Herbst 2001 bringt der Münchner Blanvalet Verlag – er gehört zur Bertelsmann-Verlagsgruppe Random House – die Romane in Taschenbuchausgabe heraus. Bis heute haben sich die Halbjahres-Rhythmus erscheinenden Bände insgesamt etwa 170 000 Mal verkauft – ordentlich, aber nicht aufsehenerregend. Von namhaften Multiplikatoren der evangelikalen Szene in Deutschland (z.B. Evangeliumsrundfunk Deutschland in Wetzlar) werden sie jedenfalls wohlwollend besprochen und beworben.

[628] HAL LINDSEY / CAROLE C. CARLSON, *Alter Planet Erde wohin?* Wetzlar 1972.

### *9.1.2 Präapokalyptische Züge der US-Politik?*

Der große Erfolg der Buchreihe und die zunehmend enger werdende Verflechtung zwischen Religion und Politik in den USA lassen die Frage nach politischen Implikationen des neuen „*Left Behind Movement*" unausweichlich werden. Dass es sich hier um hochkomplexe und teilweise nicht zu objektivierende Zusammenhänge handelt, muss vorab betont werden. Gleichwohl ist es unübersehbar, dass bestimmte Motive zwischen Roman, Predigt und politischer Agitation hin und her wandern, dass Fiktion und Realität sich also wechselseitig beeinflussen. Dies gilt etwa für das Denkmodell eines moralisch verrohten und durch Liberale (Theologen), Homosexuelle und Feministinnen, aber auch durch hispanisch-katholische Einwanderer[629] innerlich geschwächten US-Amerikas, das sowohl im Wahlkampf der politischen Rechten als auch in der *Left-Behind* Reihe (hier als Anzeichen der angebrochenen Endzeit) eine wesentliche Rolle spielen. Schon immer war es literarisches Merkmal und politische Funktion naherwarteter apokalyptischer Ereignisse, eine Verstärkung des Handlungsdrucks für jene zu erzeugen, die ihnen folgen. Realpolitisch erhöht das Katastrophenszenario einer auf den Abgrund zu taumelnden, von innen durch Zerfall, von außen durch Terrorismus bedrohten Nation den Druck, die richtige Partei zu wählen. Im Roman und in den Predigten der tausende Gläubige fassenden, kommerziell betriebenen *Megachurches* geht es darüber hinaus darum, sich in einem individuellen Akt der Erweckung *(Awakening)* – eine mehr ca. 250 Jahre alte, uramerikanische und transkonfessionelle Form der Bekehrung – Jesus Christus (wieder) zu zuwenden.

Auch die Person George W. Bushs kann bei solchen Überlegungen nicht außen vor bleiben. Sicher ist nicht von einer unmittelbaren Einflussnahme der neuapokalyptischen Rechten auszugehen, gleichwohl stellte der ehemalige US-Präsident sicher den idealsten Andockpunkt für die massenweise Verbreitung ihrer Endzeitprophetien und die Verwirklichung der daraus resultierenden Politik dar. Zwar war Bush ebenso wie seine Vorgänger im Präsidentenamt kein Wunschkandidat der religiösen Rechten, doch wie keiner bisher hat er sich im Laufe seiner ersten Amtszeit auf diese zu bewegt. Vor allem die Offenlegung seiner durch eine Bekehrung ‚geheilten' Alkoholabhängigkeit sowie sein Bekenntnis zu Jesus Christus als dem „größten Philosophen aller Zeiten" in einer Talk-Show haben ihn geradezu zum Vorzeige-Evangelikalen im Präsidentenamt mit unschätzbarer Vorbildfunktion gemacht.

Doch es scheint nicht bei einem persönlichen Bekenntnis, einer Umsetzung der *family values* und einer Aufweichung der strikten Trennung zwischen Staat und Kirche durch die Bush-Adminstration zu bleiben. Die hier zu vertretende These besteht vielmehr darin, dass auch und vor allem jene drei wesentlichen außenpolitischen Konfliktpunkte zwischen USA und Europa, *Unilate-*

---

[629] Vgl. SAMUEL HUNTINGTON, *Who are we? The Challenges to America's National Identity*, New York 2004.

*ralismus, Nah-Ost-Politik* und *Antiterrorkrieg* sich als Ergebnis einer fundamentalen außenpolitischen Orientierung der USA an den Maximen der *Christian Right* beschreiben lassen. Ja mehr noch: Der von Bush in seiner Rede an die Nation am 28.01.2003, kurz vor dem Irakkrieg, bekundete Glaube an die Vorsehung als entscheidende Instanz seiner Politik, lässt auf ein grundlegend anderes Politikverständnis schließen als es in Europa und großen Teilen der westlichen Welt herrscht: Nicht auf der Menschenrechts-Charta der Vereinten Nationen aufruhende, gemeinsam erarbeitete Ziele und daraus folgende realpolitisch gestaltende Aktionen bestimmen sie, sondern der Wunsch, sich mit dem von Gott *bestimmten* und wenigstens in groben Zügen auch *offenbarten* Geschick der Erde und speziell der US-amerikanischen Nation in Einklang zu wissen.

Die drei genannten außenpolitischen Konfliktfelder ergeben sich einerseits aus tiefsitzenden und alten nationalreligiösen Überzeugungen der nordamerikanischen ‚Kernbevölkerung', der *White Anglo-Saxon Protestants (WASPS)*[630], andererseits können sie zunehmend kaum anders verstanden werden, denn als Umsetzung der von LaHaye und Jenkins in bisher nicht gekannter Offenheit und Präzision entwickelten (und durch die Romane weit verbreiteten) präapokalyptischen Glaubensüberzeugungen.

Der etwa bei der Weigerung der US-Regierung, das Kyoto-Protokoll zu unterzeichnen oder den Internationalen Gerichtshof in Den Haag anzuerkennen vielfach beklagte und sich im Irak-Krieg unheilvoll zuspitzende *Unilateralismus* speist sich religionswissenschaftlich betrachtet aus mehreren Quellen: Einerseits wird die UNO als von Europäern dominierte Institution betrachtet. Europa jedoch gilt bei den Nachkommen der *„pilgrim fathers" cum grano salis* gleichzeitig als Ort der staatskirchlichen Unterdrückung religiöser Minderheiten und Quelle aller liberalistischen Versuchungen von historischer Bibelkritik bis zum Alkoholmissbrauch. Gleichzeitig wurden die USA von den ersten Siedlern als von Gott verheißenes gelobtes Land, analog zur Landnahme Israels verstanden und im Laufe der Geschichte vor allem seit dem frühen 20. Jahrhundert mit weltpolitisch-endzeitlichem Sendungsauftrag aufgeladen. Wenn in LaHayes Romanzyklus der UNO-Generalsekretär Nicolai Carpathia (Anklänge an Ceaucescu und Dracula) aus dem alten Europa stammt und sich im Amt des UNO-Generalsekretärs als die Welt versklavender Antichrist entpuppt, so könnte man sich kaum ein besseres Bild für die traditionelle Weltsicht der *Evangelicals* vorstellen. Hier werden alte Aversionen gleichzeitig ins Bild gebracht und mit neuer fiktionaler Energie aufgeladen.

George W. Bushs *Krieg gegen den Terrorismus* ist nicht nur unmittelbar anschlussfähig an den Manichäismus eines apokalyptische Schlachtengemäldes, sondern auch an eine kämpferisch-konservative US-Politik, die zunächst die UdSSR – freilich nicht ohne gute Gründe – als „Reich des Bösen" (so Prä-

---

[630] Vgl. zu diesem und anderen Punkten umfassend: MICHAEL HOCHGESCHWENDER, *Amerikanische Religion. Evangelikalismus, Pfingstlertum und Fundamentalismus*, Frankfurt 2007.

sident Ronald Reagan) stilisierten, seit 1990 aber zunächst ohne klare Orientierung geblieben war. Nach den Attentaten des 11.9.2001 – allgemein verstanden als Strafe für moralischen Verfall und Liberalismus in den USA – wurde das Feindbild islamischer ‚Schurkenstaaten' gerne aufgriffen und in reale Politik umgesetzt. Ein Verfahren das bekanntlich zwar einer apokalyptischen Fiktion nicht aber dem realen Phänomen Terrorismus gerecht wird. Bei der Frage, wie gerade Saddam Hussein, der erwiesenermaßen keine oder nur sehr lose Verbindungen zum Terrornetzwerk Al Qaida hatte in den Fokus der US-Strategen kommen konnte, lohnt erneut ein Blick in LaHaye/Jenkins theologisches Begleitwerk *Leben wir in der Endzeit?*. Hier wurde bereits 1999 im Kapitel *Aufstieg und Fall Babylons* formuliert: „Saddam Husseins Hass gegen Juden, Jesus Christus, dessen Nachfolger und jeden, der sich ihm in den Weg stellt und seine Ziele behindert, ist am ehesten noch als dämonische Besessenheit zu verstehen. [...] Es könnte sein, dass er ein Vorläufer dessen ist, der bald auf der Weltbühne erscheinen wird, um, wie wir glauben, die Leitung der Vereinten Nationen [...] zu übernehmen." (134) – also des Antichristen. Frieden kann unter präapokalyoptischen Bedingungen nicht mehr Leitbild einer ‚christlichen' Politik sein, vielmehr legt die durch endlose Indizienketten belegte Annahme, wir lebten in der Endzeit eine Vielzahl von Kriegen weltweit geradezu nahe. Die entscheidende Frage lautet nun nicht mehr, wie diese Kriege zu verhindern seien, sondern ob man auf der ‚richtigen' Seite steht.

Die US-amerikanische *Nahost-Politik* schließlich scheint in den letzten Jahren ebenfalls komplett von der eschatologischen Rolle des Staates Israel bestimmt, hierbei ist von „christlichem Zionismus" zu sprechen: Bereits seit einigen Jahrzehnten wird die Gründung des israelischen Staates 1948 von religiösen Rechten vor dem Hintergrund des Römerbriefes als Zeichen der nahenden Apokalypse gedeutet. Darüber hinaus wird die biblische Landverheißung im Sinne eines Groß-Israel, das die besetzten Gebiete einschließt, als Gottes ewiger Wille verstanden, der mit militärischer Unterstützung gewahrt werden müsse. Nicht die vergleichsweise geringe Zahl amerikanischer Juden, sondern die christliche Rechte sorgt deshalb seit einigen Jahren für eine israelfreundliche Politik. Eine republikanische Regierung, die mit den Palästinensern ernsthafte Verhandlungen anstreben würde, hätte mit breitem Protest der *Christian Right* zu rechnen wie im April 2002 als Bushs kurzzeitig israelkritische und palästinenserfreundliche Politik tausende von E-Mails und Briefen ins Weiße Haus auslösten. Ein US-gestützter Friedenprozess im Nahen Osten, der einen Verzicht auf die besetzten Gebiete und eine Stärkung der Position der Palästinenser enthielte, dürfte also so lange unwahrscheinlich bleiben, wie sich die US-Regierung in unmittelbarer Abhängigkeit von der *Christian Right* befindet.

Darüber hinaus werden aus privaten Mitteln Unterstützungaktionen für die Rückkehr jüdischer Familien nach Israel, Hilfe für Siedler in den besetzten Gebieten und für sogenannte messianische Juden finanziert. Auch hier finden wir die Motivation für solch scheinbar selbstloses Engagement einigermaßen unverblümt bei LaHaye/Jenkins: „Viele Jahre lang wurde Israel von Fachleuten für biblische Prophetie als ‚Gottes Uhr' [...] bezeichnet. Die Bestätigung dafür, dass wir möglicherweise in der Endzeit eben, können Sie beinahe täglich in den Abendnachrichten sehen." Die Erwartung eines apokalyptischen Endkampfes mitten in Israel wird dagegen nur angedeutet: „Die Juden stehen mit dem Rücken zur Wand und werden alle notwendigen Mittel einsetzen, um ihre Heimat gegen jeden feindlichen Angriff zu verteidigen."(66)

Inzwischen ist die Geschichte über die Ära Busch hinweggegangen, doch die *Left-Behind*-Bewegung schläft nur scheinbar. Ihr Entstehung und apokalyptische Aufladung fiel in die Zeit der Brüskierung großer Teile der religiösen Rechten durch die Präsidentschaft Bill Clintons und auch die Zeit unter Barack Obama könnte ein solcher Jungbrunnen unter Oppositionsbedingungen werden. Insgesamt ist, was die politische Aufladung des US-Amerikanischen Evangelikalismus angeht aus historiographischer Perspektive mit weiteren auf- und absteigenden Wellenbewegungen zu rechnen.

Zur *Tea Party*, dem neuen rechten Flügel der Republikaner, halten die Anhänger LaHayes jedenfalls hervorragende Beziehungen, wenngleich diese nicht in allen Punkten mit den Zielen der *christian right/moral majority* übereinstimmen, da wirtschaftslibertäre und politisch neokonservative Kräfte ohne spezifisch christlichen Hintergrund hier ebenfalls stark vertreten sind und die aktuelle Politik sehr viel stärker von der seit 2008 herrschenden Wirtschaftskrise und notwendigen, nicht immer aber hinreichend differenzierten Antworten darauf geprägt ist. Um nur ein aktuelles Beispiel der realhistorischen Gegenwartsdeutung der *Left-Behind*-Bewegung zu geben: Auch das japanische Erdbeben im März 2011 wurde von LaHaye apokalyptisch kommentiert und in einen *„tribulation-index"* eingearbeitet : „The Bible tells us in Matthew 24 that one of the signs of the last days – one of the birth pangs to occur – is an increase in earthquake activity and intensity. We're seeing that happen here. It's not just earthquakes, but hurricanes and all kinds of natural disasters."[631]

So stellt sich nach wie vor dem (noch) mächtigsten Staat der Welt ein fundamentales theologisches und religionspolitisches Problem: Nur jene spezifische Vermittlung zwischen Glaube und Vernunft, zwischen Fiktion und Kritik, die die europäische Theologie unter historisch einmaligen Bedingungen hervorgebracht hat, scheint langfristig in der Lage, zu einem Verhältnis von Religion und Politik zurückzufinden, das Real-, und das heißt Friedenspolitik ermöglicht.[632] Für Europa bleibt die Frage offen, ob sich wissenschaftspolitisch eine Religionswissenschaft etablieren lässt, die endlich deskriptive und kriti-

---

[631] Interview in World Net Daily (WND), zu finden unter: http://www.wnd.com/?pageId=273765.

[632] Weiterführende Literatur: RAINER PRÄTORIUS, *In God We Trust. Religion und Politik in den USA*, München 2003; MICHAEL MINKENBERG, *Die Christliche Rechte und die amerikanische Politik von der ersten bis zur zweiten Bush-Administration*, in: Aus Politik und Zeitgeschichte B 46 (2003), 23–32; TAREK MITRI, *In Gottes Namen? Politik und Religion in den USA*, Frankfurt a.M. 2005.

sche Instrumentarien verbindet oder eine Systematische Theologie, die religionspolitischen und religionswissenschaftlichen Problemstellungen deutlich mehr Aufmerksamkeit schenkt.

## 9.2 Historische Wurzeln dieses Denkens

Die Wurzeln der skizzierten Endzeitvorstellungen gehen zurück bis in die Zeit Luthers bzw. die ersten Jahrzehnte nach der Reformation. Bereits die bedrohte Lage des Protestantismus angesichts der Gegenreformation legt nämlich eine Interpretation der eigenen Gegenwart nach apokalyptischen Maßstäben nahe: Während der französischen Hugenottenkriege, des Dreißigjährigen Kriegs in Zentraleuropa und der Wirren der englischen Revolutionszeit entstehen viele Schriften, in denen die Figur des Antichrist als Deutungsinstrument auch für die Gegenwart „entdeckt", sein Untergang und das allgemeine Ende angesagt und verkündigt werden[633]. Luther hatte den römischen Papst für den Antichristen gehalten, eine Metapher, die in den kommenden Jahrhunderten in evangelischen Kreisen eine große Plausibilität und Verbreitung entwickelte. Luther selbst hatte zudem geglaubt in der Endzeit zu leben, wenn er auch eine Datierung immer abgelehnt (so wie alle lutherischen Kirchen auch bis heute den Millenarismus verurteilen) und auf den Primat der Heiligen Schrift verwiesen. Doch nach seinem Tod erschienen große Sammlungen von apokalyptischen Prophezeiungen und erst die Zeit der Aufklärung hat diesen Prognostikern ihr Ansehen genommen. Dabei verschob sich der Charakter der Prophezeiungen im Rahmen der zunehmenden Konsoldierung protestantischer Fürstentümer und Kirchen vom *Trost angesichts aktueller Bedrängung* zur *Androhung des Gerichtes*, um Buße und Umkehr zu erreichen. Andererseits führte „die im linken Flügel auf dem Hintergrund joachimitischer Gedanken genährte Hoffnung auf weitergehende Reformation und Offenbarung, die in der Pansophie des Paracelsus und der Theosophie Jacob Böhmes, bei den Rosenkreuzern und im mystischen Spiritualismus erwartete Wiederkehr des goldenen Zeitalters und paradiesischer Zustände […] dazu, dass in den verschiedenen Spielarten eine Erwartung des Millenniums entstehen konnte, die lutherische und reformierte Bekenntnisschriften verworfen hatten."[634]

### *9.2.1 Der Pietismus*

In besonderer Weise war im 17. und 18. Jahrhundert der Pietismus Ort des Millenarismus. Er verhält sich „zur lutherischen Orthodoxie wie die mittelal-

---

[633] GOTTFRIED SEEBASS, *Art. „Apokalyptik/Apokalypsen, VII, Reformation und Neuzeit"*, in: TRE Bd. III (1978), 281–287, 282.

[634] Ebd., 283.

terliche Mystik zur mittelalterlichen Scholastik".[635] Deshalb müssen wir uns zunächst diesem bis heute wirksamen Phänomen einer Frömmigkeitsbewegung in Deutschland zuwenden. Von hierher wanderte das millenaristische Gedankengut nicht nur in lutheranische Kreise ein, sondern im angelsächsischen Raum befördert es auf dem Umweg über die von John Wesley und seinen Bründern im 18. Jahrhundert angefachte Erweckungsbewegung auf den britischen Inseln und in Nordamerika noch ganz anderen Entwicklungen, deren Spätfolgen wir mit der Romanserie *Left Behind* gerade betrachtet haben.

Was eine Betonung des Millenarismus angeht, sind vor allem die Pietisten Alstedt und Coccejus und der Frankfurter Jacob Spener zu nennen. Ein wichtiger früher Vertreter von (west-)europaweiter Wirkung ist aber Jean de Labadie (*1610 bei Bordeaux; †1674 Altona), ein Mystiker und pietistischer Separatist. Er studierte zunächst auf französischen Jesuitenkollegien und trat diesem Orden auch bei. 1639 verließ er die Jesuiten nach der Priesterweihe. Bereits während seiner Studienzeit hatte er mystische Erfahrungen gemacht, die ihn zu der Überzeugung brachten, dass er eine wichtige Aufgabe im Dienst des Reiches Gottes wahrnehmen sollte. Die nächsten zehn Jahre wirkte er als Wanderprediger.

Am 16. Oktober 1650 trat er zur reformierten Kirche über. Aus Montauban, wo er als 1652 Prediger angestellt worden war und an der dortigen reformierten Akademie mitarbeitete, wurde er verbannt und übernahm das gleiche Amt 1657 in Orange und 1659 in Genf. Hier sammelte sich ein begeisterter Kreis von Anhängern um ihn. Er hielt besondere Zusammenkünfte, ähnlich den Konventikeln der niederländischen *Nadere Reformatie*. Diesen Kreis betrachtete er als wahre Kirche, dem Vorbild des Urchristentums nachgebildet. Auch Philipp Jakob Spener, der Begründer des Pietismus in den lutherischen Kirchen Deutschlands, gehörte zu seinen Zuhörern und wurde von ihm beeinflusst. Labadies prophetischer Anspruch und seine Abweichungen von der reformierten Orthodoxie besonders seine chiliastischen Anschauungen erregten aber auch Widerspruch. 1666 erhielt er eine Berufung nach Middelburg in Zeeland. Auch in den Niederlanden gewann er viele Anhängern. Andere Vertreter der *Nadere Reformatie* wandten sich kritisch von ihm ab. Sein Ziel in Middelburg war wie in Genf, innerhalb der bestehenden Kirche die wahre Kirche der Wiedergeborenen herzustellen.

Da er nicht wenige Werke hinterließ wurden seine Ideen weit verbreitet: Für ein christliches Leben in der Nachfolge Jesu war ihm die Absage an die Welt besonders wichtig. Die Lehre vom Heiligen Geist erhält in seinen Gedanken eine ebenso zentrale Stellung, wie die Lehre von der Heiligen Schrift. Sein Utrechter Kollege Louis Wolzogen widerspricht ihm und propagiert eine

---

[635] JOHANNES WALLMANN, *Der Pietismus*, Göttingen 2005, 31. Die folgenden Ausführungen verdanken sich, wo nicht anders angegeben, dieser so prägnanten wie materialreichen Überblicksdarstellung.

sachlich-rationale Schriftinterpretation. Der Heilige Geist redet nach Wolzogen nur in der Heiligen Schrift. Wolzogen hält Labadies Auffassung für schwärmerisch. In der Auseinandersetzung mit Labadie stellt sich die wallonische Synode auf die Seite Wolzogens und suspendiert Labadie. 1669 wurde er endgültig abgesetzt und aus Furcht vor Unruhen des Landes verwiesen. Mit seinen Anhängern fand er Aufnahme in Amsterdam. Durch Vermittlung von Anna Maria von Schürmann, die sich den Labadisten angeschlossen hatte, emigrierte die Gruppe nach Herford 1672 wegen eines Edikts des Reichskammergerichts nach Bremen und endlich nach Altona, wo Labadie 1674 starb. Seine Gemeinschaft ging wieder in die Niederlande zurück, wo sie in Wieuwerd in Westfriesland als „reformierte und von der Welt abgesonderte Gemeinde“ bis ins 18. Jahrhundert fortbestand.

Labadies Anhänger, die Labadisten, wichen zwar äußerlich kaum von der Lehre der reformierten Kirche ab, strebten aber einem katholisch-klösterlichen Lebensideal nach und lebten in Gütergemeinschaft der Arbeit ihrer Hände.

Ein wichtiger Verbreiter einzelner Gedanken Labadies ist der Frankfurter Senior Philipp Jacob Spener (1635–1705) Spener wurde 1663 Prediger am Straßburger Münster, 1666 Senior der lutherischen Pfarrerschaft in der freien Reichsstadt Frankfurt am Main und 1686 kursächsischer Oberhofprediger in Dresden. Von 1691 an war er Propst und Konsistorialrat an der Nikolaikirche in Berlin. 1694 wirkte er mit an der Gründung der Reformuniversität Halle an der Saale, wo seinem Schüler August Hermann Francke eine herausragende Rolle zukam. Nach Speners Erinnerung war das seit 1680 schriftlich dokumentierte Wort Pietismus bereits um 1674 im Raum Frankfurt am Main eine spöttische Bezeichnung für „Frömmelei“. Als positive Selbstbezeichnung hat erstmals der pietistische Leipziger Poesie-Professor Joachim Feller (1638–1691) das Wort „Pietist“ verwendet, so August des Jahres 1689 in einem Sonett auf den verstorbenen Leipziger Theologiestudenten Martin Born (1666–1689):

> Es ist ietzt Stadt-bekannt der Nahm der Pietisten;
> Was ist ein Pietist? Der Gottes Wort studirt /
> Und nach demselben auch ein heilges Leben führt.

Im Oktober 1689 folgte Fellers Bekenntnis in dem Sonett auf den verstorbenen Leipziger Kaufmann Joachim Göring (1625–1689):

> Ich habe jüngst gedacht / der hieß'gen Pietisten / [...]
> Ich selbsten will hiemit gestehen ohne Scheu /
> Daß ich ein Pietist ohn Schmeich- und Heucheln sei.

In vergleichbar positivem Sinn bedeutet das Wort „Pietismus“ das Streben nach intensivierter, vertiefter Frömmigkeit. Der Pietismus versteht sich als eine Bibel-, Laien- und Heiligungsbewegung. Er betonte die subjektive Seite des Glaubens, entwickelte aber auch einen starken missionarischen und sozialen Grundzug.

Spener prägte mit seinem Hauptwerk *Pia Desideria* (1675) den Begriff Pietismus wesentlich. Wichtige Elemente sind die Gründung kleiner Hauskirchen *(ecclesiolae in ecclesia),* eine Reform der Pfarrerschaft, eine bessere theologische Ausbildung und das Beenden interkonfessioneller Polemik. Doch auch eine chiliastische Grundierung weist Speners Bewegung auf, welche bis in den Motivationskern seines Pietismus hineinreicht. Wallmann schreibt, Spener paraphrasierend: „Die Zerrüttung des kirchlichen Lebens in allen Ständen verursache Ärgernis und hindere die Bekehrung von Juden und Papisten, ärgere fromme Gemüter und gebe Anlass zur Klage, die lutherische Kirche stecke wie die papistische Kirche noch in ‚Babel' [...] der Ausgang aus der Babylonischen Gefangenschaft [sei] mit der Reformation nicht abgeschlossen. Noch immer hafte der lutherischen Kirche manches von Babel an."[636]

Der heutige Pietismus bekennt sich in vielen seiner Ausprägungen zur Irrtumslosigkeit der Schrift bzw. gemäßigter zur Widerspruchsfreiheit oder zum für Heilsfragen hinreichenden Charakter der Heiligen Schrift und lehrt hieraus resultierend seit dem Spätpietismus eine konservative Theologie. Außerdem betont er das Priestertum aller Gläubigen. Neben Theologen wurden und werden auch Laien ohne akademische Bildung – vorrangig Männer – als Prediger geschätzt: so bis heute als Redner, „redende Brüder" in den Hauskreisen. Die heutigen pietistischen Gruppen werden oft konfessionskundlich etwas ungenau, aber auch nicht völlig unzutreffend zu den Evangelikalen gerechnet.

### *9.2.2 Zur Rolle des Pietismus im aktuellen Millenarismus*

Der geistliche Aufbruch im Pietismus („echtes Christentum") wird als Aufbrechen der Gottesherrschaft, Handeln Gottes in der Gegenwart verstanden. Wenn Gott aber wieder historisch handelt, wie in biblischen Zeiten, dann muss die Endzeit angebrochen sein und jeder ist aufgefordert, selbst ans Werk zu gehen. Mission, nicht zuletzt *Judenmission,* war hier eine wesentliche Aufforderung an den Einzelnen: Die Endzeit wird kommen, wenn sich alle, vor allem die Juden und Papisten, zum wahren Christentum bekehrt haben. Erstmalig findet sich diese Logik innerhalb des Pietismus in Speners Schrift *Behauptung der Hoffnung künftiger besserer Zeiten* (1692). Eine Prophezeiung der Johannesoffenbarung (Kap 18f), die bis heute die Endzeitkirchen, aber auch viele Evangelikale in ihren Missionsbestrebungen beflügelt. Gegenüber Luthers Eschatologie ist damit endgültig eine aktivistische Verlagerung der Akzente eingetreten. Gleichzeitig war damit dir Brücke hin zu philosophischen Ansätzen der Aufklärung geschlagen. Johannes Wallmann weist darauf hin, dass der Holsteiner Pfarrer Paul Egard (†1655) wohl als erster von der auf Augustinus gründenden lutherischen Linie abgewichen sei und „das Tausendjährige Reich

---

[636] WALLMANN, *Pietismus*, 82.

von Apok 20 für noch zukünftig erklärt [habe … ]. Egard ist der erste chiliastische Ausleger der Johannesapokalypse innerhalb des Luthertums.“[637]

Insgesamt „resultiert aus chiliastischer Veränderung orthodoxer Naherwartung aber ein gut Teil des Erneuerungswillens, den der Pietismus auf gesellschaftlichem und kirchlichem Gebiet bewies und mit dem er dem sich wandelnden Welt- und Lebensgefühl beginnender Aufklärung entsprach.“[638] Dem großen Pietisten Johann Albrecht Bengel kommt hier eine besondere Bedeutung zu: Nicht nur entwickelte er einen chronologischen Überblick über die Gesamtgeschichte, die mit Christi Wiederkunft im Jahr 1836 enden sollte, sondern er wurde von seinen Anhängern auch selbst für den dritten Engel der Apokalypse gehalten. Ein Phänomen, das wir auch noch bei anderen geistlichen Führern dieser Zeit beobachten: Man weist ihnen gerne eine Rolle in den als nahe bevorstehend geglaubten apokalyptischen Zusammenhängen selbst zu.

Mit Kants Metaphysikkritik und dem Entstehen der bürgerlichen Gesellschaft und ihren Moralkodizes kam jedoch diese Epoche in eine Krise, die – zumindest in Europa –ihre Marginalisierung zur Folge hatte. Nicht wenige Pietisten wanderten nach Amerika aus oder gingen ins innere Exil, weil ihre Endzeiterwartung nicht mehr zum Lebensgefühl wachsender Naturbeherrschung, kulturellen Fortschritts und bürgerlichen Wohlstands in der zweiten Hälfte des 19. Jahrhunderts passen wollte. Ein weiteres „Ventil“ für den in Europa steigenden Druck auf die Pietisten war die in dieser Zeit erst entstehende protestantische Mission. Nicht nur in den angelsächsischen Ländern sondern auch in den kontinentalen Missionsgesellschaften war man zu Beginn des 19. Jahrhunderts der Meinung dass die Mission „der Stundenzeiger an der Uhr des Reiches Gottes sei“, das heißt fortschreitende Missionserfolge kündigen die Wiederkunft Christi im Gericht an.

Doch gut dialektisch folgt auf die Kantsche Erkenntniskritik[639] der antiaufklärerische Pendelschlag auf dem Fuße in Gestalt der Erweckungsbewegung, die von verschiedenem nationalem Gepräge war. Vor allem Deutschland, England und Frankreich waren hier stilbildend: Neben der als feindlichem Angriff verstandenen französischen Revolution, der Napoleonischen Epoche und der Aufklärungsphilosophie waren es Naturereignisse aber auch geschichtliche Umbrüche in den USA, wie die Unabhängigkeit und Bürgerkriege, die diese Wende auslösten. Der Sieg über weltlich feudale und geistlich staatskirchliche (europäische Systeme) spielten hier ebenso eine Rolle, wie die Vorstellung, die USA seien das neue Jerusalem. Millenniumshoffnungen und die alte Überzeugung, dass die Heilsgeschichte sich von Ost nach West bewege (Hegel), untermalten die großen Siedlertrecks in den Westen des amerikanischen Kon-

---

[637] Ebd., 42.

[638] SEEBASS, *Apokalyptik*, 283.

[639] Vgl. Kapitel 10.

tinents. Separatisten wanderten aus Mitteleuropa aber nicht nur in die USA, sondern auch an die Wolga und den Vorderen Orient aus. Allgemein wurden apokalyptisch Gesinnte aus den großen Kirchen heraus gedrängt. So entstanden die Endzeitkirchen in den USA, weil sich hier die Millenaristen sammelten. Neben den ausführlich dargestellten Kirchen sind das die Darbyisten, die Siebenten-Tages-Adventisten und die Tempelgesellschaft.

Die breite und kaum übersehbare deutsche Erweckungsbewegung findet ihren Höhepunkt, was die endzeitliche Ausrichtung angeht, in Württemberg. Phillipp Matthäus Hahn, Johann Albrecht Bengel und Christian Dahm sind hier als charismatische Prediger zu erwähnen. Johann Christoph Blumhardt dichtet 1852 das bis heute im evangelischen Gesangbuch auffindbare Lied *Daß Jesus siegt, bleibt ewig ausgemacht* dem sich die präsentische und futurische Eschatologie dieser Bewegung ebenso entnehmen lässt, wie das Zueinander von individueller und universaler Hoffnung auf Erlösung:

Daß Jesus siegt, bleibt ewig ausgemacht
Sein wird die ganzen Welt
denn alles ist nach seines Todes Nacht
in seine Hand gestellt
Nach dem am Kreuze ausgerungen
hat er sich zum Thron geschwungen
Ja Jesus siegt!

Ja Jesus siegt, obschon das Volk des Herrn
noch hart darniederliegt
Wenn Satans Pfeil ihm auch von nah und fern
mit List entgegenfliegt,
löscht Jesu Arm die Feuerbrände;
das Feld behält der Herr am Ende.
Ja, Jesus siegt!

Ja Jesus siegt! Seufzt eine große Schar
noch unter Satans Joch
die sehnend harrt auf das Erlösungsjahr,
das zögert immer noch:
so wird zuletzt aus allen Ketten
der Herr die Kreatur erretten.
Ja, Jesus siegt!

Ja Jesus siegt! Wir glauben es gewiß,
und glaubend kämpfen wir
Wie du uns führst durch alle Finsternis,
wir folgen, Jesu, dir,
Denn alles muß vor dir sich beugen,
bis auch der letzte Feind wird schweigen.
Ja, Jesus siegt!

# ZWEITER TEIL: GESCHICHTE

# 10. Idealistische Philosophie

Nicht erst der Pietismus eines Spener oder Francke, sondern schon Joachim von Fiores Weltalter-Lehre hat die Säkularisierung ursprünglich religiöser eschatologischer Inhalte im Sinne eines innerweltlichen Fortschritts auf ein noch historisch fassbares Ziel vorbereitet.[640] Die 1780 anonym erschienene Schrift *Erziehung des Menschengeschlechts* von Gotthold Ephraim Lessing[641] parallelisiert die Erziehung des einzelnen Menschen und des Menschengeschlechts als Ganzem mit einer für alle geltenden (christlichen) Offenbarung und stellt damit einen wesentlichen Meilenstein dieser Säkularisierung der Eschatologie als Geschichtsphilosophie dar. Dabei kommt dem Volk Israel paradigmatische Bedeutung zu: Hier, im Stadium der menschheitgeschichtlichen ‚Kindheit', erfolge die Erziehung noch durch Strafen und Belohnungen, Christus sei schon „ein besserer Pädagog" (§ 53), und zwar als „der erste *zuverlässige, praktische* Lehrer der Unsterblichkeit der Seele" (§ 58). Er eröffne damit die Möglichkeit, das für die gute Tat verdiente Glück nicht unmittelbar genießen zu müssen. Noch bessere Zeiten aber brechen an, wenn das Gute getan wird „weil es das Gute ist" (§ 85). Spätestens wenn bei Lessing die ‚Aufklärung' als drittes Weltzeitalter, als „Zeit des neuen Evangeliums" (§ 87) verstanden wird, kommt Joachim von Fiore ins Spiel.[642] Bemerkenswert ist, dass für Lessings Modell einer auch *individuellen* Reifung im Verlauf einer rein immanent gedachten Geschichte ohne futurische Eschatologie wie für den frühen Ernst Bloch des *Geist der Utopie* der Gedanke der *Seelenwanderung* logisch notwendig ist: Nur mit Hilfe des Glaubens an eine Fortexistenz der Seele über den leiblichen Tod hinaus und ihrer Wiederkehr in neuer Verkörperung vermag der Einzelne, den im kurzen Menschenleben stets unabgeschlossenen Prozess einer sittlichen Reifung zur Vollendung zu bringen.

Bereits 1767 hatte der bedeutendste Vertreter der jüdischen Aufklärung *(Haskala)* und Freund Lessings, Moses Mendelsohn, in seiner wirkmächtigen Schrift *Phädon* mit Blick auf die moralische Weltordnung (und nicht die jüdische oder christliche Offenbarung) für einen aufgeklärten Glauben an Unsterblichkeit der Seele und eine ‚Schöpfungsordnung' plädiert: Gott als „Eigenthumsherr" [643] des Menschen werde diesen auch nach seinem Tode nicht aus seiner väterlichen Fürsorge entlassen. Allerdings greift Mendelsohn auf den

---

640 Vgl. die Kapitel 9 und 11.

641 GOTTHOLD EPHRAIM LESSING, *Lessings Werke Auswahl in sechs Teilen:* Fünfter Teil und sechster Teil hrsg. v. Julius Petersen und Wilhelm v. Olshausen, Stuttgart 1982.

642 In den Zusammenhang säkularisierter Eschatologie gehören natürlich auch die neuzeitlichen literarischen Utopien eines JOACHIM V. ANDREAE *(Christianopolis)*, THOMAS MORUS *(Utopia)* CAMPANELLA *(Sonnenstaat)* oder JONATHAN SWIFTS *Gullivers Reisen*, auf die hier leider nicht näher eingegangen werden kann.

643 MOSES MENDELSOHN, *Schriften zur Philosophie, Ästhetik und Apologetik*, Bd. I, 131ff. Zit. nach PETER CORNEHL, *Die Zukunft der Versöhnung. Eschatologie und Emanzipation in der Aufklärung, bei Hegel und in der Hegelsche Schule*, Göttingen 1971, 51.

griechischen Leib-Seele Dualismus zurück und kommt daher zu so unbiblischen Formulierungen wie: der Leib sei ein „beschwerlicher Gesellschafter“[644] und die Aussicht, ihn im Tod zu verlassen, sei umso erfreulicher. Fällt bezüglich der Unsterblichkeits*konzeption* eine Zustimmung aus jüdischer oder christlicher Perspektive also schwer, so bildet Mendelsohns *Begründung* die des Paulus im ersten Korintherbrief (15, 12–19) nahezu identisch für eine nicht-religiöse Leserschaft ab und weist an ihrem Ende noch auf Walter Benjamins neomarxistische Argumentation voraus:

> „Ist unsere Seele sterblich: so ist die Vernunft ein Traum, den uns Jupiter geschickt hat, uns Elende zu hintergehen; so fehlt der Tugend aller Glanz, der sie unseren Augen göttlich macht; so ist das Schöne und Erhabene, das sittliche sowohl als das physische, kein Ausdruck göttlicher Vollkommenheiten [...]; so sind wir wie das Vieh hierhergesetzt worden, Futter zu suchen und zu sterben; so wird es in wenigen Tagen gleichviel sein [...] ob ich mich bemüht, die Anzahl der Glückseligen, oder der Elenden zu vermehren; so hat der verworfenste Sterbliche sogar die Macht, sich der Herrschaft Gottes zu entziehen, und ein Dolch kann das Band lösen, welches den Menschen mit Gott verbindet.“[645]

Ohne Unsterblichkeit gelingt also weder eine schlüssige Antwort auf die Sinnfrage noch eine überzeugende Begründung für Sittlichkeit. Diese Argumentation wird uns – systematisch durchgeführt – bei Immanuel Kant wieder begegnen.

Insgesamt sei einleitend darauf hingewiesen, dass wir in den Denkansätzen des deutschen Idealismus und Hegels das vermutlich historisch letzte philosophische Systemdenken vor uns haben, das eine Rekonstruktion zentraler christlicher Theologoumena wie der Eschatologie in der Sprache neuzeitlicher Philosophie in Angriff nimmt – und das keineswegs erfolglos! Der weitverbreiteten Vorstellung einer religionsfeindlichen oder gar durchgängig atheistischen Philosophie „der Aufklärung“ ist also ebenso vehement zu widersprechen wie der Annahme, Religion sei mit einem Denken nach Entwicklung der Naturwissenschaften grundsätzlich nicht vereinbar.

## 10.1 Die Rede vom Jenseits nach Kant

Eine entscheidende Wende in der Ideengeschichte des Jüngsten Gerichts geschieht bei Kant und Hegel: Insofern Kant den christlichen Jenseitsglauben aufgrund seiner Trennung zwischen noumenaler (den Sinnen nicht zugänglicher) und phänomenaler Welt beibehält, macht eine „nachträgliche“ Vereinigung von durch sittliches Verhalten erworbener Glückswürdigkeit und tatsächlicher Glückseligkeit ein Jenseits nötig (und sinnvoll), in dem ein allmächtiger Gott diese Einheit (als Akt der Gerechtigkeit) herstellt. Freiheit,

---

644 MENDELSOHN, *Philosophie*, 174, zit. Ebd.
645 MENDELSOHN, *Philosophie*, 196, zit. Ebd.,52.

Unsterblichkeit der Seele und Existenz Gottes sind dabei als notwendige Postulate der praktischen Vernunft vorausgesetzt. Hegel hingegen will die Trennung zwischen Diesseits und Jenseits aufheben, indem er das bei Kant unvermittelte Verhältnis von Welt und Gott dialektisch denkt und die Weltgeschichte bereits als Weltgericht versteht.[646]

Während Kants Eschatologie also durch aus *transzendent* und *futurisch* genannt werden kann, tendiert Hegel ausdrücklich zu *Immanenz* und *Präsenz* der finalen „Versöhnung".

Bereits in der vorletzten vorkritischen Schrift *Träume eines Geistersehers erläutert durch die Träume der Metaphysik*[647], die gegen den schwedischen ‚Vater des Spiritismus', Emanuel Swedenborg, gerichtet war, findet sich bei Immanuel Kant eine Fassung der Metaphysik als „Wissenschaft von den *Grenzen* der menschlichen Vernunft"[648] also seine für die neuzeitliche Religionskritik maßgebliche Erkenntniskritik, die ihm den so treffenden wie irreführenden Titel ‚Alleszertrümmerer' eingetragen hat. Kant sucht in den drei Kritiken in denen er die Grundlagen der alten Metaphysik erschüttert zugleich nach Möglichkeiten, *Freiheit*, *Unsterblichkeit der Seele* und *Gott* als Postulate der praktischen Vernunft neu zu denken – wenn auch nicht als ‚moralischen Gottesbeweis', so doch als unverzichtbare Elemente der Philosophie: Die Postulate Gottes und einer moralischen Welt, in der Moralität und Glückseligkeit in einem angemessenen Verhältnis zueinander stehen, sind Implikationen des unbedingten sittlichen Willens. Den damals weitverbreiteten Swedenborg-Begeisterten rät er bereits am Ende seiner letzten „vorkritischen" Schrift nicht ohne Augenzwinkern: „daß es wohl am ratsamsten sei, wenn sie sich zu gedulden beliebten, bis sie werden dahin [in die Geisterwelt] kommen."[649] Diese Aussage, lässt sich zunächst vermutlich schlicht auf *jede,* also auch christliche Annahme und Schilderung jenseitiger, das heißt empirisch nicht beschreibbarer Welten mit quasi-empirischem Anspruch und damit auch auf eine solche Sicht des christlichen Jenseits übertragen.[650]

Doch nicht nur die in der bereits hier sich ankündigenden *kritischen Wende* scharf gefassten Grenzen der menschlichen Erkenntnis, sondern auch Kants Ethikotheologie, also die Deduktion der regulativen Ideen Gottes, der Unsterblichkeit der Seele und der menschlichen Freiheit aus der Annahme eines abso-

---

[646] Vgl. für die komplexe und hier nur in Ansätzen darstellbare Geschichte der deutschsprachigen philosophischen Fassung christlicher Eschatologie zwischen 1770 und 1870 nach wie vor unverzichtbaren Arbeiten LÖWITH, *Weltgeschichte und Heilsgeschehen* sowie CORNEHL, *Versöhnung*.

[647] IMMANUEL KANT, *Werke in sechs Bänden*, hg. von Wilhelm Weischedel, Darmstadt 1983ff, Bd. I, 923–992.

[648] Ebd., 983.

[649] Ebd., 989.

[650] „Deshalb ist Kants Verdikt gegen die Geisterseher, ihre Verbannung ins Hospital, zugleich seine Wende gegen die traditionelle Metaphysik, die kritische Wende." Hartmut und Gernot Böhme, *Das Andere der Vernunft*, Frankfurt a.M. 1985, 241.

luten Sollens und eines unbedingt geltenden Sittengesetzes, hat Auswirkungen auf sein Konzept vom Jenseits. Kant schreibt in der *Kritik der praktischen Vernunft*: Eine als „Maschinen Werk in der Hand einer höheren Macht" funktionierende Vergeltung im Jenseits sei „ein alle Freiheit aufhebender Mechanism"[651] und deshalb sogleich zu verwerfen. Keine einfache Ökonomie von Vergeltung und Bestrafung also darf im Gerichtsglauben erwartet werden, denn sie entspräche einer Heteronomie, dem genauen Gegenteil von Kants Autonomie- und Freiheitsbegriff, der sich gerade über die unmittelbare Straf- (bzw. Todes-)drohung zu erheben in der Lage sein muss[652].

Für den Einzelnen wird gleichwohl Unsterblichkeit postuliert, denn eine Verwirklichung des kategorischen Imperativ, also Heiligkeit, kann „nur in einem ins *Unendliche* gehenden *Progressus* zu jener völligen Angemessenheit angetroffen werden", dieser aber ist nur „unter Voraussetzung einer ins *Unendliche* fortdauernden *Existenz* und Persönlichkeit desselben vernünftigen Wesens […] möglich."[653]

In seiner Spätschrift *Vom Ende aller Dinge,* in der er die christliche Eschatologie *more ratione* rekonstruiert, schreibt Kant schließlich, ein Ende der Welt ohne Gericht sei „wie ein Schauspiel, das gar keinen Ausgang hat und keine vernünftige Absicht zu erkennen gibt."[654] Dieses Bild ist sicher nicht ohne Grund gewählt und impliziert einerseits die Notwendigkeit einer *Vorstellung vom Jenseits.* Seine bloße Deduktion erzeugt keinen moralischen Mehrwert, es will dramaturgisch durchlebt werden. Andererseits wird hier neben seinem *fiktionalen* („Schauspiel-") sein *regulativer Charakter*: Der Mensch ist nämlich für Kant zwar der Möglichkeit, nicht aber der Wirklichkeit nach frei; er bedarf somit in einem Prozess der Selbstleitung zunächst noch der Vorstellung, dass sein Mühen um das Glück des anderen auch für ihn selbst nicht völlig umsonst war, oder – mit anderen Worten – dass die so erworbene *Glückswürdigkeit* im Jenseits mit tatsächlicher *Glückseligkeit* zusammenfällt: Ein solcher Zustand sei der Vernunft in dem Sinne verwandt, als „die Vorstellung eines unendlichen Fortschreitens zum Endzweck [...] doch zugleich ein Prospekt in eine unendliche Reihe von Übeln"[655] ist. Zufriedenheit entsteht nur, wenn der Endzweck erreicht wird. „Alles lediglich darum, damit die Menschen sich endlich

---

651 IMMANUEL KANT, *Kritik der praktischen Vernunft*, *Werke*, IV, 150f.

652 Vgl. ebd., 140.

653 Ebd., 220.

654 KANT, *Werke*, VI, 179. Medard Kehl, der Kant im Grunde ausschließlich als Geschichtsphilosophen liest, bezieht sich nicht auf die Schrift *Vom Ende aller Dinge,* und kommt so zur etwas ratlos wirkende Frage „Bezieht die geschichtsphilosophische Theorie Kants ihre argumentative Kraft nicht doch stärker, als sie es sich eingesteht, von der ihr vorausliegenden Option des christlichen Glaubens?" (KEHL, *Eschatologie*, 311) Wir können sie eindeutig bejahen. Allerdings ist Kehls Kantkritik insofern recht zu geben, als die „Vermittlung von Geschichte und Vernunft, von geschichtlich Einmaligem (Jesus Christus) und Menschlich Allgemeinem (‚Universalgeschichte')" Kant „nicht mitvollziehen" konnte (Ebd.).

655 KANT, *Werke*, VI, 184.

doch einer ewigen Ruhe zu erfreuen haben möchten, welche denn ihr vermeintes seliges Ende aller Dinge ausmacht; eigentlich ein Begriff, mit dem ihnen zugleich der Verstand ausgeht und alles Denken selbst ein Ende hat.“[656] Für Kant ist spätestens seit den *Träumen eines Geistersehers* und der hier bereits *in nuce* enthaltenen Erkenntniskritik die Annahme eines Jenseits als materiale, ja am Ende quasi ‚geographisch‘ verortbare Entität im physischen Sinne un*denk*bar geworden. Gleichwohl hält er mit einem realistischen Blick auf die Bedingtheit menschlicher Erkenntnis- und Handlungs*wirklichkeit* an der christlichen Bildtradition mehr oder weniger komplett fest. Damit fasst Kant aber zugleich eine der zentralen Thesen dieses Bandes, der ja versucht, in der späten Moderne mit Hilfe einer fiktionalen Anthropologie den unvertretbaren Gehalt der eschatolosichen Bild- und Texttradition affirmativ zu sichern und neu zu erschließen, ohne auf die zugleich unerlässliche Kritik an deren möglilchem Missbrauch zu verzichten.

Entscheidend scheinen mir bei Kant also vor allem zwei Verschiebungen gegenüber der metaphysischen Tradition der Spekulationen über den ‚Jüngsten Tag‘ zu sein:

(1.) Das Gericht muss als *Geschehen unbedingter Freiheit* gedacht werden, gute Taten sollen getan werden nicht um einer Ökonomie willen, sondern als freier Vollzug des Sittengesetzes, woraus sich dann doch eine bestimmte Kriteriologie für Jenseitsschilderungen ergibt, und

(2.) die Erzählungen vom Gericht werden unter den Vorbehalt menschlich-endlicher Rede gestellt, sie müssen also selbstreflexive bzw. fiktionssignalisierende Elemente enthalten, die den eigenen experimentellen, fiktionalen oder regulativen Charakter kennzeichnen. Ihre *Notwendigkeit* als ‚didaktische Maßnahme‘ im Sinne etwa des Origenes, bleibt davon unbetroffen.

An dieser Stelle wird auch deutlich, inwiefern Wolfgang Isers Anthropologie an Kant anschließt, bzw. eine bei Kant belassene Lücke füllt: Kant ‚verbietet‘ die Spekulation über jenseitige Welten, erkennt aber zugleich die Notwendigkeit einer kritischen Reflexion auf die Angemessenheit vorliegender (christlicher) Vorstellungen unter Maßgabe des unbedingt geltenden Sittengesetzes, ohne aber an dieser Stelle zu beschreiben, wie solche Vorstellungen entstehen. Hier leistet die in unserer Arbeit leitende Isersche fiktionale Anthropologie einen wichtigen Brückenschlag zwischen Möglichkeit und Wirklichkeit.

## 10.2 Kant-Kritik bei Schleiermacher, Fichte und Schelling

Die Revolution, die das ‚kritische Denken‘ Immanuel Kants in der europäischen Philosophie ausgelöst hatte, blieb nicht lange ohne Gegenrede. Ganz im

---

[656] Ebd., 185.

Sinne der weit verbreiteten Kritik an Kants dualistischer, das heißt nicht final auf eine Einheit rückführbaren Trennung zwischen praktischer und theoretischer Vernunft sowie seiner Herleitung von Gott und Religion aus der Geltung des Sittengesetzes, also seiner „Ethikotheologie", kann man bereits *Friedrich Schleiermachers* (1768–1834) frühes Werk *Über die Religion*[657] (1799) lesen. Religion darf gar nicht abgeleitet werden, sondern ist dem Menschen unmittelbar zugänglich. So schließt Schleiermacher gegen Kant an mystische Traditionen der Einheit von Irdischem und Himmlischem, Zeit und Ewigkeit an: „Religion ist Sinn und Geschmack fürs Unendliche"[658], „Anschauung und Gefühl des Universums"[659]. Für unser Thema bedeutet diese Feier der Unmittelbarkeit einer ursprünglichen (Gottes-)Erfahrung, die Subjekt und Objekt verschmilzt, aber auch den emphatischen Freiheitsgedanken Kants und seine Kritik der Heteronomie unterläuft: Im Tod wird der Mensch gezwungen, seine ängstliche Selbstbehauptung aufzugeben. Religion ist im Kern nichts anderes als der ‚Tod' der ‚selbstischen' Individualität. *Futurische* Eschatologie verliert damit ihre Bedeutung, da bereits in der Gegenwart die unüberbietbare Begegnung mit Gott geschehen soll. Bestenfalls von *präsentischer* Eschatologie kann hier die Rede sein und genau in diesem Sinne darf Schleiermachers Wirkmächtigkeit für die gesamte neuzeitliche Theologie nicht unterschätzt werden: „Strebt darnach, schon hier Eure Individualität zu vernichten, und im Einen und Allen zu leben, strebt darnach, mehr zu sein als ihr selbst, damit ihr wenig verliert wenn ihr euch [im Tod] verliert."[660]

Auch *Johann Gottlieb Fichte* (1762–1814) sieht wie Schleiermacher „in Kants praktischer Philosophie einen Rückfall hinter die Ergebnisse der theoretischen" und fordert „die Tilgung des sinnlichen Elements des höchsten Guts, den Verzicht auf Glückseligkeit."[661] Konsequent meint er, Kants eschatologische Zentralthese vom Zusammenfall von Glückswürdigkeit und Glückseligkeit im Jenseits als Rückfall in den Eudaimonismus entlarven zu können:

> „Es gibt keine Glückseligkeit, es ist keine Glückseligkeit möglich; die Erwartung derselben und ein Gott, den man ihr zufolge annimmt, sind Hirngespinste. Ein Gott, der der Begier dienen soll, ist ein verächtliches Wesen; er leistet einen Dienst, der selbst jedem erträglichen Menschen ekelt. […] Ein solcher Gott ist eigentlich ‚der Fürst der Welt'."[662]

Ganz anders als Schleiermacher verschärft Fichte allerdings den Pflichtgedanken: Echtes Reden von Gott gibt es nur unter uneingeschränkter Anerkennung

---

657 FRIEDRICH SCHLEIERMACHER, *Über die Religion: Reden an die Gebildeten unter ihren Verächtern*, Hamburg 2004.

658 Ebd., 30.

659 Ebd., 29.

660 Ebd., 73.

661 CORNEHL, *Versöhnung*, 86.

662 JOHANN GOTTLIEB FICHTE, *Appellation an das Publikum gegen die Anklage des Atheismus*, in: Fichtes Werke Bd. 5, Zur Religionsphilosophie, hg. v. Immanuel Hermann Fichte, Berlin 1971, 65/219.

des Sittengesetzes. In Fichtes Werk *Bestimmung des Menschen* von 1800 kommt im Rahmen einer allgemeinen Anthropologie eine teleologische Theorie menschlichen Handelns hinzu. Nicht weit von den transzendentalen Grundtönen der habermasschen und apelschen Diskursethik entfernt, vermutet Fichte in jedem zielorientieren Handeln letztlich eschatologische, nämlich auf zukünftigen Sinn orientierte, Motive: Das absolute Gebot selbst „eröffnet dem Auge meines Geistes die Aussicht auf eine andere Welt", und zwar „eine andere und bessere Welt als die für mein sinnliches Auge vorhandene."[663] Im Anschluss an Kants *Idee einer allgemeinen Geschichte in weltbürgerlicher Absicht* erwartet Fichte auch eine Entwicklung aller menschlichen Kulturanlagen durch allgemeine Bildung und schließlich die Errichtung eines Weltstaates, der ewigen Frieden und mit ihm die Sinnhaftigkeit auch schon der gegenwärtigen Bemühungen jedes einzelnen Menschen im Sinne des Sittengesetzes garantiert. „Denn andernfalls wäre menschliches Leben absolut sinnlos und das ins Gewissen eingepflanzte Sittengesetz der Betrug eines *deus malignus*, der sich am vergeblichen Streben des Menschen nach dem Unsichtbaren [...] nur belustigt."[664]

Auch *Friedrich Wilhelm Josef Schelling* (1775–1854) versucht die bei Kant angelegten und bei Fichte in seinen Augen nicht befriedigend *gelösten*, sondern in seiner Radikalisierung des Pflichtdenkens gegenüber einer notwendig defizitär erscheinenden Welt noch *verschärften*, Aporien zwischen Differenz und Progress einer neuen befriedigenderen Fassung zuzuführen. Gleichzeitig stimmt er mit Kant und Fichte darin überein, dass das willige Opfer, der rückhaltlose Einsatz der eigenen Individualität für das Ganze vom Vertrauen darauf lebt, dass der Fortschritt des Ganzen zum ethisch guten Ziel der Gattung gewiss ist.[665] Das drohende, jeden Sinn vernichtende Auseinanderfallen von Freiheit und Notwendigkeit bedarf bei Schelling also einer übergeordneten Größe, nämlich Gottes, welche genau die Einheit von Freiheit und Notwendigkeit garantiert, „der Grund der Gesetzmäßigkeit in der Freiheit und der Freiheit in der Gesetzmäßigkeit."[666] Schelling vermeidet aber anders als Fichte und Kant den Ausgriff auf andere Welten durch die Unterscheidung zwischen dem Absoluten und seiner Offenbarung in der Geschichte.

> „Die Geschichte als Ganze ist eine fortgehende allmählich sich enthüllende Offenbarung des Absoluten. Also kann man in der Geschichte nie die einzelne Stelle bezeichnen, wo die Spur der Vorsehung oder Gott selbst gleichsam sichtbar ist. [...] Der Mensch führt durch seine Geschichte einen fortgehenden Beweis

---

663 JOHANN GOTTLIEB FICHTE, *Die Bestimmung des Menschen*, Einl. v. H. Verweyen, Hamburg 2000, 104.
664 CORNEHL, *Versöhnung*, 88.
665 FRIEDRICH WILHELM JOSEF SCHELLING, *System des transzendentalen Idealismus*, Einl. v. Walter Schulz, Hamburg 2000, 260ff.
666 Ebd., 269.

von dem Dasein Gottes, einen Beweis, der aber nur durch die ganze Geschichte vollendet sein kann."[667]

Hier sind wir von Schillers Diktum „Die Weltgeschichte ist das Weltgericht" und den im nächsten Kapitel beschriebenen Problemanzeigen dieser „Lösung" nicht mehr weit entfernt.

## 10.3 Hegels Absoluter Geist als spekulatives Jenseits

Anders als im Falle Kants *muss* man Hegels Philosophie als Geschichtsphilosophie lesen, denn für ihn ist „die Philosophie [...] im ganzen Geschichtsphilosophie, weil ihr Gegenstand kein ruhendes Sein ist, sondern ein Prozess: jenes Absolute, das wesentlich Resultat und deswegen erst am Ende das ist, was es in Wahrheit ist""[668] Konsequent hat Jürgen Moltmann im Namen Hegels Kants Eschatologie als subjektivistisch kritisiert.[669] Für seine philosophische Deutung des Christentums bedeutet das: „Die Geschichte kommt darin zu ihrer Vollendung, dass sich das Bewusstsein der Freiheit, wie es durch Jesus Christus im Christentum religiös bereits wirklich geworden ist, nun auch progressiv im ganzen rechtlich-politischen Bereich aller Völker verwirklicht und durchsetzt."[670]

Methodisch macht es den Hegelschen Zugriff auf das apokalyptische und eschatologische Material der Tradition faszinierend und problematisch zugleich, dass er hier wie überall in der philosophischen Auseinandersetzung mit dem Christentum als „absoluter Religion" die religiöse Vorstellung auf den philosophischen Begriff bringt, oder besser: in den philosophischen Begriff hinein im dreifachen Hegelschen Sinne aufhebt. Denn der endliche Geist des Menschen drängt bei Hegel darauf, die Trennung zwischen absolutem und endlichem Geist aufzuheben. Diese Begegnung hat ihren Anfang darin, dass „ihm zwar der Geist, aber auf äußerliche Weise erscheine, dass er auf äußerliche Weise sich zum Bewusstsein bringe, was Gott ist."[671] Aufgehoben ist diese Trennung zwischen Vorstellung und Begriff, Endlichem und Absolutem, wenn „Gott als Geist in seiner Gemeinde sei, die Gemeinde von jenem Gegensatze frei werde und das Bewusstsein, die Gewissheit habe ihrer Freiheit in Gott."[672]

Dabei begegnet die absolute ewige Idee, vulgo „Gott" in dreifacher Weise. Neben der Idee Gottes in seiner Ewigkeit außerhalb der Welt und der Tatsa-

---

667 Ebd., 272.

668 RICHARD SCHAEFFLER, *Einführung in die Geschichtsphilosophie*, Darmstadt 1973, 186.

669 Moltmann moniert, dass Kants „eschatologische Perspektiven keine Relevanz für die Erkenntnis der erfahrbaren Welt" hätten. MOLTMANN, *Theologie der Hoffnung*, 40.

670 KEHL, *Eschatologie*, 312

671 GEORG WILHELM FRIEDRICH HEGEL, *Vorlesungen über die Philosophie der Religion* (hg. v. G. Lasson) Hamburg 1966, Bd. 2, III. Teil, 29.

672 Ebd.

che, dass er die Welt erschafft, „teils die Natur, teils den endlichen Geist“[673], ist in unserem Zusammenhang vor allem die *Idee der Versöhnung* entscheidend, die im engeren Sinne *eschatologische* Dimension des Hegelschen Gottesbegriffes. Von dieser heißt es bereits in der Einleitung zu Hegels Religionsphilosophie: „Dies so Geschaffene ist zunächst ein Anderes, gesetzt außer Gott: Gott ist aber wesentlich dies, das Fremde, das Besondere, das von ihm getrennt Gesetzte sich zu versöhnen, diesen Abfall, [...] zu seiner Wahrheit zurück zu bringen. Das ist der Weg, der Prozess der Versöhnung.“[674] Der direkt nach der Erschaffung der Welt geschehene Sündenfall expliziert für Hegel also (nur) eine urtümliche Getrenntheit des Geschöpfes vom Schöpfer. Nicht erst die individuelle oder gar eine universale (Erb-)Sünde macht Gericht und Wiederversöhnung notwendig, sondern bereits die Tatsache der Geschöpflichkeit selbst. Zugleich mit der Frage nach individueller Schuld scheint auch die gesamte Bilderwelt der Apokalypse und Eschatologie, die in unserem Zugang einer fiktionalen Anthropologie eine so wesentliche Rolle spielen, bei Hegel als „bloße Vorstellung“ komplett irrelevant geworden zu sein.

Im 4. Kapitel des letzten Teils von Hegel Philosophie der Religion *Der Gottmensch und die Versöhnung* wird ein *individueller*, oder besser *subjektiver* Zugang zu dieser Problematik aber keineswegs völlig ausgeblendet. Indem sich das Individuum seiner Geschöpflichkeit bewusst wird, denkt es zugleich sich als Einzelnes, als endlicher Geist und das Bedürfnis nach Versöhnung mit dem absoluten Geist:

> „Die Versöhnung kann nur dadurch sein, dass für es das Aufgehobensein der Trennung wird, dass für es und für die Vorstellung dies wird, dass das, was sich zu fliehen scheint, das Unendliche und das ich in sich oder die reine Wesenheit, Gott und die Erfüllung kein Gegensatz, dass dieser Gegensatz nicht ist und dass die Wahrheit das Affirmative, Absolute, die Einheit des Endlichen und Unendlichen ist, die Einheit der Subjektivität in ihren verschiedenen Bestimmungen und der Objektivität.“[675]

Wirft man einen Seitenblick auf das zweite relevante Werk Hegels, auf *Die Vernunft in der Geschichte*, sieht es für das Individuum im Verlauf der Weltgeschichte, die nach Schiller[676] – und eben dann auch nach Hegel – das Weltgericht *ist* zunächst deutlich düsterer aus, denn es kann laut Hegel beim Fortschritt im Bewusstsein der Freiheit „auch sein, dass dem Individuum Unrecht geschieht; aber das geht die Weltgeschichte nichts an, der die Individuen als Mittel zu ihrem Fortschritte dienen.“[677] Hier, *innerhalb* der Geschichte erscheint das Individuum also bereits, wie später im Marxismus, als Mittel zum

---

673 Ebd., 30.
674 Ebd.
675 Ebd.,134.
676 FRIEDRICH SCHILLER, *Resignation*, in: WERKE, Nationalausgabe, Bd. 2: Gedichte, Teil I, Hg. v. N. Oellers, Weimar 1983, 401–403.
677 GEORG WILHELM FRIEDRICH HEGEL, *Die Vernunft in der Geschichte*, hg. v. J. Hoffmeister (PhB 171a), Hamburg 1955, 76.

Zweck. Es dient der ‚List der Vernunft' zur Verfolgung ‚höherer' Ziele. Doch gerade hier kommt für Hegel erneut der Gedanke einer notwendigen Versöhnung ins Spiel. Sie vollzieht sich im Fortgang der Geschichte selbst, so dass „nirgends eine größere Aufforderung zur versöhnenden Erkenntnis" anzutreffen ist „als in der Weltgeschichte"[678].

Der Leser wird schon bemerkt haben, in welch radikaler Weise bei Hegel von Vorstellungsgehalten der eschatologischen Tradition teilweise hin zu ihrer Entstellung abstrahiert wird. Gleichwohl findet sich immer wieder auch ihr entferntes Echo, etwa wenn das Auseinanderklaffen zwischen endlichem und absolutem Geist sich in der Kategorie des Schmerzes Ausdruck verschafft und so durchaus die Assoziation einer ‚philosophischen Hölle' wachruft, aus deren Abgründigkeit dann ‚notwendig' Gottes Menschwerdung als essentieller Akt der Versöhnung ersteht:

> „Das unendliche Leiden, das ganz unerfüllt ist, ist ohne Reflexion, sein sinnlicher Inhalt ist also ein solcher, der nicht sein soll, und er hat innerhalb seiner Selbst noch keine Ausdehnung. Es verhält sich in seiner unendlichen Tiefe als sinnliches Bewusstsein. Indem deswegen jetzt für es die Wahrheit werden soll, so ist einerseits die Voraussetzung – und zweitens, weil es das sinnliche Selbstbewusstsein ist, so erscheint – die Einheit der göttlichen und menschlichen Natur, Gott als der konkrete Gott. […] Gott erscheint in menschlicher Gestalt. Die Wahrheit ist, dass nur eine Vernunft, nur ein Geist ist."[679]

Zusammenfassend ist an der Hegelschen Eschatologie sicher mit Eberhard Jüngel und Wolfhart Pannenberg der Ausfall der individuellen Perspektive zugleich zu loben und zu kritisieren, denn einerseits vermeidet die klare Ausrichtung auf *Freiheit* (wie schon bei Kant) und *Versöhnung* jedes pastoralmächtige Erpressen (Jüngel nennt es „pfäffisch") ethisch richtigen Verhaltens.

Andererseits „geht Hegels Verständnis des Weltgerichtes über den einzelnen hinweg." Doch das Heilsereignis des Kreuzestodes Jesu Christi auf das sich auch Hegel als welthistorische Wurzel des endzeitlichen Versöhnungsgeschehens bezieht, und „[d]ie biblische Rede vom Weltgericht hat ihre Pointe gerade darin, dass der Schöpfer sich selber seinem Geschöpf richtend noch einmal zuwendet, so dass es zu einem die menschliche Person und um ihretwillen auch die Weltgeschichte beurteilenden Verhältnis Gottes zur Menschheit kommt, dem die Situation des Menschen vor Gott entspricht."[680]

Wolfhart Pannenberg kritisiert den bekannten Abbruch des Hegelschen Geschichtsverlaufs in seiner Gegenwart zu Beginn des 19. Jahrhunderts und den damit notwendig verbundenen Komplett-Ausfall einer futurischen Eschatologie. Seine Kritik trifft nicht nur Hegel, sondern auch all jene Theologen, die

---

678 Ebd., 48.

679 HEGEL, *Philosophie der Religion*, 136ff.

680 EBERHARD JÜNGEL, *„Die Weltgeschichte ist das Weltgericht" aus theologischer Perspektive*, in: R. BUBNER / W. MESCH (Hg.), *Die Weltgeschichte – das Weltgericht?* Stuttgarter Hegel-Kongress 1999, Stuttgart 2001, 13–33, 27ff.

heute meinen, aus Gründen der philosophischen Redlichkeit auf den futurischen Anteil authentischer christlicher Eschatologie verzichten zu sollen, so die Ambivalenz des ‚Schon und Noch-nicht' halbieren und sie in doppelter Weise verletzbar machen. Man beachte, die am Anfang des folgenden Zitates formulierte Bedingung eines Postulates von ‚Vollendung' das sich durchaus auch in den Rahmen unserer fiktionalen Eschatologie fügt:

> „wenn der Mensch auf den Gedanken einer Vollendung als Maßstab seines gegenwärtigen Daseins nicht verzichten kann, dann wird es doch eher vernünftig sein, solche Vollendung von der Zukunft zu erhoffen, als sie in der Gegenwart zu vindizieren. Hegels These einer weltlichen Verwirklichung der in Gott begründeten Freiheit des Menschen hätte dann nicht dem Schicksal der kritischen Demaskierung einerseits und dem Versuch gewaltsamer Herstellung andererseits verfallen müssen."[681]

---

[681] WOLFHART PANNENBERG, *Präsentische Eschatologie in Hegels Geschichtsphilosophie*, ebd., 312–322, 322.

# 11. Joachim von Fiore und Emanuel Swedenborg

Auch die Geschichtskonzeption von außen gerne als „esoterisch“ wahrgenommener Weltanschauungen speist sich wesentlich aus der Modifikation mittelalterlich-christlicher Geschichtsmodelle, wie sie erstmals Joachim von Fiore im 12. Jahrhundert entwickelt hat.

Vielfältige Bearbeitungen im Laufe der neuzeitlichen Geistesgeschichte, denen vor allem Emanuel Swedenborg im 18. Jahrhundert noch einmal eine verfremdende Prägung gab, münden in der Vorstellung eines neuen Zeitalters des Wassermanns, das vielleicht auch deshalb in Nordamerika und Europa breite Aufnahme finden konnte, weil in ihm Gedanken neu lebendig wurden, die das abendländische Zeitverständnis von seinem Anheben in der jüdischen Apokalyptik an bestimmen: die Vorstellung der Unvollkommenheit und Erlösungsbedürftigkeit der Jetztzeit aus einer jenseitigen im weitesten Sinne spirituellen Kraft.

Zugleich stand das Geschichtsbild Joachim von Fiores Pate für die Utopien der Neuzeit, der er den Namen gab, für den Marxismus und die sich daraus zurückübersetzenden Politischen und Befreiungstheologien

## 11.1 Joachim von Fiore

### *11.1.1 Seine Person*[682]

Joachim Floris wurde um 1135 in Celino geboren. Ein Erweckungserlebnis führt bereits in früher Jugend zu seinem Eintritt in das Zisterzienserkloster Sambucina. 1177 wurde er Abt in Corazzo. Er gründete um 1189 das Kloster *San Giovanni in Fiore* und mit ihm den Orden der *Florenser*. Joachim von Fiore starb 1202 in einer Abtei von Canale bei Turin als einer der angesehensten und bedeutendsten Mönchstheologen des 12. Jahrhunderts. Auf dem IV. Laterankonzil wurden Joachims gegen Petrus Lombardus gerichteten Thesen allerdings wegen tritheistischer Tendenzen verurteilt.

Will man seine Lehre kurz charakterisieren, so sind ihm vor allem *drei neue Einsichten* zu verdanken, die allerdings nicht unwidersprochen blieben – unter anderem Thomas von Aquin und Bonaventura haben sich kritisch mit ihm auseinandergesetzt: Joachim von Fiore entwickelte (1.) eine Hermeneutik der Entsprechungen, er lehrte (2.) die Vollständigkeit der Johannesapokalypse und aus der Kombination dieser beiden Prämissen ergab sich schließlich (3.) sein

[682] Vgl. für die folgenden Ausführungen u.a.: HERBERT GRUNDMANN, *Studien über Joachim von Fiore*, 1966; BERNHARD MCGINN, *Apocalyptic Spirituality: Treatises and Letters by Lactantius, Adso of Montieren-Derl, Joachim of Fiore, the Spiritual Franciscans and Savonarola*, Mahwah, New Jersey, 1979 sowie JULIA EVA WANNENMACHER, *Joachim of Fiore and the Influence of Inspiration*, Ashgate 2010.

trinitarisches Deutungsschema der Heilsgeschichte, konkreter die Annahme eines auf die Zeit des Vaters und des Sohnes bald folgenden Zeitalter des Heiligen Geistes.

Seine Zentralthese lautet: Es herrscht eine Harmonie *(Concordia)* zwischen Altem und Neuem Testament. Diese erlaubt die Ausziehung der biblisch angelegten heilsgeschichtlichen Linien in die Zukunft. Damit ist Joachim von Fiore der erste christliche Abendländer, der einen qualitativen heilsgeschichtlichen Fortschritt der Geschichte in die Zukunft über das Ereignis des Lebens, Sterbens und Auferstehens Jesu Christi hinaus denkt, und damit eine durchweg bessere irdische Zukunft entwirft – ein Wegbereiter der Neuzeit also. Denn die Epoche der Neuzeit wird ja gerade durch die emphatisch vertretene Meinung charakterisiert, dass das Neue besser sei als das Alte, und durch menschliche Anstrengung eine weitere Verbesserung der Verhältnisse erreicht werden könne.

### *11.1.2 Das traditionelle christliche Endzeitschema im Wandel*

Im gesamten Mittelalter seit Augustinus galt: Mit Christus hat ein neues und zwar das letzte Zeitalter begonnen, das mit der zweiten, endzeitlichen Parusie sein Ende finden wird. Damit wurde das in Offb 20 prophezeite Millennium, also ein tausendjähriges Friedensreich vor dem Ende der Zeiten, mit der Auferstehung Jesu beginnend gedacht. Sein Beginn rückte also mit fortschreitender Zeit in die Vergangenheit und seine tausendjährige Dauer musste mit dem Herannahen des Jahres 1000 nach Christus zunehmend metaphorisch verstanden werden. Dieser Gedanke einer Identifikation des Millenniums mit der Kirchengeschichte stammt ursprünglich wohl von dem Donatisten Tyconius. Der erste Kirchenhistoriker Eusebius spricht von der Herrschaft Konstantins des Großen als einer Heilszeit für Kirche und Welt, die Kirchenväter Hieronymus, Origenes und Augustinus haben den Gedanken ebenfalls aus dieser Quelle übernommen, weiter ausgeführt und mit antiken oder biblischen Weltzeitaltermodellen „aufgeladen".

So hält Augustinus die gegenwärtige Zeit der Kirche für das sechste Weltalter („aetas"), entsprechend dem sechsten Schöpfungstag vor der Ankunft Christi am siebten Tag – der Vollendung der Schöpfung. Ein konkretes Endgericht rückt für Augustinus in den Hintergrund, denn Gott nimmt in seinen Augen *schon immer* seine Richtertätigkeit wahr, indem er böse Taten bestraft und gute belohnt (so etwa beim Engelssturz Luzifers oder der Vertreibung aus dem Paradies). Im Jetzt aber tritt Gottes Wille nicht immer eindeutig zum Vorschein. Denn oft leben Gute im Unglück und Böse im Glück. Eine solche Einsicht in die Brüchigkeit des sogenannten *Tun-Ergehens-Zusammenhangs* findet sich auch schon in der Bibel, vor allem im Buch Hiob. Dennoch ist ein Leben nach den göttlichen Weisungen angeraten, denn nach dem zweiten Tod und der zweiten Auferstehung nach dem Gericht, im Jenseits also, wird wahre Gerechtigkeit herrschen. Dann wird es einen „wahren" Tod (für die Sünder) geben und eine „wahre" Auferstehung (für die Gerechten). Jetzt allerdings, zur Zeit der Kirche, ist die nicht exakt zu bemessende tausendjährige Friedensherrschaft anzusetzen. Der Teufel ist gefesselt und die in der Offenbarung erwähnten Richterstühle stehen nicht im Himmel, sondern sind die Richterstühle der Kirche, deren Besitzern die Macht gegeben ist zu binden und lösen. [683]Augustinus interpretiert die bekannten Aussagen der Offenbarung des Johannes also metaphorisch. Eine Epochenwende ist nicht mehr zu erwarten. Fraglich bleibt freilich die Dauer der gegenwärtigen Epoche.

Trotz der bei Augustinus zu Theologie geronnenen Bewusstwerdung einer *Parusieverzögerung* bereits seit dem Urchristentum kann allerdings von einer fortwährenden *Naherwartung* der einfachen Gläubigen in Spätantike und Frühmittelalter gesprochen werden. Vielleicht darf man sie sogar für den Auslöser der bis heute wirkungsvollen augustinisch-großkirchlichen Beruhigungsversuche verstehen. Dennoch werden bis heute Kriege und Epidemien, Hungersnöte und Naturkatastrophen immer wieder mit Hilfe der apokalyptischen Texte der Bibel als Zeichen eine nahen Weltendes gedeutet. Vor diesem Hintergrund verwehrte bereits Augustinus ein Wissen um die Dauer des Millenniums aus pädagogischen Gründen: die Angaben im Buch Daniel hatten immer wieder dazu verführt, ein Datum für den Untergang der Welt zu nennen und damit die Herrschaft Gottes über die Geschichte in Frage zu stellen.

Herbert Grundmann hält diese Gegenwärtigkeit der Apokalypse nicht für ein Krisenphänomen, sondern für das Ergebnis lebendiger Religiosität[684]. Sie schlägt sich in der fortschreitenden Geschichte Europas etwa auch in der Vorstellung des *römischen Weltreiches (deutscher Nation)* als letztem von vier Weltreichen vor dem Ende der Welt nieder. Ein Gedanke der bereits in der Antike aufkam, aber nach dem Ende Westroms zunächst verschwand. Erneuert wurde er vor dem Hintergrund der patristischen Bildung karolingischer Theologen unter dem Begriff der *„Translatio Imperii"* und weitergeführt von den Ottonen bis Friedrich II. Eine Vorstellung in der Welt sichtbarer Heilsgeschichte, die allerdings bereits vor dem Untergang des Römischen Reiches deutscher Nation von der säkularistischen Staatslehre Niccolò Macchiavellis, Thomas Hobbes und anderer zerstört wurde.

### *11.1.3 Joachims Weltalterlehre*

Auch Joachim von Fiore hatte zwar einerseits die alltagsgläubige Endzeitgewissheit irritiert. Andererseits bemerkt man in seinem Werk aber auch ein Unbehagen an der augustinischen Befriedungstheologie. So orientiert er sich zwar grundsätzlich an Augustinus Weltalterlehre, integrierte also die Kirche (allerdings als *„ecclesia reformata"*, also als sich verändernde und verände-

[683] AURELIUS AUGUSTINUS, *De Civitate Dei,* XX.
[684] Vgl. HERBERT GRUNDMANN, *Die Grundzüge der mittelalterlichen Geschichtsdarstellungen*, in: *Monumenta Germaniae Memori* (Schriften Bd. 2). Stuttgart 1977.

rungsbedürftige) in ein *innerweltlich* gedachtes Weltalter-Schema. In den Augen Joachims steht aber ein *Zeitalter des Hl. Geistes* kurz bevor, für das er „noch reichere Gnade, Vollkommenheit der Erkenntnis, Freiheit, Kontemplation, Liebe, Freundschaft mit Gott, volles Tageslicht, Sommer und Frucht“[685] prophezeit.

Joachim von Fiore verbindet also das traditionelle biblische Zeitenschema, dem auch Augustinus sich angeschlossen hatte, und das sich an den sieben Tagen der Schöpfungswoche orientierte, mit einem antiken an den Lebensaltern orientierten (Knabe – Mann – Greis) bzw. trinitarischen Dreizeitenschema, das – innerweltlich konzipiert – einen abrupten apokalyptischen Äonenwechsel nicht mehr vorsieht.

Konsequent dachte er die nunmehr noch drei Zeitalter von je 42 Generationen auch nicht streng voneinander geschieden, sondern miteinander verknüpft: Geschichte verläuft schrittweise in sich überschneidenden Stufen, insgesamt aber als *Fortschritt*. Dies gilt, wenngleich die Zeitalter auch von immer neuen, stets schrecklicheren *Verfolgungen* begleitet sind. Als Ursache dafür nennt Joachim ganz traditionell den Teufel. Die Naherwartung Joachims bezieht sich aber nicht auf eine apokalyptische Endzeit, sondern auf ein vollendetes und die Welt vollendendes letztes Zeitalter.

Der Antichrist, so Joachim ist also bereits geboren. Die Menschen sollten aber nicht selbst zu den Waffen greifen und gegen seine Herrschaft kämpfen. Denn die Kirche Petri werde fortbestehen, aber verwandelt werden. An ihre Spitze werde ein übermenschlicher Papst, ein *„Papa angelicus“* stehen. Dieser dritte Status sollte nicht lange, vielleicht nur sechs Monate, dauern, also nur ein „Vorspiel der Ewigkeit“ sein.

Im Einzelnen nimmt Joachim komplexe Zuordnungen vor: Sie setzen die Personen der Trinität jeweils mit einer (heils-)geschichtlichen Epoche, einer Lebensform sowie verschiedenen Haltungen des Menschen gegenüber Gott in Beziehung. Interessant ist dabei, dass nicht die bekannten Epochenbegrenzungen geboten werden, sondern ein Zeitalter sich im jeweils anderen ankündigt. So beginnt die Epoche des Neuen Testamentes nicht etwa mit der Geburt Christi, sondern mit der Herrschaft des König Asarja (auch „Usija“, König von Juda 786–735).

---

[685] Vgl. JOACHIM V. FIORE, *Enchiridion super Apokalypsim*, hg. v. E.K. Burger, Toronto 1986.

| Person d. Trinität | Epoche | Stand | Haltung der Menschen |
|---|---|---|---|
| **VATER** | **Urzeit/AT**<br>(Adam → Inkarnation) | *Verheiratete* | * Gottesfurcht, Arbeit, Knechtschaft<br>* Unter dem Gesetz |
| **SOHN** | **Zeit d. Kirche/NT**<br>(Asarja → 13. Jhd.) | *Kleriker* | * Glaube und Gnade, kindlicher Gehorsam<br>* Unter dem Gesetz |
| **HL. GEIST** | **Die kommende Zeit** | *Mönche* | * „intellectus spiritualis"<br>* Liebe/Freundschaft gegenüber Gott<br>* Frei vom Gesetz |

Darüber hinaus stellt Joachim seine Entwicklungslehre der Kirche in kosmische Zusammenhänge, was freilich zunächst mit ihrer auch traditionell gelehrten heilsgeschichtlichen Bedeutung und der kosmischen Dimension apokalyptischer Texte vereinbar ist. Neu ist allerdings die (innerweltlich gedachte!) Prozessualität der Kirche und damit verbunden die Verantwortlichkeit ihrer Mitglieder. Sie folgt der biblischen Forderung nach einer Erneuerung und Vervollkommnung des Menschen in der Welt und zeugt von einem größeren Vertrauen in die Schöpfung. Ihr wird wieder die Verwirklichung biblischer Heilszusagen zugetraut, die sie seit den ersten apokalyptischen Texten in der seleukidischen Bedrängnis des jüdischen Volkes im 2. Jahrhundert vor Christus verloren hatte. Gleichzeitig muss die von Joachim prophezeite Abkopplung der Kirche von historischen Gegebenheiten bedenklich stimmen.

Entscheidend für die Faszinationskraft (wie auch für die spätere Verurteilung) seiner Lehren ist die Ausdeutung von Joachims Vorstellung eines Zeitalters des Heiligen Geistes, die schon bald nach seinem Tod mit konkreten und (auch säkularen) politischen Erwartungen gefüllt wurde. Dieses für Joachim noch bevorstehende „Mönchszeitalter", sollte die vollständige Einhaltung der Bergpredigt bringen, das Ende des Weltklerus und des Papsttums, der Sakramente und kanonischen Schriften sowie der dogmatischen Wissenschaft und schließlich ein *Evangelium Aeternum.* Damit eng verknüpft war für Joachim die Bekehrung der Juden und Wiedervereinigung der römischen Kirche mit den „Griechen". All diese erstrebenswerten Veränderungen stellt Joachim dem für ihn gegenwärtigen zweiten Zeitalter der (petrinischen) Kirche kontrastierend gegenüber.

### *11.1.4 Die Wirkungsgeschichte des joachitischen Denkens*

Dass Joachim als mittelalterlicher Wegbereiter neuzeitlicher Geschichtskonzeptionen verstanden werden kann, wurde schon erwähnt. *Konzentration auf innerweltliche Vorgänge* und (trinitarisch gefasste) *Steigerung der Heilsge-*

*schichte* heißen seine Beiträge, deren Wirksamkeit bis heute nicht völlig verschwunden ist.

Joachim selbst erwartet das neue Zeitalter für die Zukunft, genauer: für das Jahr 1260. Schon bald nach seinem Tod wurde nach konkreten Verwirklichungen seiner als Prophezeiung verstandenen Texte gesucht. Vor das dritte „johanneische" Zeitalter hatte Joachim in einer chiliastischen Geschichtsschau die Ankunft des „großen Antichristen" gesetzt. Dieser wurde bekanntermaßen bald mit dem Papst, vereinzelt auch mit Kaiser Friedrich Barbarossa, dem *novus dux*, sein Widersacher mit dem Heiligen Franziskus identifiziert. Die Franziskanerregel gilt als Fanal des *„status monachorum"*.

Ob Joachim den neuen Status der Kirche mit dem in der Offenbarung prophezeiten himmlischem Jerusalem identifiziert hat, bleibt unklar. Sicher ist, dass sein Konzept einer *ecclesia spiritualis*, welche die Papstkirche ablösen werde, so verstanden wurde. Vor allem die Franziskanerspiritualen aber auch Beginen sahen sich selbst als die historischen Akteure, diese neue Epoche von Pisa ausgehend einzuläuten. Peter Olivi[686] sieht die Aufhebung der Papstkirche – die er nur noch als zurückgelassene Hülse der Entwicklung, ja als Antichrist verstehen kann – sich *jetzt* vollziehen. In der Fassung der Sekte der „Apostelbrüder" Fra Dolcinos wird am Ende des Mittelalters die Lehre Joachims zum Motor zahlreicher Bauernaufstände in Italien. Eine Bewegung die sich in den Aufständen der Taboriten, Hussiten und Thomas Müntzers nördlich der Alpen fortsetzt. Vor allem aber die Reformation und in ihrem Gefolge die Münsteraner Wiedertäufer und die Revolution Oliver Cromwells können nur vor dem Hintergrund joachitischer Geschichtsdeutung verstanden werden. In der *Renaissance* (v.a. in Florenz) wirkt Joachim v. Fiore weniger revolutionär als Wiederbeleber antiker Weltalterlehren, die allerdings mit astrologischen Spekulationen aufgefüllt werden. Hier entsteht endgültig die Vorstellung der „Neuzeit" (Petrarca, Ficino, Savonarola). Diese Vorstellungen entwickeln sich zunächst nicht *gegen*, sondern *im Einklang* mit christlichen Weltzeitkonzepten. Der Termin des Weltendes wird jedoch immer weiter in die Zukunft verlegt: Nikolaus Cusanus rechnet mit einem Termin im 18. Jahrhundert, Carion, ein Freund Melanchthons, mit dem Jahr 2000.

Dass *Bonaventura* Joachims dreifache Weltalterlehre übernommen hat, darf ebenfalls als Versuch einer konstruktiven Aufnahme verstanden werden, die lediglich der Gefahr das Christusgeschehen zu einer überbietbaren Offenbarungsstufe zu degradieren, mit einer christozentrischen Wendung zu begegnen sucht. Die unbändige und für das Papsttum gefährliche spiritualistische Weiterführung joachitischer Gedanken machte jedoch seiner Verurteilung auf dem

[686] 1247 / 48–1296, Franziskanertheologe, der in seinem Apokalypsen-Kommentar besonders die vollkommene Armut der Bettelorden forcierte und im Machtanspruch des zeitgenössischen Papstes Bonifatius VIII. Anzeichen für das Kommen des Antichristen erblickte. Er zog noch nach seiner Zensurierung und seinem Tod so viele Verehrer unter den Franziskanerspiritualen an, dass seine Grabstelle 1318 unkenntlich gemacht werden musste.

IV. Laterankonzil und die theologische Ächtung durch Thomas von Aquin notwendig.

## 11.2 Emanuel Swedenborgs Lehre von der neuen Kirche[687]

Ist Joachim von Fiore die *Säkularisierung*, so Emanuel Swedenborg die *Spiritualisierung* des Endzeitgedankens zuzurechnen.

Der schwedische Bischofssohn und Naturwissenschaftler Emanuel Swedenborg (1688–1772) wirkte durch sein umfangreiches in den letzten Lebensjahrzehnten entstandenes visionäres Schrifttum. Ausgehend von der Vorstellung eines *influx* Gottes, der die Weltgeschichte durchdringe, entwickelt der ehemalige Anhänger eines empiristischen Naturverständnisses die Vorstellung des Geistes als Voraussetzung der Materie (Spiritualismus). Die Bibel wird dabei als erster Ausdruck dieses Geistes verstanden und auf ihre tiefere „geistige" Bedeutung hin gelesen. Diese offenbart ihm die eigene Sendung im Kontext der Wiederkunft Christi.

Bereits diese Sicht der Dinge erinnert stark an Joachim von Fiores Erwartung eines Zeitalters des Heiligen Geistes, in dem den Menschen das *evangelium aeternum* als innerer Schriftsinn erschlossen wird. Der Mensch, der als „innerer Mensch" nach dem Tode weiterlebt, wird aufgrund seiner im irdischen Leben prädisponierten Möglichkeiten gerichtet. Anders als Fiore unterscheidet Swedenborg allerdings nicht mehr zwischen dem erwarteten Zeitalter des Heiligen Geistes und der Wiederkunft Christi und führt damit konsequent die von Joachim begonnene Säkularisierung biblischer Endzeiterwartungen weiter.

Fünf biblische Weltzeitalter (adamitisch, noachitisch, mosaisch/israelitisch, christlich, „Neue Kirche") macht Swedenborg aus, in Anlehnung an Dan 2 und die hier rezipierte antike Lehre von den *vier Zeitaltern* (golden, silbern, kupfern, eisern). Sie werden *jeweils* durch ein himmlisches Endgericht beendet, das eine Neugestaltung auf Erden auslöst. Das für 1757 erwartete neue Zeitalter der „neuen Kirche" wird wie Joachims Zeitalter des Heiligen Geistes innerweltlich vorgestellt, jedoch mit dem himmlischen Jerusalem identifiziert.

Anders als Joachim und viele andere Endzeitprediger spricht Swedenborg sich selbst eine zentrale Rolle innerhalb der Endzeitereignisse zu. Er hat Visionen, in denen er Himmel und Hölle sieht und dort von den Geschehnissen auf der Erde berichtet. Seine (letztlich neuplatonische) Lehre der geistigen Entsprechungen entfaltete eine reiche Wirkungsgeschichte und muss deshalb kurz beleuchtet werden. Swedenborg schreibt:

> „Die ganze natürliche Welt entspricht der geistigen und zwar nicht nur im Allgemeinen, sondern auch im Einzelnen. Deshalb heißt alles, was in der natürli-

---

[687] Die nun folgenden Ausführungen verdanken sich in besonderer Weise der verdienstvollen Arbeit von CHRISTOPH BOCHINGER, *New Age und moderne Religion*, Gütersloh 1994.

> chen Welt aus der geistigen heraus entsteht, Entsprechendes. Man muss wissen, dass die natürliche Welt aus der geistigen entsteht und besteht, ganz wie die Wirkung aus ihrer Wirkursache. Zur natürlichen Welt gehört alles räumlich ausgedehnte, das unter der Sonne liegt und aus ihr Wärme und Licht empfängt, und zu dieser Welt gehört auch alles, was von jener aus besteht. Die geistige Welt aber ist der Himmel, und es gehört alles zu ihr, was in den Himmeln ist."[688]

Swedenborg geht also von in der Esoterik bis heute beliebten vielfältigen Entsprechungen, nicht nur zwischen Mikro- und Makrokosmos, aus. Diese enge hermeneutische Verbindung zwischen Sichtbarem und Unsichtbarem legt die Frage nach der genauen Verbindungen zwischen beidem, genauer nach Quellen der Erkenntnis über das Unsichtbare nahe. Swedenborg beantwortet sie mit einer Bibelhermeneutik, die stark an die kirchliche Lehre vom dreifachen Schriftsinn erinnert: Das „äußere" biblische Wort gilt als „Behälter" eines geistigen und himmlischen Sinns. Mit Hilfe dieses hochindividuellen Schriftzugangs distanziert sich Swedenborg von einer Reihe dogmatischer Aussagen altkirchlicher und lutherischer Herkunft, wie etwa der Trinität und der Zweinaturenlehre – Swedenborg entscheidet sich für einen Modalismus, der auch noch für eine als Leib Christi gedachte irdische Kirche Platz hat. Sie – und noch intensiver die „neue Kirche" Swedenborgs – ist eine der Wirkweisen Gottes. Sie ist eine Kirche der Vernunft und unmittelbaren Intuition. Ihre Mitglieder sind in völlig neuer Weise zum Verstehen der Schrift und zum Gottesdienst fähig. Sie bedarf keines mythologischen, dogmatischen oder institutionellen Rahmens mehr. Sie ist der Abschluss der Kirchengeschichte, weil sie jedem Menschen den wahren Sinn des göttlichen Wortes erschließen kann.

### *11.2.1 Die Wirkung Swedenborgs im 19. und 20. Jahrhundert*

Noch zu seinen Lebzeiten war das Werk Swedenborgs der so scharfen wie kundigen Kritik Immanuel Kants[689] unterzogen worden. Hier deutet sich bereits an, dass ein Gespräch zwischen mit Spiritualismus aufgeladener Naturwissenschaft und aufklärerischer Philosophie in Zeiten der Moderne zunehmend schwierig gestalten sollte[690]. In gewisser Weise lässt sich die letztlich immer auch Swedenborgsche Esoterik der letzten zweihundert Jahre als „Rückseite der Aufklärung" verstehen. Wer den unmittelbaren Umgang mit himmlischen Wesen pflegt, braucht eine Kritik der eigenen Prophetien vor dem Forum der kritischen Vernunft eben nicht mehr zu fürchten. Dies erklärt

---

688 EMMANUEL SWEDENBORG, *Himmel und Hölle. Aufgrund von Gehörtem und Gesehenem beschrieben*, Zürich 1977 (Original: *De Coelo et eius mirabilibus, et de inferno, ex auditis et visis*, 1758), 69.

689 IMMANUEL KANT, *Träume eines Geistersehers, erläutert durch die Träume der Metaphysik* (1766) in: Kant, Werke II, 919–989.

690 Ein ähnlich wirksames Beispiel stellt für die jüngere Zeit Werk und Rezeption des Physikers Fritjof Capra dar.

das bis heute ungebrochene wechselseitige Desinteresse von Schulphilosophie (und -theologie) einer- und Esoterik andererseits

In dieser sich auf Swedenborg berufenden Tradition mit deutlich abnehmender christlicher Prägung finden sich bekannte und weniger bekannte Denker und Sektengründer vor allem angelsächsischer Provenienz[691], die im Folgenden kurz gewürdigt werden sollen:

1. Der Philosoph Ralph Waldo Emerson (1803–1882) übernimmt von Swedenborg die Vorstellung eines kommenden Neuen Zeitalters zu dessen tätiger Vorbereitung neue Offenbarungen vonnöten seien. Emerson vertrat einen transzendentalistischen Individualismus, lehnte also zwischen Diesseits und Jenseits vermittelnde Instanzen wie die Bibel oder die Kirche ab und steht damit in Swedenborgs Tradition. In den von Emerson gegründeten *Metaphysical Movements* waren häufig Swedenborgianer an einflussreicher Stelle beteiligt.

2. Andrew Jackson Davis (1826–1910) ist der führenden Vertreter des amerikanischen Spiritismus. Mit seinem Werk *Principles of Nature* löste er 1847 empörte Reaktionen in der amerikanischen Öffentlichkeit aus. Er bezeichnete Swedenborg, obwohl er ihn wohl nur vom Hörensagen kannte, als seinen „ersten himmlischen Mentor“ und übernahm von ihm die Vorstellung einer Weisheit verströmenden *spritual sun* sowie die Überzeugung, daß die geistige Welt sich nicht nur einmal in Christus geoffenbart habe, sondern ständig neue Wahrheiten zu den Menschen leite. Er verstand sich jedoch nicht als Christ und lehnte sowohl eine Sündenlehre, als auch Jesus als Erlöser ab. Davis katalysierte also die Wirkungsgeschichte Swedenborgs in der 1893 gegründeten *National Spiritualist Assiciation of Churches* und damit ausdrücklich bis in den heutigen Spiritismus hinein.

3. Phineas Parkhurst Quimbey (1802–1866), der Gründer einer Bewegung, die sich später *New Thought* nannte, ist bis heute durch die Prägung des Begriffs „positive thinking“ wirksam. Er benutzte in seinen Veröffentlichungen Swedenborgsche Terminologie. Die bis heute existierende Gruppierung „Christian Science“ Mary Baker Eddies ist eine Abspaltung der Bewegung Quimbeys. Ein hier gebräuchliches *Dictionary of Correpondences* über die Entsprechungen von äußerer und innerer Bedeutung biblischer Begriffe lehnt sich eng an ein gleichnamiges Buch aus Swedenborgschem Kontext an.

4. Helena Petrowna Blavatsky (1831–1891), die schillernde Schlüsselfigur der Theosophie und Begründerin der Theosophischen Gesellschaft, empfing Swedenborgsches Denken wohl von dem französischen Okkultisten Eliphas Levi[692] bevor sie sich um 1880 stärker den östlichen Religionen zuwandte und

[691] Sowohl die württembergische als auch die schwedische Lutherische Kirche hatten eine Übernahme der inspirierten Schriftdeutung nach Swedenborg abgelehnt.

[692] Er prägte 1870 als erster die neuzeitliche Verwendung der Begriffe *esotérisme* und *occultisme* und fasste damit die getrennten Ströme von Hermetik, Rosenkreuzertum, Freimaurerei, Spiritismus etc. zusammen.

dabei Wesentliches zur typisch westlichen Rezeption des Reinkarnationsdenkens beitrug.

5. Im deutschsprachigen Raum sind besonders die Namen von Heinrich Jung Stilling und Carl Gustav Jung zu nennen. Im Denken C.G. Jungs verweist vor allem seine Hochschätzung der Alchimie, neuplatonische Einflüsse und seine Methode des Therapeutischen Zeichnens auf Swedenborgsche Einflüsse. Auch persönlich Kontakte zu Swedenborgianern sind bekannt.

Insgesamt lässt sich sagen, dass Swedenborg selbst das lutherische Erbe noch persönlich kennt und es nur bedingt verlässt. Er vertritt sowohl eine explizite Christologie, als auch eine Sündenlehre. Christoph Bochinger nennt seinen Ansatz eine spiritualistische Theologie. Swedenborgs Rezeption geschieht jedoch unter zunehmender Ausschaltung christlicher und Aufnahme östlicher und hermetischer Elemente. Auch deshalb tritt der endzeitliche Charakter seiner Prophezeiungen in den Hintergrund: Seine Rezipienten sind v.a. unter Einfluss einer optimistischen Umdeutung des Reinkarnationsglaubens an einem *Ende* der Zeiten zunehmend weniger interessiert.

Dennoch ist darauf hinzuweisen, dass vor allem so wesentlicher Begriffe wie *New Age* und *positive thinking* sich letztlich Swedenborgschem Anstoß verdanken. Auch die Vorstellung einer unmittelbaren Kommunikation mit jenseitigen Welten, die in vielfältiger Ausprägung in der neureligiösen Szene fortlebt, gründet auf Swedenborgschen Wurzeln.

Wenn man nach der zeitgenössischen Brisanz des abendländischen Endzeitdenkens fragt, so wird man jenseits der Zeugen Jehovas und anderer nebenbiblischer Endzeitkirchen erst auf den zweiten Blick fündig. All zu sehr haben sich die ehemals jenseitigen Vorstellungen eines Endes der Zeiten und des ewigen Lebens „danach" in säkulare Utopien der westlichen Gesellschaft verwandelt und drohen als solche in einem dumpf empfundenen Ende der Geschichte unterzugehen. Das bessere Leben liegt nicht mehr in der Hand Gottes. Es hat seine Gerichtsdrohung ebenso verloren wie die enge Anbindung an die Person Jesu, die sich erstmals in den Evangelien und in der geheimen Offenbarung des Johannes findet.

Dass diese Entwicklungen nicht einfach Ergebnis einer zuerst im 20. Jahrhundert wahrgenommenen Säkularisierung sind, sondern dass ihre Wurzeln bis in das Denken Joachim von Fiores zurück reichen, sollte hier gezeigt werden.

Emanuel Swedenborg „verdanken" wir die Vorstellung eines unmittelbaren Kontaktes in ein inzwischen gottlos gedachtes Jenseits der (ehemals himmlischen) Geister, des Feinstofflichen und unbegreiflich Wirkungsvollen. Wenn in seiner Lehre der Entsprechungen zunächst so etwas wie eine „Respiritualisierung" der Welt vorzuliegen scheint, so gilt dies sicher nicht im christlichen Sinne – und hier dürfte eines der tiefsitzendsten Missverständnisse des sogenannten „esoterischen Christentums" liegen:

Im Kontext von New Age und Esoterik gibt es weder einen geschichtsmächtigen personalen Gott, noch die ein für allemal menschgewordene Person Jesu Christi. Die westliche Fassung des östlichen Reinkarnationsglaubens führt die Vorstellung einer individuellen Verantwortlichkeit und damit einer fundamentalen religiösen Ethik, die sich nicht zuletzt aus der Erwartung einer persönlichen Rechenschaft am Ende des Lebens und der Zeiten speiste, ad absurdum.

Entscheidend ist nun eines jeden höchst individuelle Suche nach jenseitigen spirituellen Quellen, die Verantwortung für den anderen Menschen tritt in den Hintergrund. Das hat nichts mit christlicher Mystik zu tun, auch wenn dieser Begriff im Zusammenhang des esoterischen Christentums immer wieder fällt. Meister Eckhardt lehrte noch „Wäre der Mensch so in Verzückung, wie es Sankt Paulus war, und wüsste einen kranken Menschen, der eines Süppleins von ihm bedürfte, ich erachtete es für weit besser, du ließest aus Liebe von der Verzückung ab und dientest dem Bedürftigen in größerer Liebe.“[693]

So erscheint die Säkularisierung des Endzeitdenkens als wesentlicher Motor zur Entstehung neuzeitlichen, ja modernen Denkens, das die Gestaltung dieser Welt wichtiger nimmt als die Erwartung einer jenseitigen. Ihre Spiritualisierung dagegen wirkt heute wie eine unerkannte – und scheinbar auch notwendige – Gegenbewegung gegen christliche wie aufklärerische Errungenschaften.

[693] MEISTER ECKHART, *Reden der Unterweisung, Deutsche Predigten und Traktate*, hg. v. Josef Quint, München $^{6}$1985, 10.

# 12. Apokalypse als Bildprogramm

Das Phänomen eines Jenseitsglaubens unter den Bedingungen fiktionaler Anthropologie zu betrachten, wie dies in der vorliegenden Arbeit geschieht, lässt es als unerlässlich erscheinen, den Niederschlag und die Rekombination apokalyptischer Bilder in der bildenden Kunst wenigstens kursorisch darzustellen.

Da die Kompetenz eines systematischen Theologen mit medien- und religionswissenschaftlichen Zusatzkenntnissen hier endgültig überstrapaziert ist, orientiere ich mich im Wesentlichen an der so knappen wie kundigen neueren Darstellung des Kollegen Thomas Raff.[694] Seine Darstellung macht *en passant* aber auch deutlich, dass eine epochenübergreifende Erfassung des Themas und erst recht seine ernsthafte systematisch-theologische Einordnung und Kritik bis heute – nicht nur im deutschsprachigen Raum – Desiderat geblieben ist. Es finden sich bisher nur – teilweise veraltete – Einzeldarstellungen etwa zu den faszinierenden altspanischen Buchmalereien[695] bzw. zur Trierer und Bamberger Apokalypse[696], zur grandiosen „Apokalypse" Albrecht Dürers[697] oder zum im niederländischen Exil entstandenen Apokalypse-Zyklus Max Beckmanns[698]. Als Überblicksdarstellung kann lediglich auf einen Lexikonbeitrag verwiesen werden, der noch dazu nur die Zeit von 900 bis 1500 abdeckt.[699]

Eine Ausnahme stellt natürlich das epochale Werk von Alex Stock dar. Allerdings liegt bis dato nur im vierten, christologischen Band seiner *Poetischen Dogmatik* neben der eher unsystematischen Auflistung einzelner apokalyptischer Motive (König, Lamm, Maiestas Domini, Kreuz) unter dem Titel „Weltgericht" eine fundamentaltheologisch nicht gedeutete, aber doch wie immer kenntnisreiche und weitgehend umfassende Materialsammlung zu unserem Thema vor[700]. Auch sie ist in die folgende Darstellung eingeflossen.

---

694 THOMAS RAFF, *Die Visualisierung der Visionen. Apokalypse und bildende Kunst*, in: H.G. GRADL / G. STEINS / F. SCHULLER (Hg.), *Am Ende der Tage. Apokalyptische Bilder in Bibel, Kunst Musik und Literatur*, Regensburg 2011, 124–141.

695 WILHELM NEUß, *Die Apokalypse des Hl. Johannes in den altspanischen und altchristlichen Bibel-Illustrationen*, Münster 1931(!); PETER K. KLEIN, *Der ältere Beatus-Codex Vitr. 14-1 der Biblioteca Nacional zu Madrid*, Hildesheim/New York 1976.

696 PETER K. KLEIN, *Die Trierer Apokalypse. Cod. 31 der Stadtbibliothek Trier*, Graz 2001 (Faksimile und Kommentar); SUZANNE LEWIS, *Reading Images. Narrative and Reception in the thirteenth century illuminated Apocalypse*, Cambridge 1995.

697 THOMAS DÖRING, *Dürers Apokalypse und ihre Wirkung* (Ausstellungskatalog), Braunschweig 1994.

698 ERNST WAGNER, *MaxBeckmann – Apokalypse. Theorie und Praxis im Spätwerk*, Berlin 1999.

699 GERTRUD SCHILLER, *Ikonographie der christlichen Kunst*, Bd. 5, Gütersloh 1990.

700 *Richter* in: ALEX STOCK: *Poetische Dogmatik. Christologie, 4 Figuren*. Paderborn 2001, 165–212, v.a. 176–195.

## 12.1 Spätantike und frühes Mittelalter

Aus heute nicht mehr rekonstruierbaren Gründen finden sich ausdrücklich in römischen Kirchen (und nicht in Neapel, Ravenna oder Thessaloniki) in der Apsis, also an architektonisch zentraler Stelle, aus apokalyptischen Einzelmotiven komponierte visionäre Sichten auf eine Frühform der „Maiestas Domini", also Christi endzeitlich himmlische Majestät, nicht etwa auf Kreuz, Auferstehung oder Szenen aus seinem irdischen Leben. Dies gilt vor allem für St. Prudenziana und Santi Cosima e Damiano, aber auch für St. Prassede.

In *St. Prudenziana* (ca. 400 n. Chr.) wird Christus unterhalb der geflügelten „vier lebenden Wesen" gezeigt, Mensch, Löwe, Stier und Adler, die zwar bereits bei Ez 1,5–10 vorkommen, aber zumindest in der westlichen Kirche erst aus Offb 4,6–8 ihre Wirkungsgeschichte entfalten. Ihre Zuordnung als Symbole der Evanglisten[701] erfolgte einige Jahrzehnte zuvor durch den Hl. Hieronymus. Da das Apsismosaik einen Blick ins endzeitliche Jerusalem freizugeben scheint, in dem Jesus auf einem kostbarem Thron sitzt und von ehrwürdigen Gestalten des Alten und Neuen Testament (24 Älteste bzw. 12 Apostel) umgeben ist, scheint eine Deutung sowohl im Sinne der Evangelisten als auch der Vier Wesen am Throne Gottes möglich.

Eine ausgearbeitete und verfeinerte Version dieses endzeitlichen Motivs, das über Jahrhunderte ein Standard auch in heute zerstörten oder massiv überarbeiteten spätantiken Kirchen gewesen sein dürfte, findet sich in *Santi Cosma e Damiano* (ca. 530 n. Chr.).

> „In der Kallotte ist die zweite Wiederkunft Christi dargestellt (Offb 1,7: ‚Siehe er kommt mit den Wolken'). Die Apostelfürsten Petrus und Paulus empfehlen dem Herrn die Heiligen Kosmas und Damian, die Patrone der Kirche. An der Stirnseite der Apsis finden wir eine ganze Ansammlung apokalyptischer Motive: In der Mitte den Thron mit dem Lamm und dem siebenfach versiegelten Buch; daneben die sieben Leuchter; die vier Engel; die vier lebenden Wesen […] die 24 Ältesten."[702]

Da es sich hier um eine trostreiche und friedliche Vision der bei Gott versammelten Gerechten am Ende der Zeiten und die Gerichtsdimension relativierende frühe Jenseitsvorstellung handelt[703], die zudem in besonderer Weise die freie fiktionale Rekombinierbarkeit apokalyptischer Motive demonstriert, soll hier kurz auf die multidimensionalen Bilder eingegangen werden:

Das *Gotteslamm* (30 Mal in Offb) steht meist auf einem niedrigen Tafelberg, an dem vier Flüsse entspringen, die sich in einen größeren namens *Jordanes* ergießen. Gemeint ist nach Raff nicht primär der geographisch benenn-

[701] Mensch-Matthäus, Löwe-Markus, Stier-Lukas, Adler-Johannes.

[702] RAFF, *Visualisierung*, 125.

[703] „Alle diese Motive lassen sich unter dem Begriff einer ‚himmlischen Liturgie' zusammenfassen." Ebd., 127.

bare Fluss, sondern das ewige Lebenswasser der Taufe, das aus dem Thron des Lammes hervorgeht.

*12 weiße Lämmer* gehen von beiden Seiten auf das Taufsymbol zu und stehen einerseits für die 12 Apostel, andererseits für Taufbewerber, erinnern aber auch an die 12 Stämme Israels, die 12.000 Gesiegelten je Stamm, also insgesamt 144.000 (Offb 7,4–8; 14,1).

Erstaunlich für den heutigen Betrachter ist das gleichzeitige Auftreten der *„himmlischen" Städte Jerusalem* und *Bethlehem*, versinnbildlicht durch Stadtmauern und Tore. „Nach Augustinus' *De Civitate Dei* stehen diese beiden Städte für die beiden von den Apostelfürsten gestifteten Kirchen: ‚Jerusalem' für die Kirche Petri, die *ecclesia ex circumcisione,* also das sogenannte Judenchristentum; ‚Bethlehem' für die Kirche Pauli, die *ecclesia ex gentibus,* das Heidenchristentum."[704]

Die *24 Ältesten* wurden von den Kirchenvätern meist als Zusammenschluss der 12 Patriarchen und/oder 12 Propheten des Alten sowie den 12 Aposteln des Neuen Testaments verstanden. Nach Offb 4,10–11 legen sie Kronen oder Kränze vor dem Thron Gottes nieder.

Die ikonographisch zentrale *Buchrolle mit sieben Siegeln* kann nur vom Lamm geöffnet werden. Sie wird in der Spätantike immer als geschlossen dargestellt, da ja das apokalyptische Geschehen noch aussteht.

Offenbar ist die Apokalypse für die Gläubigen der ersten nachkonstantinischen Jahrhunderte erstaunlich präsent. „In dieser Zeit gibt es noch keine Passionszyklen, nur ausnahmsweise Szenenfolgen aus dem Neuen Testament und erst recht natürlich keine Marienzyklen."[705] Die Motive aus der Offenbarung sollen vermutlich die Hoffnung auf die zweite Wiederkehr Jesu ausdrücken, die man offenbar in näherer Zukunft erwartete als heute.

Im *Frühmittelalter* wurde die Darstellung der *Maiestas Domini*, genauer des in der Regel in einer Mandorla thronenden Christus, umgeben von den vier himmlischen Tieren etwa in den Tympana frühgotischer (West-)Portale in einer stark formalisierten Weise standardisiert.

Andere Motive wie die der 24 Ältesten, des „himmlischen Bethlehem" und der 12 Lämmer traten in den Hintergrund, während die Darstellung des himmlischen Jerusalem nicht nur als Leitgedanke des Kathedralbaus seit der Spätromanik überhaupt, sondern auch als Einzelmotiv etwa im Fall der großen romanischen Radleuchter in Aachen, Hildesheim, Großkomburg und anderswo Karriere machte.

Insgesamt ist festzuhalten, dass die richterlichen, katastrophalen Elemente, die wir heute mit der „Apokalypse" verbinden, in frühchristlicher Zeit kaum eine Rolle spielten. „Es ging um die Vision der Heiligkeit, um Theophanie,

[704] Ebd., 126.
[705] Ebd., 127.

um Vorstellungen einer Rettung in der Endzeit, von der man dachte, sie stünde unmittelbar bevor."[706]

Die Komplexität und das „filmische" Erzählmuster der „Geheimen Offenbarung" hat wohl schon früh die Auflösung der einzelnen Szenen in Einzelbilder und damit (vermutlich zuerst als italienische Fresken des 6. Jahrhundert) „zyklische Illustrationen" ausgelöst, wie wir sie heute nur noch in wenigen erhaltenen Buchmalereien bewundern können.

Die in Tours entstandene „Trierer" Apokalypse[707] wird ebenso wie die von Hans Urs von Balthasar kommentierte Bamberger Apokalypse[708] der ältesten dieser Zyklen, der italo-gallischen Gruppe, zugeordnet. Vor allem spanische Handschriften illustrieren den Apokalypsenkommentar des Mönchs Beatus von Liébana (ca. 800). In den vollständigsten Exemplaren der bis zum Jahr 1000 entstehenden Kopien finden sich 100 expressive Illustrationen „die zu den Meisterwerken der spanisch-mozarabischen Buchmalerei zählen."[709] Bereits im Hochmittelalter, um 1220, entsteht dann der anglo-normannische Zyklus an den Ufern des Ärmelkanals mit mehr als 80 weitgehend wörtlichen Textillustrationen. Auch der „faszinierend ausführliche Apokalypsezyklus auf den berühmten Teppichen von Angers"[710] wird in diesen Kontext gerechnet.

Alex Stock widmet sich ausführlich den Gerichtsdarstellungen des Mittelalters, wie wir sie in den Tympana der Westportale gotischer Kirchen finden. Dass aus dem breiten Motivspektrum der Apokalyptik hier vor allem die Szene des Gerichtes hervortritt (Stock identifiziert als biblische Quelle Mt 24/25 und weniger die Offb) könnte durchaus aus dem Zusammenhang des „mentalitätsgeschichtlichen Subjektivierungsschubs dieser Epoche"[711] erkärt werden. Die leidige Erfahrung einer etablierten Kirche hatte gezeigt, das nicht mehr alle Gläubigen Heilige waren und so allein aufgrund ihres Christseins Anteil am künftigen Heil erwarten durften. Eine die gesamte Bevölkerung umfassende Volkskirche musste die Grenzlinie zwischen Heil und Unheil, Verdammnis und Erlösung nicht mehr wie Tertullians *extra ecclesiam nulla salus* an ihrer Außengrenze ziehen. Die gleichzeitig durch die Reformorden gewachsenen moralischen Ansprüche religiöser Virtuosen erzeugten quasi notwendig den appellativen Charakter der gotischen Gerichtsdarstellungen:

---

706 Ebd., 128.

707 Um 800 entstandene 74 ganzseitige, rot umrahmte Miniaturen, meistens aus mehreren Einzelbildern zusammengesetzt, manche ikonographisch stark geformt, manche reine Textinterpretationen.

708 Um 1010 im Skriptorium der Insel Reichenau entstandene über 50 ganzseitige Miniaturen, 1020 von Heinrich II. dem Kollegiatsstift St. Stefan in Bamberg geschenkt. Eine zumindest im modernen Antiquariat noch zugängliche Gesamtausgabe mit erläuterndem Text in BALTHASAR, *„Ja, ich komme bald"*.

709 RAFF, *Visualisierung*, 137.

710 Ebd.

711 STOCK, *Figuren*, 186.

„Ihre visuelle Rhetorik meint den Betrachter und seine Lebenszeit. Über die imaginativ erwirkte Emotion wollen sie das Bewusstsein der Menschen aus dem Schlaf der Konventionen aufrütteln. [...] Die darin liegende politische Dimension ist nicht zu übersehen. Gerade die ökonomisch Starken und politisch Mächtigen in Staat und Kirche werden durch das Bild des Jüngsten Gerichts unter Androhung des persönlichen Heilsverlusts an die Lebensmaßstäbe der christlichen Religion erinnert."[712]

## 12.2 Frühe Neuzeit

*Albrecht Dürer* setzt frühneuzeitlich, 1498, mit seinem monumentalen (39x28,4 cm) Zyklus *Die heimlich offenbarung iohannis,* lateinisch *Apocalipsis cum figuris,* aus 14 „überwältigend bewegten und bewegenden Holzschnitten"[713] völlig neu an, was den 27 jährigen Künstler mit einem Schlag berühmt macht. In allen Illustrationen folgt Dürer sehr getreu dem Text der Offenbarung, die er so „realistisch" wie möglich dargestellt. Dies gilt vor allem für die hochindividuelle Darstellung der einzelnen „menschlichen" Akteure. Alle folgenden Illustrationen der frühen Neuzeit, etwa von Ludwig Cranach oder französische Kirchenfenster gehen auf diese Konzeption zurück. „Auf die Zeitgenossen, von denen viele für das Jahr 1500 das Weltende erwarteten, war die Wirkung ungeheuerlich. Die Blätter sind bis heute populär geblieben und haben viele Künstler der Moderne beeinflusst."[714]

Der auf expressive Wirkung erpichte Barock wendet sich vom Vollständigkeitsanspruch der Bilderzyklen wieder ab und macht wirkungsvolle Einzelmotive in ikonographisch wechselnden Zusammenhängen stark: das Lamm Gottes, den leeren Thron, Maria Immaculata, dem Kampf des Erzengels Michaels mit Luzifer, den Engel- oder Höllensturz, vor allem aber das sicher häufigste apokalyptische Motiv des Barock: Das „apokalyptische Weib".

Das auf Patmos vermutlich noch in der Tradition einer korporativen Darstellung Israels gemeinte, von den Kirchenvätern ursprünglich als Bild der Ecclesia gedeutete Motiv wurde im Laufe des Mittelalters und noch einmal beschleunigt in den Zeiten der Konfessionalisierung auf die Gottesmutter Maria bezogen. Seither enthalten „viele Mariendarstellungen Elemente der Beschreibung des ‚Apokalyptischen Weibes': Mit der Sonne bekleidet, den Mond unter den Füßen, zwölf Sterne um das Haupt, das Kind beschützend"[715] usw. Ein herausragendes Beispiel der Barockzeit ist Peter Paul Rubens' Darstellung für das Freisinger Altarbild von 1624 (Münchner Pinakothek). Dass

---

712 STOCK, *Figuren*, 187.

713 *Albrecht Dürer. Die Apokalypse.* Faksimile der deutschen Urausgabe von 1498 „Die heimlich Offenbarung Johannis". Mit einem Essay von LUDWIG GROTE. München 1999.

714 RAFF, *Visualisierung*, 138.

715 Ebd., 138.

das „Apokalyptische Weib“ hier mit Habichts- statt mit Adlerflügeln ausgestattet wird, dokumentiert die Freiheit der barockem Motivkombination, die bekanntermaßen darauf ausgerichtet war, den Betrachter moralisch zu belehren, vor allem aber zu beeindrucken und so zu einer Sinnesänderung angesichts des drohenden Gerichts zu bewegen.

## 12.3 Das 19. und 20. Jahrhundert

Im 19. und frühen 20. Jahrhundert spielen vor allem die apokalyptischen Reiter eine kunsthistorisch einschlägige Rolle. Aus dem biblischen Zusammenhang und der mittelalterlichen Exegese herausgelöst, werden sie nun als Allegorien aller möglichen „Geißeln der Menschheit“ wie Pest, Hunger, Krieg und Tod aufgefasst. Man denke etwa an den Holzschnitt von Alfred Rethel *Der Tod auf den Barrikaden* (1848) oder die späten Gemälde *Der Krieg* (1896) und *Die Pest* (1898) von Arnold Böcklin. In ähnlichem Sinne griffen expressionistische Künstler unter dem Eindruck von Erstem und Zweitem Weltkrieg immer wieder auf die Motivvielfalt der Apokalypse zurück. Besondere Erwähnung verdient hier Max Beckmann, der im Amsterdamer Exil 1941/42 eine Folge von Lithographien zur Apokalypse schuf. Die eindrücklichen 27 Illustrationen stellen in einem teilweise völlig innovativen und von der bisherigen Ikonographie abgelösten Zugriff auf den Text der Geheimen Offenbarung dar, freilich angereichert um typisch Beckmannsche Motive wie Kerze, Fisch, Schwert und Selbstportrait.[716]

Auch in dieser äußerst knappen Darstellung sollte deutlich geworden sein, wie sehr sich die Bildwelt der Apokalypse je nach historischer Epoche als Instru-

---

[716] CORINNA HÖPPMANN, *Beckmann: Apokalypse. Katalogbuch zur Ausstellung in Stuttgart, 13.12.2008-08.03.2009, Staatsgalerie Stuttgart,* München 2008. Hier heißt es im Klappentext zum Werk: „In seinen Tagebüchern begleitet Beckmann die Entstehung der Apokalypse. Als Zusatz findet sich am 11.4.1942, dem Tag, an dem Beckmann begann das ‚Urexemplar‘ zu kolorieren, der Eintrag: ‚Nachts Flieger von halb elf bis halb drei!‘ Diese Aktualität jedoch steht in den Bildern nicht im Vordergrund, sondern es ist das Schicksal des Menschen und dessen Erlösung, das Beckmann thematisiert. Mehrfach erscheint der Künstler im Selbstbildnis und zeigt durch seine Anwesenheit auch sein persönliches Schicksal als Exilant, bedroht von Verfolgung. Die Arbeit an der Apokalypse wird zur Erlösung – einerseits für den Künstler, andererseits durch ihn als Stellvertreter für die gesamte Menschheit. Beckmann illustriert nicht nur die Gedanken des Textes, sondern er denkt in Bildern und ‚schreibt‘ in Bildern ein allgemeingültiges ‚Musterbuch‘ über die Hoffnung. Zur Vermittlung der übergreifenden Thematik bedurfte es keiner aggressiven oder zu eindeutigen Bildsprache, um zu erschüttern. Die überwiegend inneren Frieden vermittelnde Kunst angesichts der realen Hölle des Krieges ist nicht nur das Erstaunlichste an Beckmann, sondern das wahrhaft Ergreifende.“ Das Frankfurter Museum für Moderne Kunst konstellierte bei einer vielbeachteten Ausstellung im Jahr 2006 die Beckmann-Lithographien mit neueren Arbeiten Thomas Demands zur Saarbrücker Tosa-Klause: ANDREAS BEE, *Thomas Demand. Klause.* Mit Beiträgen von Dietmar Dath, Christian Demand, Joachim Valentin und Udo Kittelmann, Köln 2006.

ment der Imagination des Endes und endzeitlicher Gerechtigkeit, aber auch hochindividueller Seelenlandschaften angeboten hat. In der spätantiken Kunst entnahm man vor allem die optimistisch-liturgischen Momente der apokalyptischen Thron-Visionen; im Mittelalter wurden vorwiegend eschatologische und Aspekte des Gerichts gesehen, jedoch weniger aus klerikalistischer, sondern eher aus politischer und radikalisiert moralischer Intention; die Gegenreformation aktivierte die Apokalypse mit paränetischer Zielen und zur Implementierung der noch recht jungen und vom Protestantismus abgrenzenden Marienfrömmigkeit. „Symbolismus und Moderne schließlich bedienten sich der Apokalypse – dem Sprachgebrauch entsprechend –, um die Katastrophen der jeweiligen Gegenwart ins Allgemeinzeitliche einzubetten und zu übertragen.“[717]

---

[717] RAFF, *Visualisierung*, 140.

# 13. Eschatologie in der Scholastik

## 13.1 Vor- und Frühscholastik

Nach Jahrhunderten des Niedergangs ermöglichte ab etwa 780 das Anknüpfen Karls des Großen an die Tradition des römischen Reiches nicht nur unter machtpolitischen, sondern auch unter architektonischen, künstlerischen, literarischen und eben theologischen Gesichtspunkten die *karolingische Renaissance* und eine Theologie, die „Vorscholastik" genannt werden kann. Im Anschluss daran erlaubte die politische Konsolidierung im westlichen Frankenreich unter Robert dem Frommen den Neuaufschwung der mit etwas Unschärfe als „frühscholastisch" benennbaren theologischen Schulen. Die Denker betonten einerseits die Autorität der Väter, verwiesen aber andererseits auch darauf, dass die Vernunft und ihre Regeln auch in der Theologie die einzigen Erkenntniswerkzeuge seien. Petrus Abaelardus entwickelte in seiner Schrift *sic et non* bereits früh Grundregeln der scholastischen Methode, nach denen man über vier Stufen zur Erkenntnis gelangen könne: 1. Lesung eines Textes, 2. Herausstellen eines Problems *(quaestio)*, 3. Diskussion des Problems *(disputatio)* und 4. Problemlösung im Sinne einer Entscheidung für die vom Glauben gebotene Wahrheit.

Wichtige Autoren dieser Zeit waren außerdem: Fulbert von Chartres, Johannes Scotus Eriguena, Honorius Augustodunensis, Lanfrank und Petrus Lombardus. Im Folgenden sollen wie gewohnt anhand einzelner Motive die wichtigsten Elemente vor- und frühscholastischer Theologie dargestellt werden. Wichtigstes Hilfsmittel war dabei der ungemein ertragreiche Band IV Faszikel 7b des Handbuchs der Dogmengeschichte von Ludwig Ott *Eschatologie in der Scholastik*[718].

Nach wichtigen systematisierenden Vorarbeiten bei Origenes und Augustinus entwickelte erst Scholastische Theologie ein eigenes Lehrstück *De novissimis* (Von den letzten Dingen). Im Letzten maßgebend war dabei das Sentenzenwerk des Petrus Lombardus, in dem am Schluss des vierten Buches die Eschatologie geboten wird. Eine wichtige Rolle spielten hier als Autoritäten Augustinus und Gregor der Große. Aus den Texten spricht augenscheinlich eine große Wissbegierde, deduktiv „tatsächliche" zukünftige Ereignisse zu beschreiben und die Dramaturgie mit dem breiten biblisch bereitgestellten Personal zu entwickeln. Als immer wiederkehrende Themen sind zu nennen: *Ort und Zeitpunkt der Vorgänge, die Reichweite der kirchlichen Sanktionsmacht* (Suffragien, Bann, Absolution), die *Art und Weise der Wiederkunft Christi und seine Richtermacht*, die *Auferstehung des Fleisches*, die *Identität des Aufer-*

---

[718] LUDWIG OTT, *Handbuch der Dogmengeschichte, Bd. IV Fasz. 7b. Eschatologie in der Scholastik,* aus dem Nachlass bearbeitet von Erich Naab Freiburg / Basel / Wien 1990.

*stehungsleibes*, der *positiv wie negativ vollendete Mensch* (Glückselige und Verdammte), die *eschatologische Kosmologie, Vorzeichen des Gerichts und der Antichrist.*

Es ist verblüffend, wie präsent die biblisch-apokalyptischen Inhalte systematisch aufbereitet und teilweise auch schon kritisch diskutiert, in den Werken der frühen Scholastik sind. Ein wichtiger kirchenpolitischer Aufhänger für eschatologische Reflexionen war die Frage nach der *Sinnhaftigkeit der Suffragien* (Fürbitten) für die Verstorbenen. Man begründet sie mit dem Opfer der Gefallenen in 2 Makk 12,42ff[719] und meinte – offenbar angesichts öffentlich geäußerter Zweifel an ihrer Wirksamkeit – mit Augustinus die Autorität der Gesamtkirche auf die Waagschale legen zu müssen.

*Julian von Toledo* hält die Trennung von Leib und Seele für das Wesen des Todes, so dass für die allein verbliebenen Seelen um das Ende ihrer Leiden, also für ihre Ruhe gebetet werden musste. Passend dazu findet sich bei *Honorius*[720] die Vorstellung eines *ersten Todes* des Leibes dem im schlimmeren Falle der *zweite Tod* – der Seele – im Jenseits nachfolgen könne. Vollkommene gehen direkt in das Paradies ein. Unvollkommene werden „durch die genannten Suffragien in den Zustand größerer Herrlichkeit aufgenommen. Nach dem letzten Gericht werden sie in den übersinnlichen Himmel aufgenommen, in welchem die Seligen und die Engel Gott von Angesicht zu Angesicht schauen. Andere Auserwählte, die die Buße für ihre Vergehen hinausschieben, werden von den heiligen Engeln Dämonen zur Reinigung übergeben, die ihnen aber nicht mehr schaden können, als sie verdient haben oder als es die heiligen Engel zulassen. Diesen kommen Messen, Almosen, Gebete und andere fromme Werke zugute, besonders dann, wenn sie in ihrem Leben Suffragien für andere verrichtet haben.“ [721] Honorius vertritt hier also bereits früh die Lehre von einem *Zwischenzustand* zwischen Tod und Auferstehung, in welchem die nicht vollkommenen Gerechten von der seligen und unmittelbaren Gottanschauung noch ausgeschlossen sind.

---

719 „Anschließend hielten sie einen Bittgottesdienst ab und beteten, dass die begangene Sünde wieder völlig ausgelöscht werde. Der edle Judas aber ermahnte die Leute, sich von Sünden rein zu halten; sie hätten ja mit eigenen Augen gesehen, welche Folgen das Vergehen der Gefallenen gehabt habe. / Er veranstaltete eine Sammlung, an der sich alle beteiligten, und schickte etwa zweitausend Silberdrachmen nach Jerusalem, damit man dort ein Sündopfer darbringe. Damit handelte er sehr schön und edel; denn er dachte an die Auferstehung. / Hätte er nicht erwartet, dass die Gefallenen auferstehen werden, wäre es nämlich überflüssig und sinnlos gewesen, für die Toten zu beten. / Auch hielt er sich den herrlichen Lohn vor Augen, der für die hinterlegt ist, die in Frömmigkeit sterben. Ein heiliger und frommer Gedanke! Darum ließ er die Toten entsühnen, damit sie von der Sünde befreit werden.“

720 HONORIUS, *Elucidarium* III 1.

721 OTT, *Eschatologie*, 4.

Nahezu alle Vor- und Frühscholastiker[722] sind – in der Nachfolge des Augustinus – der Auffassung, dass weder die Heiligen und getauften Kinder im Himmel, noch die schweren Sünder und ungetauften Kinder in der Hölle des Gebetes um ewige Ruhe etc. bedürfen[723] *(in inferno nulla est redemptio)*, dafür aber umso mehr eben jene Verstorbenen, „die noch Reinigungsstrafen erdulden müssen“[724] also die *mediocriter boni* und *mediocriter mali*.

Bereits in der alten Kirche etwa für Augustinus ist „die Annahme eines im eigentlichen oder übertragenen Sinne verstandenen Reinigungsfeuers nach dem Tode aber vor dem Endgericht [...] eine glaubwürdige Meinung.“[725] Für Gregor den Großen[726], den zweiten Vater des Fegefeuer-Gedankens, ist es bereits eine feststehende Glaubenswahrheit, „daß es für gewisse leichtere Sünden vor dem Endgericht ein Reinigungsfeuer gibt.“[727] Den beiden folgen mit wenigen Variationen unter anderem Julian von Toledo, (†690), Beda Venerabilis (†735) und Rabanus Maurus (†856). Hugo von St. Viktor vermutet, dass die Strafen an den Orten abgebüßt werden, wo sie begangen wurden. Simon von Tournai ist von Feuer als Strafmittel sowohl in der Hölle wie auch im Fegefeuer überzeugt. Eine wichtige Frage stellt die Vergleichbarkeit der Strafen bzw. Bußen im Diesseits und im Jenseits dar, denn es kann ja nicht immer dem Sünder zugeschrieben werden, dass es – etwa bei unerwartetem Versterben – zu einer Ableistung der Buße im Diesseits nicht mehr kommen konnte. Sehr spannend vor allem vor dem Hintergrund unserer Überlegungen zu einer fiktionalen Anthropologie entwickeln sich die Debatten um die Frage, wie denn eine körperlose Seele im Zwischenzustand körperliches Leider überhaupt spüren könne:

> „Nach Petrus [von Capua] sagen einige, die Seelen nehmen Luftkörper an, in denen sie leiden können. Andere sagen, es gebe eine gewisse Art von Feuer, das vielleicht nicht körperlich ist und die Eigentümlichkeit besitzt, dass die Hand bei der Berührung desselben eine Verletzung spürt, aber keine Verbrennung erleidet.“[728]

Insgesamt liefert in Sachen „Bericht aus dem Fegefeuer“ die Erzählung Jesu vom reichen Prasser und dem armen Lazarus (Lk 16,24) reiches Anschauungsmaterial.

---

722 Petrus Lombardus, Petrus von Poitiers, Magister Udo, Rabanus Maurus, MagisterMartinus, Alanus von Lille, Radulfus Ardens.

723 Die Vorstellung, dass Säuglinge, die ungetauft sterben, in einen *limbus puerorum* kommen, da man die Taufe als unverzichtbar für das Seelenheil (und damit die Erlösung) hielt, wurde am 20. April 2007 durch Papst Benedikt XVI. zu einer „älteren theologischen Meinung“ abgewertet, die nicht mehr seitens des kirchlichen Lehramts unterstützt wird.

724 OTT, *Eschatologie*, 5.

725 OTT, *Eschatologie*, 19 mit Verweis auf AUGUSTINUS, *Enchiridion* c.69; *De Civitate Dei* XXI 13; ebd., XXI 264 ; *Enarrationes in Psalmis* 37 n.3 u.ö.

726 GREGOR DER GROSSE, *Dialogi* IV 39.

727 OTT, *Eschatologie*, 19.

728 Ebd., 26, mit Verweis auf PETRUS VON CAPUAS *Summa Theologica*.

Folgende Schlussbemerkung zum Fegefeuer bei Wilhelm von Auxerres fällt dann wohl endgültig unter das Kapitel ‚Scholastik im schlechten Sinne':

> „Nach Gen 19,1ff strafen gute Engel schlechte Menschen. Nirgends liest man aber, dass gute Engel gute Menschen straften. Darum ist anzunehmen, daß die Seelen im Fegefeuer, die gut sind, durch schlechte Engel gestraft werden. Der Zweck der Strafe ist, zu reinigen. Diese Absicht ist mit schlechten Engeln nicht vereinbar."[729]

Fußend auf die Gerichtsreden Jesu entwickelten sich schon in der Väterzeit Zusammenstellungen verschiedener *Vorzeichen des künftigen Gerichtes.*[730] Vom 11. Jahrhundert an trifft man Zusammenstellungen von 15 Vorzeichen, die neben den biblischen Grundlagen auch legendäre Elemente enthalten[731]: An 15 nicht unbedingt aufeinander folgenden Tagen treten auf: Meeresüberflutung, „40 Ellen über die Höhe der Berge" und deren Rückgang, brüllende Meerestiere, brennende Meere und Gewässer, blutiger Tau an Kräutern und Bäumen, Erdbeben mit einstürzenden Gebäuden, Zusammenstoßen der Felsen, ein allgemeines Erdbeben, Menschen, die aus Höhlen hervorkommen, Auferstehung von Toten, Brennen von Himmel und Erde und schließlich am 15. Tag ein neuer Himmel und eine neue Erde.[732]

Bereits für Beda Venerabilis galten zwei Anzeichen als sichere Vorboten der Apokalypse, die heute – wie gesehen – in den *Left-Behind*-Romanen wieder eine Schlüsselrolle einnehmen: Die *Bekehrung des jüdischen Volkes* und das Erscheinen des *‚Antichrist'*. Gemäß Mal 4,5–6 werden Henoch und Elia das israelitische Volk zum christlichen Glauben bekehren und – so lehren Alkuin, Haimo von Auxerre und Rabanus Maurus – der Mensch der Sünde, der Sohn des Verderbens, der Widersacher, also kurz: der Antichrist – nach Meinung der meisten damaligen Theologen ein wirklicher Mensch und kein menschgewordener Teufel – wird sich als der von Gott verheißene Messias ausgeben. Vor allem bei Autoren um das Jahr 1000, wie Adso von Montier-en-Der (†992) und den Obengenannten spielen die Anzeichen des hier erwarteten Jüngsten Gerichts eine bedeutende Rolle. Allein der einflussreichste Autor der Frühscholastik, Petrus Lombardus, straft den Antichristen mit Nichterwähnung.[733]

Einem zentralen theologischen Thema näherten sich die Theologen der Frühscholastik mit der *Auferstehung*. Unzweifelhaft gehört gut paulinisch (1 Kor

---

729 Ebd., 28.
730 LACTANTIUS, *Insitutiones divinae* VII 14–19.
731 So bei Petrus Damiani, Petrus Comestor, Bruno von Segni und in der *legenda aurea*. Vgl. OTT, *Eschatologie*, 29.
732 Ebd., 30.
733 Ebd., 32.

15,51–55)[734] die universale Auferstehung für Theologen wie Julian von Toledo zum unaufgebbaren Glaubensgut. Eine *zweite Auferstehung*, wie sie für den schon früh verurteilten Millenarismus typisch ist, wird hier aus Gründen der Orthodoxie ausgeschlossen.[735] Alkuin, der große karolingische Theologe, unterscheidet dagegen zwischen einer (ersten) Auferstehung der Seele und einer (zweiten) des Leibes. „Die erste wird in der Kirche durch den Sohn Gottes vollzogen, die zweite am Ende der Welt durch den Menschensohn."[736] Aus dem Rahmen solcherlei konservativer Hoftheologie fällt Johannes Scotus Eriguena, Hofphilosoph Karls des Kahlen, nach dessen vom Neuplatonismus geprägten Weltanschauung es nach dem Ende der Welt weder einen Ort, noch eine Zeit oder einen Körper geben wird. Der menschliche Leib wird vielmehr als geistiger Leib auferstehen.[737]

In der zweiten Hälfte des 12. Jahrhundert ersteht mit der Lehre der Katharer eine erste breite Kritik am christlichen Auferstehungsglauben. „Da die Katharer auch die Autorität der Hl. Schrift in Frage stellten, musste Alanus von Lille in seinem apologetischen Werk *De fide catholica contra haereticos* den Vernunftgründen erhöhte Aufmerksamkeit schenken ohne deswegen die Schriftzeugnisse zu vernachlässigen."[738] Alanus nennt folgende Vernunftgründe für die Sinnhaftigkeit des Auferstehungsglaubens:

1. *Gerechte Vergeltung:* Nicht nur die Seele, sondern auch der Leib, der gesündigt hat, muss bestraft und geläutert werden.
2. *Ganzheitliche Auffassung vom Menschen:* Wenn der Mensch nicht mit Leib und Seele, aus denen er besteht, aufersteht, gibt es keine Auferstehung des Menschen.
3. *Beweis aus den Auferweckungswundern Jesu.*
4. *Der Schöpfer, der die Welt aus Nichts geschaffen hat, kann auch den zu Asche gewordenen Leib in seinem früheren Zustand oder noch in einem besseren Zustand wiederherstellen* und so die Auferstehung aller Menschen bewirken. Die Materie des menschlichen Leibes hört nicht auf zu sein, sondern besteht fort.
5. Guido von Orchelles fügt als Argument die *Metapher vom Leib Christi* hinzu: „Die Glieder Christi folgen dem Haupt Christus, der schon auferstan-

---

[734] 1 Kor 51–55: „Siehe, ich sage euch ein Geheimnis: Wir werden nicht alle entschlafen, alle aber verwandelt werden. Im Nu, im Augenblick, bei der letzten Posaune [denn die Posaune wird erschallen und die Toten werden auferweckt werden unverweslich, und wir werden verwandelt werden]. Denn dieses Verwesliche muss Unverweslichkeit anziehen, und dieses Sterbliche Unsterblichkeit anziehen Wenn aber dies Verwesliche Unverweslichkeit anzieht, und dies Sterbliche Unsterblichkeit anzieht, dann wird das Wort in Erfüllung gehen, das geschrieben steht: Der Tod ist verschlungen in den Sieg."

[735] JULIAN V. TOLEDO, *Prognosticum III 14.* Vgl. AUGUSTINUS, *Enchiridon* c. 84.

[736] OTT, *Eschatologie*, 33, mit Verweis auf ALKUIN, *De Fide* III, 18.

[737] JOHANNES SCOTUS ERIGUENA, *De divisione naturae* V 37.

[738] OTT, *Eschatologie*, 35.

den ist. Seine Auferstehung ist die Ursache und das Vorbild unserer Auferstehung."[739]

*Welcher Leib* aber wird auferstehen? Nicht einfach eine Kopie des irdischen mit allen Verletzungen und dem, was Leben, Leiden und Nahrungsaufnahme aus ihm gemacht haben, sondern nur das, was wir von den Stamm-Eltern ererbt haben. Auferstehen wird gemäß Wilhelm von Auxerre alles, was in Bezug auf das Sein, in Bezug auf das Gutsein und Vollständigsein sowie das Geziemendsein zur Wahrheit der menschlichen Natur gehört. „Gott wird, wie Augustin sagt, im menschlichen Leib ergänzen, wo zu wenig ist, und wegnehmen, wo zu viel ist."[740]

Petrus Lombardus lehrt über das Alter des Auferstehungsleibes, „daß alle im Alter Christi auferstehen werden; es habe 32 Jahre und drei Monate betragen. Mit Augustin lehrt er aber auch, dass sie nicht alle in der Statur Christi auferstehen werden, sondern in der Statur, die ihrer natürlichen Anlage entspricht. Zumindest die Leiber der Seligen werden ohne jeden Fehler und ohne jede Entstellung sein."[741] Die Leiber der Heiligen werden geistförmig sein wie der Leib Christi und sich wegen ihrer relativen Schwere zwar nicht gegenseitig, wohl aber andere, materielle Leiber durchdringen. Das Betasten von Jesu Wunden, wie in den Evangelien geschildert, war also nur durch ein Wunder möglich, so Petrus von Poitiers.

Breite Debatten ranken sich um die Frage, ob die universale Auferstehung natürlich oder wunderbar verursacht sei. Vor allem Platons Phaidros wird, etwa von Gaufried von Poitiers, als philosophischer Beweis für eine allgemeine Auferstehung herangezogen. Insgesamt gilt für eine Mehrzahl der frühscholastischen Theologen: „Die Tatsache der Auferstehung ist zwar natürlich, aber ihre besondere Beschaffenheit ist wunderbar, weil sie bloß durch die Gnade Gottes sein wird."[742] Wirkursache ist die Auferstehung Christi, wie schon von Paulus in 1 Kor 3,11–13 formuliert.[743]

Doch im Mittelpunkt auch schon der karolingischen und erst recht der frühscholastischen Ausführungen zur Eschatologie steht natürlich das *Jüngste Gericht*, dass augenscheinlich in vielfältiger Weise Anleihen beim Kaiserkult der Zeit nimmt: Christus „wird kommen wie der Kaiser, der in die Stadt einzieht. Die Krone und andere Abzeichen werden vorausgetragen. [...] Engel, die das

---

[739] GUIDO VON ORCHELLES, *Tractatus de sacramentis* c.10 n. 269. OTT, *Eschatologie,* 36.
[740] OTT, *Eschatologie*, 39.
[741] Ebd., 40.
[742] Ebd., 44.
[743] „Einen anderen Grund kann keiner legen, als den, der schon liegt, welcher ist Jesus Christus. Wenn einer aber auf diesen Grund baut Gold, Silber, kostbare Steine, Holz, Heu, Stoppel. So wird eines jeglichen Werk offenbar werden; denn der Tag [des Gerichts] wird es kundtun, weil es sich durch das Feuer offenbart; und welcherlei eines jeglichen Werk sei, wird das Feuer bewähren."

Kreuz tragen, gehen voraus."[744] Hier zeigt sich der an der Schwelle zwischen Romanik und Gotik, also in der Kunst der Zeit sich vollziehende Umschwung von der oströmisch geprägten Pantokrator-Darstellung zu den die Gotik dominierende Kreuzesdarstellungen Christi. Sie spiegelt sich in einer Debatte unter den Theologen, ob er in seiner dann gegenwärtig *glorreichen* oder *schwachen und leidenden* Form auftreten wird. Petrus Lombardus deutet Joh 5,22[745] in dem Sinne, dass „die menschliche Form des Sohnes für alle sichtbar sein wird, und zwar die verherrlichte. Richten wird er aber in der Kraft der Gottheit, die er mit dem Vater und dem Heiligen Geist gemeinsam hat."[746]

Erstaunlich die Spekulationen über den *Zeitpunkt des Jüngsten Gerichts*. Tausend Jahre nach Jesu Geburt häuften sich die Befürchtungen, das Millennium sei zu Ende und damit die Wiederkunft Christi nahe: Honorius Augustunensis nennt als Tag der universalen Auferstehung den Ostertag und die Stunde der Auferstehung Christi, als Tag des Gerichts aber die Stunde, in der der Engel Ägypten verwüstete und der Herr die Gerechten aus der Unterwelt befreite, das ist um Mitternacht.[747] Hier lokalisiert eine Mehrzahl der Theologen nicht nur das Gericht, sondern auch Geburt und Auferstehung Christi. Ort des Gerichtes wird das Tal Josaphat (Kidron) bei Jerusalem sein unterhalb des Löwentors auf dem Tempelberg, durch den nach jüdischer Tradition der Messias kommen soll. Schon früh, etwa bei Honorius finden sich jedoch metaphorische Deutungen dieser Ortsangabe, wohl wegen der Enge dieses Tales: Das Tal meine das Jammertal der ganzen Welt.

Drehbuch für alle theologischen Spekulationen sind natürlich die – bekanntermaßen nicht in allem dramaturgisch konsistenten – Texte der Johannes-Offenbarung: Auf ein, ähnlich der Sintflut, alles Nicht-Heilige verschlingendes Feuer folgt der Gott-Mensch, der sich dann in der Luft den Guten und Schlechten als Richter zu erkennen gibt. Die Schlechten werden von der Masse der Sünden niedergedrückt auf der Erde bleiben, die Guten werden durch die Schwingen der Tugend emporgehoben, mit Gott (Christus) in der Luft richten und so immer beim Herrn sein. Die Vollkommenen – das vielfältige Zeugnis der Schrift kennt hier „die (12) Gerechten" und „die Apostel auf zwölf Thronen", wie sie schon bei den ältesten Gerichtsdarstellung in römischen Fresken des 5. Jahrhunderts zu sehen waren – werden ohne Schaden durch das Feuer hindurchgehen, die Guten werden bei der Verurteilung des Teufels von einem Schrecken ergriffen werden, der ihre kleineren Makel beseitigt. Natürlich spielt die als konkrete Prophezeiung verstandene Gerichtsrede in Mt 25 eine wesentliche Rolle.

Im umfassendsten Traktat zum Thema, bei Richard von St. Viktor († 1173), vollzieht sich das gerichtliche Verfahren nicht mündlich, in Rede und Gegen-

[744] OTT, *Eschatologie*, 48.
[745] Denn der Vater richtet niemand, sondern hat alles Gericht dem Sohne gegeben.
[746] OTT, *Eschatologie*, 48.
[747] HONORIUS, *Elucidarium* III 40–50.

rede, sondern durch Offenlegung aller Gewissen infolge einer göttlichen Erleuchtung (Röm 2,15f).

Das frühe Mittelalter darf als historischer Ort identifiziert werden, an dem *Himmel und Hölle* als distinkte Orte sich aus den – hier nicht eindeutigen biblischen – Schriften und der Tradition herauskristallisieren. Deshalb interessieren die Ausführungen der frühscholastischen Theologen zu diesen Themen besonders. Johannes Scotus Eriugena legt auch hier die philosophisch elaborierteste und kirchentheologisch umstrittenste Variation vor: Die Heiligen stehen mit der Welt in Einklang, bleiben untereinander und mit ihr in Gott verbunden und wandeln ihre Leiber in ätherische Leiber. Böse und der Teufel fallen aus dieser ätherischen Welt heraus und erleiden die eigenen Taten und die Dinge der Welt als Strafe. Der natürlichen Freude der Gottlosen entspricht eine selbsterzeugte unaussprechliche Qual der gottlosen Engel und Menschen. Johannes Scotus Eriguena bestreitet die nach Augustinus nahezu dogmatisierte Prädestination und spricht – theologisch wegweisend – „nur" von einem Vorauswissen, in welchem Gott unfehlbar diejenigen voraussieht, die sich selbst die Strafe für ihre Gottlosigkeit bereiten. Er wird in ihnen nicht strafen, was er geschaffen hat, sondern er wird das, was er nicht geschaffen hat, der [rein geistigen] Strafe überlassen.[748] „Die Traurigkeit brennt wie eine unauslöschliche Flamme, der Schmerz nagt wie ein Wurm, der nicht stirbt"[749]

Anders als in der zeitgenössischen Theologie, die nach den Überlegungen Hans Urs von Balthasars die *Ewigkeit der Hölle* für zeitliche Sünden mit einem großen Fragezeichen versieht, wird sie in der Frühscholastik noch verteidigt. Etwa von Anselm von Laon mit dem Argument, der gerechte Richter werde nicht die Taten wägen, sondern den Willen. Die Verworfenen wollten aber *immer* in ihrem sündhaften Leben leben. Darum würden sie niemals der Strafe entbehren, weil sie niemals der Sünde entbehren wollten.[750]

Dass sich die Hölle „irgendwo unten" befinden muss, weil die Sündenstrafen nach unten drücke, darüber sind sich außer Eriugena nahezu alle Theologen einig. Einzelne wagen erste interne Differenzierungen freilich auf dünnem, bzw. nicht vorhandenem biblischen und erst recht rationalem Eis: Honorius Augustodunensis unterscheidet etwa eine zweifache Hölle: „Die obere ist der unterste Teil dieser Welt, der voll ist von Strafen, Hitze und Kälte, Hunger und Durst, Schmerz des Leibes und der Seele. Die untere Hölle ist ein geistiger Ort, wo ein unauslöschliches Feuer brennt. Er ist unter der Erde. Dort werden die Seelen der Sünder begraben, wie es Lk 16,22 vom Reichen heißt."[751] Hier gibt es neun verschiedene Strafen gemäß den neuen Ordnungen

[748] Vgl. OTT, *Eschatologie*, 58 mit Verweis auf JOHANNES SCOTUS, *De praedestinatione* c.19; Epilogus I II.

[749] JOHANNES SCOTUS, *De divisione naturae* V 30 31.

[750] HEINRICH WEISWEILER, *Das Schrifttum der Schule Anselms v. Laon und Wilhelms v. Champeaux*, Marburg 1936, 162 zit. OTT, *Eschatologie*, 59.

[751] Ebd. mit Verweis auf HONORIUS, *Elucidarium* III 13, 14 und 17.

der Engel, die von den Sündern vernachlässigt wurden. Sie entsprechen den verschiedenen Sünden, deren sie sich schuldig gemacht haben. Spätestens wenn Honorius angibt, die Guten würden den Schlechten bei ihren Leiden zusehen und sich so umso mehr über ihre Rettung freuen, erkennt man die Korrekturbedürftigkeit dieses theologischen Konzeptes und wünscht sich einen Dialog zwischen scholastischen Theologen und dem Karl Rahner der *Theologische Prinzipien der Hermeneutik eschatologischer Aussagen*[752].

Mit Voranschreiten der Geschichte differenzieren sich die Höllenphantasien: Radulfus Ardens unterscheidet in seinem *Speculum Universale* bereits vier verschiedene Höllen: Die Laster selbst und die in ihnen liegenden Leiden, einen ruhigen Ort neben der eigentlichen Hölle, wo die Seelen der vor der Ankunft Christi lebenden Gerechten ruhen („Abrahams Schoß"), das Purgatorium welches mit der eigentlichen Hölle Feuer, Kälte und andere Strafmittel gemeinsam hat. In diese drei Höllen soll Christus herabgestiegen sein, um die Seinigen daraus zu befreien. Die vierte, eigentliche und ewige Hölle aber ist für die Verworfenen von Anfang der Welt bereitet, aus ihr gibt es für Radulfus Ardens keine Erlösung.

Es ist wieder Honorius Augustodunensis, welcher in einem eigenen (dritten) Buch seines Elucidariums den *glücklichen Zustand der Seligen* ausführlich darstellt: „Ihre Seelen leben in [...] einer geistigen Wohnung, welche die ewige Weisheit von Anfang an für sie bereitet hat. Sie ist im intellektuellen Himmel, wo die Gottheit von ihnen von Angesicht zu Angesicht geschaut wird, so wie sie ist. Die Seelen der Vollkommenen, das ist der Martyrer, der Mönche und der Jungfrauen, die die göttlichen Gebote und Räte befolgt haben, gehen sogleich nach dem Tod in den Ort der Seligen ein. Die Gerechten, die die Gebote Gottes ohne Klage befolgen, werden von Engeln in ein irdisches Paradies oder vielmehr in eine geistige Freude geleitet. Eine Gruppe von Gerechten, die als Unvollkommene bezeichnet werden, die jedoch im Buch Gottes eingeschrieben sind, wie die Verheirateten, werden entsprechend ihren Verdiensten in sehr anmutige Wohnorte aufgenommen. Viele von ihnen werden vor dem Tag des Gerichtes durch Bitten von Heiligen und durch Almosen von Lebenden in eine höhere Stufe der Herrlichkeit aufgenommen. Nach dem Gericht werden sie alle den Engeln beigesellt. Für sie beginnt also die Gottanschauung erst nach dem Gericht. Andere Auserwählte, die die Buße für ihre Vergehen hinausschieben, werden von den Engeln den Dämonen zur Reinigung übergeben. In den Himmel werden so viele Seelen eingehen, als Engel dort zurückgeblieben sind."[753] Soweit eine konservative Sicht der Dinge, welche von vielen Theologen geteilt, im Volksglauben der Zeit durch entsprechende Predigten vermutlich tief verwurzelt ist und in den Werken der entstehenden Kunst

[752] RAHNER, Hermeneutik.
[753] OTT, *Eschatologie*, 70f m. Verweis auf HONORIUS, *Elucidarium* III 1–2 4–5 11.

etwas des Tafelbildes etc. vielfältig Abbildung findet.[754] Johannes Scotus Eriguena wiederspricht wie erwartet vor dem Hintergrund seines platonisch inspirierten Alternativ-Entwurfs dieser allzu verlockenden Sicht der Dinge. Immerhin die unmittelbare Gottesschau durch einen geschaffenen Intellekt muss er leugnen und kann sich dabei auf Pseudo-Dionysius, Gregor den Großen und Maximus Confessor, ja sogar auf den Lateiner Ambrosius berufen.

## 13.2 Hoch- und Spätscholastik

War vor allem die Vor- und in Teilen auch die Frühscholastik noch stärker von biblischem, patristischem und teilweise *platonischem* Gedankengut geprägt, überwiegt spätestens ab dem frühen 13. Jahrhundert, mit seiner vor allem von Albert dem Großen (ca. 1200–1280) betriebenen Rezeption, der Einfluss des – aus dem muslimischen Spanien kommend – bis dato komplett ins Lateinische übersetzten *Aristoteles*. Auf der aristotelischen Weiterentwicklungen der theologischen Reflexion soll im Folgenden auch der Schwerpunkt liegen, das aber nur insofern, als sie über das bisher schon Dargestellte hinausgeht. Die bisherige Gliederung nach Glaubensinhalten wird beibehalten. In besonderer Weise werden die Lehrmeinungen von Thomas von Aquin und von Bonaventura ausgeführt, dürfen sie doch als paradigmatisch für die dominikanische und die franziskanische Scholastik gelten.

Die Frage der *Suffragien* war in der Hochscholastik weitgehend im oben schon ausgeführten Sinne geklärt, dass weder Heilige noch Verdammte der Suffragien bedürfen[755]. Sie wirken auf die Unvollkommenen und ihre lässlichen Sünden, wie etwa Thomas von Aquin (ca. 1225–1274) argumentiert; und zwar im Sinne einer Verbindung der Verstorbenen mit der gesamten Kirche durch das Band der Liebe *(caritas)*, die niemals aufhört (1 Kor 13,8). „So nutzen die Suffragien den Verstorbenen wie den Lebenden auf zweifache Weise: Durch die Einheit der Caritas und wegen der auf sie gerichteten Absicht.“[756]

Die Wirklichkeit des *Fegefeuers* steht für die Hochscholastik fest. Albert der Große hält dessen Leugnung sogar schon für Häresie. Seine Existenz ergibt sich, etwa nach Hugo von St. Cher, logisch aus der Existenz teilweise Vollkommener, die weder direkt in den Himmel eingehen, noch die ewige Hölle verdienen. Biblisch begründet man in der Regel mit 1 Kor 3,15 „Er wird geret-

---

[754] Vgl. u.a. den Katalog zur Ausstellung *Himmel, Hölle, Fegefeuer. Das Jenseits im Mittelalter,* Eine Ausstellung des Schweizerischen Landesmuseums in Zusammenarbeit mit dem Schnütgen-Museum, Köln 1994.

[755] Bonaventura spricht über sie nur noch in der Vergangenheitsform: BONAVENTURA, *Liber Sententiarum I.–IV.* d. 45 a 1 q.1 (946–948). Zit. OTT, *Eschatologie*, 85.

[756] OTT, *Eschatologie*, 87.

tet wie durch Feuer". Der Tod ist, selbst beim Stand der Gnade, nach Thomas *nicht* in der Lage, lässliche Sünden zu tilgen. Erst die Strafe im Purgatorium, die in gewisser Weise freiwillig ist, wenn sie mit Ergebung in den Willen Gottes angenommen wird, obwohl sich der Wille danach sehnt, von ihr befreit zu werden, wird aufgrund der Gnade die Kraft haben, jede Schuld, die mit der Gnade zusammen bestehen kann, zu sühnen."[757] Suffragien können die Situation der Verstorbenen jedoch nur mildern, diese aber nicht in den Stand der Seligkeit versetzen. Dazu bedarf es des Gerichts.

Die erwarteten *Vorzeichen des Gerichts* entsprechen weitgehend den biblisch fundierten Kompilationen in der Frühscholastik. Auffällig ist jedoch eine Fokussierung auf astronomische Geschehnisse. Hier scheint die Rezeption der aristotelisch-induktiven Naturphilosophie bereits eine größere Sachkenntnis gebracht zu haben. Auch Thomas von Aquin hält die Verfinsterung von Sonne, Mond und Sternen für möglich: „Die Kraft Gottes wird dies zum Schrecken der Menschen bewirken. Aber das Licht der Himmelskörper wird nicht aufhören, sondern vielmehr vermehrt werden, weil es zur Vollkommenheit und zum Schmuck der niedrigeren Körper ist."[758]

Die in der Frühscholastik noch etwas unübersichtlichen Spekulationen zur *Natur und Person des Antichristen* werden von Thomas in eine logisch stimmige Gesamtsicht des absolut Guten und des absolut Bösen eingeordnet: Der Antichrist wird traditionell „Haupt des Schlechten" genannt. Zur Natur des Hauptes gehören nach Thomas/Aristoteles Ordnung, Vollkommenheit und Kraft. Es kann aber nicht zwei Häupter des Bösen geben. Eines ist schon Satan. Er allein kann die Rolles des Hauptes des Bösen zu Recht für sich beanspruchen. Denn weder ist der Antichrist in der Ordnung der Zeit vor allem anderen Schlechten wie die Sünde des Teufels noch sein Einfluss auf die Menschheit wegen der Kürze seines Auftretens hinreichend groß. Thomas lässt für den Antichristen nur gelten, dass „alle andern Schlechten, die vorausgegangen sind, gleichsam ein gewisses Vorbild des Antichrists [sind]. Antichrist und Teufel sind nicht zwei Häupter, sondern ein einziges. Der Antichrist wird Haupt genannt insofern in ihm die Bosheit des Teufels aufs Vollkommenste ausgeprägt ist."[759]

Bei der theologisch weit über Fragen der Eschatologie hinausreichenden Frage nach der *Auferstehung des Fleisches* und der damit verbundenen Frage nach dem Miteinander von Leib und Seele wird besonders deutlich, wie es *„divus Thomas"* in den Fußstapfen seines Lehrers Albertus Magnus gelingt, die biblisch amorphe Textlage in eine vor dem Forum der philosophischen Vernunft

[757] THOMAS V. AQUIN, *Commentum in IV. librum sententiarum*, in: *Opera omnia*, ed. S.E. Fretté, t. X XI (Paris 1874) d.21 q.2 a. 1 sol. 2 (X 589) zit. OTT, *Eschatologie*, 99.
[758] Ebd., D 48 q. 1. A qc. 2 zit. OTT, *Eschatologie*, 109.
[759] Ebd.

verantwortbare Anthropologie zu integrieren, welche in der Tradition von Aristoteles komplexer Schrift *De Anima* platonistische Dualismen vermeidet. Damit geht er zugleich über die noch allzu sehr einer frühscholastischen Apologetik verpflichteten Auferstehungslehre Alberts des Großen hinaus.

Wenn Thomas dabei das allgemein menschliche Streben nach Glückseligkeit als Ausgangspunkt für seine Überlegungen wählt, legt er damit seine fundamentaltheologische Methode offen, ein wichtiger und interessanter Ansatz, der vielleicht nicht kantschen auf jeden Fall aber der fichteschen Eudaimonie-Kritik verfiele: Er will allgemein verständlich sein und nicht bereits auf der Basis des christlichen Glaubens argumentieren. Wer meint, Glückseligkeit schon in diesem Leben erreichen zu können, sieht natürlich keine Notwendigkeit, ein anderes Leben nach diesem Leben anzunehmen und leugnet die Auferstehung."[760] Doch schon innerweltliche Phänomene wie die Wandelbarkeit des Glücks, die Schwachheit des menschlichen Leibes, die Unvollkommenheit und Unbeständigkeit des menschlichen Seins und Anderes lassen das Erreichen irdischer Glückseligkeit fraglich, wenn nicht gar völlig unmöglich erscheinen. Das platonische Modell nur einer unsterblichen Seele in einem sterblichen Leib weist Thomas mit der in Aristoteles in *De Anima* ausgeführten Untrennbarkeit von Leib und Seele zurück und argumentiert damit zugleich philosophisch für eine Auferstehung im Fleische und gegen eine Belohnung und Bestrafung allein der Seele in Himmel, Hölle oder Fegefeuer.[761] Thomas zieht einer vollkommenen Seele noch eine Seele in ihrem Leib vor, denn ohne ihn bleibt sie unvollkommen. Die Allgemeinheit der Auferstehung muss angesichts einer so breiten anthropologischen Anlage dann kaum mehr begründet werden, denn freilich gilt das Gesagte für alle Menschen.

Bonaventura verzichtet auf eine solche allgemeine Grundlegung und argumentiert wie seine Vorgänger allgemein biblisch. Die Allgemeinheit der Auferstehung begründet er konsequent biblisch aber auch philosophisch aus der Allgemeinheit der Erbsünde und des Todes. Damit kann er das biblische Zeugnis, wie etwa das Johannes-Wort, niemand komme zum Vater außer durch Jesus Christus, differenziert deuten: Auferstehung bedeute universal und für alle „Wiederbelebung des Leibes, im eigentlichen Sinn die Wiederbelebung des Leibes zusammen mit dem Heil. In diesem Sinn verspricht der Herr den Guten, die zu ihm kommen, die Auferstehung."[762]

Alle Autoren sind sich einig *trotz* oder gerade *wegen* der mit Aristoteles gekommenen größeren Vertrautheit mit natürlichen Vorgängen, dass die Auferstehung keine *natürlichen*, sondern nur *wunderbare* Ursachen haben kann. Phänomene wie die Wiedererschaffung von Leibern aus Staub und die Wiederzusammenführung von Leib und Seele können in der Natur nicht beobachtet werden. Platonische Spekulationen von einer nach 36.000 Jahren identisch

---

760 OTT, *Eschatologie*, 113.
761 THOMAS V. AQUIN, *Commentum in IV. librum sententiarum*, d. 43 q 1a. 1qc. 1 (XI 272–275).
762 OTT, *Eschatologie*, 115.

wiederhergestellten Realität werden als häretisch und selbstwidersprüchlich zurückgewiesen. „Nach Aristoteles *[Physica II]* können Dinge, die durch Fortpflanzung gezeugt werden, nur aus dem Samen durch die Natur entstehen; die Neugestaltung des Leibes geschieht [bei der Auferstehung] aber aus der Materie des zerstörten Leibes. […] Weiterhin kann nach Aristoteles *[de generatione XII c. 11)* die Natur eine zerstörte Form nicht als numerisch dieselbe zurückführen. […] Die Neugestaltung des Leibes geschieht also nicht durch die Kraft der Natur, sondern unmittelbar durch Gottes Macht."[763] Christus allein ist auch für Thomas Ursache, Wirk- und Exemplarursache unserer Auferstehung. Seine und unsere Auferstehung wird bewirkt durch die Kraft der Gottheit Christi, die ihm und dem Vater gemeinsam ist. Allerdings wird seine Auferstehung unmittelbar, die der Menschen nur mittelbar durch seine Auferstehung verursacht.[764]

Bezüglich des *Zeitpunktes der Auferstehung* kommt die Ewigkeit der Bewegungen der Gestirne als starkes Argument gegen ein Ende der Zeiten überhaupt in die Debatte. Manche nahmen deshalb – nahe bei jüdischen und alttestamentlichen Vorstellungen der messianischen Zeit – eine Rückkehr der Seelen in sterbliche auf jeden Fall aber irdische Körper an. Thomas erklärt gleichwohl alle vorauslaufenden Auferweckungen (Lazarus, Maria, Johannes) zu Sonderfällen, weist mit den augustinischen Argumenten den Millenarismus zurück, unterscheidet zwischen einer ersten, geistliche Auferweckung und einer eigentlichen am Ende der Zeiten und identifiziert das tausendjährige Reich auf die Zeit der Kirche. „Die Himmelsbewegung, mit deren Ende die Auferstehung zusammenfallen wird, hat ihrer Natur nach die Möglichkeit, immer zu dauern. Gott hat den Zeitpunkt nicht geoffenbart, damit alle immer wachsam und zu Begegnung mit Christus bereit sind."[765]

Wie die Theologen der Frühscholastik, so setzen die meisten Theologen der Hochscholastik aufgrund des allgemeinen Glaubens der Kirche als selbstverständlich voraus, dass ein *allgemeines Gericht* stattfindet. Thomas von Aquin macht dessen Existenz als einer der ersten zum Gegenstand einer eigenen Untersuchung: Richtet Gott nicht schon jetzt über die Werke der Menschen und teilt direkt nach dem Tod Lohn und Strafe zu? So fragen manche. Thomas erwidert: „Das Wirken Gottes in der Welt ist zweifach: Es umfasst die Hervorbringung und die Leitung der Geschöpfe. Der Leitung entspricht das *partikulare*, der ersten Hervorbringung das *universale* Gericht, in welchem der Welt die letzte Vollendung gegeben wird. In diesem Gericht wird die göttliche Gerechtigkeit offenbar erscheinen. Gute und Schlechte werden endgültig getrennt, denn sie werden voneinander keinen Nutzen mehr haben. In dem *Ein-*

[763] Ebd., 125.

[764] OTT, *Eschatologie*, 135 nach THOMAS V. AQUIN, *Commentum in IV. librum sententiarum*, d. 43 q. 1a. 2 qc (XI 276 f 277f).

[765] OTT, *Eschatologie*, 138 nach THOMAS V. AQUIN, *Commentum in IV. librum sententiarum*, d 43 q.1a. 3 qc (XI 280f 283f)

*zelgericht* wird der Mensch als *Einzelperson* gerichtet, im *allgemeinen* Gericht als *Teil des ganzen Menschengeschlechtes*. Im Endgericht werden Strafen und Lohn vervollständigt, indem sie auf den Leib ausgedehnt werden."[766]

Wie ihre Vorgänger sehen die Theologen der Hochscholastik den *Richter Christus* in der Knechtsgestalt auftreten, denn in dieser hat er sie sich als Versöhner und Erlöser von Gott und Schöpfung ,verdient'; zudem ist er selbst Stifter des Gesetzes. Eine Frage der sich auch Bonaventura widmet, der ansonsten Thomas zustimmt, ist die Frage, ob die Nicht-Verherrlichten Christus überhaupt schauen könne, denn die Schau der Gottheit bedeutet Verherrlichung, wenn nicht gar ewiges Leben bei Gott. An dieser Stelle würde zeitgenössische Theologie ein großes Potential von Sündenvergebung und wechselseitiger Versöhnung zwischen Tätern und Opfern ausmachen, denn die Gottheit Christi zu schauen bedeutet die Liebe schlechthin zu schauen, und wer könnte diese nicht in sein Herz lassen oder sie gar hassen. Hier läge eine ungeheure Chance einer Hoffnung auf Allversöhnung doch näher zu kommen. Doch die scholastische Theologie ist noch allzu sehr von der augustinischen *massa-damnata*-These bestimmt, also der Vorstellung von einer Mehrheit der unabdingbar für die Hölle Bestimmten, als dass sie die Liebesdynamik des Richters in dieser Weise wahrnehmen könnten. So löst Bonaventura das logische Problem indem er die Verworfenen auch schon von der eigentlichen Gottesbegegnung im Gericht ausschließt: „Die Verworfenen werden zwar durch sichere Zeichen und offenbare Wirkungen eine Erkenntnis der Gottheit Christi haben, aber keine in der ihr eigenen Form, welche durch offenen Schau erfolgt. Denn diese Form des Schauens ist für das Auge des Sünders gänzlich und für alle Augen, die nicht durch die Glorie oder durch eine überfließende Gnade erhöht sind, improportional"[767] Wie aber soll in einem solchen Gerichtsmodell geschehen, was Thomas reklamiert, dass nämlich der Einzelne als Teil des Menschengeschlechts gerichtet wird, wenn Gott, der die Liebe ist, gerade die Bedürftigen von der Gesamtschau der universalen Liebe ausschließt?

Bezüglich der *menschlichen Beisitzer* des Gerichtes, die bereits in der Johannes-Offenbarung Erwähnung fanden, liefert Thomas, wie zu erwarten, über biblische Zeugnisse und Vätertraditionen hinaus, welche hier bekanntermaßen die zwölf Apostel und zwölf Ältesten aus dem Alten Testament erwarten, Kriterien für ein solch ungeheuer verantwortliches Amt: „Die Vollkommenen müssen die Dekrete der göttlichen Gerechtigkeit, nach denen die Menschen gerichtet werden, gleichsam wie ein Buch in sich tragen. [...] Kraft eigener Autorität, die derjenige hat, der Herrschaft und Gewalt über andere hat – so

---

[766] OTT, *Eschatologie*, 143 nach THOMAS V. AQUIN, *Commentum in IV. librum sententiarum*, d.47q.1a 1qc 1 (XI 413 f 415); *Summa Theologia III q*. 59a.5; Suppl. 88,1.

[767] OTT, *Eschatologie*, 147 nach Bonaventura, d.48a.1 q. 2 (972b–973b)

kann nur Gott richten –, oder indem die in der Autorität eine anderen gefällte Sentenz andern zur Kenntnis gebracht wird – so werden die vollkommenen Männer (!) richten, weil sie andere zur Erkenntnis der göttlichen Gerechtigkeit führen."[768] Konkret sind auch bei Bonaventura hier die gelebten evangelischen Räte als Voraussetzung zu nennen. „Unter den zwölf Aposteln in Mt 19,28 sind alle vollkommenen Männer zu verstehen; denn die 12-Zahl ist die Zahl der Vollkommenheit."

*Wer wird gerichtet werden?* Alle Menschen meint Thomas von Aquin mit der Tradition und verweist vor allem auf Offb 1,7[769]. Wie schon in der Frühscholastik reduziert sich das Gericht dann doch auf die mittelmäßig Guten und Schlechten. Wer bereits für Himmel oder Hölle bestimmt ist, unterliegt nicht dem Gericht. Dies gilt auch für die Ungläubigen bei denen „nicht die Grundlage vorhanden [ist], auf der gute Werke aufgebaut werden können". Wohingegen die Gläubigen „wenigstens den lobenswerten Akt des Glaubens, der ohne Caritas zwar nicht verdienstlich, jedoch in sich auf das Verdienst hingeordnet ist"[770] vorzuweisen haben. Eine Aussage, die mit neuzeitlichem Subjekt- und Ethikverständnis und erst recht nach den Aussagen des II. Vatikanischen Konzils in *Nostra Aetate* kaum mehr nachvollzogen werden kann. Bonaventura geht – anders als Thomas, von einem eigenen Gericht über (gefallene) Engel und Dämonen aus. „Christus hat über den Teufel triumphiert, darum muss er die richterliche Gewalt über ihn empfangen. Weil die Dämonen Anteil hatten an der Schuld der Menschen, müssen sie auch Anteil an ihrer Schmach und Strafe haben."[771] Thomas hatte ein Gericht über die Engel geleugnet, denn „in den Guten finde sich nichts Schlechtes und in den Schlechten nichts Gutes"[772].

Nach Thomas *erfolgt das Gericht gedanklich* und die Gewissen der Menschen werden gleich Büchern gelesen. Alles andere hält er aus Kapazitätsgründen des Raumes und der Zeit für nicht durchführbar. Da das Gericht öffentlich ist, werden die Sünden allen bekannt außer jenen, welche durch die Buße getilgt wurden. Bonaventura dagegen ist der Meinung, dass alle Sünder gleich schauen werden und zwar entweder in Gott wie in einem Spiegel, durch das in der Glorie erhöhte Intellekt oder die göttliche Kraft.[773]

---

[768] OTT, *Eschatologie*, 152 nach THOMAS V. AQUIN, *Commentum in IV. librum sententiarum*, d.47 q 1a.2 qc. 1 (XI 417b 418 b–419 b).

[769] „Siehe, Er kommt mit den Wolken und sehen wird Ihn jegliches Auge, auch die Ihn durchstochen haben, und jammern werden ob Ihm alle Stämme der Erde. Ja, Amen."

[770] OTT, *Eschatologie*, 155, nach THOMAS V. AQUIN, *Commentum in IV. librum sententiarum*, d.47 q.1 a. 3 qc. 3.

[771] OTT, *Eschatologie*, 156 nach BONAVENTURA d.47 a.1 q. 4 (962a–963a).

[772] Ebd., 155.

[773] Vgl. ebd., 157 ff.

Nach Joel 4,2 gilt als *Ort des Gerichts* von alters her das Jerusalemer Tal Josaphat. Schon Albertus Magnus wollte diesen Ort nur noch metaphorisch im Sinne „diese Welt" verstanden wissen. Thomas hingegen versteht hier die Schrift wörtlicher: Christus wird beim Ölberg herabsteigen, wo er auch in den Himmel aufgefahren ist. Um die große Menge von Menschen fassen zu können muss man sich konzentrische Kreise um einen über dem Tal Josaphat schwebenden Christus vorstellen. So sehen es auch Bonaventura und viele andere Theologen.[774]

Während Albert der Große sich noch in einigermaßen labyrinthischen Spekulationen über die Natur des *Gerichtsfeuers* und deren Wegbrennen der bösen Konkupiszenz verwickelt, fragt Thomas grundständig, was eine solche Reinigung der Welt in Feuer denn bewirken solle. Er kommt aber zu ähnlichen Ergebnissen wie Albert: „Der Teil der Welt, der von Menschen gebraucht wurde, hat aus den Sünden der Menschen eine gewisse Ungeeignetheit zur Aufnahme der Herrlichkeit erhalten. Darum bedarf er der Reinigung."[775] Nachher wird ähnlich wie nach der Sintflut alles klarer sein. Das Licht der Himmelskörper wird vermehrt; Pflanzen und Tiere, die dem vergänglichen Zustand des Menschen dienen, werden zu existieren aufhören.[776] Bonaventura unterscheidet gemäß Mal 3,3 zwei künftige Feuer, eines, das die Auserwählten reinigen und dem Gericht vorausgehen wird, ein anderes, das die verworfenen peinigen wird. „Das Endfeuer dient zur Reinigung und Erneuerung der Welt. Dieses wird auf das Gericht folgen, das Antlitz der Welt verbrennen und reinigen und schließlich die Verworfenen peinigen. Das Feuer, das viele lebend antreffen wird, wird der Reinigung der Auserwählten dienen, nicht ihrer Vernichtung."[777]

Wie alle christlichen Theologen nach Augustinus setzen auch die Hochscholastiker die Existenz der Hölle als selbstverständlich voraus. Gemäß Mt 25,46 kommt auch Thomas nach kritischer Prüfung zum gleichen Ergebnis, gleichzeitig differenziert er dann doch Dauer und Intensität der Strafen nach der auslösenden Schuld und stellt so die Ewigkeit der Hölle implizit in Frage. Explizit bleibt er auf dem Boden der Tradition „Sie haben gegen ein ewiges Gut gesündigt, indem sie das ewige Leben, das sie hatten, geringschätzten."[778] Erstaunlicherweise kommt hier mit Verweis auf Ps 24,10[779] Gottes Barmherzigkeit zum Zuge: Wenn er auch die Verurteilung der Allversöhnungslehre des Origenes bekräftigt (wegen ihrer Geringschätzung der göttlichen Gerechtig-

---

[774] Vgl. ebd., 160 ff.
[775] Ebd., 164.
[776] Ebd., 168.
[777] Ebd., 166 nach BONAVENTURA d. 47 a. 2 q.4 (967b–968b).
[778] OTT, *Eschatologie*, 170, nach THOMAS V. AQUIN, *Commentum in IV. librum sententiarum*, d.46 q. 1 a. 3 (XI 397 a – 399 b)
[779] „Alle Wege des Herrn sind Barmherzigkeit und Wahrheit."

keit), stellt Thomas doch schließlich richtig: „Gott erbarmt sich, soviel an ihm liegt, aller (vgl. Weish 11,24), aber seine Barmherzigkeit ist durch die Weisheit geregelt, die nicht zulässt, dass sich seine Barmherzigkeit auf diejenigen erstreckt, die sich ihrer unwürdig gemacht haben.“[780] Wo verläuft genau die Demarkationslinie? Zwischen Gläubigen und Ungläubigen? Zwischen jenen, die würdig die Sakramente empfangen und den andern? Thomas verneint alle Sicherheiten. Weder Sakramenten-Empfang, noch Werke der Nächstenliebe oder treues Ausharren im katholischen Glauben sichern wirksam gegen die ewige Hölle. Allein die Tiefe der Liebe *(caritas)*, die keiner ermessen kann außer Gott, ist entscheidend. Ein unbarmherziges Zeitalter, das Hochmittelalter?! Bonaventura sieht das jedenfalls kein bisschen anders.

Mit den theologischen Vorgängern teilen die Theologen der Hochscholastik die Vermutung, dass das *Höllenfeuer Seele* (mit dem „Wurm der Verdammten“) wie *Leib* der Verdammten (mit äußerlichem Feuer) schmerzen, aber nicht verbrennen wird. Bonaventura führt aus, dass das Feuer das „vorzüglichste Peinigungsmittel“ sei.[781] Überzeugender werden die Höllendarstellungen aber uns Heutigen, wo sie nicht von einem rächenden Gott und seinen Unterteufeln geprägt sind, sondern von der Uneinsichtigkeit der Höllenbewohner selbst. Thomas vermerkt, dass unter den Verdammten der vollkommenste Hass herrsche, so wie unter den Seligen des Himmels die vollkommenste Liebe. „Darum empfinden sie über alle Guten Schmerz; sie wünschen, dass alle Guten verdammt werden. Ihr Neid wird so groß sein, dass sie auch auf die Glorie der Verwandten neidisch sein werden, während sie selbst in der größten Unseligkeit sind.“[782]

Das, was wir gerne *Paradies* oder *Himmel* nennen, firmiert in der scholastischen Theologie unter dem Titel *felicitas* oder *beatitudo* – Glückseligkeit. Albert der Große definiert sie als „Akt oder Tätigkeit entsprechend der vollkommenen Tugend der Seele“[783] Nimmt man sie nach ihrem höchsten Können, so erscheint sie als nichtgehinderte Tätigkeit der Klugheit. Doch auch in der kontemplativen Schau, kann die Glückseligkeit gefunden werden. Averroes nannte sie die Glückseligkeit der Einsiedler. Aber bereits Boethius bot eine christliche Fassung des Begriffs: Glückseligkeit heißt Gott anhangen und in ihm alles besitzen, was an weltlichen Gütern erstrebt werden kann.[784]

---

[780] OTT, *Eschatologie*, 171.
[781] Ebd., 175.
[782] Ebd., 180, nach THOMAS V. AQUIN, *Commentum in IV. librum sententiarum*, d. 50 q. 2 a. 1 qc. 4.
[783] „Felicitas sive beatitudo est actus sive operatio secundum perfectam pietatem animi.“ ALBERTUS MAGNUS d. 49 a.6, zit. OTT, *Eschatologie*, 192.
[784] „Liquet igitur esse beatitudinem statum bonorum omnium congregatione perfectum.“ BOETHIUS, *De consolatione philosophiae*, III prosa 2, zit. OTT, *Eschatologie*, 193.

Thomas fasst philosophisch/aristotelisch Glückseligkeit als letztes Ziel des Strebens der menschlichen Vernunft, also als Sein. Theologisch gesprochen ist sie als in ihm Seiende und Erstrebte geschaffen, als außerhalb seiner Existierende ungeschaffen und identisch mit Gott. Wie auch immer man die letzte Vollkommenheit des Menschen betrachten mag, in jedem Fall ist sie *Tätigkeit*. Zu erreichen ist die Schau Gottes aber letztlich nicht allein durch menschliche Anstrengung, sondern nur unterstützt durch göttliche Gnade *(gratia supponit naturam)*. Die Schau Gottes übersteigt die natürliche Potenz des Geschöpfes. Darum ist das eigentümliche Maß der Glückseligkeit die Ewigkeit und identisch mit ewigem Leben.[785] Was sehen die Auferstandenen? Nicht Gott selbst, denn er ist über alles Menschliche erhaben, unsichtbar, unerkennbar für das Intellekt; oder gar sein Wesen, sondern „etwas von ihm".[786] Thomas führt näherhin aus: „Jede Sache ist erkennbar nach dem, was sie vom Akt hat, noch nach dem, was sie aus der Potenz hat. Da die göttliche Wesenheit reiner Akt ist, kann sie die Form sein, durch die der Intellekt erkennt."[787] Gott wird also als Wirkender in seinen Wirkungen erkannt. Bonaventura stimmt dieser skeptischen Sicht weitgehend zu, nimmt allerdings eine Gottesschau im Sinne einer Schau der Substanz für diejenigen an, die sich in der Glorie befinden, also höchste Vollkommenheit ohne jede Verdunklung erreicht haben: Apostel, Älteste, Heilige und Martyrer.

Die Sehnsucht nach Glückseligkeit wohnt allen Menschen inne. Da alle geschaffenen Dinge von Gott dem Urheber alles Guten ausgehen, neigen alle entsprechend der vom Schöpfer empfangenen Einprägungen auf das ihrer Art entsprechende Gute hin.

Definiert man Glückseligkeit als *ewige Gottesschau* und *einheitliches Tätigsein* in der universalen Liebe, so sollten Unterschiede innerhalb einer solchen ontologischen Kategorie undenkbar sein. Nicht so in der scholastischen Spekulation. Es wird vielmehr von unterschiedlichen Graden der Klarheit gesprochen: Thomas knüpft an 1 Kor 15,41f an, wonach sich ein Stern vom andern an Klarheit unterscheidet; so wird es auch bei der Auferstehung der Toten sein. Man geht gar so weit, die Größe der Wohnungen beim Vater bzw. ihre Lage zu Gott hin nach dem Grad der Vollkommenheit ihrer Bewohner, genauer: nach der Größe Ihrer Liebe *(caritas)*, zu bemessen. Auch Bonaventura formuliert: „Viele Wohnungen werden in dem einen ewigen Leben sein, weil es verschiedene Würden der Belohnungen gibt."[788]

Insgesamt ist festzuhalten, dass die Sicht der scholastischen Theologen auf die Existenz der Auferstandenen im Jenseits keineswegs naiv gegenständlich ge-

---

785 THOMAS V. AQUIN, *Commentum in IV. librum sententiarum*, d. 49 q 1 a. 2 qc. 2 (XI 465 a 467 b – 468b) BOETHIUS, *De consolatione philosophiae*, III prosa 2.

786 So ALBERTUS MAGNUS (ed. Colon. t. XXXVII/2, 479) mit Verweis auf PSEUDO DIONYSIUS, *Epistel 1* (PG 3, 1065A; *Dionysiaca*, P 1937, I 606f).

787 OTT, *Eschatologie*, 222.

788 BONAVENTURA, d-49 p. 1 a. un. Q.6 (994f)

nannt werden kann. Vielmehr ist den Bedingungen einer geistig-geistlichen Existenzform dadurch Rechnung getragen, dass sowohl Qualen als auch Glückseligkeit nicht alltagsreal ausgemalt, sondern als Existenzformen des vollkommenen *Einverständnisses mit* bzw. der umfassenden *Rebellion gegen* die Liebe und also gegen Gott verstanden werden können. Wie auch die zeitgenössische Theologie kann schon die Theologie der Scholastik die Existenzweise der einzelnen Individuen als unmittelbare Folgen der zu Lebzeiten durch freie Willensentscheidungen herbeigeführten Habitus fassen. Bedauerlich ist sicher, dass die vermutete Unabänderlichkeit der Prädestination einer genaueren Betrachtung des dynamischen Versöhnungsgeschehens im Lichte der Liebe Christi genauso im Wege steht, wie ein erstaunliches Desinteresse am ideengeschichtlich eigentlich noch recht jungen – und damit aktuellen – Fegefeuer. Dabei ist freilich zu bedenken, dass sowohl das korporative Denken des Mittelalter, eine völlig andere öffentliche und körperbetonte Strafpraxis[789] sowie die verbreitete Vorstellung, dass allein konsequentes Drohen bzw. Belohnen eine Verhaltensänderung der an sich als verstockt und von der Erbsünde gezeichneten Menschen bewirken könnten, auch die Jenseitsvorstellungen entscheidend zu prägen scheinen. Hier musste die Theologie des 20., Jahrhunderts einiges an Aufräum- und Klärungsarbeit leisten. Eine echte lehramtliche Revision der problematischen, ja unchristlichen Anteile scholastischer Eschatologie und ihrer Folgen steht bis heute aus.

---

789 MICHEL FOUCAULT, *Überwachen und Strafen. Die Geburt des Gefängnisses*, Frankfurt a.M. 1994.

# 14. Patristische Eschatologie

## 14.1 Eschatologie in der Patristik bis 250 n.Chr.

Die Frage nach den letzten Dingen ist im Christentum früh präsent. Es sind vor allem die judenchristlichen Gemeinden in Palästina, für dic die Erwartung einer leiblichen Auferstehung von bleibender Bedeutung war, wie sie sich in den apokryphen Schriften, aber auch in Qumran und (weniger prägnant) im hellenisierten Diasporajudentum niederschlug[790].

Die bedeutendste Quelle für die frühesten judenchristliche Vorstellungen der Apokalypse sind sicher die Apokryphen *Petrus Apokalypse*, *Epistula Apostolorum*, *Esra 5/6,* sowie das *Sibyllinische Orakel.* Sie stimmen in wesentlichen Punkten überein, wie einem *baldigen Kommen des Endes* nach Jesu Auferstehung, den vorausgehenden *Zeichen* Zwietracht, Korruption, falsche Lehren, Streit unter Familien, Krieg unter Nationen, Krankheiten, Missernten, Hungersnot, kosmische Katastrophen, sowie in den Vorstellungen vom *Auftreten Jesu* und dem *Ablauf des Gerichtes* (alles wird offenbar werden und Christus wird mit dem Vater richten) *und der Bestrafungen* (ewiges Feuer) sowie *Belohnungen* (Ruhen im Paradieses-Garten und Teilnahme an Jesu ewigem Gastmahl).[791]

Wolfhart Pannenberg bemerkt zu Recht, dass die im 20. Jahrhundert wiederentdeckte Reich-Gottes-Theologie der Evangelien schon sehr früh hinter die Hoffnung auf (leibliche) Totenauferstehung zurücktritt:

> „Zwar hat noch der erste Clemensbrief die Botschaft der Apostel als Evangelium von der Nähe der Gottesherrschaft charakterisiert (1. Klem 42,3), und auch bei den anderen apostolischen Vätern ist nicht selten vom Reiche Gottes als Gegenstand christlicher Hoffnung die Rede[792]. Doch schon bei den Apologeten erscheint der Begriff *basileia* selten, während die Hoffnung auf die Totenauferstehung zum zentralen Gegenstand der Auseinandersetzung mit dem hellenistischen Denken wurde.“[793]

Pannenberg bemerkt mit Bedauern, dass nach dem völligen Ausfall des Reich-Gottes-Themas bei Johannes Damascenus und vor allem im ungleich wirkmächtigeren Sentenzenkommentar des Petrus Lombardus „[d]ie darin liegende Konzentration auf die individuelle eschatologische Hoffnung und die Zukunft des Endgerichts, der jeder einzelne entgegengeht und mit der auch das Ende der gegenwärtigen Welt verbunden sein wird, [...] für die Eschatologie der

---

790 BRIAN DALEY u.a., *Handbuch der Dogmengeschichte IV/7a, Eschatologie in der Schrift und Patristik,* Freiburg / Basel / Wien 1986, (im Folgenden: „DALEY, *Patristik*“), 85ff.
791 DALEY, *Patristik*, 87-90.
792 Pannenberg verweist u.a. auf: *Didaché* 9,4; 10,5; 2 Clemens und den Hirten des Hermas.
793 WOLFHART PANNENBERG, *Systematische Theologie. Band III,* Göttingen 1993, 569f.

Hochscholastik, aber auch für die altprotestantische Dogmatik bestimmend" blieb.[794]

Betrachtet man die Texte der Apostolischen Väter[795] aber genauer, sind immerhin neben einer Aufnahme vieler traditioneller Themen der neutestamentlichen Eschatologie einige aus dem jeweiligen Entstehungskontext verständliche Differenzierungen festzuhalten: So betont der *erste Clemensbrief*, der ja gegenüber einer Gruppe christlicher Dissidenten um Respekt vor der Kirchen*ordnung* wirbt, besonders den geregelten Ablauf eines schon von Beginn der Schöpfung an festgelegten Planes bis zum Ende der Zeiten und erwähnt die Zwei-Äonen-Lehre der jüdischen Apokalyptik gar nicht, obwohl er ihr in anderen Punkten, etwa der genau festgelegten Zahl der Geretteten ausdrücklich folgt.

In der *Didaché* fällt die gesamtkirchliche Orientierung, im *Barnabasbrief* dann doch die Erwähnung des Reiches Gottes nicht nur als *zukünftiges*, sondern auch als *gegenwärtiges*, auf. Auch in den Briefen des *Irenäus von Antiochien* finden sich Spuren einer „realisierten Eschatologie", wenn er ein Anbrechen des von Gott Bereiteten – vorbereitet in Kreuz und Auferstehung Jesu Christi – schon in dieser Welt erwartet.[796] Der spätestens 140 n.Chr. verfasste *Hirt des Hermas* besteht aus fünf Visionen, zwölf Ermahnungen *(mandata)* und zehn Gleichnissen *(similitudines)* und weist so schon formal große Ähnlichkeit zu einer apokalyptischen Schrift auf. Andererseits bietet er jedoch nur Weniges, das über die Aussagen des Neuen Testamentes hinausginge. Allerdings beinhaltet das zentrale Anliege des „Hirten", eine Reform der damaligen Kirche an Haupt und Gliedern dezidiert eschatologische Elemente, ja sie wird selbst zur zentralen eschatologischen Größe: Die Kirche erscheint als Greisin, denn sie ist die erste der Geschöpfe Gottes (Hermas, Visiones II 4,1), sie wird aber durch Mut und Heiligkeit ihrer Glieder immer jünger und strahlender, bis sie schließlich als jungfräuliche Braut erscheint (Hermas, Visiones IV 2,3-5).[797]

Die *Apologeten* Aristides, Justin, Tatian, Athenagoras und Theophilus von Alexandrien wiederholen nicht nur bis dato entwickeltes biblisches und traditionelles Überlieferungsgut, sondern reagieren auf für die wachsenden und sich der antiken Öffentlichkeit zunehmend öffnenden jungen Gemeinden drängender werdende gnostische und hellenistisch-platonische Zweifel an der Plausibilität der leiblichen Auferstehung, wie sie schon Paulus bei seiner Areopag-Rede (Apg 17, 16–34) entgegengeschlagen waren. Gemeint sind hier zu-

---

794 Ebd., 571.

795 Ich stütze mich im Folgenden auf Übersetzung und Kommentar der nach wie vor maßgeblichen Ausgabe: *Schriften des Urchristentums*, 3 Bände, Die Apostolischen Väter, Didaché etc. Darmstadt 1993. Eingeleitet, herausgegeben, übertragen und erläutert von JOSEPH A. FISCHER.

796 Vgl. auch DALEY, *Patristik*, 90ff.

797 Ebd., 97.

nächst gnostische-christliche ‚Sekten' wie die Valentinianer, die sich durchaus apokalyptischer Fermente bedienen. Auch wenn wir es mit einer ausgesprochen amorphen und in Vielem widersprüchlichen Landschaft von Spekulationen und Visionen zu tun haben, kommt die *gnostische Eschatologie* wohl doch darin überein, dass „das Heil [...] als Wiedereinbringung der Lichtteile dieser Welt, die den höchsten, am wenigsten materiellen Wirklichkeitsbereichen angehören – nämlich den Seelen der Eingeweihten –, an ihrem Platz im Pleroma bzw. in der ‚Fülle' der hierarchisch geordneten Wesen" geschehen wird[798]. Ein vorausgehender ‚Weltuntergang' nach Vorbild der jüdischen Apokalyptik widerspricht einer solchen Allversöhnungsvision (auch in gnostischen Texten *apokatástasis* genannt) nicht, wohl aber der in der jungen christlichen Tradition inzwischen theologisch gut verankerte Glaube an eine leibliche Auferstehung.

Demgemäß schärft Irenäus von Lyon in seiner um 180 n. Chr. in Lyon entstandenen Schrift *Adversus Haereses* neben den biblischen Abläufen und Inhalten der ‚letzten Dinge' besonders die Sinnhaftigkeit der leiblichen Auferstehung ein. Er entwickelt sie aus einem ganzheitlichen schöpfungstheologisch grundierten Menschenbild[799]: Der Mensch, verstanden als Einheit von Geist und Fleisch, ist in seiner Ganzheit durch den inkarnierten Christus zum Heil berufen:

> „Der Mensch aber musste zuerst werden, dann wachsen, dann erstarken, dann sich vervielfältigen, dann genesen, dann verherrlicht werden und schließlich seinen Gott schauen. Die Anschauung Gottes nämlich ist unser Ziel und Ursache der Unvergänglichkeit; die Unvergänglichkeit aber führt uns in die Nähe von Gott."[800]

Die *lateinische Theologie zwischen 200 und 250 n.Chr.* bietet Neues in der Eschatologie bestenfalls in zwei Punkten: Tertullian entwickelt eine erste Lehre von der Hölle, bei ihm Hades genannt, den er als Ort der Verbannung der Seelen der Verstorbenen beschreibt, wo sie – offenbar im Sinne einer vorübergehenden Vorwegnahme des ewigen Schicksals – Bestrafung oder Trost erfahren, während sie auf das Jüngste Gericht warten. [801] Cyprian von Karthago, Zeitgenosse der Christenverfolgungen unter Decius (250) und Valerian (257–258) sowie der Pest (252–254), stellt von diesen Erfahrungen sicher nicht unbeeinflusst, das Greisenalter der Welt nach 6000 Jahren an den Beginn seiner Überlegungen, tröstet seine Mitchristen zugleich aber mehr als irgendeiner seiner Vorgänger mit der Größe des Lohns, der sie erwartet: „Im Him-

---

798 Ebd.,104.

799 Medard Kehl unterstreicht die Bedeutung dieser frühen Festlegung von Kirche und Theologie auf *leibliche* Auferstehung zu Recht als unabänderliche Positionierung gegen jeden Leib-Seele-Dualismus. KEHL, *Eschatologie*, 176ff.

800 IRENÄUS VON LYON, *Adversus haereses*, 4, 38, 3; zit. DALEY, *Patristik*, 107.

801 TERTULLIAN, *De anima*, 55–58.

mel, den jeder Christ als seine Heimat betrachten darf, ‚wartet eine große Schar unserer Lieben auf uns' zusammen mit den Patriarchen, Aposteln und Märtyrern, ja sie können ‚die Umarmung und den Kuss des Herrn' erwarten.[802]

Auch *Clemens v. Alexandrien* (†215) kennzeichnet bereits die milde Sicht der Alexandrinischen Schule auf die Ereignisse im Jenseits, jedoch nicht nur für die treuen Christen, sondern für alle Menschen. Seine Eschatologie zeichnet bereits die Weite des weltanschaulichen Horizontes aus, die wir bei Origenes dann ausgearbeitet wiederfinden. Ausgestattet mit stoischen, platonischen und gnostischen Hoffnungsvorstellungen versteht er auch die Bestrafungen im Feuer noch als Heilmittel und als notwendige Stationen auf einem – allerdings langen und schmerzlichen – Weg einer platonisch gedachten Vervollkommung. Seine Homilie *Quis Dives salvetur?* (42) endet demgemäß mit einer großartigen Vision:

> „der erhofften Auferstehung, wenn am Ende der Welt die freudestrahlenden Engel unter Lobgesang die Himmel öffnen und jene, die echte Reue zeigen, in die himmlischen Wohnungen aufnehmen werden, ihnen voran der Heiland selbst, der ihnen entgegengeht […] und sie zum Schoß des Vaters zum ewigen Leben und zum Himmelreich geleitet."

## 14.2 Origenes

Die intellektuelle Kraft und religiöse Intensität des Ausnahmetheologen Origenes (ca. 185–254) kann kaum überschätzt werden. Wie Clemens gehört er der Alexandrinischen Schule an, auch wenn die Frage nach unmittelbaren Verbindungen zwischen beiden offen bleiben muss. Sohn eines Märtyrers und bereits außerhalb der klassischen Rhetoren-Tradition aufgewachsen, suchte er gleichwohl nach philosophischen Argumenten zur authentischen Vermittlung der christlichen Lehre. Er fand sie beim Platoniker und späteren Lehrer Plotins, Ammonios Sakkas († ca. 242).

Wegen heftiger Auseinandersetzungen über Origenes Einordnung christlicher Heilsgeschichte in platonische Ideenlehre, vor allem aber über seine Eschatologie, die wohl schon zu Lebzeiten begannen, sich an der durch ihn übernommenen platonischen Leib-Seele-Konzeption und einer Allversöhnung *(Apokatastasis)* festmachten und 543/553 n.Chr. schließlich in einer formalen Lehrverurteilung gipfelten, ist sein Werk nur in Teilen erhalten. Die überlieferte Hauptwerk *Peri Archon/De Principiis/Von den Prinzipien*[803] will eine philosophisch ausgewiesene Darstellung der gesamten Glaubenslehre bieten. Wichtig sind darüber hinaus für unseren Zusammenhang diverse Schriftkom-

---

[802] DALEY, *Patristik*, 117 mit Verweis auf CYPRIANS Schriften *Ad Demetrianum* und seine *Briefe* 6,4 und 37,2.

[803] ORIGENES, *Vier Bücher von den Prinzipien*. Hrsg., übers., mit kritischen und erl. Anm. vers. von Herwig Görgemanns und Heinrich Karpp. Darmstadt $^{3}$1992.

mentare und Homilien, darunter die längste Erörterung des synoptischen apokalyptischen Stoffes in einem Kommentar zu Matthäus 24, 3–44.[804]

Auch Origenes' Eschatologie darf im Gegensatz zu der von Clemens von Alexandrien gelten „als Versuch die akzeptierte apokalyptische Tradition der Hl. Schrift und des Volksglaubens einen konstruktiven, ehrfürchtigen und pastoral fruchtbaren Weise zu entmythologisieren"[805]. Ausgehend von der Allgegenwart der Ideenwelt finden sich deshalb in seinem Ansatz mindestens so viele Elemente *präsentischer* wie *futurischer* Eschatologie – letztere hatte im Werk des Clemens noch überwogen. Wie sein gesamtes Werk und seine Lehre zeichnen auch Origenes' eschatologische Texte das Nebeneinander rein volkstümlich narrativer oder „literarischer" Deutung biblischer Texte und einer ‚allegorischen', anspruchsvolleren Deutung für die Gebildeten aus. Insgesamt lehnt er auch in seinen eher spärlichen Auslegungen der Johannes-Apokalypse historische, chiliastische oder eine – zu seiner Zeit offenbar immer noch virulente – Deutung „im jüdischen [also innerweltlichen] Sinne" zugunsten der Frage ab, was diese Texte über „das Wachstum des einzelnen Christen zum Heil hin"[806] aussagen. In gut platonischer Manier steht im Hintergrund die Vorstellung einer unmittelbaren Anschauung Gottes, erreichbar durch ein über den irdischen Tod fortdauerndes Sich-Bilden und Vervollkommnen des Einzelnen:

> „Dann wird man den Vater und die Dinge des Vaters selber sehen, wie der Sohn es tut und nicht mehr in dem Abbild die Wirklichkeit dessen erkennen, dessen Abbild es ist. Und ich glaube, dass dies das Ende *(to télos)* sein wird, wenn der Sohn Gott seinem Vater das Reich übergibt und wenn Gott alles in allem sein wird."[807]

Einer der wesentlichen Streitpunkte um die Origeneische Eschatologie ist seine Konzeption der leiblichen Auferstehung, die erwartungsgemäß stark vom platonischen Leib-Seele-Konzept bestimmt ist. Von einer materialistischen Vorstellung der leiblichen Auferstehung, die er gleichwohl grundsätzlich bejaht, wendet er sich schroff ab: „unsere Hoffnung ist nicht eine, die für Würmer passend ist; auch sehnt sich unsere Seele nicht nach einem verwesten Leibe."[808] Wenn auch die postmortale Seele einen Leib als Träger ihrer Lebensfunktionen benötigt, „wird die zur Anschauung Gottes zugelassene Seele für die ‚reineren ätherischen, himmlischen Regionen' einen ganz anderen Leib gebrauchen als jenen, den sie auf Erden trägt.' (Cels 7,32)"[809] Die Seele garantiert die Identität des Individuums, fungiert sie doch das ganze Leben hindurch als dem Leib innewohnendes Prinzip, das ihn bei der Auferstehung auch wie-

[804] ORIGENES, *Kommentar zu Matthäus* 49; ebd., 50 u.ö.
[805] DALEY, *Patristik*, 123.
[806] Ebd., 124.
[807] ORIGENES, *Kommentar zu Johannes 20,7,47f.*
[808] DERS., *Contra Celsum* 5,19, zit. DALEY, *Patristik*, 126.
[809] DALEY, *Patristik*, 127.

der rekonstruieren wird. In gewisser Weise bekleidet in dieser Vorstellung die Seele den Leib mit Beständigkeit und Wiedererkennbarkeit und nicht umgekehrt. Entsprechend ist gemäß 1 Kor 15, 42–43 eine Verklärung des künftigen Leibes zu erhoffen, „dass eben dieser Körper die Schwächen ablegen wird, die er jetzt hat, zur Herrlichkeit umgewandelt wird und so zum ‚geistigen Körper' wird."[810]

Trotz des Fließens der Stoffe in der Materie, bleiben Individuen gleich, in ihrem *eĩdos,* so Origenes[811], der den materiellen Leib charakterisiert und integriert.

> „darum bleiben Petrus und Paulus erkennbar – und tragen z.B. bis ins hohe Alter die Narben der Kindheit –, obwohl ihr eigentliches Fleisch stets im Wandel begriffen ist. Es ist dieses *eĩdos* des Körpers, das bei der Auferstehung wieder mit der Seele verbunden wird und für sich einen neuen Leib aufbaut, der in jeder Hinsicht besser ist als der jetzige."

Er wird aber anders sein, gemäß den Bedingungen unter denen der neue Mensch lebt.[812] Ob dieser neue Körper mit irdisch dürren Worten eher als *vollkommen unkörperlich*, *ätherisch* oder *unveränderlich und ausgeglichen* beschrieben werden sollte überlässt Origenes allerdings tatsächlich seinen Lesern.

Die *fama*, Origenes habe den Glauben der Kirche an eine leibliche Auferstehung ganz abgelehnt und bestenfalls eine Art „Astralleib" angenommen, ergibt sich wohl vor allem aus der tendenziösen lateinischen *De Principiis*-Übersetzung durch Rufinus und hat seiner Rezeption über Jahrhunderte schwer geschadet. Erst Origenes' Wiederentdeckung durch Hans Urs von Balthasar hat einen neuen Begriff des von der Seele her gedachten Auferstehungsleibes – meines Wissens erstmalig ausgeführt im Werk Gisbert Greshakes – und eine neue Würdigung des Apokatastasis-Gedankens im 20. Jahrhundert ermöglicht, allerdings unter den Bedingungen einer weniger lehrhaften, denn subjekt- und versöhnungsorientieren Soteriologie.

Wie geschieht aber nun Versöhnung bei Origenes oder anders gefragt: Wie sind Art und Dauer der Bestrafung nach dem Tod zu denken? An vielen Stellen bekennt sich Origenes zu einem schon offenbar im dritten Jahrhundert zur Tradition gewordenen „Feuerwort"[813] und er kennt auch schon die modern anmutende Vorstellung dass „jeder Sünder selber die Flammen seines eigenen

[810] ORIGENES, *Prinzipien*, 661 (III 6,6).

[811] DERS., *Kommentar zu Psalm 1,22.* Zit. DALEY, *Patristik*, 128.

[812] Ebenso wie wir zweifellos Kiemen hätten, wenn wir im Wasser lebten, so „werden sich jene, die das Himmelreich erben werden […] zwangsläufig geistiger Körper bedienen. Aber die Gestalt des ehemaligen Körpers wird nicht verschwinden, auch wenn seine Art verwandelt wird, um herrlicher zu werden." Ebd.

[813] DERS., *Homilie zu Jeremia 18/19*; *Homilie zu Leviticus* 14,4; Comm ser in Matt 72, *Homilie zu Exodus 13,4* u.ö. Allerdings beruft sich Origenes hier und in *Prinzipien* II, 11 nie auf Paulus, sondern auf eine unklare Stelle in Jesaja (66 u.a.).

Feuers anzündet und nicht in irgendein Feuer geworfen wird“[814]. Das *ewige* Feuer ist jedoch bei Origenes gemäß der Schrift „für den Teufel und seine Engel“ bestimmt[815]. Entscheidend auch für zeitgenössische Theologie ist die von ihm mit Clemens v. Alexandrien geteilte Überzeugung, dass „alle Peinigungen eines guten Gottes zum Wohle jener, die sie erleiden, gedacht sind.“[816] Das „‘häretische‘ gnostische Bild eines grausamen, richtenden Gottes“[817], wie es uns in der scholastischen Eschatologie auf Schritt und Tritt begegnet, zu widerlegen, ist dabei eine der zentralen Intentionen des Origenes. Unabhängig von den philosophischen Schwierigkeiten, die ein solches Modell mit sich bringt, geht er von der langen Dauer einer „Unterweisungszeit“ zwischen Tod und Auferstehung aus, die jedoch nicht die von Greshake beschriebenen Schwierigkeiten eines leiblosen Zwischenzustandes mit sich bringen. Origenes versteht sie aber ausdrücklich als Unterweisungszeit und signalisiert damit dass in seinem Konzept einer vom *eĩdos* her gedachten Leiblichkeit das wirklich „Leibhaftige“ eines Lebensweges doch ebenso zu kurz kommt wie die in den Evangelien durchaus vorfindbare Vorstellung einer „Versündigung“ am anderen Menschen, welche dann eben auch einer intersubjektiven Versöhnung bedürfte. Vielmehr mutmaßt er, dass die Verstorbenen in eine „Seelenschule“ gesteckt würden, die „in den himmlischen Regionen“ liege; dort erführen sie Erklärungen für „alle irdischen Ereignisse“, die „Auflösung schwerer Schriftstellen“, das „Wesen himmlischer Mächte“ und schließlich „die Ursachen der Dinge und die Kräfte seiner Schöpfung [...] warum jener Stern an jener Stelle des Himmels steht, [...] was etwa die Folge wäre, wenn jener Stern größer wäre als jener andere, wieso dann die bestehende Ordnung des Alls nicht mehr gewahrt bliebe“.[818]

Was hier der Einzelne erfährt fließt bei Origenes schließlich ein in das was er – den Begriff bereits als bekannt voraussetzend – *Apokatastasis* nennt. Der griechische Begriff meint eigentlich „Verwirklichung“, in Origenes Lesart aber wohl eher „Wiederherstellung einer ursprünglichen Harmonie und Einheit der Schöpfung“. Es scheint ihm eher eine These, denn sichere Lehre zu sein, die zudem ihre Herkunft aus der platonischen Seelen und Ideenlehre kaum verleugnen kann. Die Vorstellung einer fortdauernden Reinkarnation oder gar ein unendlicher Zyklus von aufeinanderfolgenden Sündenfällen und Erlösungen ist Origenes dabei aber fremd. Vielmehr denkt er Heil, als „dauerhafte Beständigkeit vernünftiger Wesen in liebender Einheit mit Gott“[819]. Dass er je die Erlösung von Teufeln gelehrt hätte bestreitet Origenes in einem Brief

---

814 DERS., *Prinzipien*, 429 (II, 10,4).
815 DERS., *Homilie zu Josua 14,2*, zit. DALEY, *Patristik*, 131.
816 DERS.S, *Homilie I zu Ezechiel 3*, zit. DALEY, *Patristik*, 132.
817 DALEY, *Patristik*, 132.
818 ORIGENES, *Prinzipien*, 429 (II, 11, 5-7).
819 DALEY, *Patristik*, 133, Bezug nehmend auf ORIGENES, *Dialogus cum Heraclide 27*; *Kommentar zu Johannes* 10, 42; *Homilie zu 1 Kg* 1,4 etc.

an Freunde in Alexandria nach seiner Vertreibung von dort 231.[820] *De Prinzipiis* I, 6, 3 lässt die Frage aber offen und bildet damit ein Einfallstor für jahrhundertelange Schmähungen, Origenes sei mit dem Teufel zu milde verfahren. Den Worten Brian Daleys, dessen kluger Aufarbeitung der Origeneischen Eschatologie dieses Kapitel Vieles verdankt und ihrer Hervorhebung der fundamentaltheologischen Intention des Origenes ist nicht hinzuzufügen: „Sein Ziel war es, der Schrift und der kirchlichen Tradition eine Bedeutungserklärung zu schenken, die sowohl diesen Quellen treu blieb, als auch der Naturwissenschaft und Philosophie seiner Zeit intellektuell verantwortlich war."[821]

## 14.3 Augustinus

Aurelius Augustinus von Hippo, vermutlich der bedeutendste christlichen Kirchenlehrer und Philosoph an der Epochenschwelle zwischen Antike und Mittelalter. 354 als Sohn eines heidnischen Vaters Patricius und der berberischen Christin Monnica in Thagaste, Numidien geboren, bekehrt sich 386 nach Studien der Rhetorik und Philosophie zum Christentum. 391 wird er nach einer eindrücklichen Begegnung mit dem Kirchenlehrer Ambrosius von Mailand zum Priester und 395 zum Bischof von Hippo geweiht. Bis zu seinem Tode 430 verlässt er diese Stadt nur noch, um an den nordafrikanischen Konzilien teilzunehmen.

In Augustinus' Jugendzeit fiel die kurze, aber bemerkenswerte Regierungszeit Julians (361–363), der als letzter Kaiser Anhänger des alten Götterglaubens war und vergeblich um dessen Erneuerung bemüht war. Die nachfolgenden Kaiser waren alle Christen, und Theodosius I. sollte das Christentum schließlich per Gesetz zur Staatsreligion erklären (380) und die heidnischen Götterkulte verbieten (391/92). An seinem Lebensende sollte Augustinus noch erleben müssen, wie die Vandalen auch in die Provinz Africa übersetzten und Stadt um Stadt eroberten.

Seine „Bekenntnisse" (*Confessiones*) gehören zu den einflussreichsten autobiographischen Texten der Weltliteratur. Augustinus' Philosophie enthält von Platon stammende, jedoch im christlichen Sinn modifizierte Elemente. Hierzu gehören insbesondere die Dreiteilung der Wirklichkeit in die Welt des höchsten Seins, die nur dem Geist zugänglich ist, die Geist-Seele des Menschen und die niedere Welt des Werdens, die den Sinnen zugänglich ist.

Augustinus' Denken war lebenslang von drei großen Auseinandersetzungen und den hier ausgetragenen gegnerischen Positionen geprägt: Gegen die Manichäer kämpft er gegen die Abwertung des Fleisches und entwickelte einen

---

[820] Vgl.: H. CROUZEL, *A Letter from Origen ‚to friends in Alexandria'*, in: D. NEIMAN / M. SCHATKIN (Hg.), *The Heritage of the early Church* (Orientalia Christiana Analecta, 195) Rom 1973, 135–150. Zit. DALEY, *Patristik*, 134.

[821] Ebd.

vor allem für die Trinitätslehre fruchtbaren Begriff vom Zueinander von Geist und Materie und dem Ja Gottes zur Schöpfung, der in seinem Werk leider nicht überall durchgehalten wird. Gegen die elitären Donatisten verteidigt er die Gültigkeit der Sakramente auch bei Unwürdigkeit des spendenden Priesters: „Es ist egal ob das reine Wasser der Gnade durch ein Blei oder durch ein Goldrohr fließt" – Christus tauft, nicht der Amtsträger.

In der Gnadenlehre warf Pelagius Augustinus vor, dass er mit dem Leib auch die Schöpfung verurteile, wohingegen doch die Schöpfung die erste von Gott gewährte Gnade sei. Augustinus hatte aber in seinem Leben erfahren, dass ihm alles durch Gnade geschenkt wurde. Seine Lebensdevise lautet: *da quod iubes et iube quod vis*. Nicht die bloße Vorhandenheit der eigenen Geschöpflichkeit führt zu Gott, es bedarf essentiell der Gnade.

Bedenkt man, dass Augustinus neben Gregor dem Großen sicher der Theologe mit dem größten Einfluss auf die Weiterentwicklung der (allerdings fast ausschließlich westlich-lateinischen!) Eschatologie war, mutet es erstaunlich an, in wie vielen Einzelheiten sein Ansatz biblische Motive und Argumentationsgänge aufgreift, wie sehr er an die Traditionen vor allem des Origenes, Tertullian und Hippolyt anschließt, und wie sehr er die von den afrikanischen Gläubigen gepflegten Bräuche und Hoffnungen in diesem Themenfeld voraussetzte. Augustinus tritt uns mindestens ebenso als Vermittler, Sammler und Systematiker, denn als eigenständiger Theologe und Lehrer entgegen.

Sicher kommt ihm das Verdienst zu, die auch bei Origenes teilweise noch ungeklärten oder unvermittelt nebeneinander stehenden Elemente und Eschatologoumena zu einem systematischen Gesamtentwurf zusammengebunden zu haben. Dabei wird freilich eine typisch augustinische Prägung durch einschneidende eigene Lebenserfahrungen immer wieder sichtbar. Ein weiterer zentraler Schlüssel zum Verständnis seiner eschatologischen Hoffnung dürfte „das Erfassen seiner scharfen, metaphysisch begründeten Unterscheidung zwischen Zeit und Ewigkeit"[822] sein. Die besonderen Qualitäten der eschatologischen Ereignisse resultieren eben aus der Befreiung der Individuen aus den Bedrängnissen von Zeit und Raum. Diese werden dabei ausdrücklich nicht restlos vernichtet, etwa zugunsten einer rein geistigen Neuschöpfung des Verstorbenen, sondern in eine neue, auch leibliche Existenz ‚aufgehoben'.[823]

Für Augustinus folgt das Eschaton – in einer deutlichen Distanzierung von jüdischer Apokalyptik, die bis heute einen wesentlichen Unterschied zwischen jüdischen bzw. marxistischen und christlichen Endzeitvorstellungen ausmacht – nicht einfach wie ein neues (irdisches) Zeitalter auf die Welt, wie wir sie kennen. Das Eschaton stellt für ihn vielmehr „das Ende der Geschichte selbst

---

[822] DALEY, *Patristik*, 193.

[823] Medard Kehl schreibt treffend: „Ursprung und Ziel der Geschichte liegen also in einem geschichtstranszendenten Jenseits, eben bei Gott und seiner ewigen zeitüberlegenen Prädestination. Die Geschichte selbst kann darum nichts anderes sein als ein ‚Interim', als die Pilgerschaft *(peregrinatio)* in der Fremde." KEHL, *Eschatologie*, 203.

und de[n] Anfang des ‚ewigen Sabbats'"[824] dar. Bezüglich der im Hier und Jetzt zu erwartenden apokalyptischen Zeichen überwiegt bei Augustinus die Scheu einer impliziten Negativen Theologie, die wir in unserer systematischen Darstellung eingefordert, in der Scholastik aber besonders schmerzlich vermisst hatten: Er erwartet zwar eine Bekehrung der Juden, die Wiederkehr des Propheten Elias, das Kommen Christi als Richter, die Auferstehung der Toten sowie die Trennung von Gut und Böse, verweigert sich aber ausdrücklich Spekulationen über die Person des Antichrist. Vor allem vermeidet Augustinus es, Katastrophen der Gegenwart mit ‚echten' apokalyptischen Zeichen zu verwechseln oder gar das Datum für ein nahe bevorstehendes Weltenende zu benennen[825]. Dabei verweist er immer wieder auf Apg 1,7 und Mt 24,36.

„Christliche Wachsamkeit besteht für Augustinus darin, auf den Herrn zu warten, indem man in der christlichen Liebe ausharrt, bis der ‚Schlaf des Todes' uns einholt."[826] Hier manifestiert sich eine weitere, oben bereits erwähnte Leistung des Augustinus, seine *großkirchliche* Eschatologie von den von brennender Naherwartung geprägten *kleinkirchlichen* Lösungen abzugrenzen: Das metaphorisch verstandenen ‚Millennium' ist die jeweils gegenwärtige Zeit der Kirche. Wörtlich schreibt er in *De Civitate Dei* 20,7 über die Identifikation von tausend Jahren mit jeweils einem Schöpfungstag und der Erwartung des siebten Jahrtausends durch die Chiliasten:

> „Auch ich habe derlei früher einmal so aufgefasst: Aber wenn man sagt, die dann Auferstehenden würden ihre Muße mit maßlosen leiblichen Tafelfreuden hinbringen und solche Fülle von Speis und Trank genießen, dass von keinem Maßhalten mehr die Rede wäre, ja ein mehr als unglaubliche Schwelgen anfinge, so können doch nur fleischlich gesinnte Menschen derartiges glauben. Die geistlich Gesinnten pflegen die, welche dieser Meinung huldigen, mit einem griechischen Wort Chiliasten zu nennen."

Für den Augustinus des *Gottesstaates* gilt dagegen für das gegenwärtig geglaubte Millennium „Seine Heiligen herrschen nun mit Christus, aber sicherlich in einer anderen Weise, als sie dereinst herrschen werden." (20,9) Satan ist in die Herzen der Bösen eingesperrt, mit denen die Kirche im Status eines *regnum militiae* alltäglich ringt. Die Throne des Gerichtes entsprechen dem hierarchischen Amt und die Seelen der Märtyrer aus Apk 20,4 verweisen auf die Gegenwart der Verstorbenen in der Kirche.

Gerade für aktuelle Debatten um die problematische Alternative einer rein futurischen oder rein präsentischen Eschatologie ist es bemerkenswert, dass

---

[824] Damit legt sich eine Deutung der irdischen Weltalter nach dem Schema der bis dato verstrichenen sechs Schöpfungstage nahe, das AUGUSTINUS analog zur römischen Tradition einer kosmischen Woche an verschiedenen Stellen entwickelt. So etwa in *De catechizandis rudibus* 22,39; *De trinitate* 4,4,7; Im Spätwerk tritt die eindeutige Identifikation des Millenniums mit diesem ewigen Sabbat in einigen Predigten (*Sermones 259,2; 94,4* u.ö.) zugunsten der bekannten ekklesiologischen Deutung zurück. Vgl. DALEY, *Patristik*, 194f.

[825] AUGUSTINUS, *Epistula 199*, 34.

[826] DALEY, *Patristik*, 197.

eine große Sorge des Augustinus offenbar dem Verlagern der aktuellen ethischen Herausforderung in eine ferne Zukunft und damit dem Ignorieren der ontologischen Unterschiedenheit zwischen Zeit und Ewigkeit gegolten haben könnte: Gott richtet über alle seine Geschöpfe bereits jetzt, innerhalb der Geschichte, so betont er.[827] Auch werden Lohn und Strafe hier und jetzt und nicht erst nach dem Tode ‚verdient', ja „selbst die Fähigkeit der Toten, von den Gebeten und guten Werken, welche die Lebenden für sie aufopfern, zu profitieren" hängt davon ab, „ob sic im Leben diese Fähigkeit verdient haben."[828] All dies geschieht bei fortwährender Betonung des ontologischen Unterschiedes zwischen *vorläufiger* (nach der ersten) und *endgültiger* Herrlichkeit nach der zweiten Auferstehung zum ewigen Leben.

Hier stoßen wir also auf ein bereits aus der scholastischen Theologie bekanntes Thema, das Augustinus nicht nur in ausdrücklich eschatologischen Zusammenhängen interessiert. Am Ende des neunten Kapitels der *Confessiones* bittet Augustinus Gott für das Seelenheil seiner Eltern, stellvertretend aber und zuerst seiner tiefgläubigen Mutter Monnica in der – in den *Confessiones* häufiger auftauchende, heute aus theologischen Traktaten leider fast völlig verschwundene – Form des Gebetes:

> „dass ihrer alle, die dieses lesen, an Deinem Altare gedenken Deiner Dienerin, zusammen mit Patricius, weiland ihrem Gatten, aus deren beider Fleisch Du mich hereingeführt hast in dieses Leben; wie, ich weiß es nicht. Sie mögen frommen Sinnes ihrer Gedenken, die meine Eltern waren in diesem flüchtigen Lichte hier, die von Dir dem Vater her, meine Brüder sind in der Mutter Kirche, meine Mitbürger in dem ewig währenden Jerusalem, nach dem die Pilgerschaft deines Volkes mit Seufzen sich sehnt vom Auszug bis zur Heimkehr."[829]

Augustinus zweifelt nicht daran, dass denen welche aufgrund ihres irdischen Lebens nicht völlig verworfen sind, jenen, also, „die in Gemeinschaft mit dem Leib und dem Blut Christi gestorben sind" durch Gebet während der Eucharistie geholfen wird. Sie sind Teil der irdischen und ewigen Kirche, die er als Leib Christi versteht, also *membra Christi*[830]. Was die jenseitigen Sündenstrafen angeht unterscheidet bereits Augustinus zwischen zeitlichen und ewigen Strafen, wobei offenbar von ‚ewigen' Höllenstrafen erst nach dem Übergang aller Geschöpfe aus der Zeit in die Ewigkeit gesprochen werden kann[831]. Ob sich also in Bezug auf alle Strafen, die vor dem Jüngsten Gericht erlitten werden, von einer Vorform des Fegefeuers gesprochen werden kann, dürfte schwer entscheidbar sein. Letztlich lehnt Augustinus aber die Einschätzung ab, Strafen seien *überhaupt* als Reinigung zu bezeichnen und polemisiert ge-

---

827 AUGUSTINUS, *De Civitate Dei*, XX,1.
828 DALEY, *Patristik*, 198 mit Verweis auf AUGUSTINUS, *Enchiridion* 29, 110.
829 AUGUSTINUS, *Confessiones*, IX, 35ff.
830 DERS., *De civitate Dei*, XXI, 13.
831 DERS., *Epistula 164*, 7f, *De Genesi ad litteram* 12, 33,63.

gen allzu mitleidige Theologen[832]. Das einzige Zugeständnis, das er den Origenisten macht, ist, dass sich die Barmherzigkeit Gottes auch auf die eingefleischten Sünder erstreckt, Gott es ihnen also erlauben wird „weniger furchtbare Strafen zu erleiden, als sie es eigentlich verdient hätten".[833]

Entsprechend bedeutsam wird in der augustinischen Eschatologie dann auch – gut paulinisch – die Auferstehung der Toten als eigentliches eschatologisches Ereignis und zentraler Ankergrund des christlichen Glaubens: „Wenn die Toten nicht auferstehen, so haben wir keine Hoffnung auf ein jenseitiges Leben; aber wenn die Toten wirklich auferstehen, dann wird es ein jenseitiges Leben geben."[834] Und: „Welches Glück hat er euch versprochen? Welches, wenn nicht das der Auferstehung der Toten?"[835]

Doch welcher Leib wird auferstehen? Augustinus teilt weder die Verachtung der Manichäer für den Körper noch die Begeisterung der Platoniker samt Origenes für eine philosophisch gegründete ganz von der Seele her gedachte Leiblichkeit. Dabei spricht er doch auch selbst, ausgehend von 1 Kor 15,50, von einem ‚geistigen Leib', der „im Augenblick seiner Umwandlung nicht mehr Fleisch und Blut, sondern nur ein Leib sein wird. Andererseits hat er selbst wohl „Auferstehung im wörtlichen Sinne einer Wiederzusammensetzung aller Teilchen der Materie"[836] verstanden. Augustins scharfe Trennung zwischen Zeit und Ewigkeit gibt auch hier die Bedingungen vor: Wenn die

---

832 Vgl. v.a. DERS., *De Civitate Dei*, XXI, 17–27. Hier heißt es zu dieser Frage in wirkungsgeschichtlich nicht zu unterschätzender Schärfe: „In diesem Punkte war Origenes wahrlich noch mitleidiger, denn er glaubte, sogar der Teufel und seine Engel würden nach einer ihrer Schuld entsprechenden härteren und länger dauernden Bestrafung diesen Qualen entrissen und den heiligen Engeln zugesellt werden. Doch ihn hat die Kirche aus diesen und noch einigen anderen Gründen, vor allem aber, weil er einen unaufhörlichen Wechsel von Seligkeit und Unseligkeit und ein endloses Hin und Her in bestimmten Zeiträumen vom einen zum andern annahm, mit Fug und Recht verworfen. Hat er doch auch seine scheinbare Barmherzigkeit dadurch verleugnet, dass er den Heiligen wahre Unseligkeit bescherte, in der sie Strafen abzubüßen hätten, dazu falsche Seligkeit, in der ihnen wahre und sichere, mit andern Worten von Furcht befreite und gewisse Freude am ewigen Gut versagt bleiben sollte. [...] Man lasse also die Flut dieses Mitleids noch weiter und mächtiger strömen bis zu den verdammten Engeln, die dann gleichfalls nach beliebig vielen und lang sich dehnenden Zeitaltern zu befreien wären. [...] Man wagt freilich nicht, das Mitleid noch weiter ausgreifen zu lassen und auch die Rettung des Teufels selber ins Auge zu fassen. [...] Aber es ist vielmehr so: Um so schmählicher und um so mehr klaren Gottesworten zuwider irrt man, je milder man zu empfinden sich schmeichelt."

833 Ebd., 24.

834 DERS., *Sermones*, 361,2.

835 DERS., *Enarrationes in Psalmos*, Ps 36, 1, 9.

836 DALEY, *Patristik*, 202 mit Verweis auf AUGUSTINUS, *Sermones* 242–243; *Enchiridion* 23,84–93; *De civitate Dei*, XXII, 12–21. Daley fasst hier die Details zusammen: „Als Säuglinge und Kleinkinder Verstorbene erhalten zusätzliche Materie, um die Größe zu erlangen, die sie gehabt hätten, wenn sie im Leben ein reifes Alter erreicht hätten [...] Körperteile, die im Laufe des Lebens wegen des Aussehens abgelegt worden sind, wie Haare und Nägel, werden nicht unbedingt in derselben Form wieder angenommen werden [...] die Neugestaltung des uns eigenen derzeitigen Zustandes wird von den Kriterien der Harmonie und der Proportion bestimmt werden."

gegenwärtige Gestalt der materiellen Welt in einer „Feuersbrunst irdischen Feuers vergehen" und somit von ihren „vergänglichen Eigenschaften"[837] gereinigt werden muss, so gilt dies auch für die menschlichen Leiber. Anders wäre es auch gar nicht möglich, Gott zu sehen. Hier stimmt Augustinus erneut mit Origenes überein, wenngleich er vor allem eine Vielzahl von Schriftzitaten bemüht und formell gegen die „Platonisten" polemisiert:

> „So mag es wohl sein, ist auch durchaus glaubhaft, dass wir dereinst das weltlich Körperhafte des neuen Himmels und der neuen Erde auf neue Weise schauen werden, nämlich so, dass wir den allgegenwärtigen, auch über allem Körperlichen waltenden Gott vermittels der Körper, die wir tragen und die wir erblicken, wohin wir auch die Augen wenden in hellster Klarheit schauen, und zwar nicht bloß so, wie wir jetzt Gottes unsichtbares Wesen aus den Werken der Schöpfung nur durch einen Spiegel im Rätsel und stückweise ersehen und erkennen, wobei unser Glaube wirksamer ist als die körperlichen Gestalten, die wir mit unseren leiblichen Augen erblicken. Sondern wie wir die lebendigen und Lebensbewegungen verrichtenden Menschen unter denen wir leben, sobald wir sie erblicken, nicht bloß für lebendig halten, sondern sehen, dass sie leben […] ebenso werden wir überall, wohin die geistigen Lichtstrahlen unserer leiblichen Augen fallen, vermittels unseres Leibes den unkörperlichen Gott erblicken, der über allem waltet."[838]

Ohne noch mehr ins Detail gehen zu können, sei vermerkt, dass Augustinus von einer völlig freien und in dieser Freiheit ganz sündlos und also ganz auf das Lob Gottes ausgerichteten Existenzform des „neuen Menschen" ausgeht: In Gott werden Frieden, Glückseligkeit und Ruhe herrschen.[839] Doch Augustinus ist es nicht primär oder gar allein um das Heil der einzelnen Seele zu tun. ‚In Gott sein' heißt Gemeinschaft mit allen geretteten Seelen, also der Kirche und den Engeln haben, heißt in der „Stadt Gottes" leben.[840]

Der naturgemäß nur kurze Blick auf Augustins Eschatologie, den wir hier werfen konnten, hinterlässt ein amorphes Bild, das zunächst sicher der Vielfalt seiner in verschiedenen Lebensphasen entstandenen Schriften und der Komplexität der theologischen Zugänge und Herausforderungen geschuldet ist, denen er sich lebenslang stellen musste. Es fällt demnach aber schwer, einer unhistorische Rezeption der augustinischen Eschatologie, wie sie etwa für das gesamte Mittelalter und die frühe Neuzeit wahrgenommen werden kann und heute in neokonservativen Kreisen wieder Mode zu werden beginnt, zuzustimmen. Dafür sind seine Positionierungen und Zuspitzungen oft zu sehr von der Position der jeweiligen Gegner, seien es Manichäer oder Platonisten, abhängig und entsprechend zu relativieren. Gleichwohl kommt seinem Werk doch eine entscheidende klärende und ordnende Funktion zu, vor allem, was die erfolgreiche Zurückweisung eines zunächst judenchristlichen, später

---

837 Vgl. AUGUSTINUS, *De civitate Dei*, XX, 16.
838 Ebd., 22,29.
839 Vgl. Ebd., 19, 13; 21; 27.
840 Ebd., 19,5; 22,30; 19,13 u.ö.

kleinkirchlichen Millenarismus,[841] aber auch was die Abwehr allzu konkreter Jenseitsvorstellungen oder gar Datierungen angeht. Augustinus ist hier getragen vom Geist einer durchaus jesuanischen Negativen Theologie der Eschatologie, sei es was Überlegungen zum Auferstehungsleib oder zur Wirksamkeit diesseitiger Werke angeht.

## 14.4 Gregor der Große

Gregorius I., genannt Gregor der Große (um 540–604), war von 590 bis 604 Papst. Er gilt als einer der bedeutendsten Päpste und ist neben Hieronymus, Ambrosius und Augustinus der jüngste der vier großen lateinischen Kirchenlehrer der Spätantike. Gregor entstammte vermutlich der stadtrömischen Patrizier-Familie der Anicier (Anicii), die im 5. Jahrhundert zwei der letzten weströmischen Kaiser gestellt hatte und auch in Ostrom zur Oberschicht zählte. Er bekleidete wohl das Amt eines *Praefectus Urbi*, entschied sich aber 575 für ein Leben als Mönch. Die elterliche Villa auf dem Monte Celio wandelte er in ein Benediktinerkloster um. Sein Vorgänger als Papst, Pelagius II., holte ihn 579 in den Kirchendienst und sandte ihn als Apokrisiar nach Konstantinopel, wo er sechs Jahre lang blieb. Nach seiner Rückkehr wurde Gregor Berater Pelagius‘ II. und am 3. September 590 selbst zum Papst gewählt – als erster Mönch in diesem Amt.

Hatte Theoderich der Große einige Jahrzehnte zuvor noch konstatiert, es sei unmöglich, die Annahme einer Religion zu befehlen[842], so sollte Gregors Befürwortung gewaltsamer Bekehrung etwa der Heiden Sardiniens[843] für das westeuropäische Mittelalter wegweisend werden. Historisch bedeutend war auch seine Entscheidung, Missionare nach Britannien zu entsenden, womit er die Konversion des angelsächsischen Königs Æthelberht von Kent zum katholischen Glauben herbeiführte. Damit wurde der Grundstein für ein neues ge-

---

[841] Medard Kehl fast die Charakteristika des Millenarismus bzw. Chiliasmus, Auslöser der augustinischen Klarstellungen sowie vielfältiger v.a. lateinischer Polemiken bei Papias, Justin, Irenäus und Tertullian, treffend zusammen und verweist beiläufig auf eine antijudaistische Dimension: „die Lehre von dem tausendjährigen Friedensreich Christi auf Erden [wurde] anfangs (nach der Zerstörung Jerusalems) vor allem in judenchristlichen Kreisen gepflegt, zumal bei den (häretischen) Ebioniten. Deswegen haftet ihr auch in der ganzen Alten Kirche bleibend der Geruch des ‚Jüdischen‘ und damit des ‚Fleischlich-Irdischen‘, eines von Christus längst überholten Heilsstatus an.“ KEHL, *Eschatologie*, 171, vgl. ausführlicher: GEORG GÜNTER BLUM, *Art. „Chiliasmus, II. Alte Kirche“* in: TRE Bd. VII (1978), 729–733.

[842] „Religionem imperare non possumus“, CASSIODORUS, *Variae* 2, 27.

[843] „Wenn ihr feststellt, dass sie nicht gewillt sind, ihr Verhalten zu ändern, so befehlen wir, dass ihr sie mit größtem Eifer verfolgt. Sind sie unfrei, so züchtigt sie mit Prügeln und Folter, um sie zur Besserung zu zwingen. Sind sie aber freie Menschen, so sollen sie durch strengste Kerkerhaft zur Einsicht gebracht werden, wie es angemessen ist, damit jene, die sich weigern, die Worte der Erlösung anzunehmen, welche sie aus den Gefahren des Todes erretten können, durch körperliche Qual dem erwünschten gesunden Glauben zugeführt werden.“ GREGOR D. GROSSE, *Epistula 9*, 204.

samtabendländisches Kirchenbewusstsein gelegt, mit dem römischen Papsttum an der Spitze.

Als ‚Mönchspapst' nannte sich Gregor „Knecht der Knechte Gottes" – bis heute Bestandteil der päpstlichen Titulatur. Er war von der kurze Zeit vorher entstandenen Mönchsregel des Benedikt von Nursia derart beeindruckt, dass er sie für die gesamte Kirche als verbindlich erklärte. Darüber hinaus wurde die Armenfürsorge ein wichtiges Element seines Pontifikats. Gregor organisierte die Ländereien der Kirche in Süditalien und Sizilien neu, ordnete eine allgemeine Verteilung von Lebensmitteln an und mahnte auch die anderen Bischöfe, dass der Darbende nur dann für die Predigt empfänglich sei, wenn ihm zuvor eine „helfende Hand" gereicht worden sei.

Gregor schrieb den Begriff „Papst" als ausschließliche Amtsbezeichnung für den Bischof von Rom fest. Weder für das ihm zugeschriebene Gregorianische Sakramentar noch für den Gregorianischen Choral ist seine Urheberschaft gesichert, sie wurden ihm gleichwohl zugerechnet, um ihnen zusätzliche Autorität zu verleihen.

Gregor der Große hat der abendländischen Eschatologie wohl ihre bis in die Neuzeit hinein gültige Gestalt gegeben. Er hat die Bildwelt kanonisiert, die nicht nur Dante, sondern auch noch die Maler des Barock im Wesentlichen beeinflusst und inspiriert, die Gläubigen über Jahrhunderte mit froher Erwartung in der Regel aber vor allem mit finsterem Schrecken erfüllt hat.

Dabei bleibt seine Sicht auf das Weltende nicht unbeeinflusst vom Zeitgeschehen: Dieses ist von der Erwartung einer eschatologischen Krise geprägt: Der Einfall der Langobarden in Italien und die Verwüstung von Gebäuden und Ernten, die dieser mit sich brachte, ließ ihn vermuten, dass „die Welt ihr Ende nicht nur ankündigte, sondern unmittelbar darauf hinwies."[844] Und auch die sozialen Missstände seiner Zeit konnten – so ja auch fast die gesamte lateinische Tradition – nur eines bedeuten: Die Welt war ‚alt geworden'. So schreibt er an den Kaiser Mauritius: „Es wird keine Verzögerung geben [...] der Himmel wird brennen, die Erde wird brennen, die Elemente werden auflodern und der furchtbare Richter wird erscheinen mit Engeln und Erzengeln, mit Thronen und Herrschaften, mit Hoheiten und Mächten."[845].

Doch das Friedenswerk und die Verkündigung des Glaubens durch die Kirche sind – gut augustinisch – ein echter Grund zur Hoffnung trotz der überall spürbaren Krisenphänomene. Der Glaube nimmt zu und „die Erkenntnis Gottes wurde täglich weiteren Kreisen geoffenbart."[846] Mit solchen Bemerkungen will Gregor seinen Zeitgenossen Trost spenden: Nicht die Bedrohung der ganzen Menschheit durch den nahen Weltuntergang, sondern das nahe Gericht und die daraus resultierende Aufforderung zur Umkehr soll ihr Handeln be-

---

[844] DERS., *Dialogus* 3,38,3, zit. DALEY, *Patristik*, 247.
[845] DERS., *Epistula 3,61* (August 593), zit. DALEY, *Patristik*, 247.
[846] DERS., *Moralia 9,11,15*.

stimmen. So schreibt er an Æthelberht von Kent, „nicht all diese Dinge werden in unseren Tagen eintreten“[847] es bleibt also noch Zeit, sich vorzubereiten und durch Verbreitung des Glaubens den Frieden der Kirche auf die Welt auszudehnen. Dazu ermahnt er seine Briefpartner, bei all ihren Handlungen die Stunde ihres Todes mit zu bedenken. Diesen versteht er als Augenblick besonderer göttlicher Erleuchtung, in dem Engel und Dämonen, ja sogar Jesus und Maria persönlich vor dem geistigen Auge des Sterbenden erscheinen und in dem auch die Geheimnisse des jenseitigen Lebens offenbar werden. „Für die Guten bedeutet der Tod eine Befreiung von den Übeln der letzten Tage der Welt, ein Mittel Gottes, lebende Steine zum Bau des himmlischen Jerusalems zu sammeln.“[848]

Nach dem Tode gehen die Seelen der Seligen zur Glückseligkeit mit Christus ein. Ihr Glück wird jedoch noch größer, wenn sie in der Auferstehung „wieder mit ihren Körpern vereinigt“ werden. Entsprechend fahren die Seelen der Sünder sofort in die Hölle, wo sie unter der Erkenntnis leiden, dort für immer in physisches Feuer eingetaucht zu bleiben. Für Gregor ist die Hölle tatsächlich eine unterirdische Region, wo ein einziges Feuer brennt, in dem jeder Sünder je nach seinen Verdiensten leidet.[849] Freude und Schmerz werden sowohl durch das „Bündeln“ der Gerechten und Sünder als auch durch das Sich-wechselseitig-Sehen gesteigert.[850] Die Gerechten wissen sogar, was auf der Erde vor sich geht, weil sie an der Anschauung Gottes Anteil haben. Zeitgenössische Berichte über neue Vulkane bei Sizilien versteht er als Hinweis darauf, dass die Eingänge zur Hölle vermehrt werden, weil nun das Ende der Welt nahe.[851]

Die Rede von einem dritten Ort, einem befristeten Fegefeuer, in dem lässliche Sünden bereits vergeben werden, vermeidet Gregor ebenso wie Augustinus, verteidigt aber trotzdem die offenbar bereits etablierten Messen für die Seelen Verstorbener. Scheinbar befindet sich Gregor im Zweifel über die Deutung von 1 Kor 3,12-15: Wird das reinigende Feuer vielleicht schon vor dem Tod, oder erst danach erlebt? Gleichzeitig geht die breite abendländische Tradition ‚gregorianische Messen‘ für das Seelenheil Verstorbener zu lesen, auf Gregors Anekdote vom Mönch Justus zurück, der aus den ‚Qualen des Feuers‘ entlassen wird, nachdem an dreißig aufeinanderfolgenden Tagen eine Hl. Messe für ihn gelesen wurde.[852]

In Gregors inniger Überzeugung, das Ende der Geschichte sei nahe, spiegelt sich eine in der Geschichte der Kirche mehrfach wiederholte Stimmung wider, die sich auch dieses Mal als irrig erwies. Damit wird freilich die Theo-Logik seiner Jenseits-Vorstellungen nicht gleich ebenfalls obsolet – sie war auf jeden

847 DERS., *Epistula 11,37*.
848 DALEY, *Patristik*, 247.
849 GREGOR D. GROSSE, *Dialogus 4,45*.
850 DERS., *Dialogus 4,36*.
851 DALEY, *Patristik*, 248, FN 36.
852 GREGOR D. GROSSE, *Dialogus 4,57*.

Fall ungeheuer wirkmächtig, wie wir bisher schon sehen konnten, auch wenn sie in der Eschatologie der letzten Jahrzehnte bestenfalls als Stein des Anstoßes eine Rolle spielte: „Die klare und konkrete Vorstellung des Jenseitslebens, die Gregor aus der biblischen und theologischen Tradition des Westens und dem Volksglauben seiner Zeitgenossen zusammenwob, wurde zur Hauptquelle der lateinischen Eschatologie im Mittelalter“.[853]

[853] DALEY, *Patristik*, 248.

# DRITTER TEIL: BIBEL

# 15. Apokryphe Apokalypsen und die Offenbarung des Johannes

## 15.1 Ideengeschichtlichc Vorbemerkungen

Folgt man Max Webers letztlich hegelianischem Modell der Religionsgeschichte,[854] so steht am Ende einer zerklüfteten, vom Prinzip einer fortschreitenden Rationalisierung beherrschten Entwicklung des jüdischen Gottesbegriffs der Antike ein universaler Gott der Propheten. Diesen versteht Weber als Produkt ethischer Radikalisierung und Machtkonzentration. Sie hat nicht nur die Frage nach Möglichkeiten zur Minimierung des Leidens zugespitzt, sondern ließ auch aufgrund einer durchgreifenden Magie- und Kultkritik beinahe alle Möglichkeiten einer innerweltlichen Ablenkung dieser Frage mit Hilfe von apotropäischen Ersatzhandlungen unmöglich werden. Das apokalyptische Schrifttum erscheint so als ein Ausweichen in himmlische Regionen, in die Zwei-Äonenlehre und – daraus konsequent hervorgehend – in einen dualistisch konzipierten katastrophischen Endkampf und ein jenseitiges göttliches Gericht zur Wiederherstellung der Gerechtigkeit. Denn die altisraelischen Zusagen diesseitigen Heils hatten angesichts des kulturellen Identitätsverlusts Israels im dritten und zweiten Jahrhundert v.Chr. offenbar einen massiven Plausibilitätsverlust hinnehmen müssen. Die literarische Gattung ‚Apokalyptik‘ wäre damit nicht einfach ein aus kontingenter[855], historisch katalysierter Verzweiflung entstandenes jüdisches Sondergut,[856] sondern die historisch folgerichtige Entwicklung einer *fortschreitenden Radikalisierung in Sachen Monotheismus und ethischem Rigorismus*.

---

[854] In jüngerer Zeit hat Stephen Kalberg auf die zentrale Rolle der Frage nach dem Leiden im religionssoziologischen Werk Max Webers und damit – in den monotheistischen Erlösungsreligionen – explizit der Theodizeefrage hingewiesen: STEPHEN KALBERG, *Ideen und Interessen: Max Weber über den Ursprung außerweltlicher Erlösungsreligionen*, in: Zeitschrift für Religionswissenschaft 8 (2000), 45–70.

[855] Die genauere Fassung des Begriffs ‚kontingent‘ berührt die schwierige Frage nach dem Verhältnis von materialistischer („Interessen“) und idealistischer („Werte“) Geschichtsdeutung (nicht nur) im Werk Max Webers. Dessen Situierung zwischen marxistischer Orientierung und einem eher ‚idealistisch‘ zu nennenden Rationalisierungsbegriff sprengt den Rahmen unserer Fragestellung. Deutlich wird an dieser Stelle aber immerhin, in welchem Maße sich in den Augen Webers die Ideengeschichte historio-politischer Bedingungen bedienen kann.

[856] Dass grundlegende Aspekte apokalyptischen Denkens ganz im Sinne Webers ausdrücklich jüdischer Herkunft sind, nicht von außen, gar als „Entartung“ an Israel herangetragen werden mussten, sondern seine prä- und protoeschatologischen Vorformen vor allem in der Prophetie Jesajas findet, scheint in der Exegese inzwischen allgemein anerkannt zu sein. Vgl. u.a.: HANS-PETER MÜLLER, *Ursprünge und Strukturen alttestamentliche Eschatologie,* BZAW 109, Berlin 1969.

Am Ende dieser Entwicklung hätte die Prophetie in einer geradezu ‚logisch' zu nennenden Konsequenz ihrer eigenen Struktur die Entstehung des Phänomens ‚außerweltliche Erlösungsreligion' hervorgebracht und sich damit selbst überholt. Die *Außerweltlichkeit* der so entstandenen Erlösungsreligion besteht nicht zuletzt in einer Entwertung *diesseitiger* Hoffnungen und Heilserwartungen, an denen die Prophetie noch entscheidend interessiert war, und einer zunehmenden Ausrichtung auf innerliche religiöse Heilsgüter"[857], die zumindest einer ‚politischen' Prophetie fremd bleiben mussten: „Diese Welt konnte in der Tat nur als ein ‚Tal der Tränen' voll ‚unverdienter Leiden' und ‚heimtückischer Versuchungen' verstanden werden, also sagte man: ‚entscheidend ist das nächste Leben'."[858]

Bei diesem einleuchtenden Weberschen Deutungsmodell handelt es sich um eine Gegenüberstellung, die Gershom Scholem als Opposition zwischen jüdischem Messianismus und christlicher Innerlichkeit noch einmal zugespitzt hat.[859] Scholem zufolge haben wir es mit einem Phänomen zu tun, das ursprünglich in jüdisch-prophetischem Kontext entstanden ist, dort allerdings letztlich auf seine historisch-politische, also *innerweltliche* Erlösungshoffnung wieder zurückgeführt wird. Eine Tradierung des (durchweg vorneutestamentlichen) Motivbestandes im Sinne einer ‚wunderbaren' und das heißt v.a. *außerweltlichen* Erlösungshoffnung habe hingegen vor allem im Christentum stattgefunden und wurde im Islam weiter tradiert.

Doch was war historisch geschehen, dass der im Glauben des Alten Israel fest verankerte Tun-Ergehens-Zusammenhang so grundlegend erschüttert werden konnte?

## 15.2 Vorgeschichte in Persien und anderswo

Die persische Apokalyptik klingt bereits in den Verkündigungen des Propheten Zarathustra (600, 1000 oder 1800 v.Chr., Yasna 31) an und wird in mittelpersischen Schriften ausgefaltet. Hier wird das Weltgericht mit dem Erscheinen des „Saoshyant", eines endzeitlichen Retters und mit der Auferstehung der Toten eingeleitet. Durch einen Meteor, der herabstürzt und die Metalle der

---

[857] Max WEBER, *Einleitung*, in: DERS., *Gesammelte Aufsätze zur Religionssoziologie*, Bd. I, (1920) Tübingen 1972, 238f.

[858] KALBERG, *Max Weber*, 65. Vgl. mit ähnlicher Intention auch: ELISABETH SCHÜSSLER-FIORENZA, *Buch der Offenbarung*, 44 sowie: JOHN J. COLLINS, *From Prophecy to Apocalypticism: The Expectation of the End,* in: DERS. (Hg.), *The Encyclopedia of Apocalypticism,* Vol. I. The Origins of Apokalypticism in Judaism and Christianity, New York 1998, 129–161; FERDINAND HAHN, *Frühjüdische und urchristliche Apokalyptik. Eine Einführung,* Neukirchen-Vluyn 1998; HARTMUT STEGEMANN, *Jüdische Apokalyptik. Anfang und ursprüngliche Bedeutung,* in: M. N. Ebertz / R. Zwick (Hg.), Jüngste Tage, Freiburg i.B. u.a. 1999, 30–49; sowie die einschlägigen Aufsätze in TRE, RGG und LThK.

[859] GERSHOM SCHOLEM, *Zum Verständnis der messianischen Idee im Judentum*, in: DERS., *Über einige Grundbegriffe des Judentums,* Frankfurt a.M. 1970ff, 121–167.

Berge schmilzt, entsteht ein See aus flüssigem Metall, den die Frommen ohne Qual durchschreiten. Die Gottlosen werden in ihm aber entweder gereinigt oder verbrannt. Der Zustand einer schließlich geläuterten Erde, die dann ewig bestehen soll, wird mit dem Begriff *frashokreti* („Verklärung“, „Wunderbarmachung“) gekennzeichnet.[860]

Auch im Mittelpunkt des Denkens der römischen Philosophen-Schule Stoa stand ein Weltenbrand, der die Erde vernichten und in neuer Gestalt hervorbringen sollte. Und auch die indische Kosmologie, von deren Seite Einflüsse auf hellenistisches Denken seit dem Indienfeldzug Alexanders des Großen angenommen werden dürfen, kannte das katastrophische Einander-Ablösen von vier „Yugas“, Weltzeitaltern, deren Ende jeweils durch Sittenverfall und religiöse Nachlässigkeit gekennzeichnet sein sollte. Doch diese indischen „Apokalypsen“ stellen kein absolutes Weltende dar, sondern wiederholen sich zyklisch.

## 15.3 Jüdische Apokalyptik[861]

Man darf davon ausgehen, dass verstärkter Handel und Austausch zwischen Israel und dem alten Orient sowie das Entstehen einer Intellektuellenschicht an den Tempelschulen, in der Tempeldiener und Prophetenschaft etwa seit dem Salomonischen Reich und dann verstärkt durch die nachexilischen monotheistischen Reformen *soziologisch* die Voraussetzungen für ein Weiterdenken des altisraelischen Jahweglaubens bildeten. Entscheidend war darüber hinaus der Aufenthalt jüdischer Exilanten in der babylonischen vor allem aber ägyptischen Diaspora (Alexandrien). Ein ‚Weiterdenken‘ der alt-israelischen Religion, das sich zunächst in der prophetischen, sozialkritischen und ethisch-monotheistisch radikalisierten *Prophetentradition*, aber auch in den hellenistischen *Weisheitsschriften* der Bücher der Weisheit, Jesus Sirach, Kohelet und Hiob niederschlug.

Erste Zeugnisse für *apokalyptisches Denken* finden sich im Buch Daniel (v.a. 2 und 7) und im Buch Tobit (14,4–18). Das Genre wird von den Exegeten vor allem mit folgenden von der bis dato bekannten Literatur abweichenden Eigenschaften belegt:

- Verfasserschaft durch einen „Weisen“, der Rätsel empfängt und diese deutet (analog zur übrigen Weisheitsliteratur).
- Auftreten eines Sehers unter Pseudonym, eines Frommen aus der Vergangenheit, der Ereignisse prophezeit, die in der Vergangenheit

[860] Vgl. LANCZKOWSKI, *Art. „Apokalyptik/Apokalypsen, I. Religionsgeschichtlich“,* TRE III (1978), 189–191, 190.

[861] Die folgenden Ausführungen verdanken wesentliche Fakten den einschlägigen Artikeln der TRE und LThK sowie der hilfreichen Quellensammlung *Apokalyptik*, hg. v. KLAUS KOCH und JOHANN MICHAEL SCHMIDT, Wege der Forschung Bd. CCCLXV, Darmstadt 1982.

der Leserschaft, teilweise aber auch in deren Zukunft liegen und diese durch erstere autorisiert.

- Periodisierung des Geschichtsverlaufs (vgl. das Gleichnis von der Statue mit tönernen Füßen im Buch Daniel), zunehmender Ordnungsverlust, schließlich Abbruch des irdischen Äons und neuer transhistorischer dauerhafter Zustand: „himmlischer Äon" (eher in der apokryphen und christlichen Apokalyptik).
- Kosmologische Ereignisse markieren und katalysieren die menschheitsgeschichtlichen Vorgänge.
- Der Leser soll die geschilderten katastrophischen Ereignisse als Teil seiner eigenen Geschichte und damit die Glaubwürdigkeit des Sehers und seiner Prophezeiungen erkennen.

In Dan 2 und 7 findet sich erstmals die Gestalt des Menschensohns[862] als zentraler Akteur des apokalyptischen Geschehens auf. Die Gesamtstimmung ist pessimistisch. Die üble Situation der Gegenwart ist kein Einzelfall und wird von Gott nicht bestraft, sondern ist Teil des Weltzustandes, der konsequent in die universale Katastrophe führt. Im Mittelpunkt steht in dieser frühen Apokalyptik aber nicht die Berechnung eines Zeitpunktes für den Weltuntergang oder Ähnliches, sondern die Macht des JHWH-Glaubens[863]. Im Hintergrund wirkt hier also ein Judentum, das sich in der konkurrierenden heidnischen Umgebung des Exils und der Diaspora behaupten muss. Im 11. und 12. Kapitel findet sich bei Daniel dann aber doch eine komplette Gerichtsszene, wie wir sie aus späteren apokryphen und kanonischen Texten kennen. Es hat die Folgen des irdischen Handelns zur Grundlage. Hier (Dan 12,11–13) liegt auch eine der wichtigsten „Belegstellen" für die verschiedensten *Datierungen* der Rezeptionsgeschichte vor: „Von der Zeit an, in der man das tägliche Opfer abschafft und den unheilvollen Gräuel aufstellt, sind es zwölfhundert Tage. Wohl dem, der es aushält und 1335 Tage erreicht, Du aber geh nun dem Ende zu. Du wirst ruhen und am Ende der Tage wirst Du auferstehen, um Dein Erbteil zu empfangen."

---

[862] Die Figur des *Menschensohns* (hebr: *ben adam*) taucht im AT zunächst als allgemeine Bezeichnung für das *Einzelwesen Mensch* auf, im siebten Kapitel des Daniel Buches (7,13) aber tritt er dem Leser als Einzelpersönlichkeit, nämlich als *Personifikation der ewigen Königsherrschaft Gottes* entgegen. Analog taucht er wieder auf als *transzendente Richtergestalt* in äthHen 317–71 und als *nationaler Messias* in 4Esra 13. Alle vier Evangelien legen den Begriff „Menschensohn" vielfach Jesus selbst in den Mund, so dass Selbstbezeichnung und Anspruch, der *irdische, leidende, auferstandene* und *richtende Messias* zu sein, verschmelzen (mehr dazu in Kap 16). Es ist nicht auszuschließen, dass diese Selbstbezeichnung auf den historischen Jesus zurückgeht. Auf jeden Fall gibt dieses Theologoumenon die Hoffnung der frühen Gemeinden (Ausnahme: Paulus) Ausdruck auf einen *universalen Lehrer, Erlöser und Richter*. In der v.a. byzantinischen Figur des *Pantokrator* tritt allerdings die v.a. bei Johannes untrennbar mit dem Menschensohn-Titel verbundene Kreuzestheologie in den Hintergrund.

[863] Vgl. die Deutung des *menetekel-u-parsin* an der Wand des Königs Belsazar durch Daniel in Dan 5,1–25 als Vorzeichen für dessen baldigen Tod und die Teilung seines Reiches, verstanden als Machttaten JHWHs.

An dieser Passage lässt sich auch eine historische Verortung des Textes erheben: Daniel, der in der Zeit des persischen Exils gelebt haben soll, wird zum weisen Seher und so zum autoritativen Zeugen für einen Autor, der zur Zeit der Entweihung des Jerusalemer Tempels durch eine Zeus-Statue durch die Truppen des Antiochus „Epiphanes" IV. im Jahr 168 gelebt haben muss, vermutlich war er selbst kultisch orientiert und konnte die von Antiochus vollzogene Entweihung des Tempels nur als Ende des Bundes zwischen Israel und JHWH und so als endzeitliches Zeichen verstehen. Der Glaube an den Tun-Ergehens-Zusammenhang in innerweltlicher Dimension ist endgültig durch die tragischen historischen Ereignisse, aber auch durch den Einfluss pessimistischer und skeptischer Philosophien aus dem Raum des Hellenismus irritiert und argumentativ nicht mehr haltbar.

Wie nahezu alle Apokalypsen entsteht das Buch Daniel unter dem Eindruck einer kultfeindlichen Fremdherrschaft, in diesem Fall eines Nachkommens Alexanders des Großen und der Diadochenkämpfe zwischen Seleukiden und Ptolemäern. Das Volk Gottes ist keine historisch unangreifbare Größe mehr, auf die das Individuum sich in seinen individuellen Kränkungen und seinem Leid zurückfallen lassen kann, sondern wie das Individuum wird auch das Volk Israel zum Spielball fremder Mächte. Ja, das Judentum wird zumindest in der Diaspora selbst zu einer Religion, die sich primär an *Individuen* richtet und nicht im Raum eines *Volkes* sich vollzieht. „In dieser anthropozentrisch bestimmten Religiosität steht Gott in abstrakter Ferne zum Menschen. Als Weltenherrscher thront er in ewiger verborgener Unwandelbarkeit wie das Schicksal über den kosmischen Abläufen und Kräften, die das irdische Leben bestimmen."[864]

Eine weitere nicht kanonische apokalyptische Schrift, auf die hier kurz eingegangen werden soll, ist der sogenannte *Äthiopische Henoch (äthHen)*, der noch etwas unmittelbarer als das Danielbuch die Ereignisse um die Herrschaft Antiochos und den makkabäischen Widerstand wiederspiegelt. Die ältesten Teile des Henoch-Buches dürften aus dem dritten Jahrhundert vor Christus stammen. Hier finden sich apokalyptische Schilderungen wie in der Johannesoffenbarung und im Danielbuch, sie sind jedoch deutlich älter als diese. Die Offenbarung wird meist auf etwa 120 n. Chr. datiert, Daniel auf 167 v. Chr. Das Henochbuch ist somit die älteste bekannte und vollständig vorliegende apokalyptische Schrift.

Fragmente des Textes liegen auf aramäisch, hebräisch, griechisch, syrisch und koptisch vor. Vollständig ist das Werk aber nur in der äthiopischen Fassung überliefert. Dies ist der Tatsache zu verdanken, dass das Buch Teil des biblischen Kanons der äthiopischen Kirche ist. Die äthiopische Übersetzung beruht auf griechischen und aramäischen Henoch-Schriften. In den jüdischen

[864] JÜRGEN LEBRAM, *Art. „Apokalyptik/Apokalypsen II, Altes Tesamtent"*, TRE III (1978), 194–202, 199.

Kanon oder denjenigen anderer christlicher Kirchen wurde das Werk nicht aufgenommen. Das Buch handelt einerseits von Henoch, der während seines irdischen Daseins in den Himmel entrückt wurde und dem so alle himmlischen und göttlichen Geheimnisse offenbart wurden, andererseits vom Fall der Engel. In der Einleitung wird Henoch als Prophet dargestellt, der eine Vision vom kommenden Gericht empfängt. Aus diesem Teil des Henochbuches (I, 9) wird im apokryphen Judasbrief zitiert.

In einem zentralen Kapitel des äthiopischen Henoch, dem *Buch der Wächter* (äth Hen 6-36), wird zuerst erzählt, wie einige Engel um ihren Anführer Semjasa beschlossen hatten, auf der Erde Frauen zu nehmen (vgl. Gen 6, 1-4). Wie auch sonst in der Mythologie kann eine solche Vermischung zwischen der himmlischen und der irdischen Sphäre nicht gut ausgehen. Nachdem die Engel auf Erden sich beliebig Frauen genommen hatten, gebären diese daraufhin Riesen, welche die Erde verheeren. Dies löst bei Gott Zorn aus, so dass er die Engel aus dem Himmel verbannt und am Jüngsten Tag in einen Feuersee werfen will. Über die Erde wird Gott eine Sintflut ergehen lassen um die Riesen zu bekämpfen. Die Engel bitten Henoch, für sie durch eine Bittschrift bei Gott um Gnade zu flehen. Dieser Wunsch wird von Gott jedoch abgelehnt. Henoch muss danach wiederum als Bote fungieren und dieses den gestürzten Engeln mitteilen. Bei der anschließenden Himmelsreise Henochs werden ausführlich Himmel und Umgebung geschildert, wohin Henoch entrückt wurde. Auch ein Feuersee wird erwähnt, ein Motiv das später in der Johannes-Offenbarung aufgenommen wird.

In den vermutlich später hinzugekommenen *Bildreden* wird wieder viel vom Menschensohn gesprochen, unklar bleibt aber, ob damit der künftige Messias, den er an der rechten Seite des Thrones Gottes sieht, oder Henoch selbst gemeint ist. Im sogenannten *Astronomischen Buch (äth Hen 72-82)* ist die Rede von einer flachen Erde, die auf Säulen ruht, der Mond und die Sonne finden sich an Fäden aufgehängt und kreisen um die Erde. Zwei Riesentiere, Behemoth und Leviathan, werden als männliches und weibliches Ungeheuer beschrieben, welche in der Wüste und im Meer leben.

Henoch kehrt schließlich noch einmal zur Erde zurück und erfährt in einem Traum, was seinem Enkel Noach widerfahren und wie dieser von der Sintflut errettet wird. In der sogenannten *Tierapokalypse* zeigt Gott dem bestürzten Henoch, was mit der Welt und dem Volk Israel bis zur Verbannung Judas nach Babylon passieren wird, dies alles wird symbolisch mit Hilfe von Tierbildern dargestellt. Dabei symbolisieren Schafe das Volk Israel. Den Traum erzählt er seinem Sohn Methusalem als Warnung. Schließlich wird er endgültig in den Himmel aufgenommen.

Die historischen Hintergründe des äthiopischen Henoch sind recht verständlich und linear in den beiden biblischen Makkabäerbüchern erzählt. Letztlich geht es zur Zeit der historischen Entstehung apokalyptischen Denkens in der jüdischen Tradition um die Frage, in welcher Weise die Politik der Abgrenzung jüdischer Traditionen (Kultzentralisation am Tempel, Beschneidung, Halakha) angesichts einer Fremdherrschaft bewahrt wird, welche die jüdische kulturelle Autonomie nicht achtet. Diejenigen, welche dem göttlichen Gericht anheimfallen, gelten also als „Hellenisten". Dabei handelt es sich um Jerusalemer Jüdinnen und Juden, die sich an der Einrichtung eines Gymnasions im Zentrum Jerusalems oder an der Verehrung der Zeus-Statue im Tempel beteiligen. Soll man angesichts dicses Verrats an der Tradition den militärischen Widerstand wählen wie die Gefolgschaft Judas Makkabäus' oder sich passiv verhalten wie die sogenannten Asidäer? Als sich dann die Makkabäer nach dem Sieg über die Seleukiden „von charismatischen Volksführern in wendige Realpolitiker"[865] verwandeln, verlieren sie die Zuneigung der frommen Autoren der Apokalypse: Prompt erscheint in der sogenannten *Zehnwochenapokalypse* (äth Hen 93) der makkabäische Kampf als belanglose Episode, ja als Fehlschlag, denn Erlösung geschieht nun nicht mehr *in* dieser Welt, sondern *außerhalb* der Realpolitik, nämlich im Rahmen eines auf ein baldiges Weltende zudrängenden göttlichen Heilsplanes.[866] Und nicht nur die aktuell herrschenden Makkabäer werden mit Hilfe dieses Textes in die Bedeutungslosigkeit gedrängt, sondern ganz Israel wird unbedeutend gegenüber einer universalen Gegenüberstellung von Gerechten und Sündern. „Dieses Geschichtsbild hat kein Interesse mehr an Israels Weg durch die Geschichte, weil es der asidäischen Sekte hinter der Zehnwochenapokalypse nur noch um ihre eigene Geschichte geht."[867]

Hier wird das Muster des Äonenwechsels für die gesamte apokalyptische, vor allem kleinkirchliche Rezeptionsgeschichte festgeschrieben: Das Desinteresse der asidäischen Sekte zu Beginn des zweiten Jahrhunderts vor Christus am weiteren Fortgang israelischer Politik, ja Großisraels überhaupt, entwickelt

---

[865] MARTIN HENGEL, *Judentum und Hellenismus: Studien zu ihrer Begegnung unter besonderer Berücksichtigung Palästinas bis zur Mitte des 2. Jahrhunderts vor Christus,* Tübingen 1988, 441 mit Bezug auf 1 Makk 10,15-21.

[866] „Danach wird eine andere Woche, die achte, die der Gerechtigkeit, anheben, und ein Schwert wird ihr verliehen werden, damit Gericht und Gerechtigkeit an denen geübt werde, die Gewalttätigkeiten begehen, und die Sünder werden den Händen der Gerechten übergeben werden. Am Schlusse derselben werden Sie Häuser durch ihre Gerechtigkeit erwerben, und das Haus des großen Königs wird in Herrlichkeit für immerdar gebaut werden. Danach wird in der neunten Woche das Gericht der Gerechtigkeit der ganzen Welt offenbart werden, und alle Werke der Gottlosen werden von der ganzen Erde verschwinden; die Welt wird für den Untergang aufgeschrieben werden, und alle Menschen werden nach dem Wege der Rechtschaffenheit schauen. Danach wird in der zehnten Woche, im siebenten Teile, das große, ewige Gericht stattfinden, bei dem er die Strafe unter den Engeln vollzieht. Der erste Himmel wird verschwinden und vergehen; ein neuer Himmel wird erscheinen, und alle Kräfte der Himmel werden siebenfach immerdar leuchten. Danach werden viele zahllose Wochen bis in Ewigkeit in Güte und Gerechtigkeit sein, und die Sünde wird von da an bis in Ewigkeit nicht [mehr] erwähnt werden." äth Hen 91,12–17.

[867] KARLHEINZ MÜLLER, *Art. „Apokalyptik/Apokalypsen, III. Die jüdische Apokalyptik. Anfänge und Merkmale"*, in: TRE III (1978), 202-251, 220.

sich zur Präfiguration der Weltflucht vieler späterer apokalyptischer Gruppen quer durch die Jahrhunderte. Gleichwohl darf man Apokalyptik hier und in der Folge aber auch nicht einfach als ungeschichtliche Literaturgattung begreifen. Ein rechtes Verständnis der Geschichte stellt ja gerade den Schlüssel zum Verständnis der asidäischen Predigt dar. Außerdem werden hier, wie in aller *jüdischen*, nicht aber wie in der *christlichen* Apokalyptik naherwartetes Ende und Erlösung streng *innergeschichtlich,* also, wenn man so will, dann doch *politisch,* gedacht. Jedoch: Das Vertrauen in die alten Bundeszusagen ist gebrochen, der Exodus und seine Heilsverheißungen spielen keine Rolle mehr und „das einzige, woran sich ‚Israel' noch halten kann, ist ein gänzlich neu anzusetzendes Erlösungshandeln Gottes, das sich nicht mehr in Analogie zu den klassischen Rettungstaten realisieren wird, von denen die kanonischen Überlieferungen sprechen."[868]

## 15.4 Die Offenbarung des Johannes

Die Offenbarung des Johannes verdankt sich in ihren Motiven und grundlegenden Bewegungsrichtungen dem, was wir bis hierher an der jüdischen Apokalyptik beobachten konnten. Sie ist eindeutig Teil eines in den drei vor- und nachchristlichen Jahrhunderten blühenden Genres, das – wie bereits gesehen – vor allem durch die Genre-Eigenschaften *Individualisierung* und *dramatische Zuspitzung*, aber auch durch *Entpolitisierung* und *Periodisierung des Weltverlaufs* gekennzeichnet werden kann. Wie die jüdischen Apokalypsen ist auch die Offenbarung des Johannes von einem Geschichtsbild mit zwei Äonen geprägt. Doch ihr ursprüngliches Movens ist nicht mehr die Verarbeitung des Endes des Tun-Ergehens-Zusammenhangs oder der Hoffnung auf ein Überleben Groß-Israels, sondern, wie Hans Urs von Balthasar richtig bemerkt hat, es ist der Versuch einer theologischen Bearbeitung des irdischen Lebens der frühen Gemeinden am Ende des ersten Jahrhunderts nach Christus im Anschluss an die Himmelfahrt, also nach dem Verschwinden Christi aus der irdischen Welt oder mit anderen Worten eine „nachösterliche Deutung des Christusgeschehens"[869].

In der Offenbarung des Johannes wird der zuerst im Danielbuch (7,13) als Richter auftauchende und bei den Synoptikern dann mit Jesus identifizierte „Menschensohn" (u.a. Mk 14,62) in der Gestalt des Lammes eng mit einer augenscheinlich futurisch konzipierten Naherwartung verbunden. In einer Situation der Drangsal, des Auftretens falscher Propheten (2,14f) und einer „Synagoge des Satans" (2,9; 12,9; 2,20; o.ö.), richtet er sich als Pantokrator, Weltenherrscher, dessen Einflussbereich den eines jüdischen Messias bei weitem

[868] Ebd., 226.

[869] AUGUST STROBEL, *Art. „Apokalyptik/Apokalypsen, IV. Neues Testament"*, in: TRE III (1978), 251-288, 251.

überschreitet[870], in der Form eines kaiserlichen Edikts an sieben hellenistisch-kleinasiatische Gemeinden, um sie zu Standhaftigkeit, Geduld und zur Buße aufzufordern (Kap 1–3). Aus der Neufassung des Messias als Pantokrator, die eine erstaunliche und nicht nur segensreiche Wirkung in der bildenden Kunst und darüber hinaus zeitigen wird, ergibt sich konsequent der Gedanke eines universalen Gerichtes für alle Völker (nicht nur das der Juden) am Ende der Zeiten, in dem auch die Frevler und Nichtchristen nicht mehr in der Schattenexistenz des Todes (*Scheol)* belassen werden, wie noch in der jüdischen Apokalyptik, sondern – verschärft – ewige Strafen zu erwarten haben. Die Universalisierung und Aufgabe der Beschränkung des Gerichts auf Israel war aber, wie wir gesehen haben, ja schon Gegenstand der asidäischen Zehnwochenapokalypse gewesen.

Gleichzeitig ist festzuhalten, dass apokalyptische Vorstellungen für die jungen christlichen Gemeinden als solche kaum mehr ein Thema waren, es sei denn im Rahmen einer konstitutiv von Kreuz und Auferstehung geprägten allerdings ausdrücklich kosmologisch relevanten Erwartung im Sinne dessen, was wir heute Eschatologie nennen.

In einer reichen Bildsprache,[871] die sich vor allem aus alttestamentlichen Quellen, vornehmlich der jüdischen Apokalyptik, speist, kündigt ein Seher Johannes, der selbst eher in prophetischer Tradition zu stehen scheint,[872] dem Gericht vorausgehende furchtbare Katastrophen (Kap 6-9, 15 u. 16), aber auch den Sieg in einem finalen Kampf zwischen Gut und Böse (Kap 10-12; 17-19) und himmlischen Triumph für das Lamm und seine Getreuen an. In einer dramaturgisch ausgeklügelten und geradezu filmisch anmutenden ‚Schnitttechnik‘ werden dabei aus dem Blickwinkel des Sehers einmal die Ereignisse auf der Erde, ein andermal das Geschehen im Himmel fokussiert, das in einer Thronsaal-Vision (4,1–5,14) die als Gerechte Besiegelten als immer schon zu Gott hin Gerettete und ihn Lobpreisende zeigt (7,1–17; 10–11,14; 12,1–14,20). Auf eine tausendjährige Friedenszeit folgt schließlich eine Rückkehr des Teufels. Nachdem dieser endgültig besiegt ist, kann Weltgericht gehalten werden (Kap 20). Das Buch schließt mit einer Vision des nun erstandenen Neuen Himmels, der Neuen Erde und ihres Zentrums, dem Neuen Jerusalem (Kap 21 u. 22). Aus dem Ineinander der Darstellung irdischer und himmlischer, realer und fiktionaler Geschehnisse ergibt sich die theologische ‚Botschaft‘ der Offenbarung des Johannes: Hinter der aktuell bedrängenden Situation der Gemeinden steht – nur dem Glaubenden wahrnehmbar – ein treuer und nach schweren Kämpfen allein siegreicher Gott, der den Christus-Gläubigen durch Tod und Auferweckung Jesu himmlisches Heil zusichert.

---

870 Vgl.: BRUCE J. MALINA, *Die Offenbarung des Johannes. Sternvisionen und Himmelsreisen*, Stuttgart 2002, 269.

871 Zu einer eingehenden Analyse des fiktionalen Charakters und der Bildsprache der Offenbarung des Johannes vgl.: PEZZOLI, *Täuschung und Klarheit.*

872 Vgl.: *Die Offenbarung des Johannes.* Übersetzt und erklärt von EDUARD LOHSE. (NTD 11) Göttingen 1993, 1-11.

In ihrer bewegten Rezeptionsgeschichte unterscheidet sich die Offenbarung des Johannes vor allem durch ihren *Chiliasmus* von anderen biblischen Endzeit- und Gerichtsvorstellungen. Besondere Wertschätzung fand die Offenbarung des Johannes in der westlichen Kirche. Seit dem dritten Jahrhundert ist sie deshalb fester Bestandteil des römischen Kanons. Vom 9. bis 14. Jahrhundert war sie in der Ostkirche hingegen ganz aus dem Kanon verbannt.

Eine frühe historisierende Lesart wurde im vierten Jahrhundert, zuerst bei Tyconius, dann, breitenwirksamer, bei Augustinus durch eine allegorische abgelöst: Das Millennium ist mit der Zeit der Kirche angebrochen, die Zahl Tausend wird metaphorisch für eine unendlich lange Dauer genommen. Seit Joachim von Fiores Weltalterlehre[873] brechen sich jedoch immer wieder aktualisierend-historisierende Deutungen Bahn, die vornehmlich bei marginalisierten Randgruppen eine sozialrevolutionäre Dynamik entwickeln.

---

[873] Vgl.: KAPITEL 11.

# 16. Jesu Reich-Gottes-Predigt als Eschatologie

## 16.1 Christliche Apokalyptik?

Das frühe Christentum greift wesentliche Elemente der jüdischen Apokalyptik auf und übernimmt sie in seine Theologien, nicht ohne sie entscheidend zu modifizieren:[874] Johannes dem Täufer kommt hier sicher auch historisch unstrittig eine wesentliche Mittler-Rolle zwischen jüdischer und christlicher Apokalyptik zu: „Er verkündet das kommende Zorngericht Gottes (Mt 3,10 par Lk 3,9): ‚Schon ist die Axt an die Wurzel gelegt'."[875] Hingegen streitet die Forschung bis heute, welche der endzeitlich konnotierten Worte Jesu tatsächlich authentisch sind. Denn einerseits müssen wir wohl von einer erheblichen Bearbeitung der Redaktoren/Evangelisten und einem großen Einfluss der jeweiligen Gemeindesituation bzw. individuellen Theologie auf die Bearbeitung der vorhandenen Logien ausgehen. Andererseits: Der ursprünglich politische Entstehungshintergrund der spätjüdischen Apokalypsen war für die christlichen Gemeinden mit weitgehend verschwunden, und damit auch der Anlass solche Jesus-Worte zu tradieren. Zwar hatten sie vereinzelt ebenfalls unter diversen Bedrückungen entweder durch lokale jüdische Gemeinden oder durch die römische Besatzung zu leiden. Andererseits sind die neutestamentlichen Texte theologisch sicher überdeckt von der Frage nach der baldigen Wiederkunft Jesu Christi und der Auferstehung der Christen, namentlich der je eigenen Gemeindemitglieder. Ihre Erwartung war also wesentlich von Kreuz und Auferstehung Jesu Christi als weltgeschichtlich umstürzender Erlösungstat und deren Vorbild für die eigene Zukunft geprägt. „Apokalyptik wurde zur *eschatologia crucis*."[876]

Im Folgenden soll nun im Sinne der Redaktionskritik der je eigene Blick der neutestamentlichen Autoren auf die letzten Dinge beleuchtet werden, bevor abschließend eine Gesamtschau des neutestamentlichen Bestandes in Bezug auf die Person Jesu versucht wird.

---

[874] Wo nicht anders belegt stützen sich die folgenden Ausführungen auf den Artikel *Eschatologie* von FRANZ-JOSEF NOCKE in: *Handbuch der Dogmatik*. Hg. von TH. SCHNEIDER, Düsseldorf 1992, Bd. 2, 377–478 und den material- und umfangreichen Artikel „*Apokalyptik/Apokalypsen IV. Neues Testament*" von AUGUST STROBEL in: TRE III (1978), 189–289.

[875] THOMAS SÖDING, *Die Verkündigung Jesu – Ereignis und Erinnerung*, Freiburg i.Br. 2011, 141.

[876] AUGUST STROBEL, *Apokalyptik, Christusoffenbarung und Utopie. Theologisches Zeugnis im Umbruch eines Zeitalters: Das Mandat der Theologen und die Zukunft des Glaubens*, München 1971, 251.

## 16.2 Paulus

Hintergrund der paulinischen Eschatologie ist seine Kyrios-Christologie: Der erhöhte Herr ist in der Gemeinde gegenwärtig. In Röm 14,8 etwa („ob wir leben oder sterben, wir gehören dem Herrn“) ist „das Leben in der Gemeinschaft mit Christus [...] die größere Wirklichkeit, der gegenüber die Frage des physischen Lebens und Sterbens sekundär wird.“[877] Dabei finden sich zahlreiche Motive der jüdischen Apokalyptik in modifizierter und reorganisierter Weise wieder: Die *Zwei-Äonenlehre* (1 Kor 10,11; 2 Kor 5,17 u.ö.), die *Botschaft von Gerechtigkeit* und *Gericht* (Röm 1,18 ff; 1 Kor 3,11; 6,2 u.ö.), das Thema der *neuen Schöpfung* (2 Kor 4,6; 5;17, Röm 8,17 u.ö.) und der *Vollendung der Zeiten* (Gal 4,4) das Verständnis von *Wiederkunft, Totenauferstehung, Entrückung der Gemeinde* und *Endgericht* (1 Kor 15,20ff; 1 Thess 4,13ff), das Bild vom *Antichristen* und *Satan*, der als Gegenspieler Gottes agiert (Röm 16,20; 2 Kor 6,14 u.ö.). Im Ganzen dominiert jedoch die Vorstellung einer christlichen Gemeinde, die den endzeitlichen Kampf alltäglich mit vollzieht, sich in ihm bewähren muss und kann. Bei Paulus „bezeichnet das Kreuz – zeitlich und theologisch gesehen – das Ende des alten Äons und das Ende des Gesetzes […] mit ihm ist das Fundament christlicher Theologie gesetzt.“[878]

Insgesamt ist die Eschatologie des Paulus einerseits ursächlich bestimmt von der enttäuschten Naherwartung seiner Gemeinden. Das trifft vor allem auf die Gemeinde in Thessalonich zu. Die Enttäuschung entsteht aus der Erfahrung, dass Gemeindeglieder sterben, ohne dass die Parusie, die Wiederkunft Christi, eingetreten ist. Den verstorbenen Gemeindemitgliedern sagt Paulus die *Auferstehung*, den Lebenden die *Entrückung* zum wiederkehrenden Herrn Jesus Christus zu: In 1 Thess 4,13–18 heißt es:

> „Brüder, wir wollen euch über die Verstorbenen nicht in Unkenntnis lassen, damit ihr nicht trauert wie die anderen, die keine Hoffnung haben. Wenn Jesus – und das ist unser Glaube – gestorben und auferstanden ist, dann wird Gott durch Jesus auch die Verstorbenen zusammen mit ihm zur Herrlichkeit führen. Denn dies sagen wir euch nach einem Wort des Herrn: Wir, die Lebenden, die noch übrig sind, wenn der Herr kommt, werden den Verstorbenen nichts voraushaben. Denn der Herr selbst wird vom Himmel herabkommen, wenn der Befehl ergeht, der Erzengel ruft und die Posaune Gottes erschallt. Zuerst werden die in Christus Verstorbenen auferstehen; dann werden wir, die Lebenden, die noch übrig sind, zugleich mit ihnen auf den Wolken in die Luft entrückt, dem Herrn entgegen. Dann werden wir immer beim Herrn sein. Tröstet also einander mit diesen Worten!“

In Korinth begegnet Paulus dann der *Leugnung* einer allgemeinen leiblichen Auferstehung bei den elitär-enthusiastischen Gruppen der Gemeinde. Hier, in 1 Kor 15, 50–58, erklärt er – eher apodiktisch – die Auferstehung der Toten

---

877 NOCKE, *Eschatologie*, 432.
878 STROBEL, *Apokalyptik*, 252.

zum Kernbestand christlichen Glaubens, zum Erweis der todentmachtenden Macht Gottes.

> „Damit will ich sagen, Brüder: Fleisch und Blut können das Reich Gottes nicht erben; das Vergängliche erbt nicht das Unvergängliche. Seht, ich enthülle euch ein Geheimnis: Wir werden nicht alle entschlafen, aber wir werden alle verwandelt werden – plötzlich, in einem Augenblick, beim letzten Posaunenschall. Die Posaune wird erschallen, die Toten werden zur Unvergänglichkeit auferweckt, wir aber werden verwandelt werden. Denn dieses Vergängliche muss sich mit Unvergänglichkeit bekleiden und dieses Sterbliche mit Unsterblichkeit. Wenn sich aber dieses Vergängliche mit Unvergänglichkeit bekleidet und dieses Sterbliche mit Unsterblichkeit, dann erfüllt sich das Wort der Schrift: Verschlungen ist der Tod vom Sieg. Tod, wo ist dein Sieg? / Tod, wo ist dein Stachel?“

In 1 Kor 15,21 ff wird die Überwindung der Sünde mit der Entmachtung des Todes gleichgesetzt, und das nicht einfach als nur zukünftiges, sondern in der Hoffnungstat an Christus schon geschehenes und immer neu geschehendes Ereignis – eine Relativierung der Fixierung auf den physischen Tod, die sich bei Johannes fortsetzt. Auferstehung wird bei Paulus vor allem verstanden im Kontext des erlösten gemeindlichen Lebens in Christus,[879] „einer ebenso realistischen wie zuversichtlichen Betrachtung der Dinge [...], in der sich die Freiheit gegenwärtigen Handelns mit der Offenheit für die zukünftige Offenbarung Gottes ausgewogen verband.“[880]

In Römer 8, 11–16 liegt dagegen der Schwerpunkt auf dem Geist als Tote erweckendes und Leben schaffendes *pneuma*, als lebendigmachende Kraft in jedem Menschen. „Auferweckung durch Gott geschieht als Verlebendigung von innen her“.[881]

> „Wenn der Geist dessen in euch wohnt, der Jesus von den Toten auferweckt hat, dann wird er, der Christus Jesus von den Toten auferweckt hat, auch euren sterblichen Leib lebendig machen durch seinen Geist, der in euch wohnt. Wir sind also nicht dem Fleisch verpflichtet, Brüder, so dass wir nach dem Fleisch leben müssten. Wenn ihr nach dem Fleisch lebt, müsst ihr sterben; wenn ihr aber durch den Geist die (sündigen) Taten des Leibes tötet, werdet ihr leben. Denn alle, die sich vom Geist Gottes leiten lassen, sind Söhne Gottes. Denn ihr habt nicht einen Geist empfangen, der euch zu Sklaven macht, so dass ihr euch immer noch fürchten müsstet, sondern ihr habt den Geist empfangen, der euch zu Söhnen macht, den Geist, in dem wir rufen: Abba, Vater! So bezeugt der Geist selber unserem Geist, dass wir Kinder Gottes sind.“

Selten wird bemerkt, dass Paulus an dieser Stelle etwas entwickelt, was erst in den letzten Jahrzehnten als ‚Ökologie‘ oder ‚Gaia-Theorie‘ außerhalb christlicher Zusammenhänge wiederentdeckt wurde. Damit entwickelt der Apostel eine hohe Anschlussfähigkeit an die in jüngerer Zeit nicht nur von Jürgen Moltmann, sondern auch in Film und Literatur[882] entwickelte ‚ökologische Es-

---

[879] Vgl. dazu auch: STROBEL, *Apokalyptik*, 252.
[880] Ebd.
[881] NOCKE, *Eschatologie*, 432.
[882] Vgl. die Kapitel 2 und 3.

chatologie': Die tiefe Verwobenheit menschlicher Existenz mit dem gesamten Schöpfungsgeschehen nicht nur im Rahmen der Schöpfung selbst und als im Sündenfall zerfallenes Ganzes. Spätestens unter eschatologischer Perspektive wartet wieder die *ganze* Schöpfung seufzend auf ihre Erlösung. Der Mensch ist (nur) ihr denkender und bewusst handelnder Teil:

> „[D]ie ganze Schöpfung wartet sehnsüchtig auf das Offenbarwerden der Söhne Gottes. Die Schöpfung ist der Vergänglichkeit unterworfen, nicht aus eigenem Willen, sondern durch den, der sie unterworfen hat; aber zugleich gab er ihr Hoffnung: Auch die Schöpfung soll von der Sklaverei und Verlorenheit befreit werden zur Freiheit und Herrlichkeit der Kinder Gottes. Denn wir wissen, dass die gesamte Schöpfung bis zum heutigen Tag seufzt und in Geburtswehen liegt. Aber auch wir, obwohl wir als Erstlingsgabe den Geist haben, seufzen in unserem Herzen und warten darauf, dass wir mit der Erlösung unseres Leibes als Söhne offenbar werden. Denn wir sind gerettet, doch in der Hoffnung. Hoffnung aber, die man schon erfüllt sieht, ist keine Hoffnung. Wie kann man auf etwas hoffen, das man sieht? Hoffen wir aber auf das, was wir nicht sehen, dann harren wir aus in Geduld." (Röm 8, 19-25)

## 16.3 Die Synoptiker

Auch die synoptischen Apokalypsen (Mk 13 par) variieren wesentliche, bereits aus der jüdischen Apokalyptik bekannte Gattungsmerkmale wie *katastrophische Anzeichen* des *universalen Weltuntergangs* sowie ein *Gericht* als seinen wesentliches Bestandteil: Die Tendenz, den Endtermin zu berechnen, wird hier aber kritisiert. Ebenfalls als kritikwürdig gilt die typisch apokalyptische Versuchung, die Gegenwart zu Gunsten einer erhofften Zukunft zu vernachlässigen oder in Resignation (‚apokalyptischer Pessimismus') zu verfallen. Bezüglich einer prophetischen Verwerfung aktueller politischer Systeme durch Gott oder gar der Aufforderung, sie zu bekämpfen, setzen die Synoptiker die Aussage, dass die Gottesherrschaft im Leben und Sterben Jesu Christi im Sinne einer *eschatologia crucis*[883] schon angebrochen sei, während die Johannesoffenbarung durchaus im Sinne eines bevorstehenden gesamtpolitischen Umsturzes, eines gottgefälligen apokalyptischen Endkampfes, verstanden werden kann.

Gleichzeitig scheint die in den Evangelien auf breiter Basis festgehaltene Verkündigung Jesu von der nahegekommenen *basileia tõn ouranõn* (Mt) bzw. *tou theou* (Lk/Mk)[884], also eines ‚Königreichs der Himmel' bzw. ‚Gottes' noch eine Zeitlang nach Jesu Christi Weggang in Tod und Himmelfahrt verstanden und sehnsüchtig erwartet worden zu sein als nahe bevorstehender universaler Umsturz der irdischen Verhältnisse. Die urchristliche Hoffnung auf das Kommen des Menschensohns ist für sie wesentlich in der Apokalyptik Jesu

---

883 Ebd., 132ff.

884 Insgesamt 122mal bezeugt, 99mal bei den Synoptikern und hier 90mal als Jesuswort. So vermerkt bei RATZINGER, *Eschatologie*, 34.

begründet und zentriert auf den Menschensohn, seinen Sendungsanspruch und die Verkündigung des nahen Reiches Gottes. Matthäus und Markus halten an dieser ‚Naherwartung' fest, bei Lukas wird die in der Apokalyptik noch historisch verstandene Zeitlichkeit bereits punktuell überschritten: Jesus ist Mitte der Zeit, seine Gegenwart ein Dauerzustand. Die lukanische Eschatologie ist folglich durch klare Bezugnahmen auf historische Fakten in ihrer Apokalyptik gedämpft und so in die Kontinuität der Heilsgeschichte eingeordnet. Darüber hinaus ist eine neue Epoche in ihr angebrochen: die Zeit des Heils auch für die Heiden:

> „Es werden Zeichen sichtbar werden an Sonne, Mond und Sternen, und auf der Erde werden die Völker bestürzt und ratlos sein über das Toben und Donnern des Meeres. Die Menschen werden vor Angst vergehen in der Erwartung der Dinge, die über die Erde kommen; denn die Kräfte des Himmels werden erschüttert werden. Dann wird man den Menschensohn mit großer Macht und Herrlichkeit auf einer Wolke kommen sehen. Wenn all das beginnt, dann richtet euch auf, und erhebt eure Häupter; denn eure Erlösung ist nahe. […] Amen, ich sage euch: Diese Generation wird nicht vergehen, bis alles eintrifft. Himmel und Erde werden vergehen, aber meine Worte werden nicht vergehen. […] Wacht und betet allezeit, damit ihr allem, was geschehen wird, entrinnen und vor den Menschensohn hintreten könnt." (Lk 21, 26–35)

Von der Predigt Jesu her ist die angebrochene Gottesherrschaft bei Lukas also vor allem aktivisch und ethisch zu verstehen: Das Reich, in dem Gott handelt, ist hier auf Erden lebendig. In es einzutreten erfordert sittliche Voraussetzungen – getane Liebeswerke. Die konkrete Ausgestaltung dieses Reiches wird jedoch nur in Gleichnissen oder *via negativa* gefasst: Es ist als solches dem definierenden menschlichem Zugriff entzogen, aber dort, wo die Werke und Haltungen des Reiches Gottes anzutreffen sind, ist es „mitten unter euch" (Lk 17,20).[885] Das Gottesreich ist in der Rede Jesu als *noch kommend*, das heißt dem unmittelbaren Zugriff entzogen, und gleichzeitig *schon gegenwärtig* bezeugt. Als solches wurde von der frühen Christenheit „nicht mehr eine reine Theologie der Hoffnung" verkündet, sondern „auf ein Jetzt, in dem die Verheißung bereits Gegenwart wurde"[886] verwiesen.

Ähnliches lässt sich von Markus und Matthäus, allerdings innerhalb ihres noch stärker apokalyptischen Zeitmodells, sagen: Das Leben Jesu spielt sich bei Markus zwischen der Buß- und Rettungstaufe im Jordan und der Kreuzigung ab. Wenn wir letztere als ‚Stunde des Menschensohnes' verstehen, finden wir

[885] Ratzinger verweist darauf, dass eine letztlich bei Origenes kristallisierte Tradition, die bis zum Beginn des 20. Jahrhunderts währte, diesen Satz als Apotheose der Innerlichkeit tradierte (vgl. Scholem). Eine zweite (von Ratzinger abgelehnte) Auslegungstradition übersetzt: „Das Reich Gottes wird plötzlich in eurer Mitte sein" (*Eschatologie*, 40f). Eine dritte Tradition schließlich ist christologisch zentriert: Jesus ist das Reich selbst. Wo er ist und sein Geist, ist es gegenwärtig.

[886] RATZINGER, *Eschatologie*, 49.

uns plötzlich innerhalb eines wie vom Danielbuch vorgegebenen apokalyptischen Rahmens. Fokussiert treffen wir auf diese Metatheorie des Markusevangeliums in der sogenannten *Apokalyptischen Rede* in Mk 13, 26-33 (Auszug):

> „Dann wird man den Menschensohn mit großer Macht und Herrlichkeit auf den Wolken kommen sehen. Und er wird die Engel aussenden und die von ihm Auserwählten aus allen vier Windrichtungen zusammenführen, vom Ende der Erde bis zum Ende des Himmels. [...] Genauso sollt ihr erkennen, wenn ihr (all) das geschehen seht, dass das Ende vor der Tür steht. Amen, ich sage euch: Diese Generation wird nicht vergehen, bis das alles eintrifft. Himmel und Erde werden vergehen, aber meine Worte werden nicht vergehen. Doch jenen Tag und jene Stunde kennt niemand, auch nicht die Engel im Himmel, nicht einmal der Sohn, sondern nur der Vater. Seht euch also vor und bleibt wach!"

Matthäus kennt diese unmittelbare Betroffenheit von apokalyptischen Wehen nicht mehr. Er hat das Material des Markus in didaktische, lehrhafte Zusammenhänge gebracht. Dennoch gibt es bei ihm die periodisierende Geschichtsschau (Mt 1,2). Insgesamt ist seine Theologie aber von einem zunehmenden Kirchenbewusstsein geprägt. So ist bei ihm (Mt 11, 7-19) die zeitliche Distanz zu den erwartete Ereignissen schon deutlich gestreckt:

> „Als sie gegangen waren, begann Jesus zu der Menge über Johannes zu reden; er sagte: Was habt ihr denn sehen wollen, als ihr in die Wüste hinausgegangen seid? Ein Schilfrohr, das im Wind schwankt? Oder was habt ihr sehen wollen, als ihr hinausgegangen seid? Einen Mann in feiner Kleidung? Leute, die fein gekleidet sind, findet man in den Palästen der Könige. Oder wozu seid ihr hinausgegangen? Um einen Propheten zu sehen? Ja, ich sage euch: Ihr habt sogar mehr gesehen als einen Propheten. Er ist der, von dem es in der Schrift heißt: Ich sende meinen Boten vor dir her; er soll den Weg für dich bahnen. Amen, das sage ich euch: Unter allen Menschen hat es keinen größeren gegeben als Johannes den Täufer; doch der Kleinste im Himmelreich ist größer als er. [...] Johannes ist gekommen, er isst nicht und trinkt nicht und sie sagen: Er ist von einem Dämon besessen. Der Menschensohn ist gekommen, er isst und trinkt; darauf sagen sie: Dieser Fresser und Säufer, dieser Freund der Zöllner und Sünder! Und doch hat die Weisheit durch die Taten, die sie bewirkt hat, Recht bekommen."

Erik Petersons[887] *eschatologischen Vorbehalt* findet sich also bereits in den Evangelien als die Balance zwischen ‚schon und noch nicht', genauer: zwischen der Gegenwart des Reiches Gottes, wie sie bei den Synoptikern in einer Vielfalt von Gleichnissen und Jesuslogien bezeugt ist, und einem am individuellen Ende und am Ende der Zeiten zu erwartenden Gericht mit nachfolgender Vollendung bei Gott. Der Glaube an die Parusie besagt beides: Er ist *präsentisch*, insofern die Gläubigen nicht nur täglich mit der Ankunft Christi rechnen müssen, sondern auch in ihrem Handeln von dieser Erwartung bestimmt werden und so teilweise bereits den Vorschein künftiger Herrlichkeit erleben dür-

[887] Vgl. KURT ANGLET, *Der eschatologische Vorbehalt. Eine Denkfigur Erik Peterson*, Paderborn 2001.

fen. Er ist *futurisch*, insofern dieser Tag Christi im Glauben proleptisch vorweggenommen und in der endgültigen Hoffnung als Rettung aus der Vernichtung erwartet wird. Jeder theologische Ansatz, der eine der beiden Dimensionen einseitig privilegiert, begibt sich also auf Distanz zur Botschaft des Evangeliums: Die chiliastisch/millenaristische, welche die Anwesenheit des Reiches im Hier und Jetzt leugnet, ebenso wie eine angeblich philosophisch geforderte präsentische Eschatologie, welche kein Eingreifen Gottes zur Vollendung seiner Schöpfung mehr erwartet.

## 6.4 Johannes

Mit dem Verblassen der Naherwartung verliert die neutestamentliche Lehre von den letzten Dingen schon bei Matthäus und erst recht bei Johannes an Bedeutung und wird zunehmend durch eine ausgearbeitete Christologie ersetzt, die im Verlauf der Geschichte nicht frei bleiben wird von herrschaftlichen Projektionen auf die Christusfigur selbst, die doch ursprünglich vor allem auf das Reich hinweisen wollte: „Das Reichsthema wandelt sich in Christologie, weil von Christus her der Geist kommt, der die Herrschaft Gottes ist.“[888] Bemerkenswert am Johannes-Evangelium ist allerdings auch seine präsentische Eschatologie (vgl. u.a. Joh 3,18 und 5,25). Sie mag die gemeindliche „Auseinandersetzung mit dem Gnostizismus“ wiederspiegeln,[889] die als „Entscheidungsdualismus“ kaum futurische Aussagen zuließ, gleichwohl dürfte das typisch johanneische „Es kommt und ist schon da“ auch als „Standort lebendiger Hoffnung“ verstanden werden können,[890] mit dem der Evangelist einen wesentlich neuen Akzent in die Tradition der frühchristlichen Eschatologie einbrachte. Besonders deutlich drückt sich die futurische Eschatologie des Johannes in seinem Wort vom Haus des Vaters in Joh 14, 1–3 aus:

> „Euer Herz lasse sich nicht verwirren. Glaubt an Gott und glaubt an mich! Im Haus meines Vaters gibt es viele Wohnungen. Wenn es nicht so wäre, hätte ich euch dann gesagt: Ich gehe, um einen Platz für euch vorzubereiten? Wenn ich gegangen bin und einen Platz für euch vorbereitet habe, komme ich wieder und werde euch zu mir holen, damit auch ihr dort seid, wo ich bin.“

## 16.5 Jesus

Was kann man nun aber über die eschatologische Predigt Jesu selbst sagen? Hochwahrscheinlich ist, dass es sie historisch gab und er sich selbst mit dem Menschensohn/Messias identifizierte. Vor allem kündigt er in der Tradition

---

888 Ebd., 42

889 STROBEL, *‚Apokalyptik‘*, 254.

890 Ebd.

Johannes' des Täufers die Nähe des Gerichts an, verzichtet aber vermutlich auf eine genaue Datierung, ja kritisiert eine solche ausdrücklich. Aber die ausladende und teilweise bizarre Bildhaftigkeit der Himmelsreisen, Fabeltiere etc. aus der jüdischen Apokalyptik fehlten wohl in seiner Gerichtspredigt. Andererseits ist seine Rede vom Gericht zentral durch die Metapher des „Reiches Gottes" bzw. „der Himmel" geprägt. Das Kommen dieses Reiches steht mit seinem eigenen Geschick in Verbindung: Er identifizierte sich selbst ausdrücklich mit dem erwarteten Messias. In ihm, seinem Leben, seiner Predigt, seinem Leiden, Sterben, seinem Tod und seiner Auferstehung wird das Reich Wirklichkeit.

*Joachim Gnilka* verweigert in seiner hervorragenden Gesamtdarstellung[891] eine eindeutige Positionierung der Reich Gottes Lehre Jesu als präsentisch oder futurisch. Er weist darauf hin, dass Jesus seine Predigt vom Gottesreich nirgendwo theologisch entwickelt oder gar erklärt. Die historisch verlässlichsten Quellen bleiben die Traditionen der Synoptiker. Hier spielt sie vor allem in den *Gleichnissen* vom *Sämann*, vom *Schatz im Acker*, vom *Senfkorn*, vom *Sauerteig*, vom *Unkraut unter dem Weizen* etc. aber auch bei den sogenannten *Einlassprüchen*[892] eine zentrale Rolle, aber auch im *Vaterunser*, wo das Reich ja als kommendes erbeten wird. Jesus steht hier ganz in der jüdischen Gebetstradition.

In den Augen Jesu ist das Gottesreich nahe, so vor allem in den oben zitierten Gerichtsreden, Mk 13,30 par. Gnilka schreibt: „Auch die Gerichtsankündigung ist auf die Gottesherrschaft hingeordnet. Sie lässt sich nicht von ihr abtrennen. Vom Gerichtsgedanken empfängt die Gottesherrschaft den Ernst, die letzte Verbindlichkeit, das Bedrängende. Ohne ihn verbliebe sie in der Schwebe des Un-Ernstes." Die Alternative heißt ‚Heil oder Gericht': „In jener Nacht werden zwei auf dem Bett ruhen, der eine wird angenommen, der andere zurückgelassen werden. Zwei werden an der Mühle stehen und mahlen, die eine wird angenommen, die andere zurückgelassen werden" (Lk 17,34). In der Predigt Jesu dominiert aber die Heilszusage. Das wird deutlich, wenn man die vielzitierten Seligpreisungen aus der Bergpredigt bzw. Feldrede eschatologisch liest: „Selig", das heißt ‚des Reiches Gottes teilhaftig', sind die Armen, die Hungernden, die Weinenden, die Friedensstifter etc. Der Schwerpunkt liegt gerade nicht auf der Gerichtsvollstreckung, sondern auf der Zeit davor. Vgl. dazu auch die Gleichnisse vom nächtlichen Einbrecher, vom Herrn und Verwalter (Mt 25, 14–30; Lk 19, 12–27).

---

[891] JOACHIM GNILKA, *Jesus von Nazareth. Botschaft und Geschichte*, Freiburg u.a., 1990, Neuauflage 2007. Vgl. hier v.a.: 141-165.

[892] „Eher geht ein Kamel durch ein Nadelöhr, als dass ein Reicher in das Reich Gottes gelangt." Mk 10,25; „Geht durch das enge Tor! Denn das Tor ist weit, das ins Verderben führt, und der Weg dahin ist breit und viele gehen auf ihm. Aber das Tor, das zum Leben führt, ist eng und der Weg dahin ist schmal und nur wenige finden ihn." (Mt 7,13f).

Jüngere deutschsprachige Monographien stellen Gnilkas Gesamtschau zur eschatologischen Predigt nicht grundsätzlich in Frage. Die eigentliche Auseinandersetzung dreht sich hier – nach wie vor – um die Authentizität und Vollständigkeit der neutestamentlichen Überlieferung. *Gerd Theissen* und *Anette Merz* etwa benennen in ihrer umfassenden Monographie *Der historische Jesus. Ein Lehrbuch* sehr treffend zehn offene Fragen der aktuellen (bibeltheologischen und systematisch-theologischen) Jesus-Forschung, die schließlich jeweils durch ein differenziertes ‚Sowohl-als-Auch' beantwortet werden.[893] Einzig die zehnte Frage wird durch den klaren Ausschluss einer These beantwortet: „Die Königsherrschaft […] lässt sich nur vom Zentrum jüdischen Gottesglaubens her verstehen. Jesus ist in seiner eschatologischen Verkündigung kein ‚marginal Jew'. Vielmehr antwortet er in ihr auf Grundprobleme des jüdischen Monotheismus."[894] Theissen und Merz weisen zudem darauf hin, dass im Laufe der 2000 jährigen Ideengeschichte jesuanischer Eschatologie immer wieder neu diskutierte Problemkreise bereits in der Reich-Gottes-Predigt Jesu angelegt sind: „Jesus verkündigte eine nahe Gottesherrschaft, es kam aber das Christentum".[895] Eine Problemexposition, die – wie auch in unserem Band nachvollziehbar – historisch genau drei Antworten gefunden hat: eine *heilsgeschichtliche*, eine *existentiale* und eine *evolutionäre*.

Auch *Joseph Ratzinger/Papst Benedikt XVI.* widmet sich im zweiten Band seines dreibändigen Werke *Jesus von Nazareth* der „Eschatologischen Rede Jesu".[896] Mit den Kapitelüberschriften *Das Ende des Tempels*, *Die Zeit der Heiden* und *Prophetie und Apokalypse in der eschatologischen Rede* streicht er drei Elemente heraus, ohne „in die vielfältigen Detailprobleme der Redaktions- und Traditionsgeschichte des Textes einzutreten"[897]. Durchgängig fällt seine nicht anders als apologetisch zu nennende Betonung der Historizität aller Jesus-Worte ins Auge. Doch der emeritierte Papst geht noch weiter: Sowohl Jesus als auch die frühe christliche Gemeinde waren „lange vor der äußeren Zerstörung des Tempels davon überzeugt, dass dessen heilsgeschichtliche

---

[893] Göttingen [3]2001, 222: „1. Ist die ‚Königsherrschaft Gottes' gegenwärtig oder zukünftig oder beides? 2. Dominiert in ihr die Heils- oder die Gerichtserwartung und wie verhalten sich beide zueinander? 3. Ist sie dynamisch (als Herrschen Gottes) oder räumlich (als Reich Gottes) zu verstehen? 4. Wird sie allein von Gott oder unter Beteiligung von Menschen verwirklicht? 5. Wird sie theozentrisch oder messianisch (ohne oder mit Vermittlung eines Messias) verwirklicht? 6. Ist sie eine politische oder eine rein religiöse Größe? 7. Verheißt Jesus seinen Anhängern die Herrschaft in ihr oder, dass sie in ihr das Volk sein werden? 8. Ist der Begriff ‚Königsherrschaft Gottes' ein Symbol, das einen vorgegebenen Mythos voraussetzt, oder eine Metapher, die Neues entdecken lässt? 9. Ist die Verkündigung der Gottesherrschaft ausschließlich von apokalyptischer Tradition oder auch von weisheitlicher Überlieferung geprägt? 10. Setzt Jesus mit ihr jüdische Traditionen fort oder verlässt er hier die jüdische Überzeugungswelt?"

[894] Ebd., 252.

[895] Ebd.

[896] JOSEPH RATZINGER / PAPST BENEDIKT XVI., *Jesus von Nazareth. Zweiter Teil: Vom Einzug nach Jerusalem bis zur Auferstehung,* Freiburg i.Br. 2011, 39–68.

[897] Ebd., 43.

Stunde zu Ende sei."[898] Die von Theissen/Merz noch einmal herausgestrichene und schon in der Predigt Jesu angelegte Spannung zwischen Naherwartung und Parusie-Verzögerung löst Joseph Ratzinger auf mit Verweis auf die – auch nach der Intention Jesu – ausstehende Heiden-Bekehrung, nicht ohne die fatalen historischen Folgen einer angeblich ebenfalls ausstehende Bekehrung der Juden vor der Wiederkunft Christi zu betonen.[899] Schließlich weist auch Joseph Ratzinger auf die unübersehbare Präsenz jüdischer Zukunftserwartungen in Jesu Predigt hin, die nur in einem, aber wesentlichen Punkt modifiziert wird, die Hinführung „zum Leben auf dem Boden des Wortes Gottes, das Jesus uns schenkt; zur Begegnung mit ihm, dem lebendigen Wort; zur Verantwortung vor dem Richter der Lebenden und der Toten."[900]

*Thomas Söding* liefert in seinem Grundlagenwerk *Die Verkündigung Jesu – Ereignis und Erinnerung*[901] eine umfassende und ausdrücklich bibeltheologisch orientierte Gesamtschau, die allerdings auf redaktionskritische Perspektiven leider fast völlig verzichtet. Er macht sehr deutlich, dass allzu starke Zweifel an der historischen Authentizität der Evangelien seine Sache nicht, sondern „eher Blickverengungen liberaler Theologie"[902] seien. Södings auch literarisch gelungene Gesamtdarstellung des „Evangeliums der Gottesherrschaft"[903] kann hier nicht wiedergegeben, sondern dem Leser nur zur Lektüre empfohlen werden. Markant sticht die hohe Wertschätzung Södings für die Seligpreisungen der Bergpredigt, und zwar einschließlich der Weherufe, als von den Synoptikern hervorgehobene „programmatische Verkündigungsrede Jesu"[904] mit ausdrücklich eschatologischer Dimension hervor. Eskapistische und millenaristische Fehlformen der Eschatologie, wie sie sich historisch entwickelt haben, halten einer genauen Lektüre dieses zentralen Textes demnach nicht stand.[905] Auffällig auch, wie sehr Söding Wunder[906], Gleichnisse[907] und Gastmähler[908] Jesu, also endzeitlicher Dimensionen zunächst unverdächtige

---

[898] Ebd., 53.

[899] „Die Ankündigung der Zeit der Heiden und der darin enthaltene Auftrag ist ein Kernstück der eschatologischen Botschaft Jesu. […] Die Zeit der Heiden – ‚die Zeit der Kirche' –, […] stellt ein wesentliches Element der eschatologischen Botschaft Jesu dar." Ebd., 61.

[900] Ebd., 68.

[901] Freiburg i. Br. 2011.

[902] Ebd., 142.

[903] Ebd., 140–240.

[904] Ebd., 185.

[905] „Für Desinteresse an den Zeitläuften, für eine innere Emigration aus der Geschichte, für Gleichgültigkeit gegenüber den Anforderungen des Alltags lässt die Bergpredigt keinen Platz. Wer glaubt, dass es ein Jenseits dieser Geschichte gibt, das nicht vom Nichts, sondern von Gottes Ewigkeit bestimmt ist, wird nicht von der Daseinsvorsorge aufgefressen und kann sich auf das Naheliegende konzentrieren, um das Notwendige zu tun." Ebd., 150.

[906] „Die Machttaten Jesu […] vermitteln einen Vorgeschmack des Kommenden, weil sie einen Zusammenhang zwischen Heil und Heilung herstellen." Ebd., 181.

[907] „Jesus lehrt die Gottesherrschaft in den Gleichnissen so, dass die Welt, die erzählt wird auf das Heil Gottes verweist, das sich realisiert." Ebd., 177.

[908] „Die Gastmähler Jesu […] offenbaren die Gottesherrschaft als ewiges Leben für alle, die sich von Gott im Übermaß beschenken lassen und seine Güte miteinander teilen." Ebd., 183.

Handlungs- und Verkündigungskomplexe, *als Ganze* in einen eschatologischen Kontext stellt. Hier wird *en passant* auch noch einmal eine Besonderheit des Johannesevangeliums deutlich:

> „Vom Weinwunder zu Kana bis zur Auferweckung des Lazarus machen sie [die Wunder Jesu] die ‚Herrlichkeit' Jesu sichtbar (Joh 2,11; vgl. 6,16-21) und die Herrlichkeit Gottes (Joh 11,4.40). Die Herrlichkeit ist der Glanz des Gottseins Gottes, der durch Jesus ausstrahlt in die Welt (Joh 1,14). Die Gleichnisse fangen ihn ein: die gesprochenen und die im Wunder vollbrachten."[909]

Des Weiteren fällt auf, dass Söding nicht nur wie alle hier erwähnten Exegeten die Verwurzelung Jesu in der jüdischen Tradition und die Verbundenheit seiner Eschatologie vor allem mit dem Danielbuch betont[910], sondern dass er „Gottes Gericht als Grundmotiv biblischer Theologie" versteht[911] und so auch die in der Theologie über Jahrhunderte in Misskredit geratene Apokalyptik neu würdigen kann.[912]

Die genaue Lektüre Södings demaskiert aber zugleich den menschenverachtenden Schindluder, der über Jahrhunderte mit den jesuanischen Gerichtsworten getrieben wurde:

> „Typisch ist freilich, dass Jesus mit den Augen Gottes die Sünden der Menschen nie nur als ihre Schuld, sondern immer zugleich als ihre Not sieht. Deshalb redet er die Sünder nicht als ‚Schlangenbrut' an, sondern als ‚verlorene Schafe' (Mt 10,4; 15,,24; Mk 6,34 parr; Mt 9,36), nach denen der Hirt auf die Suche geht, um sie zu finden (Lk 15,11–32)."[913]

Brisant ist auch, wie Söding ohne auf die theologische Tradition Bezug zu nehmen am Ende seiner Ausführungen noch einmal mit zwei fatalen Gewissheiten vor allem der patristischen und scholastischen Theologie aufräumt:

> „An keiner Stelle des Evangeliums findet sich eine Beschreibung, die den Ablauf des Endgerichts darstellte, wie man einen innergeschichtlichen Vorgang protokollieren oder prognostizieren könnte. Das ist angemessen, weil das Gericht, wenn es stattfindet, nicht ein Ereignis in Raum und Zeit, sondern das Ende des geschichtlichen Zeitraumes ist."[914]

---

909 Ebd., 185. Vgl. zum Begriff der *„doxa"* bei Johannes ausführlich: JOHANNA RAHNER, *Er aber sprach vom Tempel seines Leibes. Jesus von Nazaret als Ort der Offenbarung Gottes im vierten Evangelium,* Bodenheim 1998.

910 Ebd., 223 u.ö.

911 Ebd., 223–240.

912 „[D]er Apokalyptik verdanken Judentum und Christentum das Glaubenswissen von der unendlichen Größe der vollkommenen Erlösung, die Gott den Frommen und Gerechten, den Reuigen und Einsichtigen verheißen hat. Die Apokalyptik bringt – nicht ohne dualistische Zuspitzung – ans Licht, dass die Sünde, die Gott im Gericht verurteilt, nicht nur die Gestalt menschlichen Fehlverhaltens hat, sondern aus der Wirkung vieler menschlicher Sünden heraus, beginnend mit Adam, immer auch eine Unheilsmacht ist, die das Antlitz der Erde verunstaltet und eine bleierne Last auf die ganze Welt-Geschichte legt (4Esr)." Ebd., 225.

913 Ebd., 231.

914 Ebd., 237.

Und schließlich: „Indem die Sünde verurteilt wird, werden auch die Sünder bestraft, die sich ihrer schuldig gemacht haben; und da nach Jesu Worten prinzipiell alle sündigen, *müssen alle vor den Richterstuhl des lebendigen Gottes treten* und ihrer gerechten Strafe gewärtig sein.“[915]

Es bleibt dem Urteil des Lesers überlassen, ob ihn die Konzeption dieses und der anderen Bände der Reihe überzeugt. Wer gründlich gelesen hat, wird vielleicht zu der Erkenntnis kommen, die auch den Autor beim Schreiben dieser letzten Zeilen leitet: Die Geschichte der christlichen Eschatologie kann nicht anders begriffen werden denn als Kette von ideenpolitischen Positionierungen, die sich zu ihrem Ursprung, dem biblischen Text, sowohl in einem Verhältnis der *Übereinstimmung* wie der je *spezifischen Differenz* befinden. Dabei ziehen sich große Fragen, wie sie jüngst von Theissen und Merz gefasst wurden und die bereits die jüdischen wie christlichen Ursprungstexte bestimmen, mit einer erstaunlichen Konsequenz durch die Geschichte.

Die Methodik einer mit kritischem Denken flankierten fiktionalen Anthropologie hat sich dabei bewährt. Denn es zeigte sich auch beim historischen Durchgang, dass Eschatologie nicht ohne ein Ernstnehmen der bildhaften bzw. ‚theodramatischen‘ Durchformung des biblischen Materials adäquat beschrieben werden kann. Kriteriologien mit erstaunlich analogen Ergebnissen finden sich dabei nicht erst in Neuzeit und Postmoderne. Bereits die für Christen normative jesuanische Fassung des schon anwesenden und noch kommenden Reiches eines barmherzigen Gottes enthält – wie wir vor allem anhand der Ausführungen von Thomas Söding sehen konnten – hinreichend Gegengift für den allzumenschlichen Drang nach Machtausübung über Andere. Origenes und Augustinus taten das Ihrige, um Millenarismus und Drohbotschaft auf das Sinnvolle und Notwendige einzugrenzen, jedoch mit überschaubarem Erfolg, wenn man manche bestürzende Entwicklungen in Scholastik, Evangelikalismus und Endzeitkirchen betrachtet.

Menschen werden wohl immer fragen, was sie hoffen dürfen. Auf diese Frage eine historisch und philosophisch verantwortbare Antwort aus den biblischen Quellen geben zu können, ist auch heute Aufgabe einer christlichen Theologie, die an der Zeit ist.

[915] Ebd., 239, Hervorhebung: JV.

# Literatur

Anbei findet sich die gesamte verwendete und zitierte Literatur dieses Bandes. Bibelstellen werden nach der Einheitsübersetzung zitiert, Kirchenväterzitate ebenso wie Bibelstellen nur mit Titel, Kapitel und Vers/Perikope, also ohne Angabe einer bestimmten Edition.


ANGLET, KURT, *Der eschatologische Vorbehalt. Eine Denkfigur Erik Petersons*, Paderborn 2001.

ASENDORF, ULRICH, *Art. „Eschatologie VII / Reformation und Neuzeit"*, in: TRE Bd. X (1982), 310–334.

ASSMANN, JAN (Hg.), *Die Erfindung des inneren Menschen. Studien zur religiösen Anthropologie*, Gütersloh 1998.

AUFFAHRT, CHRISTIAN, *Rettung von außen, Rettung von innen. Perspektiven vom Ende her auf die Apokalypse als Botschaft für das 20. Jahrhundert*, in: M. FRÖHLICH / R. MIDDEL / K. VISARIUS, *Nach dem Ende*, Marburg 2001, 25–37.

VON BALTHASAR, HANS URS, *Eschatologie*, in: J. FEINER / J. TRÜTSCH / F. BÖCKLE (Hg.), *Fragen der Theologie heute*, Einsiedeln u.a. 1957, 403–424.

VON BALTHASAR, HANS URS, *Theodramatik I, Prolegomena*, Einsiedeln 1973.

VON BALTHASAR, HANS URS: *Eschatologie im Umriss*, in: Pneuma und Institution (SkTh IV). Einsiedeln 1974, 410–455.

VON BALTHASAR, HANS URS, *Theodramatik II/1, Der Mensch in Gott*, Einsiedeln 1976.

VON BALTHASAR, HANS URS, *Theodramatik III, Die Handlung*, Einsiedeln 1980.

VON BALTHASAR, HANS URS, *Unser Auftrag. Bericht und Entwurf*, Einsiedeln 1984.

VON BALTHASAR, HANS URS, *Die Apokalypse, in: „Ja, ich komme bald". Die Endzeit im Licht der Apokalypse*, hg. v. Informationszentrum Berufe der Kirche, Freiburg/Stuttgart 1985, 105–143.

VON BALTHASAR, HANS URS, *Kleiner Diskurs über die Hölle*, Ostfildern ²1987.

VON BALTHASAR, HANS URS, *Herrlichkeit I.*, Einsiedeln ³1988 (1961).

VON BALTHASAR, HANS URS, *Apokatastasis*, TThZ 97 (1988), 169–182.

VON BALTHASAR, HANS URS, *Was dürfen wir hoffen* (Kriterien 75), Einsiedeln/Trier ²1989.

BARTH, KARL, *Der Römerbrief*, München ²1922.

BARTSCHERER, CHRISTOPH, *Die Herren der Apokalypse. Weltuntergänge im Werk von Friedrich Dürrenmatt, Günter Grass und Michael Cordy*, in: H. G. GRADL / G. STEINS / F. SCHULLER (Hg.), *Am Ende der Tage. Apokalyptische Bilder in Bibel, Kunst Musik und Literatur*, Regensburg 2011, 161–187.

BAUER, CHRISTIAN / HÖLZL, MICHAEL (Hg), *Gottes und des Menschen Tod? Die Theologie vor der Herausforderung Michel Foucaults*, Mainz 2003.

BAUMANN, ZYGMUNT, *Unbehagen in der Postmodern*, Hamburg 1999.

BECKFORD, JAMES A., *New Wine in new Bottles. Departure from Church Sect Conceptual Tradition*, in: Social Compass 23 (1976), 71–85.

BEE, ANDREAS, *Thomas Demand. Klause. Mit Beiträgen von Dietmar Dath, Christian Demand, Joachim Valentin und Udo Kittelmann*, Köln 2006.

BENJAMIN, WALTER, *Über den Begriff der Geschichte*, in: DERS., *Gesammelte Schriften (GS)* I 2, Frankfurt 1974ff, 693–706.

BENJAMIN, WALTER, *Das Passagen Werk, Aufzeichnungen und Materialien* [N8,1], in: DERS., *Gesammelte Schriften* V 1.

BENRATH, GUSTAV ADOLF / DEICHGRÄBER, REINHARD / HOLLENWEGER, WALTER, *Art. „Erweckung/Erweckungsbewegungen"*, in: TRE Bd. X (1982), 205–227.

BERGER, JOHN, *Begegnungen und Abschiede. Über Bilder und Menschen*, München 1993.

BERGER, PETER L., *Der Zwang zur Häresie. Religion in der pluralistischen Gesellschaft*, Frankfurt a.M. 1980.

BERGMANN, JERRY, *Jehovas Zeugen und das Problem der seelischen Gesundheit*, München 1994.

BEYRICH, TILMAN, *Ist Glauben wiederholbar? Derrida liest Kierkegaard* (Kierkegaard Studies. Monograph Series 6), Berlin/New York 2001.

BINOTTO, THOMAS, *Viel Vergnügen beim Weltuntergang. Apokalyptische Visionen im Kino*, http://www.binotto.ch/thomas/vortraege/filmthemen/apokalypse_im_kino.html (20.09.2012).

BLANKE, GUSTAV H., *Das amerikanische Sendungsbewusstsein. Zur Kontinuität rhetorischer Grundmuster im öffentlichen Leben der USA*, in: K. M. KODALLE (Hg.), *Gott und Politik in den USA. Über den Einfluss des Religiösen. Eine Bestandsaufnahme*, Frankfurt a.M. 1988, 186–215.

DE BLEEKERE, SYLVAIN, *The Religious Dimension of Cinematic Consciousness in Postmodern Culture*, in: J. R. MAY (Hg.), *The New Image of Religious Film*, Kansas City 1993, 95–111.

BLEICHER, JOAN KRISTIN, *Zwischen Erlösung und Apokalypse. Das Ende der Welt in der Gegenwartsliteratur*, in: C. P. THIEDE (Hg.): *Zu hoffen wider alle Hoffnung. Endzeiterwartung und menschliches Leid in der neueren Literatur*, Paderborn 1996, 47–64.

BLOCH, ERNST, *Das Prinzip Hoffnung*, Frankfurt a.M. 1959.

BLOCH, ERNST, *Atheismus im Christentum. Zur Religion des Exodus und des Reich*, Frankfurt a.M. 1968.

BLUM, GEORG GÜNTER, *Art. „Chiliasmus, II. Alte Kirche"*, in: TRE Bd. VII (1981), 729–733.

BÖCHER, OTTO, *Die Bildwelt der Apokalypse des Johannes*, in: I. BALDERMANN (Hg.), *Die Macht der Bilder* (JBTh 13), Neukirchen-Vluyn 1998, 77-106.

BOCHINGER, CHRISTOPH, *New Age und moderne Religion*, Gütersloh 1994.

BOFF, LEONARDO, *Was kommt nachher? Das Leben nach dem Tode*, Salzburg 1982.

BÖHME, HARTMUT UND GERNOT, *Das Andere der Vernunft*, Frankfurt a.M. 1985.

BÖHME, HARTMUT, *Hilft das Lesen in der Not?* DIE ZEIT 12/2009/Literatur.

BOLZ, NORBERT, *Eine kurze Geschichte des Scheins*, München 1991.

BOROS, LADISLAUS, *Mysterium Mortis. Der Mensch in der letzten Entscheidung*, Olten u. Freiburg i.Br. 1962ff.

BOULD, MARK / BUTLER, ANDREW M. / ROBERTS, ADAM / VINT, SHERRYL (Hg.), *The Routledge Companion to Science Fiction*, New York 2009.

BRADEN, CHARLES S., *These Also Believe. A Study of Modern American Cults and Minority Religious Movements*, New York 1949.

BRAML, JOSEF, *Die religiöse Rechte in den USA* (SWP Studien S35), Berlin 2004.

BREUNING, WILHELM (Hg.), *Seele. Problembegriff christlicher Eschatologie* (QD 106), Freiburg u.a. 1986.

BROKOFF, JÜRGEN, *Die apokalyptische Vernichtung des Rechts. Zur politischen Theologie Walter Benjamins*, in: DERS. / J. JACOB (Hg.), *Apokalypse und Erinnerung* (Formen der Erinnerung, 13), Göttingen 2002, 39–57.

BROMLEY, DAVID G., *Constructing Apocalypticism. Social and Cultural Elements of Radical Organisations*, in: TH. ROBBINS / S. J. PALMER (Hg.), *Millennium Messiahs*, New York 1997, 31–45.

BROX, NORBERT, *Der einfache Glaube und die Theologie. Zur altkirchlichen Geschichte eines Dauerproblems*, in: Kairos. Zeitschrift für Religionswissenschaft und Theologie 14 (1972), 161–187.

BRÜNTRUP, GODEHARD / RUGEL, MATTHIAS / SCHWARTZ, MARIA (Hg.), *Auferstehung des Leibes – Unsterblichkeit der Seele*, Stuttgart 2010.

BRY, CARL CHRISTIAN, *Verkappte Religionen. Kritik des kollektiven Wahns*, Hg. u. m. e. Vorwort versehen von M. GREGOR-DELLIN, München 1979 (1924).

BUCHHOLZ, RENÉ, *Erlösung und Destruktion. Zur Dialektik des Messianischen bei Gershom Scholem*, in: Lebendiges Zeugnis 52 (1997), 183–211.

BULTMANN, RUDOLF, *Geschichte und Eschatologie*, Tübingen 1958.

CARRETTE, JEREMY R., *Foucault and Religion. Spiritual corporality and political spirituality*, London / NewYork (Routledge) 2000.

DE CERTEAU, MICHEL, *Die Kunst des Handelns*, Berlin 1988.

CHALIER, CATHERINE, *La persévérance du mal*, Paris 1987.

COHN, WERNER, *Jehovas Witnesses as a Proletarian Movement*, in: The American Scholar 24 (1955), 281-298.

COLLINS, JOHN J., *From Prophecy to Apocalypticism: The Expectation of the End*, in: DERS. (Hg.), *The Encyclopedia of Apocalypticism*. Vol I. The Origins of Apokalypticism in Judaism and Christianity, New York 1998, 129–161.

CORNEHL, PETER, *Die Zukunft der Versöhnung. Eschatologie und Emanzipation in der Aufklärung, bei Hegel und in der Hegelsche Schule*, Göttingen 1971.

DALEY, BRIAN u.a., *Handbuch der Dogmengeschichte IV/7a, Eschatologie in der Schrift und Patristik*, Freiburg/Basel/Wien 1986.

DENZINGER, HEINRICH / HÜNERMANN, PETER, *Enchiridion symbolorum definitionum et declarationum de rebus fidei et morum: Kompendium der Glaubensbekenntnisse und kirchlichen Lehrentscheidungen*, Freiburg i.Br. u.a. 2010.

DERRIDA, JACQUES, Gewalt und Metaphysik, in: DERS., *Die Schrift und die Differenz*, Frankfurt a.M. 1972, 121–235.

DERRIDA, JACQUES, *Grammatologie*, Frankfurt a.M. 1974.

DERRIDA, JACQUES, *Die Schrift und die Differenz*, Frankfurt a.M. 1976.

DERRIDA, JACQUES, *Apokalypse*, Wien 1985.

DERRIDA, JACQUES, *Nombre de Oui*, in: Psychè. Inventions de l'autre, Paris 1987, 639–650.

DERRIDA, JACQUES, Den Tod geben, in: A. HAVERKAMP (Hg.), *Gewalt und Gerechtigkeit. Derrida – Benjamin*, Frankfurt a.M. 1994, 331–445.

DERRIDA, JACQUES, *Marx Gespenster*, Frankfurt a.M 1995.

DERRIDA, JACQUES, *Außer dem Namen (Post-Scriptum)*, in: DERS., *Über den Namen. Drei Essays*, Wien 2000, 63–121.

DERRIDA, JACQUES / VATTIMO, GIANNI (Hg.), *La religion*, Paris 1996.

DÖRING, THOMAS, *Dürers Apokalypse und ihre Wirkung* (Ausstellungskatalog), Braunschweig 1994.

DÜRER, ALBRECHT, *Die Apokalypse. Faksimile der deutschen Urausgabe von 1498 „Die heimlich Offenbarung Johannis"*, mit einem Essay von LUDWIG GROTE, München 1999.

EBERTZ, MICHAEL, *Heilige Reste und ihre Eigensinn. Protestantische und katholische Apokalyptiker*, in: DERS. / R. ZWICK (Hg.), *Jüngste Tage. Die Gegenwart der Apokalyptik,* Freiburg i.Br. u.a. 1999, 120–149.

EBERTZ, MICHAEL / SCHULTHEIS, FRANZ, *Volksfrömmigkeit in Europa. Beiträge zur Soziologie popularer Religiosität aus 14 Ländern*, München 1986.

ECO, UMBERTO, *Nachschrift zum Namen der Rose*, München1984.

MEISTER ECKHART, *Reden der Unterweisung, Deutsche Predigten und Traktate*, hg. v. Josef Quint, München [6]1985.

EICH, GÜNTER, *Fünfzehn Hörspiele*, Frankfurt a.M. 1966.

EKSTRAND, TOMAS, *Max Weber in a Theological Perspective*, Leuven u.a. 2000.

ELLUL, JACQUES, *Apokalypse. Die Offenbarung des Johannes – Enthüllung der Wirklichkeit*, Neukirchen-Vluyn 1981.

ENGELHARD, DANIELA, *Im Angesicht des Erlöser-Richters. Hans Urs von Balthasars Neuinterpretation des Gerichtsgedankens*, Mainz 1999.

EVERSCHOR, FRANZ, *Kritik PROMETHEUS*, in Film-Dienst, 16/2012.

FASTENRATH, ELMAR, *‚In Vitam Aeternam'. Grundzüge christlicher Eschatologie in der ersten Hälfte des 20. Jahrhunderts*, St. Ottilien 1982.

FESTINGER, LEON / RIECKEN, HENRY / SCHACHTER, STANLEY, *When Prophecy fails*, Minnesota 1956.

FICHTE, JOHANN GOTTLIEB, *Appellation an das Publikum gegen die Anklage des Atheismus, in: Fichtes Werke Bd. 5, Zur Religionsphilosophie*, Hg. v. Immanuel Hermann Fichte, Berlin 1971.

FICHTE, JOHANN GOTTLIEB, *Die Bestimmung des Menschen, Einl. v. H. Verweyen*, Hamburg 2000.

FINCKE, ANDREAS, *Die neuapostolische Kirche im Umbruch. Zwischen Wachstum und Reformstau*, EZW Texte 146 (1999).

FINCKE, ANDREAS, *‚Wir sind kein Teil der Christenheit'. Jehovas Zeugen heute*, MD EZW 63 (2000), 138–156.

FLIETHMANN, THOMAS, *Radical Orthodoxy. Zu einer neuen Bewegung in der angloamerikanischen Theologie*, in: Herder Korrespondenz 56 (2002), 407–411.

FOUCAULT, MICHEL, *Für eine Kritik der politischen Vernunft*, in: lettre international 1988, 66–71, 70.

FOUCAULT, MICHEL, *Überwachen und Strafen. Die Geburt des Gefängnisses*, Frankfurt a.M. 1994.

FOUCAULT, MICHEL, *On religion*, in: *Religion and culture by Michel Foucault, selected and edited by J. R. CARRETTE*, Manchester 1999, 106–109.

FOUCAULT, MICHEL, *Hermeneutik des Subjekts. Vorlesungen am Collège de France 1981/82*, Frankfurt a.M. 2004.

FOUCAULT, MICHEL, *Die Heterotopien / Der utopische Körper*, Frankfurt 2005.

FREYER, THOMAS, *Zeit – Kontinuität und Unterbrechung. Studien zu Karl Barth, Wolfhart Pannenberg und Karl Rahner*, Würzburg 1993.

FUCHS, OTTMAR, *Gerechtigkeit im Gericht. Ein Versuch. Zum 90. Geburtsjahr von Hans Urs von Balthasar*, in: Anzeiger für die Seelsorge 104 (1995), 554–561

FUCHS, OTTMAR, *Deus semper maior: auch im Gericht. Von der Pastoralmacht zur Pastoralgnade*, ThPQ 144 (1996), 131–144.

FUCHS, OTTMAR, *Neue Wege einer eschatologischen Pastoral*, in: Tübinger Theologische Quartalschrift 179 (1999) 4, 260–288.

FUCHS, OTTMAR, *Unerhörte Klage über den Tod hinaus. Überlegungen zur Eschatologie der Klage*, in: M. EBNER u.a. (Hg.), *Klage* (JBTh 16), Neukirchen-Vluyn 2001, 347–380.

FÜRST, ALFONS, *Identität und Toleranz im frühen Christentum*, in: Orientierung 66 (2002), 26–31.

FÜSSEL, KUNO / SÖLLE, DOROTHEE / STEFFENSKY, FULBERT, *Die Sowohl-als-auch-Falle*, Münster 1993.

FUKUYAMA, FRANCIS, *Das Ende der Geschichte*, München 1992.

GÄBLER,. ULRICH, *„Auferstehungszeit". Erweckungsprediger des 19. Jahrhunderts*, München 1991.

GERLE, JÖRG, *Kritik THE DAY AFTER TOMORROW*, in Film-Dienst 11/2004, 24.

Geschichte der Neuapostolischen Kirche, zusammengestellt und bearbeitet v. JOHANN GOTTFRIED BISCHOFF, Frankfurt a.M. 1987.

GESTRICH, CHRISTROF, *Die Seele des Menschen und die Hoffnung der Christen: Evangelische Eschatologie vor der Erneuerung*, Frankfurt a.M. 2009.

GIBELLINI, ROSINO, *Handbuch der Theologie im 20. Jahrhundert*, Regensburg 1995 (Brescia 1992).

GIESEN, HEINZ, *Die Offenbarung des Johannes. Endzeitbilder von gestern oder Botschaft für heute?* In: M. EBERTZ / R. ZWICK (Hg.), *Jüngste Tage. Die Gegenwart der Apokalyptik*, Freiburg i.Br. u.a. 1999, 50–81.

GLADIGOW, BURKHARD, *Art. „Seele"*, in: H. CANCIK / DERS. / K.-H. KOHL, *Handbuch religionswissenschaftlicher Grundbegriffe V*, Stuttgart 2001, 53–56.

GNILKA, JOACHIM, *Jesus von Nazareth. Botschaft und Geschichte*, Freiburg u.a. 1990, Neuauflage 2007.

GRASS, GÜNTER, *Die Rättin,* Darmstadt 1986.

GRESHAKE, GISBERT / LOHFINK, NORBERT, *Naherwartung, Auferstehung, Unsterblichkeit* (QD 71), Freiburg i.Br u.a. $^{5}$1986.

GRESHAKE, GISBERT, *Art. „Eschatologie, II. Die Geschichte des Traktates"*, in: LThK$^{3}$, III (1995), 860–863.

GRESHAKE, GISBERT / KREMER, JACOB (Hg.), *Resurrectio Mortuorum. Zum Theologischen Verständnis der leiblichen Auferstehung*, Darmstadt $^{2}$1992.

GRIMM, GÜNTER E. / FAULSTICH, WERNER / KUON, PETER (Hg.), *Apokalypse. Weltuntergangsvisionen in der Literatur des 20. Jahrhunderts*, Frankfurt 1986.

GRUNDMANN, HERBERT, *Studien über Joachim von Fiore*, 1966.

GRUNDMANN, HERBERT, *Die Grundzüge der mittelalterlichen Geschichtsdarstellungen*, in: Monumenta Germaniae Memori (Schriften Bd. 2), Stuttgart 1977.

GRYPHIUS, ANDREAS, *Gedichte*, Stuttgart 2012.

GÜTTKEMANNS, ERHARDT, *Die Semiotik des Traums in apokalyptischen Texten am Beispiel der Apokalypse Johannis 1*, in: Linguistica Biblica, Bonn 1987, 7–54.

GUNKEL, HERMANN, *Schöpfung und Chaos in Urzeit und Endzeit. Eine religionsgeschichtliche Untersuchung über Gen 1 und ApJoh 12*, Göttingen 1985.

HABERMAS, JÜRGEN, *Nachmetaphysisches Denken. Philosophische Aufsätze*, Frankfurt a.M. 1988.

HAHN, FERDINAND, *Frühjüdische und urchristliche Apokalyptik. Eine Einführung*, Neukirchen-Vluyn 1998.

HALTER, ERNST / MÜLLER, MARTIN (Hg.), *Der Weltuntergang* (Ausstellungskatalog mit Lesebuch), Zürich 1999.

VON HARNACK, ADOLF, *Das Wesen des Christentums: Sechzehn Vorlesungen vor Studierenden aller Fakultäten im Wintersemester 1899/1900 an der Universität Berlin*, Tübingen 2012.

HASENBERG, PETER, *Die Unvermeidbarkeit des Happy End. Grundstrukturen der romantischen Komödie dargestellt am Beispiel von NOTTING HILL*, in: S. ORTH / J. VALENTIN / R. ZWICK (Hg.), *Göttliche Komödien. Religiöse Dimensionen des Komischen im Kino*, Köln 2001, 29–54.

HAUTH, RÜDIGER, *Die Mormonen. Geheimreligion oder christliche Kirche? Ein Ratgeber*, Freiburg 1995.

HEGEL, GEORG WILHELM FRIEDRICH, *Die Vernunft in der Geschichte*. Hg. v. J. Hoffmeister (PhB 171a) Hamburg 1955.

HEGEL, GEORG WILHELM FRIEDRICH, *Vorlesungen über die Philosophie der Religion* (hg. v. G. Lasson) Hamburg 1966.

HEIDEGGER, MARTIN, *Sein und Zeit*, Tübingen $^{16}$1986.

HEIDEGGER, MARTIN, *Phänomenologie des religiösen Lebens, Gesamtausgabe Bd. 60, II. Abteilung: Vorlesungen*, Frankfurt a.M. 1995.

HEMMINGER, HANSJÖRG, *Was ist eine Sekte? Erkennen – Verstehen – Kritik*, Mainz / Stuttgart 1995.

HERRMANN, JÖRG, *Sinnmaschine Kino. Sinndeutung und Religion im zeitgenössischen Film*, Gütersloh 2002.

Katalog zur Ausstellung *Himmel, Hölle, Fegefeuer. Das Jenseits im Mittelalter*, Eine Ausstellung des Schweizerischen Landesmuseums in Zusammenarbeit mit dem Schnütgen-Museum, Köln 1994.

HOCHGESCHWENDER, MICHAEL, *Amerikanische Religion. Evangelikalismus, Pfingstlertum und Fundamentalismus*, Frankfurt 2007.

HOFF, JOHANNES, *Spiritualität und Sprachverlust. Theologie nach Foucault und Derrida*, Paderborn u.a. 1999.

HOFF, JOHANNES, *Fundamentaltheologische Implikationen der Apokalyptik. Annäherungen an den Begriff der Offenbarung, ausgehend von Derridas dekonstruktiver Lektüre der Apokalypse des Johannes*, in: ThG 45 (2002), 42–51, 107–120.

HÖFFNER, JOSEF / LEHMANN, KARL (Hg.), *Katholischer Erwachsenenkatechismus. Band I: Das Glaubensbekenntnis der Kirche*, Freiburg i.Br. u.a. 1985.

HOPING, HELMUT, *Die Negativität des Todes. Zur philosophisch-theologischen Kritik der Vorstellung vom natürlichen Tod*, in: Theologie und Glaube 86 (1996), 296–312.

HÖPPMANN, CORINNA, *Beckmann: Apokalypse. Katalogbuch zur Ausstellung in Stuttgart, 13.12.2008–08.03.2009, Staatsgalerie Stuttgart*, München 2010.

HORKHEIMER, MAX, Brief vom 16.3.1937; unveröff. Manuskript, mitgeteilt in: R. TIEDEMANN, *Historischer Materialismus oder politischer Messianismus?* In: P. BULTHAUPT (Hg.), *Material zu Benjamins Thesen ‚Über den Begriff der Geschichte'*, Frankfurt 1975, 77–121.

HOWSEPIAN, A. A., *Are Mormons Theists?* In: Religious Studies 32 (1996), 357–370.

HUNTINGTON, SAMUEL, *Who are we? The Challenges to America's National Identity*, New York 2004.

HUTTEN, KURT, *Seher, Grübler, Enthusiasten. Sekten und religiöse Sondergemeinschaften der Gegenwart*, Stuttgart $^{8}$1962.

IGNÉE, WOLFGANG, *Apokalypse als Ergebnis eines Geschäftsberichts. Günter Grass' Roman ‚Die Rättin'*, in:G. GRIMM / W. FAULSTICH / P. KUON, *Apokalypse*, 384–401.

ISER, WOLFGANG, *Der implizite Leser*, München 1972.

ISER, WOLFGANG, *Doppelungsstruktur, in: DERS. / DIETER HENRICH (Hg.), Funktionen des Fiktiven* (Poetik und Hermeneutik X), München 1983.

ISER, WOLFGANG, *Das Fiktive und das Imaginäre. Perspektiven literarischer Anthropologie*, Frankfurt a.M. 1991.

ISER, WOLFGANG, *Das Ende. Schlussdiskussion des Kolloquiums* (Poetik und Hermeneutik XX, 1997), 640–667.

JAMES, EDVARD / MENDLESOHN, SARAH (Hg.), *The Cambridge Companion to Science Fiction* (Cambridge Companions to Literature), Cambridge 2003.

JOHN, OTTMAR, *„...Und dieser Feind hat zu siegen nicht aufgehört". Die Bedeutung Walter Benjamins für eine Theologie nach Auschwitz* (Religion – Geschichte – Gesellschaft 6), Münster 2000.

JOHN, OTTMAR, *Zwischen Gnosis und Messianismus. Jüdische Elemente im Werk Walter Benjamins*, in: J. VALENTIN / S. WENDEL (Hg.), *Jüdische Traditionen in der Philosophie des 20. Jahrhunderts*, Darmstadt 2000, 51–68.

JÜNGEL, EBERHARD, *„Die Weltgeschichte ist das Weltgericht" aus theologischer Perspektive*, in: R. BUBNER / W. MESCH (Hg.), *Die Weltgeschichte – das Weltgericht? Stuttgarter Hegel-Kongress 1999*, Stuttgart 2001, 13–33.

JÜTTEMANN, GERD / SONNTAG, MICHAEL / GEULEN, CHRISTOPH (Hg.), *Die Seele, ihre Geschichte im Abendland*, Göttingen 2005.

KAISER, EVA-MARIA / RAUSCH, ULRICH, *Die Zeugen Jehovas. Ein Sektenreport*, Augsburg 1996.

KAISER, GERHARD R. (Hg.), *Poesie der Apokalypse*, Würzburg 1991.

KALBERG, STEPHEN, *Ideen und Interessen: Max Weber über den Ursprung außerweltlicher Erlösungsreligionen*, in: Zeitschrift für Religionswissenschaft 8 (2000), 45–70.

KANT, IMMANUEL, *Werke in sechs Bänden*, hg. von Wilhelm Weischedel, Darmstadt 1983ff.

KÄSEMANN, ERNST, *Die Anfänge christlicher Theologie*, ZThK (57) Tübingen 1960, 162-185.

KEHL, MEDARD, *Eschatologie*, Würzburg ³1986.

KERMODE, FRANK, *The Sense of an Ending. Studies in the Theorie of Fiction*, London 1967ff.

KHORCHIDE, MOUCHANAD, *Islam ist Barmherzigkeit. Grundzüge einer modernen Religion*, Freiburg i.Br. u.a. 2012.

KIESEWETTER, HUBERT, *Industrielle Revolution in Deutschland. Regionen als Wachstumsmotoren*, Stuttgart 2004.

Kirche Jesu Christi der Heiligen der letzten Tage (Mormonen): www.lds.org (11. Oktober 2012).

KLEIN, PETER K., *Der ältere Beatus-Codex. Vitr. 14-1 der Biblioteca Nacional zu Madrid*, Hildesheim/New York 1976.

KLEIN, PETER K., *Die Trierer Apokalypse. Cod. 31 der Stadtbibliothek Trier*, Graz 2001 (Faksimile und Kommentar).

KOCH, KLAUS / SCHMIDT, JOHANN MICHAEL, *Apokalyptik*, Wege der Forschung CCCLXV, Darmstadt 1982.

KOHLE, HUBERT, *Fundamentalistische Marienbewegungen*, in: W. BEINERT (Hg.), Handbuch der Marienkunde, Bd. 2 Regensburg ²1997, 60–106.

KOHLE, HUBERT, *Gottes Zorn gegen Verstockte. Apokalyptische Vorstellungen in katholischen Randgruppen*, in: H. GASPER / F. VALENTIN (Hg.), *Endzeitfieber. Apokalyptiker, Untergangspropheten, Endzeitsekten*, Freiburg u.a. 1997, 70–87.

KÖNIG, MICHAEL, *Die Neuapostolische Kirche in der NS-Zeit und ihre Auswirkungen bis zur Gegenwart*, Feldafing 1993.

KÖPPL, ELMAR, *Die Zeugen Jehovas. Eine psychologische Analyse*, München 1990.

KÖRTNER, ULRICH H. J., *Theologia Messianica. Zur Kategorie des Messianischen in der gegenwärtigen dogmatischen Diskussion*, in: Jahrbuch für biblische Theologie 8 (1993), 347–370.

KRAKAUER, JON, *Mord im Auftrag Gottes. Eine Reportage über religiösen Fundamentalismus in den USA*, München 2003.

KUSCHEL, KARL-JOSEF, *Apokalypse*, in: H. SCHMIDINGER (Hg.), *Die Bibel in der deutschsprachigen Literatur des 20. Jahrhunderts, Bd 1: Formen und Motive*, Mainz 1999, 543–568.

LANCZKOWSKI, GÜNTER, *Art. „Apokalyptik/Apokalypsen, I. Religionsgeschichtlich“*, in: TRE Bd III (1978), 189–191.

LANG, BERNHARD / MCDANNELL, COLLEEN, *Der Himmel. Eine Kulturgeschichte des ewigen Lebens*, Frankfurt a.M. 1990.

LASKER-SCHÜLER, ELKE, *Sämtliche Gedichte*, Frankfurt 2004.

LENZ, SIEGFRIED, *Über Phantasie. Gespräche mit Heinrich Böll, Günter Grass u.a.*, München 1986.

LESSING, GOTTHOLD EPHRAIM, *Lessings Werke Auswahl in sechs Teilen: Fünfter Teil und sechster Teil*, hg. v. Julius Petersen und Wilhelm v. Olshausen, Stuttgart 1982.

LEVINAS, EMMANUEL, *Totalität und Unendlichkeit. Versuch über die Exteriorität*, Freiburg / München 1987.

LEVINAS, EMMANUEL, *Humanismus des anderen Menschen*, Hamburg 1989.

LEVINAS, EMMANUEL, *Jenseits des Seins oder anders als Sein geschieht*, Freiburg / München 1992.

LEVINAS, EMMANUEL, *Schwierige Freiheit. Versuch über das Judentum*, Frankfurt a.M. 1992.

LEVINAS, EMMANUEL, *Spur des Anderen. Untersuchungen zur Phänomenologie und Sozialphilosophie*, Freiburg/München $^{3}$1998.

LEWIS, SUZANNE, *Reading Images. Narrative and Reception in the thirteenth century illuminated Apocalypse*, Cambridge 1995.

LIBÂNIO, JOÂO B. / LUCCHETTI BINGEMER, MARIA C., *Christliche Eschatologie. Die Befreiung in der Geschichte*, Düsseldorf 1987.

LINSE, ULRICH, *Geisterseher und Wunderwirker. Heilssuche im Industriezeitalter*, Frankfurt a.M. 1996.

LOBSIEN, VERENA O., *Jenseitsästhetik. Literarische Räume letzter Dinge*, Berlin 2012.

LOHSE, EDUARD, *Die Offenbarung des Johannes*, NTD Bd 11, Göttingen1993.

LORETAN, MATTHIAS, *Stars der Selbst-Offenbarung im Container. Big Brother: eine spätmoderne Schlüsselszene von banaler Allwissenheit*, in: Medienheft 15 (20. März 2001), 19–24.

LÖSSL, JOSEF, *Sprachlich-ästhetische Darstellung und ‚Anwendung‘ von Gewalt in Texten frühchristlicher Apologeten*, in: Zeitschrift für Religionswissenschaft 20 (2012), 196–222.

LÖWITH, KARL, *Weltgeschichte und Heilsgeschehen. DERS., Sämtliche Schriften (9 Bde.)*, Stuttgart 1981–1988, Bd. 2 (1983).

LYOTARD, JEAN-FRANÇOIS, *Der Widerstreit*, München 1989.

LYOTARD, JEAN-FRANÇOIS, *Das postmoderne Wissen*, Wien 1999.

MALINA, BRUCE J., *Die Offenbarung des Johannes. Sternvisionen und Himmelsreisen*, Stuttgart 2002.

MARTIG, CHARLES, *Filmische Apokalypsen. Wie das Kino dem Ende der Zeit entgegenfiebert*, in: Herder Korrespondenz 54 (2000), 32–38.

MARTIG, CHARLES, *Kino der Irritation: Lars von Triers theologische und ästhetische Herausforderung*, Marburg 2008.

MCCONKIE, BRUCE R., *Mormon Doctrine*, Salt Lake City $^{2}$1979 (1966).

MCGINN, BERNHARD, *Apocalyptic Spirituality: Treatises and Letters by Lactantius, Adso of Montieren-Derl, Joachim of Fiore, the Spiritual Franciscans and Savonarola,* Mahwah, NJ, 1979.

METZ, JOHANN BAPTIST, *Zur Theologie der Welt*, Mainz / München 1968, 99–121.

METZ, JOHANN BAPTIST, *Glaube in Geschichte und Gesellschaft. Studien zu einer praktischen Fundamentaltheologie*, Mainz [4]1984.

METZ, JOHANN BAPTIST, *Anamnetische Vernunft. Anmerkungen eines Theologen zur Krise der Geisteswissenschaften*, in: *Zwischenbetrachtungen. Im Prozeß der Aufklärung* (FS J. Habermas) Frankfurt 1989, 733–738.

MEYER, MARTIN (Hg.), *Intellektuellendämmerung? Beiträge zur neuesten Zeit des Geistes*, München / Wien 1992.

MEYER, THOMAS (Hg.), *Fundamentalismus in der modernen Welt*, Frankfurt a.M. 1989.

MICHAEL TILLY, *Apokalyptik*, Marburg 2012.

MILBANK, JOHN / PICKSTOCK, CATHERINE / WARD, GRAHAM (Hg.), *Radical Orthodoxy. A New Theology*, London 1999.

MINKENBERG, MICHAEL, *Die Christliche Rechte und die amerikanische Politik von der ersten bis zur zweiten Bush-Administration*, in: Aus Politik und Zeitgeschichte B 46 (2003), 23–32.

MITCHELL, CHARLES P., *A Guide to Apokalyptic Cinema*, London 2001.

MITRI, TAREK, *In Gottes Namen? Politik und Religion in den USA*, Frankfurt a.M. 2005.

MOLTMANN, JÜRGEN, *Theologie der Hoffnung. Zur Relevanz des Messianischen in der jüngeren evangelischen Theologie*, München 1964.

MÖSSMER, ALBERT, *Die Mormonen. Die Heiligen der Letzten Tage*, Solothurn 1995.

MÜLLER, HANS-PETER, *Ursprünge und Strukturen alttestamentliche Eschatologie*, BZAW 109. Berlin 1969.

MÜLLER, KARLHEINZ, *Art. „Apokalyptik/Apokalypsen, III. Die jüdische Apokalyptik. Anfänge und Merkmale“*, in: TRE Bd. III (1978), 202–251.

MÜLLER, KARLHEINZ, *Das Judentum in der religionsgeschichtlichen Arbeit am Neuen Testament. Eine kritische Rückschau auf die Entwicklung einer Methodik bis zu den Qumranfunden* (Judentum und Umwelt 6), Frankfurt a.M. 1983.

MÜLLER, MATTHIAS, *Christliche Theologie im Angesicht des Judentums: Bausteine einer Phänomenologie des Wartens*, Stuttgart 2009.

MÜLLER, TOBIAS, *Gott – Welt – Kreativität: Eine Analyse der Philosophie A. N. Whiteheads*, Paderborn 2008.

NASEHI, AMIN, *Gesellschaft der Gegenwarten. Studien zur Theorie der modernen Gesellschaft II*, Berlin 2011.

NERI, MARCELLO, *La testimonianza in Hans Urs von Balthasar. Evento originario di Dio e mediazione storica della fede*, Bologna (EDB) 2001.

NEUAPOSTOLISCHE KIRCHE – INTERNATIONALER APOSTELBUND (Hg.), *Göttliche Verheißungen und ihre Erfüllung*, Frankfurt a.M. / Zürich 1983.

NEUAPOSTOLISCHE KIRCHE – INTERNATIONALER APOSTELBUND (Hg.), *Fragen und Antworten über den neuapostolischen Glauben*, Zürich 1992 (1916).

NEUAPOSTOLISCHE KIRCHE INTERNATIONALER APOSTELBUND (HG.), *Reichsgottesgeschichte (Kurzgefasste Geschichte des göttlichen Heils- und Erlösungsplanes mit den Menschen)*, Dortmund/Frankfurt a.M. [4]1991.

NEUSS, WILHELM, *Die Apokalypse des Hl. Johannes in den altspanischen und altchristlichen Bibel-Illustrationen*, Münster 1931.

NIEBUHR, REINHOLD, *Moral Man and Immoral Society*, New York 1932.

NIEWIADOMSKY, JOZEF (Hg.), *Eindeutige Antworten. Fundamentalistische Versuchung in Religion und Gesellschaft*, Thaur 1988.

NOCKE, FRANZ-JOSEF, *Eschatologie, in: Handbuch der Dogmatik. Hg. von TH. SCHNEIDER*, Düsseldorf 1992, Bd. 2, 377–478.

OBST, HELMUT, *Neuapostolische Kirche – die exklusive Endzeitkirche*, Neukirchen-Vluyn 1996.

OEGEMA, GERBERN S., *Zwischen Hoffnung und Gericht. Untersuchungen zur Rezeption der Apokalyptik im frühen Christentum und Judentum, Neukirchen-Vluyn 1999.*

*Die Offenbarung des Johannes*. Übersetzt und erklärt von EDUARD LOHSE, (NTD 11) Göttingen 1993, 1–11.

ORTH, STEFAN / STAIGER, MICHAEL / VALENTIN, JOACHIM (Hg.), *Dogville – Godville. Methodische Zugänge zu einem Film Lars von Triers*, Marburg 2008.

OSWALT JR., CONRAD E., *Hollywood and Harmageddon: Apokalyptic Themes in Recent Cinematic Presentation*, in: J. W. MARTIN / DERS.: *Screening the Sacred. Religion, Myth and Ideology in Popular American Film*, Colorado/Oxford 1995, 55–63.

OTT, LUDWIG, *Handbuch der Dogmengeschichte, Bd. IV Fasz. 7b. Eschatologie in der Scholastik*, aus dem Nachlass bearbeitet von Erich Naab Freiburg/Basel/Wien 1990.

PANNENBERG, WOLFHART u.a. (Hg.), *Offenbarung als Geschichte*, Göttingen 1961.

PANNENBERG, WOLFHART, *Theologie und Reich Gottes*, Gütersloh 1971.

PANNENBERG, WOLFHART, *Systematische Theologie. Bd. III*, Göttingen 1993.

PANNENBERG, WOLFHART, *Präsentische Eschatologie in Hegels Geschichtsphilosophie*, in: R. BUBNER / W. MESCH (Hg.), *Die Weltgeschichte – das Weltgericht? Stuttgarter Hegel-Kongress 1999*, Stuttgart 2001, 312–322.

PATOČKA, JAN, *Ist die technische Zivilisation zum Verfall bestimmt?* In: DERS., *Ketzerische Essays zur Philosophie der Geschichte und ergänzende Schriften*, Stuttgart 1988, 121–145.

PAUL, JEAN, *Blumen-, Frucht- und Dornenstücke oder Ehestand, Tod und Hochzeit des Armenadvokaten F. St. Siebenkäs*, Frankfurt 1987.

PENTON, M. JAMES, *Apocalypse Delayed. The Story of Jehovah's Witnesses*, Toronto u.a. [2]1997.

PEUKERT, HELMUT, *Wissenschaftstheorie, Handlungstheorie, Fundamentale Theologie. Analysen zu Ansatz und Status theologischer Theoriebildung*, Frankfurt 1976.

PEZZOLI-OLGIATI, DARIA, *Täuschung und Klarheit. Zur Wechselwirkung zwischen Vision und Geschichte in der Johannesoffenbarung*, Göttingen 1997.

PINTHUS, KURT, *Menschheitsdämmerung. Symphonie jüngster Dichtung*, Reinbek b. Hamburg 1959ff.

PLASGER, GEORG / FREUDENBERG, MATTHIAS (Hg.), *Reformierte Bekenntnisschriften. Eine Auswahl von den Anfängen bis zur Gegenwart*, Göttingen 2004.

PLÜSS, DAVID, *Das Messianische – Judentum und Philosophie im Werk Emmanuel Lévinas*, Stuttgart 2001.

POLMANN, KARLA, *Moulding the present. Apokalyptic as Hermeneutics in City of God 21–22*, in: Augustinian Studies 30/2 (1999), 154–181.

PRÄTORIUS, RAINER, *In God We Trust. Religion und Politik in den USA*, München 2003.

PYNCHON, THOMAS, *Die Enden der Parabel*, Reinbek b. Hamburg 1981.

RAFF, THOMAS, *Die Visualisierung der Visionen. Apokalypse und bildende Kunst*, in: H.G. GRADL / G. STEINS / F. SCHULLER (Hg.), *Am Ende der Tage. Apokalyptische Bilder in Bibel, Kunst Musik und Literatur*, Regensburg 2011, 124–141.

RAGUSE, HARTMUT, *Psychoanalyse und biblische Interpretation. Eine Auseinandersetzung mit Eugen Drewermanns Auslegung der Johannesapokalypse*, Stuttgart / Berlin / Köln 1993.

RAHNER, JOHANNA, *Er aber sprach vom Tempel seines Leibes. Jesus von Nazaret als Ort der Offenbarung Gottes im vierten Evangelium,* Bodenheim 1998.

RAHNER, JOHANNA, *Einführung in die christliche Eschatologie,* Freiburg i.Br. 2010.

RAHNER, KARL, *Zur Theologie des Todes. Mit einem Exkurs über das Martyrium*, QD 2, Freiburg i.Br. u.a. 1958.

RAHNER, KARL, *Theologische Prinzipien der Hermeneutik eschatologischer Aussagen*, in: DERS.: *Schriften zur Theologie. IV*, Bern 1960, 401–428.

RAHNER, KARL, *Einleitende Überlegungen zum Verhältnis von Theologie und Volksreligion*, in: DERS. u.a. (Hg.), *Volksreligion, Religion des Volkes*, Stuttgart u.a. 1979, 9–16.

RAHNER, KARL, *Grundkurs des Glaubens*, Freiburg u.a. 1984.

RATSCHOW, CARL HEINZ, *Art. „Eschatologie, VIII. Systematisch-theologisch*", in: TRE Bd. X (1982), 334–363.

RATZINGER, JOSEPH, *Eschatologie – Tod und das ewige Leben*, Regensburg ²1978.

RATZINGER JOSEPH / PAPST BENEDIKT XVI., *Jesus von Nazareth. Zweiter Teil: Vom Einzug nach Jerusalem bis zur Auferstehung*, Freiburg i.Br. 2011.

VON RAUCHHAUPT, ULF, *Unsere Aliens. Wie sehen Außerirdische aus?* In: Frankfurter Allgemeine Sonntagszeitung, 2.9.2012, 59f.

RECHTIEN, RENATE, *‚Prinzip Hoffnung' oder ‚Herz der Finsternis'? Zu Christa Wolfs ‚Störfall'*, in: New German Studies, vol. 17, part 3, 1992/3, 230–253.

REIMARUS, HERMANN SAMUEL, *Von dem Zwecke Jesu und seiner Jünger: Noch ein Fragment des Wolfenbüttelschen Ungenannten*, hg. v. Gotthold Ephraim Lessing, google E-book.

REMENYI, MATTHIAS, *Um der Hoffnung willen. Untersuchungen zur eschatologischen Theologie Jürgen Moltmanns*, Regensburg 2005.

REMENYI, MATTHIAS, *Unaufgeregt innovativ. Aktuelle Beiträge zur Eschatologie*, in: Theologische Revue, 107 (3/2011), 179-196.

RIESEBRODT, MARTIN, *Die Rückkehr der Religionen. Fundamentalismus und der ‚Kampf der Kulturen'*, München 2000.

ROBERTS, BRIGHAM H. (Hg.), *History of the Church of Jesus Christ of Latter Day Saints – Documents of the early church* (by Joseph Smith, 7 vols. ed. by B.H. Roberts, 2nd ed., The Desert Book Co., Salt Lake City, 1978) Bd. 5.

ROLOFF, VOLKER, *Die Karnevalisierung der Apokalypse. Gabriel García Márquez: „Hundert Jahre Einsamkeit"*, in: GRIMM/FAULSTICH/KUON, Apokalypse, 68–87.

ROSENZWEIG, FRANZ, *Der Mensch und sein Werk*, in, DERS.: *Gesammelte Schriften* I–IV, Den Haag 1976 ff, IV.1.

RUHSTORFER, KARLHEINZ, *Konversionen. Eine Archäologie der Bestimmung des Menschen bei Foucault, Nietzsche, Augustinus und Paulus*, Paderborn u.a. 2004.

RUSSELL, BERTRAND / WHITEHEAD, ALFRED NORTH, *Principia Mathematica. Mit einem Vorwort von Kurt Gödel*, Frankfurt a.M. ³1994.

SACHAU, RÜDIGER, *Weiterleben nach dem Tod? Warum immer mehr Menschen an Reinkarnation glauben*, Gütersloh 1998.

SCHAEFFLER, RICHARD, *Einführung in die Geschichtsphilosophie*, Darmstadt 1973.

SCHELLING, FRIEDRICH WILHELM JOSEF, *System des transzendentalen Idealismus*, Einl. v. Walter Schulz, Hamburg 2000.

SCHILLEBEECKX, EDWARD, *Einige hermeneutische Überlegungen zur Eschatologie*, in: Concilium (D) 5 (1969), 18–25.

SCHILLER, FRIEDRICH, Resignation, in: *Werke. Nationalausgabe, Bd. 2: Gedichte, Teil I*, Hg. v. N. Oellers, Weimar 1983, 401–403.

SCHILLER, GERTRUD, *Ikonographie der christlichen Kunst*, Bd. 5, Gütersloh 1990.

SCHLEIERMACHER, FRIEDRICH, *Über die Religion: Reden an die Gebildeten unter ihren Verächtern*, Hamburg 2004.

SCHWEITZER, ALBERT, *Geschichte der Leben Lesu Forschung*, Tübingen ⁹1984 (1906).

SCHOLEM, GERSHOM, *Zum Verständnis der messianischen Idee im Judentum*, in: DERS., *Über einige Grundbegriffe des Judentums*, Frankfurt a.M. 1970ff, 121–167.

SCHÖPP, JOSEPH C., *Thomas Pynchons Die Enden der Parabel oder: Von der Dichtung als Aufschub des Endes*, in: G. GRIMM / W. FAULSTICH / P. KUON, *Apokalypse. Weltuntergangsvisionen in der Literatur des 20. Jahrhunderts*, Frankfurt 1986, 130–147.

Schreiben der Kongregation für die Glaubenslehre zu einigen Fragen der Eschatologie. (Verlautbarungen des Apostolischen Stuhls 11), Bonn 1979.

*Schriften des Urchristentums*, 3 Bände, Die Apostolischen Väter, Didaché etc. Darmstadt 1993. Eingeleitet, herausgegeben, übertragen und erläutert von JOSEPH A. FISCHER.

SCHÜSSLER-FIORENZA, ELISABETH, *Das Buch der Offenbarung. Vision einer gerechten Welt*, Stuttgart 1994.

SCHULZE, GERHARD, *Die Erlebnisgesellschaft. Kultursoziologie der Gegenwart*, Frankfurt a.M. / New York 1991.

SCHWARZSCHILD, STEVEN, *On Jewish Eschatology*, in: E. N. DORFF / L. E. NEWMAN (Hg.), *Contemporary Jewish Theology*, New York/Oxford 1999, 199–220.

SEEBASS, GOTTFRIED, *Art. „Apokalyptik/Apokalypsen, VII, Reformation und Neuzeit"*, in: TRE Bd III (1978), 281-287.

SEESSLEN, GEORG / JUNG, FERNAND, *Science Fiction*, Marburg 2003.

SÖDING, THOMAS, *Die Verkündigung Jesu – Ereignis und Erinnerung*, Freiburg i.Br. 2011.

STARK, RODNEY, *The Rise of a New World Faith*, in: Review of Religious Research 26 (1984).

STEGEMANN, HARTMUT, *Jüdische Apokalyptik. Anfang und ursprüngliche Bedeutung*, in: M. N. Ebertz / R. Zwick (Hg.): *Jüngste Tage*, Freiburg i.Br. u.a. 1999, 30–49.

STEMBERGER, GÜNTER, *Art. „Auferstehung, I/2. Judentum"*, in: TRE Bd. IV (1979), 443–450.

STEMBERGER, GÜNTER, *Das Fortleben der Apokalyptik in der rabbinischen Literatur*, in: A. VIVIAN (Hg.), *Biblische und judaistische Studien* (FS Paulo Sacchi), Frankfurt a.M. u.a. 1990, 335–347.

STIGLEGGER, MARCUS, *Fin de Siècle – Fin du Globe. Endzeitstimmung im Film der neunziger Jahre*, Film-Dienst 21/98, 4–8.

STOCK, ALEX, *Poetische Dogmatik. Christologie, 4, Figuren*, Paderborn 2001.

STOFFEL, OLAF, *Angeklagt – Die Neuapostolische Kirche. Erfahrungen eines Aussteigers*, Gütersloh $^{2}$1999.

STROBEL, AUGUST, *Apokalyptik, Christusoffenbarung und Utopie. Theologisches Zeugnis im Umbruch eines Zeitalters: Das Mandat der Theologen und die Zukunft des Glaubens*, München 1971.

STROBEL, AUGUST, *Art. „Apokalyptik/Apokalypsen, IV. Neues Testament"*, in: TRE Bd. III (1978), 251–257.

SUCHSLAND, RÜDIGER, *Kritik zu MELANCHOLIA*, in Film-Dienst 20/2011, 29.

SWEDENBORG, EMMANUEL, *Himmel und Hölle. Aufgrund von Gehörtem und Gesehenem beschrieben*, Zürich 1977 (Original: *De Coelo et eius mirabilibus, et de inferno, ex auditis et visis*, 1758).

THEISSEN, GERD / MERZ, ANETTE, *Der historische Jesus. Ein Lehrbuch*, Göttingen $^{3}$2001.

THIEDE, WERNER, *Auferstehung der Toten – Hoffnung ohne Attraktivität? Grundstrukturen christlicher Heilserwartung und ihre verkannte religionspädagogische Relevanz*, Göttingen 1991.

TÜCK, JAN-HEINER, *Versöhnung zwischen Tätern und Opfern? Ein soteriologischer Versuch angesichts der Shoa*, in: Theologie und Glaube 89 (1999), 364–381.

TÜCK, JAN-HEINER, *Theodizee und Christologie bei Johann Baptist Metz. Ambivalenz der Neuzeit im Licht der Gottesfrage*, Paderborn 2001.

TZVETAN TODOROV, *Einführung in die fantastische Literatur*, Frankfurt a. M. 1992.

VALENTIN, JOACHIM, *Atheismus in der Spur Gottes. Theologie nach Jacques Derrida*, Mainz 1997.

VALENTIN, JOACHIM (Hg.), *Weltuntergang oder Neue Kirche? Endzeitglaube am Rande und jenseits der Großkirchen* (Arbeitstexte zur religiös-weltanschaulichen Information und Diskussion 9), Freiburg 2001.

VALENTIN, JOACHIM, *Unabdingbare dialogische Kompetenz. Horizont und aktuelle Fragestellungen der Fundamentaltheologie*, in: Herder Korrespondenz 57 (2003), 237–242.

VALENTIN, JOACHIM, *Relative Gotteskrise. Fundamentaltheologische Anmerkungen zur Diskussion um Theologien nach Auschwitz*, in: H. HOPING / J.-H. TÜCK (Hg.), *Christologie nach Auschwitz* (QD 214), Freiburg i.Br. 2004, 13–40.

VALENTIN, JOACHIM, *Fiktionalität und Kritik. Apokalyptische Motive als Herausforderung einer theologischen Hermeneutik*, Freiburg u.a. 2005.

VALENTIN, JOACHIM, *Unter Avataren und anderen Prothesengöttern. Was ist und warum betreibt man christliche Religions- und Kulturtheorie?* StdZ 1/2011, 39–50.

VALÉRY, PAUL, *Eupaulinos oder der Architekt*, Frankfurt a.M. 1990.

VATTIMO, GIANNI, *Glauben-Philosophieren*, Stuttgart 1997.

VATTIMO, GIANNI, *Die christliche Botschaft und die Auflösung der Metaphysik*, in: K. DETHLOFF/L. NAGL/F. WOLFRAM (Hg.), *Religion, Moderne, Postmoderne. Philosophisch-theologische Erkundungen* (Schriften der Österreichischen Gesellschaft für Religionsphilosophie 3), Berlin 2002.

VERWEYEN, HANSJÜRGEN, *Eschatologie heute*, in: ThRv 79 (1983), 1–12.

VERWEYEN, HANSJÜRGEN, *Christologische Brennpunkte*, Essen $^{2}$1985.

VERWEYEN, HANSJÜRGEN, *Botschaft eines Toten? Den Glauben rational verantworten*, Regensburg 1997.

VERWEYEN, HANSJÜRGEN, *Gottes letztes Wort. Grundriß der Fundamentaltheologie*, Regensburg $^{4}$2002.

VIETTA, SILVIO, (Hg.), *Lyrik des Expressionismus*, Tübingen 1999.

VIETTA, SILVIO, *Apokalypse im Expressionismus. Rationalität, Naturbilder und zivilisationskritische Zukunftsvisionen. Vortrag, gehalten am 2. August 2010 auf dem XII. Kongress der Internationalen Vereinigung für Germanistik (IVG) in Warschau.*

VISARIUS, KARSTEN, *Apokalyptischer Karneval. Zu Konstantin Lopuschanskis Russkaja Sinfonia*, in: M. FRÖLICH / R. MIDDEL / DERS., *Nach dem Ende. Auflösung und Untergänge im Kino an der Jahrtausendwende* (Arnoldshainer Filmgespräche 17), Marburg 2001. 163–175.

VOGT, HERMANN, *Die totale Mission der Mormonen. Aufstieg und Expansion einer amerikanischen Großsekte*, in: Zeitschrift für katholische Theologie 112 (1990), 406–426.

VORGRIMLER, HERBERT, *Hoffnung auf Vollendung. Aufriß der Eschatologie*, Freiburg $^{3}$1997.

WAGNER, ERNST, *Max Beckmann – Apokalypse. Theorie und Praxis im Spätwerk*, Berlin 1999.

WALLMANN, JOHANNES, *Der Pietismus*, Göttingen 2005.

WANNENMACHER, JULIA EVA, *Joachim of Fiore and the Influence of Inspiration*, Ashgate 2010.

WARD, GRAHAM, *True Religion*, Malden, Mass., 2003.
WEBER, HERBERT / VALENTIN, FRIEDERIKE, *Die Zeugen Jehovas*, Freiburg 1994.
WEBER, MAX, *Gesammelte Aufsätze zur Religionssoziologie*, Bd. I, Tübingen 1972 (1920).
WEBER, MAX, *Wirtschaft und Gesellschaft. Grundriß der verstehenden Soziologie*, Tübingen [6]1972.
WEISS, JOHANN, *Die Predigt Jesu vom Reiche Gottes*, Göttingen 1892.
WEISWEILER, HEINRICH, *Das Schrifttum der Schule Anselms v. Laon und Wilhelms v. Champeaux*, Marburg 1936.
WHITEHEAD, ALFRED NORTH, *Prozess und Realität: Entwurf einer Kosmologie*, Frankfurt a.M. [6]1987.
WHITEHEAD, ALFRED NORTH, *Abenteuer der Ideen*, Frankfurt a.M. 2000.
WOHLMUTH, JOSEF (Hg.), *Emmanuel Levinas – eine Herausforderung für die christliche Theologie*, Paderborn u.a. 1998.
WOLF, CHRISTA, *Störfall. Nachrichten eines Tages*, Berlin u.a. 1987.
ZABOROWSKI, HOLGER, *Mit dem Wort des Apostels Ernst machen? Martin Heideggers ‚Hermeneutik der Faktizität' als Zwiegespräch mit Paulus*, in: C. STRECKER / J. VALENTIN (Hg.), *Paulus unter Philosophen*, Stuttgart 2013, 76-100.
ZANDER, HELMUT, *Reinkarnation und Christentum. Rudolf Steiners Theorie der Wiederverkörperung im Dialog mit der Theologie*, Paderborn 1995.
ZEILLINGER, PETER, *Nachträgliches Denken. Skizze eines philosophisch-theologischen Aufbruchs im Ausgang von Jacques Derrida, mit einer genealogischen Bibliographie der Werke von Jacques Derrida* (Religion – Geschichte – Gesellschaft, Fundamentaltheologische Studien, Bd. 29), Münster 2002.
ZWICK, REINHOLD, *Jüngste Tage. Variationen der Apokalypse im Film*, in: MICHAEL EBERTZ / DERS. (Hg.), *Jüngste Tage. Die Gegenwart der Apokalyptik*, Freiburg 1999, 184–226.
ZWINGMANN, CHRISTIAN / MURKEN, SEBASTIAN, *Religiosität, Zukunftsbewältigung und Endzeiterwartungen*, in: MÖLLER, JENS / STRAUSS, BERND / JÜRGENSEN, SILKE (HG.), *Psychologie und Zukunft, Prognosen, Prophezeiungen, Pläne*, GÖTTINGEN 2000, 255–278.

Internet:
http://sewolf.com/infolink (12.12.2012).
http://www.literaturkritik.de/public/rezension.php?rez_id=14751(11. Oktober 2012)
http://www.mormonen.de (11. Oktober 2012)
http://www.wnd.com/?pageId=273765. (11. Oktober 2012)
www.agpf (11. Oktober 2012)
www.relinfo.ch (11. Oktober 2012).